民族文化硏究叢書 147

시적 정의와 시의 윤리

民族文化研究叢書 147

시적 정의와 시의 윤리

여태천 지음

高麗大學校
民族文化研究院

이 책은 高麗大學校 民族文化硏究院이 새로운 民族文化의 暢達과 國學振興을 위하여 제정한
『芝薰國學硏究造成費』와 『民族文化硏究叢書刊行計劃』에 의하여 출판되었습니다.

"그리고 이러한 모든 창조생활은
유동적인 것이고 발전적인 것이다.
여기에는 순간을 다투는 어떤 윤리가 있다.
이것이 현대의 양심이다."

김수영

시와 주체, 진리와 윤리

시인에게 언어는 주어지는 대상이지만, 시인은 단순한 도구로써의 언어를 부정한다. 왜냐하면 글쓰기 혹은 시쓰기란, 언제나 보편적 의미망을 벗어나 언어의 외관을 뚫고 나아가는 하나의 기능이고 실험이기 때문이다. 기능이라는 측면에서 글쓰기는 주체에게 자유를 부여하지만, 실험이라는 측면에서 글쓰기는 주체에게 윤리적 영역이 된다. 그러므로 글쓰기에는 주체의 삶과 유리될 수 없는 윤리가 늘 개입한다. 윤리란 주체의 실천적 태도와 무관할 수 없다. 시와 진리의 윤리라는 주제를 섬세하게 다루기 위해서는 보편적 윤리가 지니는 도덕적 이데올로기와 관념적 장지를 벗겨내야 한다. 말하자면 인간의 권리, 타자에 대한 배려, 양심, 동정 등의 추상적 개념을 설명하는 도덕(성)으로부터 벗어나, 윤리를 한 개인이 추구하고자 하는 진리로 이해할 필요가 있다.

아리스토텔레스(Aristotle)가 윤리학을 언급한 이후 윤리학은 점점 분화되고 심화되었다. 아리스토텔레스가 『니코마코스 윤리학』에서 말하는 에티카(ēthica)란 에토스(ethos), 즉 성격 혹은 품성에 관한 여러 논의들을 가리킨다. 그 이후 윤리란 올바른 존재 방식의 추구, 또는 행위의 지혜를 뜻하는 말로 통용되기 시작했다. 바뤼흐 스피노자(B. Spinoza)는 『에티카』

에서 윤리란 인간이 자신의 존재를 보존하려는 모든 행위로 설명한다. 그것은 자신이 자기 변용의 적합한 원인이라는 관점에서 '기쁨의 윤리학'이다. 그러나 이 세계는 너무나 많은 타자들이 있어서 자신을 기쁘게 하는 것만 존재하는 것은 아니다. 에마뉘엘 레비나스(E. Levinas)는 주체와 타자의 만남(『존재에서 존재자로』, 『시간과 타자』)과 고통 받는 타자의 얼굴(『전체성과 무한』)을 통해, 타자가 '나'(주체)에게 무엇인가를 호소할 때 '나'(주체)는 어떻게 응답할 것인가에 대해 이야기한다. 타자의 현존에 의한 '나'의 자발성을 묻고 있는 레비나스의 윤리학은 그러므로 '타자의 윤리학'이라고 말할 수 있다. 자크 라캉(J. Lacan)은 윤리란 상상계나 상징계가 아닌 실재(le Réel)와 관련되어 있다고 보았다. 그는 내가 믿었던 세계가 믿을 만한 것이 못되고 이 세계가 허위 그 자체라면, 그것이 부정할 수 없는 것이라면 어떻게 할 것인가를 질문한다. 진정한 만남을 가능하게 하는 실재에 대한 끈을 붙잡기를 강조하는 라캉의 윤리학은 '진실의 윤리학'이다. 알랭 바디우(A. Badiou)는 주체의 실천적 행위와 개입을 강조한다. 그는 주체의 실천적 개입만이 사건과 진리를 낳을 수 있다고 말한다. 진리는 의견이나 개념을 판단하기 위한 기존의 기준들과 단호하게 단절하는 과정에서만 도달할 수 있다. 『윤리학』에서 그는 윤리와 관계된 추상적 범주인 인간, 권력, 타자 등에서 윤리를 탈환하고자 한다. 그리고 윤리를 개별적 과정, 즉 상황들과 관계 지어서 이해하고자 한다. 과정은 추상적이고 관념적인 어떤 내용에 관한 것이 아니라 각각의 상황들의 개별성과 관련된다. 바디우는 이를 '진리의 정황들'(=사건)이라고 불렀고, 이 사건은 항상 우리로 하여금 새로운 존재 방식을 결정하도록 강요한다. 우리는 어떤 결정을 통해 '충실하게' 사건과 만난다. 그 상황 속에서 우리가 보여주는 충실성이 생산하는 것이 있다면 그것이 진리가 된다. 바디우는 이러한 진리의 과정을 지속시키는 원리를 '진리의 윤리학'이라고 했다. 조르조 아감벤(G.

Agamben)은 주체보다도 주체를 둘러싼 윤리적, 언어적, 실존적 지평을 더 중요하게 여겼다. 아감벤은 『언어와 죽음: 부정성의 장소』에서 언어가 사실상 집단적 목소리라고 말한다. 그에 따르면 어떤 계기도 윤리학에 대한 지속적인 사고를 촉구하는 에토스의 선언일 수밖에 없다. 아감벤은 주체가 윤리적 지평 속에서 어떻게 탈주체화 함으로써 인위적 구별과 폭력적 차별이 사라진 순수한 소통의 가능성과 새로운 공동체의 도래를 가능하게 하는가를 문제삼았다. 아감벤은 '목적 없는 수단,' '내용 없는 인간', '언어 없는 제스처'를 통해 순수한 소통의 가능성을 꿈꾼다. 이것들은 '도래할 공동체'를 위한 필수조건이다. 이를 '가능성으로서의 윤리학'이라고 부를 수 있을 것이다.

한국 현대시에서 이와 같은 진리와 가능성으로서의 윤리학을 보여준 시인은 누구일까? 실천적 존재를 선(善)의 표상에 종속시키는 일을 윤리라고 한다면, 그 선의 개념과 범주를 결정하는 것은 다름 아닌 바로 그 실천적 존재일 수밖에 없다. 그런데 모든 실천적 존재에게 동일하게 적용되는 일반적인 윤리란 존재하지 않는다. 개별적인 상황들의 가능성을 취급하는 과정의 윤리가 존재할 뿐이다. 이 개별적 과정의 상황들을 첨예하게 인식하는 이가 바로 시인이다. 시인은 보편적 자아가 아니라 개별적 주체가 되어 현실을 받아들인다. 이때 주체는 이미 주어진 것 속의 일상적 개념으로는 환원될 수 없는 무엇인가를 요구하거나 혹은 그것을 발견한다. 그것은 우리로 하여금 새로운 존재 방식을 결정하도록 강요하는 하나의 사건이다. 그 사건에 대해 우리가 보여주는 충실성의 실재적 과정이 진리다. 그러므로 주체는 사건 이전에는 부재하며, 역설적으로 진리의 과정이 주체를 도출시킨다. 시에서 혹은 예술에서 '주체적 지점들'은 작품 그 자체다. 시라는 진리의 과정에 적극적으로 참여함으로써 시인은 주체로서의 가능성을 부여받는다. 그러므로 이렇게 말할 수 있다. 시인이 시를 통해 보여주는 것은 한 개인의 무시할 수 없는 윤리이며, 그것은 진리의 형식으로만 드러나게 된다.

삶과 분리되지 않는 윤리를 지키면서, 자신이 의존하고 있는 것들과 그렇지 않은 것들을 구분하고, 자신의 삶을 냉철하게 바라본 시인은 드물지만 언제나 있다. 인간의 존재와 관계하는 역사적·사회적 상황들에 대해 예리한 언어 감각의 촉수를 들이댔던 시인. 그는 사건이 발생한 고유한 질서 속에서 사고하고, 그것을 언어적으로 실천한다. 그러므로 그의 시쓰기는 하나같이 새로운 가능성들의 도래를 위해 애쓰는 일이며, 기존의 것과의 근본적 단절 속에서 존재할 수 있는 것을 사고하는 일이다. 하나의 진리, 전부인 하나를 위하여 나머지인 전부를 포기했던 시인의 시는 지금-이곳에서 우리가 어떻게 생각하고, 어떻게 행동하고, 어떻게 살아가야 하는가를 알려준다.

시인은 오직 내재적 단절을 통해 자신을 시에 힘겹게 기입하면서 자신만의 윤리를 만들어낸다. 그것은 시의 진리를 향해 나아가는 일이다. 그들의 시를 새롭게 해석하고 그 의미를 밝히는 일은 한국 현대시문학사를 이해하는 새로운 길이 될 것이다.

김수영과 이상, 그리고 시인들.

차례

2부 윤리와 실재

1 부

주체와 언어

움직이는 주체와 시의 현장

1. 시의 '현장성'

1950년대 후반까지만 해도 모더니즘적 분위기에 익숙했던 김수영에게 4·19 혁명은 시적 전환의 계기였다. 혁명이 끝난 뒤, 김수영의 시에는 삶의 일상이 시적 소재로 많이 등장한다. 1960년대 역사적 현실의 낙후성과 문화의 후진성은 김수영에게 시를 쓰기보다는 시를 쓰기 위해 먼저 극복해야할 것들이었다. 그러므로 이와 같은 현상을 단지 소재적 차원에서 논의할 것은 아니다. 오히려 현실의 낙후성과 문화의 후진성을 극복하는 과정이 김수영 시의 '현장성'을 증명한다. 김수영이 생각한 시의 최대의 낙후성은 현실과 분리되는 것이었으며, 그가 두려워한 것은 시가 불가능해질 수 있는 현실이었다. 이러한 사실은 김수영을 참여 시인의 윗자리에 오래 머물게 한 근본적인 원인이었으며, 또 한편으로 그의 시에서 현실의 문제를 배제할 수 없게 하는 중요한 까닭이기도 하다.

> 그는 암담한 현실을 충전된 언어로 들어 올렸다. 그의 난해한 시어는 어려운 현실에서 힘겹게 유지된 용기와 그 노력의 현장성을 증명한다. 그의 시에서 높은 서정성이 감지되고 말이 힘을 발휘하는 자리마다 바로 그 용기가 있다. 그는 이 용기로, 무의식을 말하지 않으면서 사실들 속의 의식되지 않은 기미들을 발견하였으며, 반세속주의자였지만 정형화되지 않은 민중의 힘을 이해했다. 김수영에게서 시적인 것과 현대적인 것과 정치적인 것은 같은 말이다.[1)]

황현산은 김수영 시어의 난해성을 "노력의 현장성"에서 찾았다. 그리고 김수영에게 시적인 것과 현대적인 것과 정치적인 것은 같은 것이라고 해석한다. 위의 글에서 언급되는 '현장성'을 다른 말로 바꿀 수 있다면, 그것은 최소한 시대와 장소의 개념을 벗어나지 않는 범위 내에서 찾아야 할 것이다. "어려운 현실에서 힘겹게 유지된 용기와 그 노력의 현장성"을 난해한 시어가 증명한다면, 역으로 그의 시가 탄생하는 바로 그 '현장성'이 김수영의 시를 이해하는 길이 된다. 여기에서 현장성이란 다름 아닌 1960년대 역사적 현실의 낙후성과 문화와 정치의 후진성을, 그리고 그러한 현실에서 시를 써야 할 모든 선택적 상황과 고민의 과정까지 포함하는 것이다. 그러므로 김수영의 시어가 증명하는 '현장성'은 그의 시의 장소적 의미를 이해하는 데 도움이 된다.

장소란 근대과학에서 의미하는 공간과는 구별된다. 공간이 드러난 것으로서 발견된다면 장소는 자신이 은폐시킨 것으로서 발견된다.[2] 말하자면 대상과의 거리를 발견하고 자기를 차이화하는 과정을 통해 장소는 존재한다. 그것은 적극적인 사유의 이동과 움직임을 통해 가능하다. 김수영의 시는 이동과 움직임이라는 사유의 실천과정을 시쓰기를 통해 그대로 보여준다는 점에서 한국시사에서 특별한 위치를 차지한다. 김수영 시의 장소적 의미를 주목해야 하는 또 다른 사정이 여기에 있다. 다시 말해, 김수영의 시를 통해 실천적 사유의 흔적과 과정을 확인할 수 있다면, 그것은 그의 시어가 증명하는 바로 그 "노력의 현장성"을 통해서 가능하다. 대상과의 거리를 발견하고 자기를 차이화하는 과정을 적극적인 사유의 이동과 움직임의 결과로 볼 수 있는 것이다. 이때 그 움직임과 이동은

1) 황현산, 「난해성의 시와 정치」, 『말과 시간의 깊이』, 문학과지성사, 2002, 453~454쪽.
2) 가라타니 고진[柄谷行人], 『마르크스 그 가능성의 중심』, 김경원 옮김, 이산, 1999, 210~215쪽 참조.

한 방향만으로 직진하는 움직임과 이동이 아니다. 그것은 오히려 우회하고 멈추고 다시 가는 움직임이고 이동이다. 이것은 김수영의 자기반성적 태도와 무관하지 않다. 그러므로 김수영의 시에서 이동과 움직임은 현실적이고 사실적인 공간을 경험적인 장소로 인식하게 한다. 움직임과 이동을 통해 김수영은 중심에서 주변으로 옮긴다. 그것은 중심이 지니는 억압적이고 확정적인 틀로부터의 이탈이며 새로운 가능성을 향한 시도다. 김수영은 중심이 결여하고 있는 주변적 시각을 중심에서 소외된 것들의 영역에서 발견하였다. 김수영 시의 특별한 시적 장소가 바로 그곳이다.

2. 실패와 상처의 장소

혁명이 실패로 끝난 직후에 쓰여진 김수영의 시에는 이전과는 달리 비애와 함께 일상의 모습이 많이 나타난다. 그것은 '여편네의 방'이라든가 '누이의 방'으로 명확하게 제시되고 있다.[3] 그렇다고 김수영의 시를 일상성 속에 함몰되어 버린 혁명을 풍자했다고 단언하거나 혁명이 전해준 녹표를 일상성의 종식[4]으로 해석할 특별한 이유가 있는 것은 아니다. 오히려 그 일상성의 의미를 제대로 이해하기 위해서는 장소의 의미가 함께 해석되어야 한다. 김수영은 타락한 오늘의 현실이 누이의 방에 정돈되어 있는 것을 보고 "이런 것들이 정돈될 가치가 있는 것들인가"(「누이의 방」)라고 말했지만, 이 말 속에는 역사적 현실에 대한 분개와 함께 그의 개인적 상처가 숨겨져 있다. 혁명이 실패로 끝난 뒤 헛소리만 가득했던 '방'에서

---

3) 김수영의 시 「그 방을 생각하며」 「여편네의 방에 와서」 「누이의 방」 등에서 확인할 수 있다.

4) 김혜순, 「김수영 시 연구」, 건국대박사논문, 1993, 103쪽.

김수영이 발견한 것은 이유 없는 기쁨과 풍성함이었다.

혁명은 안 되고 나는 방만 바꾸어 버렸다
그 방의 벽에는 싸우라 싸우라 싸우라는 말이
헛소리처럼 아직도 어둠을 지키고 있을 것이다

나는 모든 노래를 그 방에 함께 남기고 왔을 게다
그렇듯 이제 나의 가슴은 이유 없이 메말랐다
그 방의 벽은 나의 가슴이고 나의 사지(四肢)일까
일하라 일하라 일하라는 말이
헛소리처럼 아직도 나의 가슴을 울리고 있지만
나는 그 노래도 그 전의 노래도 함께 다 잊어버리고 말았다

혁명은 안 되고 나는 방만 바꾸어 버렸다
나는 인제 녹슬은 펜과 뼈와 광기—
실망의 가벼움을 재산으로 삼을 줄 안다
이 가벼움 혹시나 역사일지도 모르는
이 가벼움을 나는 나의 재산으로 삼았다

혁명은 안 되고 나는 방만 바꾸었지만
나의 입속에는 달콤한 의지의 잔재(殘滓) 대신에
다시 쓰디쓴 담뱃진 냄새만 되살아났지만

방을 잃고 낙서를 잃고 기대를 잃고
노래를 잃고 가벼움마저 잃어도

이제 나는 무엇인지 모르게 기쁘고
나의 가슴은 이유 없이 풍성하다

—「그 방을 생각하며」(《사상계》, 1961. 1) 전문[5)]

혁명에 대한 화자의 역사적 인식이 연을 달리하면서 새로워진다. 구체적으로 1연과 2연은 혁명이 끝난 뒤의 상황을 제시한다. 이때의 '방'은 과거의 방이다. 그 방은 화자 자신의 몸과 같은 곳이며, 아직도 그 방에는 '헛소리'가 어둠을 지키고 있다. 방에 남아 있는 말이 '헛소리'인 이유는 현실적으로 혁명이 이루어지지 않았기 때문이다. "혁명은 안 되고 나는 방만 바꾸어 버렸다"는 화자의 고백은 혁명의 실패와 그로 인한 상실감만을 의미하지 않는다. 그 이유는 3연에서부터 혁명의 실패를 인식하는 화자의 태도가 바뀌기 때문이다.

3연의 '방'은 새로운 가능성을 예기한다. 화자는 '헛소리' 대신에 "실망의 가벼움을 재산으로 삼을 줄" 알게 되었으며, 그 "가벼움 혹시나 역사일지"도 모른다는 인식을 새롭게 가진다. 그렇다고 화자는 혁명을 다시 일으켜 완수하겠다고 말하지 않는다. 분명히 화자는 혹시나 있을지 모르는 혁명의 "달콤한 의지의 잔재"마저 떨쳐 버린 상태다. 그러므로 혁명의 실패를 내면화하기 시작한 화자는 자신의 입속에 쓰디쓴 냄새가 나더라도 이유 없이 풍성할 수 있는 것이다.

김수영은 혁명의 실패를 실패 그 자체로 보지 않고 내면화시켜 새로운 각성의 계기로 삼았다. 바꾸어 말하자면 실망을 가볍게 여길 수 있는 태도로 인해 역사의 새로운 미래를 기대할 수 있게 되었다. 좌절을 좌절로 받아들였다면 역사가 결코 가벼울 수 없다. 이러한 인식의 전환이 가능한 이유는 그가 그 방에 계속 머무르지 않고 벗어났기 때문이다. 혁명은 실

---

5) 이 책에서 인용하는 김수영의 시 작품은 『김수영 전집 1· 시』(이영준 엮음, 민음사, 2018)를 따랐으며, 말미에 최초 발표지면을 밝히고 발표하지 않은 경우에는 창작 시기를 명기하였으며, 따로 각주를 달지 않는다. 한자가 필요한 부분은 괄호를 사용하여 표기하였으며, 최초 발표지면과 1판(1981), 2판(2003), 3판(2018) 사이에 뚜렷한 차이가 있는 경우에는 그 사실을 적었다.

패했지만 시인은 방을 바꾸었다. 구체적으로 그 방이 의미하는 실망을 역사와 재산으로 바꾸어 이해할 수 있게 된 것이다. 김수영이 경험한 상처가 역사적 현실이 되어 그의 자유를 다시 강제한 경우를 다음 시에서 확인할 수 있다.

> 누이야
> 풍자가 아니면 해탈이다
> 너는 이 말의 뜻을 아느냐
> 너의 방에 걸어놓은 오빠의 사진
> 나에게는 '동생의 사진'을 보고도
> 나는 몇 번이고 그의 진혼가(鎭魂歌)를 피해 왔다
> 그전에 돌아간 아버지의 진혼가가 우스꽝스러웠던 것을 생각하고
> 그래서 나는 그 사진을 십 년 만에 곰곰이 정시(正視)하면서
> 이내 거북해서 너의 방을 뛰쳐나오고 말았다
> 십 년이란 한 사람이 준 상처를 다스리기에는 너무나 짧은 세월이다
>
> 누이야
> 풍자가 아니면 해탈이다
> 네가 그렇고
> 내가 그렇고
> 네가 아니면 내가 그렇다
> 우스운 것이 사람의 죽음이다
> 우스워하지 않고서 생각할 수 없는 것이 사람의 죽음이다
> 팔월의 하늘은 높다
> 높다는 것도 이렇게 웃음을 자아낸다
>
> —「누이야 장하고나!」(《사상계》, 1962. 1) 중에서

이 시는 "풍자가 아니면 해탈이다"라는 구절을 잘못 읽고 쓴 김지하의

「풍자냐 자살이냐」[6]라는 그의 시론 때문에 유명해졌다. 김상환은 이 시의 풍자의 성격을 초월론으로 설명한다. 그는 해탈이 죽음의 기술이라면 풍자는 사랑의 기술이라고 말함으로써 해석의 난맥을 빠져나갔다. 동시에 시가 풍자인 동시에 해탈이라면, 혹은 풍자를 통한 해탈이자 해탈에서 오는 풍자라면, 이는 시가 사랑의 기술이자 죽음의 기술이라는 것을, 나아가서 현실 지향적인 동시에 역사적 개방성의 기원으로 향한 초월론적 사유여야 한다는 것을 강조한다.[7] 그의 해석에 따라 시를 읽을 때, 풍자와 해탈의 주체와 대상은 '누이'도 되고 '나'도 된다. 인식의 초월론으로 풍자와 해탈의 대상과 주체의 문제, 그리고 사유의 문제를 설명할 때 그의 해석은 시의 '현장성'으로부터 멀어지게 된다. 우리가 다시 시의 현장으로 눈을 돌릴 때, 가장 먼저 발견하는 것은 화자가 마주하고 있는 '죽음'이다. 이 시의 해석을 어렵게 하는 또 다른 이유는 역시 '죽음' 때문에 생긴다.

구체적인 시의 정황은 의용군으로 강제 입대해 전쟁에 참여한 남동생의 사진을 누이의 방에서 보는 것에서 출발한다. 5·16 쿠데타가 일어나자 김수영은 친구 김이석의 집으로 가 며칠 동안 숨어 시낸 사실이 있다.[8] 김수영은 한국전쟁 와중에 겪었던 레드 콤플렉스를 쉽게 떨쳐 버리

---

6) 김지하, 「풍자냐 자살이냐」, 《시인》, 1970년 6·7월호. 이 글은 김수영의 '풍자'가 시대의 요구에 너무나 미흡했다고 적절하게 지적하고 있지만 그의 시가 지니는 '해탈'의 의미를 제대로 밝히지 못했다. 우리는 김지하의 오독과 누락을 포함해서 읽을 필요가 있다.

7) 김상환, 『풍자와 해탈 혹은 사랑과 죽음』, 민음사, 2000, 54~56쪽. 김상환은 김수영의 시를 연구의 영역으로 끌어들여 본격적으로 해석하고 있지 않지만 그 나름의 방식을 통해 한국시의 양극단인 참여시와 순수시를 풍자와 해탈로서 매우 설득력 있게 설명한다.

8) 최하림의 『김수영 평전』(실천문학사, 2001)을 참고하자면, 김수영은 북한군이 서울을 점령했을 때 의용군으로 강제징집 당했다가 기적적으로 탈출에 성공하였다. 그러나 다시 국방군에게 포로로 잡혀 포로수용소 생활을 겪어야 했다.

지 못했다. 참혹했던 전쟁의 기억을 쉽게 잊어버릴 수 없었으며, 십 년이 넘는 기간도 그 상처를 다스리기엔 부족했을 것이다. 그런데 동생의 사진이 다름 아닌 누이의 방에 걸려 있는 것을 목격한다. 화자는 그곳에서 우스꽝스러운 아버지를 떠올리고 까맣게 잊고 있었던 상처를 기억한다. 그리고 이내 거북해서 방을 뛰쳐나오고 만다. 화자는 사람의 죽음과 높은 팔월의 하늘을 보며 웃음을 짓는다. 사람의 죽음과 높은 하늘이 유사하다면 초월적이라는 점에 있어서 그렇다. 그 실체를 모르면서 그럼에도 그 세계를 넘어다본다. 그것이 우습다고 화자는 말한다. 그것이 해탈이라면 해탈이다.

남동생의 사진을 똑바로 보지 못하는 화자와는 달리 누이는 아무렇지도 않게 그 사진을 자신의 방에 걸어 두었다. 화자의 입장에서 보자면 어처구니없는 누이의 행동은 현실에 대한 풍자가 아니면 그 현실의 모순을 깨달은 자가 보여주는 해탈의 모습이다. 이러한 인정은 더 큰 자기 고백의 진술을 이끌어 낸다.

누이야
나는 분명히 그의 앞에 절을 했노라
그의 앞에 엎드렸노라
모르는 것 앞에는 엎드리는 것이
모르는 것 앞에는 무조건하고 숭배하는 것이
나의 습관이니까
동생뿐이 아니라
그의 죽음뿐이 아니라
혹은 그의 실종뿐이 아니라
그를 생각하는
그를 생각할 수 있는

너까지도 다 함께 숭배하고 마는 것이
숭배할 줄 아는 것이
나의 인내이니까

"누이야 장하고나!"
나는 쾌활한 마음으로 말할 수 있다
이 광대한 여름날의 착잡한 숲속에
홀로 서서
나는 돌풍처럼 너한테 말할 수 있다
모든 산봉우리를 걸쳐 온 돌풍처럼
당돌하고 시원하게
도회에서 달아나온 나는 말할 수 있다
"누이야 장하고나!"

—「누이야 장하고나!」 중에서

3연에서 화자는 생존을 알 수 없는 동생의 사진을 향해 절을 하고, 그의 죽음과 그의 실종과 그를 기억하게 하는 모든 것들을 숭배한다. 까닭은 화자가 그것에 대해 모르고 있기 때문이다. 모르는 것에 대해 마땅히 침묵하는 것은 특별한 의미를 지닌다. "숭배하고" "숭배하고 마는 것"이 '습관'이고 '인내'라고 했을 때 '풍자'와 '해탈'은 이제 죽음과 그 높이의 자리를 내려놓고 생활의 영역 안으로 들어온다. 그것은 상황에 대한 인내라는 점에서, 그리고 그것을 습관처럼 받아들였다는 점에서 단순한 침묵과는 구별된다. 김수영은 입을 다물었지만 다르게 말하는 방법을 찾고 있었던 것이다.

"도회에서 달아나온" 화자는 "광대한 여름날의 착잡한 숲속에 / 홀로 서서" 이렇게 두 번이나 외친다. "누이야 장하고나!"라는 이 말에는 6·25를 겪었던 시인이 그 상처로부터 아직까지 벗어나지 못한 스스로에게

가하는 질책과 반성의 뜻이 들어 있다. 동시에 4·19와 5·16으로 이어지는 도회의 중심에 떳떳이 서 있지 못하고 숨죽이고 있었던 시인의 부끄러운 역사가 숨겨져 있다. 입을 다물고 있었던 화자가 내뱉은 "누이야 장하고나!"라는 말이 단지 누이의 엉뚱한 행동만을 풍자하는 것도, 그러한 누이의 행동에서 해탈을 읽어냈기 때문만도 아니다. 따라서 이 시를 풍자가 아니면 해탈을 선택하라는 선언처럼 읽어야 할 필요는 없다. '누이의 방'과 '도회'는 한 개인의 실패와 역사의 실패가 공존하는 곳이다. 그러므로 화자는 최소한 그 공간을 벗어나서야 "누이야 장하고나!"라고 말할 수 있었다. '누이의 방'과 '도회'라는 공간의 장소적 의미는 그가 그곳을 뛰쳐나왔을 때만 의미를 지니게 된다. '누이의 방'과 '도회'는 화자의 불행을 다시 깨닫게 하고 그것을 기억하게 하는 곳이다. 남동생의 진혼가를 피해 그의 사진을 '정시'하기가 거북해서 누이의 방을 뛰쳐나왔던 일과 "도회에서 달아나온" 일은 자유의 억제를 겪었던 화자의 불행이 역사적 현실이 되어 다시 한 번 그 불행을 재현하는 과정이다. 그러나 헛소리만 가득했던 '방'에서 기쁨과 풍성함을 느꼈던 시인은 현실적인 공간인 '누이의 방'과 '도회'를 뛰쳐나와 그곳의 장소적 의미를 깨달을 수 있게 되었다.

3. 출발과 도착, 정지와 실증의 장소

김수영이 적극적으로 '방'을 바꾸고 얻은 이유 없는 기쁨과 '누이의 방'과 '도회'를 뛰쳐나와서 외쳤던 "누이야 장하고나!"라는 고백은 진실한 것이었다. 그러나 더 중요한 사실은 이와 같은 것들이 움직임과 이동을 통해서 얻을 수 있는 값진 경험의 선물이었다는 점이다. 한 방향으로 직진하는 것이 아니라 우회하고 멈추고 다시 가는 움직임과 이동은 드러난 것과 가려진 것을 동시적으로 바라볼 수 있게 한다. 이처럼 김수영의 시에서 움직임과 이동의 의미는 특별하다. 김수영은 이동과 움직임을 통해서 현실적이고 사실적인 공간을 경험적인 장소로 인식하게 된다.

> 전등(電燈)에서 소등(消燈)으로
> 소음에서 라디오의 중단으로
> 모조품 은단(銀丹)에서 인단(仁丹)으로
> 남의 집에서 내 방으로
> 노동에서 휴식으로
> 휴식에서 수면으로
> 신축공장이 아교공장의 말뚝처럼 일어서는
> 시골에서
> 새까만 발에 샌들을 신은 여자의 시골에서
> 무식하게 사치스러운 공허의 서울의
> 간선노도를 지나
> 아직도 얼굴의 윤곽이 뚜렷하지 않은
> 발목이 굵은 여자들이 많이 사는 나의 마을로
> 지구에서 지구로 나는 왔다
> 나는 왔다 억지로 왔다

—「X에서 Y로」(《사상계》, 1965. 3) 전문

이 시는 'X에서 Y로'라는 제목에서도 알 수 있듯이 '무엇'의 이동을 보여준다. 그 이동은 '무엇'을 꼴 짓는 대상과 상태, 그리고 장소의 범위를 모두 포괄한다. 텍스트에 드러난 이동과 움직임의 출발과 도착의 의미는 X와 Y의 차이화를 통해 확인된다. 그것은 '전등 / 소등' '소음 / 중단' '모조품 은단 / 인단' '남의 집 / 내 방' '노동 / 휴식' '휴식 / 수면' '시골 / 나의 마을' '지구 / 지구'의 대립에서 찾아지는 것은 아니다. '무엇'을 꼴 짓는 대상과 상태와 장소의 의미가 동시적으로 이해되었을 때 차이화는 발생한다. 1~6행의 의미는 "무식하게 사치스러운 공허의 서울의 / 간선도로"를 지나 왔다는 구절 때문에 해독이 가능하다. 그러나 13~14행에서 보자면 X에서 Y로 먼 길을 거쳐 왔지만 사실 아무런 변화가 없었다. "지구에서 지구로"라는 구절에서 이동과 움직임은 출발과 도착의 현상을 보여주지 않는다. 대신 화자는 '억지로' 왔다는 사실을 "나는 왔다 / 나는 왔다 억지로 왔다"라는 이질적인 형태로 보여주고 있을 뿐이다.

장소가 스스로 숨기는 것으로서 발견된다고 했을 때, 눈여겨보아야 할 것은 'X에서 Y로'의 움직임의 흔적과 X와 Y사이에서 일어나는 장소의 변화다. '시골에서 나의 마을로'가 'X에서 Y로'의 드러난 움직임이라면 "지구에서 지구로"는 'X에서 Y로'가 스스로 은폐시킨 의미가 된다. 이것이 바로 대상과의 거리를 발견하고 자기를 차이화하는 장소적 의미다. 동시에 이것은 이동의 주체인 존재자의 자기도착을 지시한다. 출발과 도착을 통해 앎과 무지, 친숙함과 낯섦 사이를 움직인다. 화자는 적극적인 사유의 실천과정을 통해 그 차이를 알게 된다.

화자는 시골에서 출발하여 "무식하게 사치스러운 공허의 서울의 / 간선도로를 지나"서 '억지로' 자신이 있는 '나의 마을'로 도착하였다. 시인은 역사와 문화의 후진성과 자유의 억압을 그 출발과 도착 사이에 표나게 끼워 넣었다. 시인이 '억지로'라고 말한 이유도 여기에 있다. "신축공장이 아교공장의 말뚝처럼" 일어서고 여자들이 "새까만 발에 샌들을" 신고 있는 시골이나 "얼굴의 윤곽이 뚜렷하지 않은 / 발목이 굵은 여자들"이 살고 있는 '나의 마을'은 중심의 위치에서 볼 수 없는 소외된 것들의 영역이다. 화자는 이동과 움직임을 통해 공간이 스스로 은폐시킨 현실의 낙후성과 문화의 후진성을 발견하였다.

이러한 움직임과 이동이 직진성을 띨 때 그것은 새로운 의미를 생성하지 못한다. 오히려 우회하고 잠시 머물 때 이동과 움직임은 적극적인 의미를 발견한다. 김수영은 죄 많은 현실 속에서 예측하기 어려운 '젊은이들'을 즐겁게 상대했다. 김수영은 그들을 배제하는 것이 아니라 그들의 자유를 받아들이면서 그들과 장소를 함께 했다. 그 장소를 가장 적절하게 표현한 시가 「현대식 교량」이다. '현대식 교량'은 과거와 현재가 만나는 장소며, 김수영은 이쪽과 저쪽이 서로 엇갈리는 교차의 순간을 통해 그 만남을 탁월하게 보여준다.

> 현대식 교량을 건널 때마다 나는 갑자기 회고주의자가 된다
> 이것이 얼마나 죄가 많은 다리인 줄 모르고
> 식민지의 곤충들이 24시간을
> 자기의 다리처럼 건너다닌다
> 나이 어린 사람들은 어째서 이 다리가 부자연스러운지를 모른다
> 그러니까 이 다리를 건너갈 때마다
> 나는 나의 심장을 기계처럼 중지시킨다
> (이런 연습을 나는 무수히 해왔다)
>
> 그러나 문제는 이러한 반항에 있지 않다
> 저 젊은이들의 나에 대한 사랑에 있다
> 아니 신용이라고 해도 된다
> "선생님 이야기는 20년 전 이야기이지요"
> 할 때마다 나는 그들의 나이를 찬찬히
> 소급해가면서 새로운 여유를 느낀다
> 새로운 역사라고 해도 좋다
>
> 이런 경이는 나를 늙게 하는 동시에 젊게 한다
> 아니 늙게 하지도 젊게 하지도 않는다
> 이 다리 밑에서 엇갈리는 기차처럼

늙음과 젊음의 분간이 서지 않는다
다리는 이러한 정지(停止)의 증인이다
젊음과 늙음이 엇갈리는 순간
그러한 속력과 속력의 정돈(停頓) 속에서
다리는 사랑을 배운다
정말 희한한 일이다
나는 이제 적을 형제로 만드는 실증을
똑똑하게 천천히 보았으니까!

―「현대식 교량」(《현대문학》, 1965. 7) 전문

이 시를 거의 처음으로 분석한 김현승은 "일상의 논리로써 분석하여 그 주제를 끄집어낼 수 없"다고 했지만, "애정과 이해의 다리를 놓음으로서 현대의 정신적 단절 상태를 연결시킬 수 있다"[9]는 말로 '다리'의 의미를 가장 잘 읽어 주었다. 김종철은 마지막 연의 "나는 이제 적을 형제로 만드는 실증을 / 똑똑하게 천천히 보았으니까!"라는 구절의 모호성을 지적하며 그 원인을 김수영 시작(詩作)의 한계로, 그 한계를 "명확한 사유"에서 말미암은 것이라고 해석하였다.[10] 김종철이 문제로 제기한 그 한계의 원인이 적이 형제가 되는 구체적 실증에 있다면, 그 현상이 일어나는 장소인 다리의 특별한 의미를 좀 더 따져 보아야 한다. 김상환은 역설적 의미의 다리를 "사유의 교량술"로 보기를 주장했고, 급기야 김수영의 위치를 한글세대 이전과 이후, 도시와 농촌, 전근대와 근대, 주지주의와 감상주의, 전통과 현대, 나아가서 근대와 탈근대를 이어놓은 가교로까지 확대하여 생각하였다.[11] 물론 김수영은 단절과 모순의 현실 속에서 스스로

---

9) 김현승, 「김수영의 시사적 위치와 업적」, 『김수영의 문학』, 민음사, 1983, 63쪽.

10) 김종철, 「시적 진리와 시적 성취」, 위의 책, 87~99쪽 참조.

11) 김상환, 앞의 책, 21쪽.

다리가 되려고 많은 노력을 했다.[12)]

1연에서 화자는 역사적 현실을 비극적으로 진단한다. 화자는 다리가 갖고 있는 불편한 역사의 의미와 죄를 알고 있었다. “현대식 교량”은 근대 과학문명의 산물이라는 점에서, 식민지 시대에 착취와 억압을 목적으로 세워졌다는 점에서 ‘죄’ 많은 다리일 수밖에 없다. 남이 지어놓은 그 다리는 주변의 역사적 현실과 너무나 어울리지 않는다. 다리는 1960년대라는 시·공간 속에서 전통보다는 근대의 산물에 가까우며 일제 식민지의 경험과 유산을 고스란히 담고 있다. 까닭에 화자는 ‘현대식 교량’ 위에서 회고주의자가 될 수밖에 없으며, 그리고 역사의 죄를 생각하는 것이다. 그러나 “나이 어린 사람들”로 대표되는 신세대에게 그곳은 일상의 공간이어서 그들은 그 다리가 죄가 많음을 모른다. 식민지 상황을 제대로 보지 못하는 청맹과니 같은 그들은 “식민지의 곤충”[13)]이며 화자는 그들과는 달리 무수한 연습을 통해 다리를 건널 때마다 심장을 기계처럼 중지시킨다. “심장을 기계처럼 중지시킨다”는 표현은 식민지 시대의 죄 많은 다리에 대한 자기반성의 의미를 담고 있다. 이처럼 ‘중지’가 자기반성의 의미를 지닐 때 3연의 ‘정지’도 그 해석이 가능해진다. 그 ‘정지’는 무변화의 정지가 아니라 맹목적으로 과거를 떠올리는 의식적 행위를 중단하는 것이며, 동시에 속도 속의 정지까지 포함하는 것이다.[14)]

그러나 2연에서 화자는 자기반성, 즉 ‘반항’이 문제가 아니라고 말한다. 대신 자신에 대한 젊은이들의 ‘신용’과 ‘사랑’이 ‘중지’의 원인임을 밝

---

12) 김수영의 각별한 후배 사랑은 시 「우리들의 웃음」과 「65년의 새해」에도 잘 나타난다.

13) 여기서 ‘식민지의 곤충’은 60년대 서울에 거주했던 외국인, 대중, 서구문명을 대표하는 자동차 등으로 다양하게 생각해 볼 수 있겠으나, 과거의 역사적 사실을 모르는 젊은 대중으로 해석하는 것이 가장 적절해 보인다.

14) 문광훈, 『시의 희생자 김수영』, 생각의 나무, 2002, 433~434쪽 참조.

히고 있다. 그러므로 화자에게 그들이 보여주는 '사랑'은 "새로운 여유"가 된다. 비록 과거의 부정에서 새로움이 시작되나 과거에 대한 사랑 없이는 새로움 또한 가능하지 않음을 김수영은 알았다. "나이 어린 사람들"과 화자의 거리가 점차 좁혀지고 새로운 역사가 만들어진다. "선생님 이야기는 20년 전 이야기이지요"라는 말을 들을 때마다 화자가 여유를 느끼는 것은 새로운 역사의 가능성을 감지했기 때문이다. 그것은 후배 세대들의 기적과도 같은 성장을 본 화자가 느끼는 '경이'이며 선배 세대들을 사랑하는 후배 세대들이 만들어 낸 세대 교번의 환희다. 동시에 단수가 아니라 복수의 실체인 '젊은이들'을 목격하는 기쁨이기도 하다. 김수영은 "세대교체의 목적은 어디까지나 향상에 있는 것"[15]이라는 말을 통해 과거와의 맹목적인 단절을 경계하였다.

3연에서 '경이'가 기적의 다른 표현이라면 그것을 목격한 화자가 희한하다고 말하는 것은 이상하지 않다. 사실 '현대식 교량'은 오욕의 역사 그 자체였다. 그것은 부끄러운 상처였으며 청산해야 할 역사였다. 그러나 화자가 적극적으로 자신의 심장을 중지시킬 때, 젊은이들이 과거를 사랑하게 되었을 때 '늙음과 젊음' '과거와 현재'의 차이는 사라진다. 그 순간이 정지다. 그때 모르고 있었던 것들이 서로 소통하게 된다. 정지와 소통이 일어나는 곳이 바로 '다리'다. 그러므로 다리가 "정지의 증인"이 되는 것이다. 이는 '경이'로운 순간이며 '사랑'이고 "희한한 일"이다. 다리를 건널 때마다 '죄'를 읽어야 했던 회고주의자인 화자는 "나이 어린 사람들"과

---

15) 김수영, 「세대와 화법」(1968. 3), 『김수영 전집 2·산문』, 민음사, 2018, 216쪽. 3판(2018)은 1판(1981)과 2판(2003) 이후 새로이 발굴된 김수영의 산문을 수록하고 있다. 3판은 독자의 편의를 위해 맞춤법과 띄어쓰기를 모두 현행 맞춤법 규정에 따라 고쳤으며 한글 표기를 원칙으로 하고 있다. 외래어는 어감이 현저하게 달라지는 경우를 제외하곤 현행 외래어 표기법을 따르고 있다. 이 책에서 인용하는 김수영의 산문은 모두 3판을 따르며 따로 각주를 달지 않는다.

같이 다리를 걸을 수 있게 되었다. 화자의 이러한 놀라운 인식의 전환은 '늙음과 젊음'을 '젊음과 늙음'으로 바꾸는 것에서 출발했지만 '적'을 '형제'로 만드는 기적을 마침내 이루어 낸다. '적'이 '형제'로 바뀌는 현상은 자기반성과 성찰만으로 가능한 것은 아니다. 그것은 사랑을 통해서 가능한데, 화자는 "속력과 속력의 정돈" 속에서 다리가 사랑을 배운다고 했다. 다리가 사랑을 배운다고 했으나 사실 화자가 다리가 되어 그 사랑을 배운 것이다.

'늙음과 젊음' '과거와 현재'의 차이가 사라는 게 '정지'라면 '정돈'은 나아가던 것이 막히어 잠시 멈추는 순간이다. 그러나 정지와 정돈은 머물러 있는 것을 의미하지 않는다. 그 순간 시간은 두께를 확장하여 현재와 과거와 미래를 왕래한다. 그 속에서 대화가 가능하다. 물리적 길인 다리가 화자에게 "선생님 이야기는 20년 전 이야기이지요"라는 대화의 길을 만들어 준다. 화자가 젊은이들의 말을 듣는다는 것은 대화가 소통의 길이며, 사랑의 길이라는 사실을 알았기 때문이다. 강의 이쪽과 저쪽, 서로 다른 장소를 이어주는 물리적 다리는 과거와 미래를 이어주는 역사적 다리가 되고 다양한 사고를 가능하게 만드는 인식의 다리가 된다.[16] 이제 '형제'와 '적'은 강을 사이에 두고 이편과 저편 어디에도 있다. 그것은 이편과 저편이 시간적으로 과거와 미래를 동시적으로 의미하는 것과 같다. 과거가 적이 되고 미래가 형제가 되는, 미래가 적이 되고 과거가 형제가 되는 그 모든 가능성이 실현되는 장소가 다리다. 이곳에서는 불가역적이던 시간의 흐름이 절단되고 그 절개면이 하나의 장소로 회집된다. '현대식 교량'은 사랑을 배우는 주체이자 동시에 과거와 현재, 전통과 근대가

16) 김상환은 "사유한다는 것은 서로 다른 사유들, 서로 만나지 않던 사유들을 부르고 소식을 전하게 하는 것이다. 사유한다는 것은 서로 다른 장소가 소통하도록 다리를 건축하는 것이다. 사유는 교량술이다"(김상환, 앞의 책, 15쪽)라고 말한다.

만나는 매개체다. 낙후된 현실의 문화적 후진성과 식민지성에서 근대적 비전을 만드는 일, 말하자면 다리를 통해 스스로 역사적 장소가 되는 일, 그것이 김수영이 1960년대 하려고 했던 일이다. 이처럼 직진성만을 고집하는 이동과 움직임이 아니라 우회하고 정지하는 이동과 움직임을 통해 김수영은 장소의 특별한 의미를 시적으로 형상화했다.

4. 피로와 사랑, 주변의 장소

중심은 언제나 질서와 체제를 통해 그 주변을 거느린다. 가령, 문화공간으로서의 도시란 자연과 인공의 대립에서 오며, 이때 도시는 자연의 힘에 대한 이성의 승리며 자연 질서의 왜곡이기도 하다. 합리적인 이성의 결과물인 도시가 주변 세계에 관계할 경우 그것은 '대지의 중심'에 위치한다. 도시가 어디에 위치하건 간에 그것에는 중심으로서의 위상이 부여된다.[17] 그러나 김수영은 중심적 위치로서의 도시를 중심적 구조 밖에서 파악했다. 그것은 도시뿐만 아니라 역사도 마찬가지다. 장소의 의미가 이동과 움직임을 통해 구체적으로 드러났듯이 모든 중심적 위치는 중심 밖에서, 중심적 위치에서 소외된 것들을 통해서 그 의미를 확인할 수 있다. 중심은 스스로에 대한 시각을 결여하고 있다. 그러므로 끊임없이 주변을 조직해야만 한다. 다른 자리에서 스스로를 보아야 한다. 그것이 적극적인 사유의 이동과 움직임을 통해 만들어진 김수영의 시각이다. 중심의 밖에 있는 인간들과 그들의 삶이 만드는 영역은 매우 독특한 장소로서의 의미

17) 유리 로트만(Y. M. Lotman) 외, 『시간과 공간의 기호학』, 러시아시학연구회 편역, 열린책들, 1996, 45쪽 참조.

를 갖게 된다. 중심에서 벗어나 주변으로 자신의 위치를 옮길 때 새로운 사실을 알게 된다. 말하자면 사소하고 작은 것들을 눈여겨보고 이 땅에 뿌리박고 있는 민중들에게 시선을 돌리게 되는 것이다.

나는 아직도 앉는 법을 모른다
어쩌다 셋이서 술을 마신다 둘은 한 발을 무릎 위에 얹고
도사리지 않는다 나는 어느새 남쪽식으로
도사리고 앉았다 그럴 때는 이 둘은 반드시
이북친구들이기 때문에 나는 나의 앉음새를 고친다
8·15 후에 김병욱이란 시인은 두 발을 뒤로 꼬고
언제나 일본 여자처럼 앉아서 변론을 일삼았지만
그는 일본 대학에 다니면서 4년 동안을 제철회사에서
노동을 한 강자(强者)다

나는 이사벨 버드 비숍 여사와 연애하고 있다 그녀는
1893년에 조선을 처음 방문한 영국 왕립지학협회 회원이다
그녀는 인경전의 종소리가 울리면 장안의
남자들이 모조리 사라지고 갑자기 부녀자의 세계로
화하는 극적인 서울을 보았다 이 아름다운 시간에는
남자로서 거리를 무단통행할 수 있는 것은 교군꾼,
내시, 외국인의 종놈, 관리들뿐이었다 그리고
심야에는 여자는 사라지고 남자가 다시 오입을 하러
활보하고 나선다고 이런 기이한 관습을 가진 나라를
세계 다른 곳에서는 본 일이 없다고
천하를 호령한 민비(閔妃)는 한번도 장안 외출을 하지 못했다고……

전통은 아무리 더러운 전통이라도 좋다 나는 광화문
네거리에서 시구문의 진창을 연상하고 인환(寅煥)네

처갓집 옆의 지금은 매립한 개울에서 아낙네들이
양잿물 솥에 불을 지피며 빨래하던 시절을 생각하고
이 우울한 시대를 파라다이스처럼 생각한다
버드 비숍 여사를 안 뒤부터는 썩어 빠진 대한민국이
괴롭지 않다 오히려 황송하다 역사는 아무리
더러운 역사라도 좋다
진창은 아무리 더러운 진창이라도 좋다
나에게 놋주발보다도 더 쨍쨍 울리는 추억이
있는 한 인간은 영원하고 사랑도 그렇다

비숍 여사와 연애를 하고 있는 동안에는 진보주의자와
사회주의자는 네에미 씹이다 통일도 중립도 개좆이다
은밀도 심오도 학구도 체면도 인습도 치안국
으로 가라 동양척식회사, 일본영사관, 대한민국 관리,
아이스크림은 미국놈 좆대강이나 빨아라 그러나
요강, 망건, 장죽, 종묘상, 장전, 구리개 약방, 신전,
피혁점, 곰보, 애꾸, 애 못 낳는 여자, 무식쟁이,
이 모든 무수한 반동이 좋다
이 땅에 발을 붙이기 위해서는
―제3인도교의 물속에 박은 철근 기둥도 내가 내 땅에
박는 거대한 뿌리에 비하면 좀벌레의 솜털
내가 내 땅에 박는 거대한 뿌리에 비하면

괴기영화의 맘모스를 연상시키는
까치도 까마귀도 응접을 못하는 시꺼먼 가지를 가진
나도 감히 상상을 못하는 거대한 거대한 뿌리에 비하면……

―「거대한 뿌리」(《사상계》, 1964. 5) 전문

위의 시에서 화자는 과거 우리의 일상인들의 생활을 기억하고 역사에

대한 인식까지 바꾸게 된다. "광화문 네거리에서 시구문의 진창을 연상하고", "개울에서 아낙네들이 빨래하던 시절을 생각하고", "우울한 시대를 파라다이스처럼 생각한다." 이러한 인식의 변화 끝에 더러운 역사가 황송하고 좋아진다. 이와 같은 생각의 전환이 방향을 상실한 맹목적 역사주의라면 화자의 마음에 "놋주발보다도 더 쨍쨍 울리는 추억"은 없었을 것이다.

맹목적인 '진보주의자'나 '사회주의자', 허울뿐인 '통일'과 '중립', 그리고 현실의 질곡을 초래한 '동양척식회사' '일본영사관' '대한민국 관리' 등이 오히려 부정의 대상이 된다. 화자는 이와 대척의 자리에서 외래문화에 반동하는 "요강, 망건, 장죽, 종묘상, 장전, 구리개 약방, 신전, 피혁점, 곰보, 애꾸, 애 못 낳는 여자, 무식쟁이"를 순수한 전통으로 인식한다. 화자는 인식의 전환을 통해 새로운 사실을 깨달았다. 도시 속에도 그 중심적 위치에서 소외된 것들이 있고, 그곳에 사는 사람들의 삶이 있고, 그 삶의 피로가 있다. 김수영은 그것들을 통해 새로운 인식을 얻을 수 있다고 생각했다. 적대적인 것이었던 중심과 주변의 관계를 없앨 때, 중심적 구조가 철회될 때 새로운 관계의 열림과 해체가 만들어진다. 이를 통해 새로운 문화적 접촉을 경험한다. 거주민 다수의 삶과 연관하여 생각한다면 '도시'는 중심적 위치로서 기능하는 것이 아니라 역사적 실체와 가까운 자리에 있게 된다. 말하자면 구체적인 사건들과 그것에 얽힌 이야기들이 더 중요해진다. 때문에 민속학적이고 구술적인 것들이 그 가치를 인정받게 된다. 전통적인 시어와는 달리 비속어와 욕설까지 포함한 거침없는 언어의 폭주는 억압과 허울의 반역사적인 사실을 일시에 뒤집을 수 있는 힘을 보여준다.

사실 반동은 이 나라를 지탱하는 거대한 뿌리였으며, 화자가 이 땅에 발붙이고 있을 수 있는 유일한 조건이었다. 그러므로 다른 어떤 것도 이 거대한 뿌리와 견줄 수 없다. 전통에 대한 화자의 인식은 '더러운 / 깨끗한', '민중 / 지배자', '반동 / 인습'의 대립적 형태로 표현된다. 전자가 진정한 역사의 모습이라면 후자는 잘못된 역사의 현실이다. 역설적으로 표현된 '더러운 전통'은 곧 역사의 '거대한 뿌리'며, 현실에 대한 부정인 동시에 새로운 긍정의 출발이 되는 셈이다.[18)]

이 시에는 오욕의 역사와 궁핍한 전통에 대한 긍정적 시각이 잘 드러난다. 김수영은 과거를 돌아보고 그 과거로부터 현재를 극복할 수 있는 힘을 얻었다. 그가 생각한 민중적 역사의 전통은 발산적이고 해체적이어서 무수한 반동과도 같다. '반동'이라는 말에는 비합리적인 현실의 억압에 눌려서 허덕이는 사람들과 모든 것들에 대한 사랑과 신뢰가 숨어 있다. 김수영은 어떤 질서와 체제로 수렴되는 중심의 자리에서는 결코 알 수 없는 원초적 생명과도 같은 '반동'이 지니는 역설적 사랑을 주변의 자리에서 터득했다. 그것은 중심이 아닌 주변에 서 있는 사람이 발견한 사랑이고 기술이다. 김수영은 그 사랑의 기술을 도시의 피로로부터 배웠다. 피로를 통해 사랑을 배우는 것은 스스로 중심에 있다고 생각하는 사람에게는 가능한 일이 아니다.

> 난로 위에 끓어오르는 주전자의 물이 아슬
> 아슬하게 넘지 않는 것처럼 사랑의 절도(節度)는
> 열렬하다
> 간단(間斷)도 사랑
> 이 방에서 저 방으로 할머니가 계신 방에서
> 심부름하는 놈이 있는 방까지 죽음 같은
> 암흑 속을 고양이의 반짝거리는 푸른 눈망울처럼

---

18) 김우창은 김수영이 '더러운 전통'과 '더러운 역사'를 있는 그대로 아무런 감정적인 진통제 없이 받아들일 수 있었던 것은 냉철한 자기성찰의 눈이 있었기 때문이라고 설명하였다(김우창, 「예술가의 良心과 自由」, 『김수영의 문학』, 민음사, 1983, 196쪽).

사랑이 이어져가는 밤을 안다
그리고 이 사랑을 만드는 기술을 안다
눈을 떴다 감는 기술—불란서혁명의 기술
최근 우리들이 4·19에서 배운 기술
그러나 이제 우리들은 소리 내어 외치지 않는다
—「사랑의 변주곡」(《현대문학》, 1968. 8) 중에서

위의 시에서 화자는 사랑을 너무 크게 "소리내어 외치지 않는다." 그것은 눈을 떴다 감는 기술이다. "불란스혁명의 기술"과 "최근 우리들이 4·19에서 배운 기술"이지만 그것과는 다르다. 혁명이 소리 높여 자유를 부르짖을 때에도 사랑은 외치지 않는다. 또한 사랑을 찾아야 할 곳은 멀리 있는 산이 아니라 시인이 살고 있는 그 자리, 바로 도시다. 그 도시에서 혁명이 일어났고 자유의 정신이 날뛰었던 것이다. 그는 혁명의 목소리 뒤에 숨어 있는 사랑의 목소리를 알았다. 도시의 소음 속에 단단한 사랑의 씨앗이 숨어 있다는 사실을 깨우쳤으며 그 사랑을 만드는 기술을 배웠다.

그러니 1960년대 서울은 온갖 패악의 근원지였다.[19] 그럼에도 불구하고 화자는 "사랑의 기술"을 "도시의 피로"에서 배울 거라고 어린 아들에게 가르치고 있다.

아들아 너에게 광신을 가르치기 위한 것이 아니다
사랑을 알 때까지 자라라
인류의 종언의 날에

19) 유중하, 「김수영과 4·19 : 사랑을 만드는 기술」, 《당대비평》, 2000년 봄호, 407쪽 참조. 유중하는 프랑스 혁명과 달리 시민의 손으로 일궈낸 4·19 혁명이 도시적 공간을 배경으로 하고 있다는 사실을 가볍게 여겨서는 안 될 것이라고 말한다.

너의 술을 다 마시고 난 날에
미대륙에서 석유가 고갈되는 날에
그렇게 먼 날까지 가기 전에 너의 가슴에
새겨둘 말을 너는 도시의 피로에서
배울 거다
이 단단한 고요함을 배울 거다
복사씨가 사랑으로 만들어진 것이 아닌가 하고
의심할 거다!
복사씨와 살구씨가
한번은 이렇게
사랑에 미쳐 날뛸 날이 올 거다!
그리고 그것은 아버지 같은 잘못된 시간의
그릇된 명상이 아닐 거다

—「사랑의 변주곡」 중에서

"도시의 피로"에서 어떻게 사랑을 배우는가. 사실 '자연'을 개척하고 변형하여 건설한 도시는 인간의 욕망이 가장 잘 구현된 공간이다. 그 도시는 "도야지우리의 밥찌끼"같은 곳이며, 이 때 "봄베이도 뉴욕도 서울도" 모두 부정적 공간이 된다. 그런 의미에서 도시가 자본주의와 제국주의가 만들어낸 대표적인 욕망의 집결지라는 말은 맞다.[20] 그러나 도시를 자연의 상대적인 개념으로 이해한다면 그것은 단지 근대적 공간으로서의 부정적인 도시일 뿐이다. 장소는 대상과의 거리를 발견하고 자기를 차이화하는 과정을 통해 특별한 역사적 의미를 지닐 때 공간과 구별된다. "도시의 피로"는 그 중심에서 배울 수 있는 게 아니다. 도시를 단순히 욕망의

---

20) 금동철, 「도시의 '피로'를 넘는 사랑의 미학」, 이승원 외, 『시의 아포리아를 넘어서』, 이룸, 2001, 301쪽 참조.

집결지라고 이해할 경우 우리는 이 시의 '도시'가 지니는 장소적 의미를 파악할 수 없다. 동시에 욕망의 찌꺼기 같은 도시에서 근대의 한가운데를 살아왔던 화자가 "아버지 같은 잘못된 시간의 / 그릇된 명상이 아닐 거다" 라고 말하는 이유 역시 알 도리가 없다. 시인은 '욕망' 속에서 '사랑'을 발견하겠노라고 말하지 않는가. 그 말은 "도시의 피로" 속에 사랑이 있다는 뜻이다. "인류의 종언의 날"에 가슴에 새겨둘 말을 "도시의 피로"에서 배울 것이라는 화자의 정언은 중심이 아닌 주변에서 피로를 통해 사랑을 배우라는 뜻이다.

문제는 "도시의 피로"에 있다. 찌꺼기 같은 세계를 극복하고 진정한 자유를 통해 사랑을 배우는 일은 "도시의 피로"를 통해서만 가능하다. 한때 도시의 '광신'을 믿었던 적이 있었던 그가, 이제 아버지가 되어 아들에게 '광신'을 경계할 것을 부탁한다. 넓은 의미에서 광신이란 서구적 모더니즘에 대한 맹목적 충동이며, 잘못된 욕망이며, 잘못된 시간이며, 잘못된 명상이다. 이것은 스스로 중심에 있다는 생각에서 나온다. 단단한 껍질이 되어 고요히 잠자고 있는 씨앗을 감싸는 일은 중심 밖에서의 일이다. 그것이 도시에서 얻는 '피로'다. 김수영은 그것을 자처했다. 이처럼 김수영이 더러운 전통 속에서 거대한 뿌리를 발견하고 도시의 피로를 통해 사랑을 배울 수 있었던 것은 중심의 자리가 아닌 주변의 자리에 있었기 때문이다.

5. 결론

김수영은 자유를 무산시키고 방해하는 수많은 적들을 경험했다. 가려진 현실을 인식하고 진실을 보여주기 위해서 현실과 대립적 위치에 서기를 자처했다. 그 목적을 위해 스스로 적이 되기도 했다. 김수영이 어려운 현실에서 힘겹게 유지해 온 그 "노력의 현장성"은 장소적 의미가 소거된 공간에서는 이해하기 어렵다. '현장성'이 제외된 그의 시는 하나의 입장이거나 이념일 가능성이 많고, 또 물리적인 실체로서만 기능하게 될 것이기 때문이다. 더불어 그 장소가 단순한 공간의 의미를 넘어선다는 점에서 그것은 교통을 내재한다. '교통'이 중심을 배척하지 않는 "중심의 끊임없는 이동이며, 중심 그 자체의 우연성을 의미하는 것"[21]이라면, 김수영 시의 장소적 의미가 교통과 이동의 의미를 함께 포함하고 있는 것은 당연한 일이다. 그러므로 김수영 시를 이동과 움직임, 그리고 장소적 의미를 통해 해석하는 일은 의미가 없지 않다.

김수영 시의 현장성과 장소의 의미는 대상과의 거리를 발견하고 자기를 차이화 하려는 적극적인 사유 때문에 가능하다. 그것은 시속에 나타나는 이동과 움직임을 통해 확인할 수 있다. 김수영은 이동과 움직임을 통해 현실의 공간을 경험적 장소로 이해하였다. 그 움직임과 이동이 직진을 목표로 하지 않고 우회하고 잠시 멈추고 다시 가는 움직임과 이동이라는 점에서 장소의 숨은 의미를 더 잘 파악할 수 있었다. 그리고 이러한 움직임과 이동이 중심에서 벗어나 주변으로 향한다는 점에서 중심의 위치에서 알 수 없는 새로운 사실들을 확인할 수도 있었다. 그것은 중심이 지니는 억압적이고 확정적인 틀로부터의 이탈과 새로운 가능성을 향한 시도다.[22] 구체적으로 도시의 중심에서 소외된 것들에 대한 관심과 도시의 피

---

21) 가라타니 고진[柄谷行人], 앞의 책, 199쪽.

22) 가라타니 고진[柄谷行人]은 루드비히 비트겐슈타인(L. Wittgenstein)의 언어게임을 설명하는 자리에서 언어가 차이의 형식 체계로 규정될 때, 그것은 언어가 어떤 초월적인 중심에 대해 조직되고 닫혀있다는 것에 대한 비판이라고 해석하였다. 중심이라는 공시적 체계로부터의 이탈을 통해서, 곧 외재적인 것을 통해서 사유는 규칙을 벗어날 수 있다(가라타니 고진, 『탐구 1』, 송태욱 옮김, 새물결, 1998, 42~59쪽 참조). 김수영 시의 이동과 움직임은 중심의

로를 통해 얻을 수 있었던 사랑이 이를 증명한다. 중심은 스스로에 대한 시각을 결하고 있다. 김수영은 질서와 체제로 수렴되는 중심의 위치에서 벗어나 주변의 자리에서 피로를 통해 사랑을 깨우쳤다. 적극적인 사유의 이동과 움직임을 통해 그는 중심의 밖에 있는 것들의 영역이 지니는 독특하고 중요한 의미를 읽을 수 있었던 것이다.

공간을 주변적 장소로 이해하는 계기가 된다는 점에서 프리드리히 니체(F. Nietzsche)의 원근법적 도착, 즉 규칙에 얽매인 것을 풀어주는 것으로 해석할 수 있다. 말하자면 공간을 다양한 힘이 발현되는 장소로 되돌려 주는 작업으로 볼 수 있겠다.

시와 존재사건학

1. 사건과 존재

'사건(event)'이란 개념론적 관점에서 보았을 때, 세계를 이루는 기본 범주의 하나다.[1] 사건과 대립되는 개념으로 '상태(state)'가 있다. 상태는 시작이나 끝이 없는 '사실(fact)'로서만 인식될 뿐이다. 상태와 사건은 우리말 어휘 의미구조 표기에 기본적으로 부여되는 존재론적 범주에 속한다.[2] 상태는 일반적으로 성질을 포함하는 넓은 의미로 쓰인다. 상태는 자주 무(無)시간과 관련되기 때문에 비과거 형태소(비과거 = 현재 + 미래) 중 미래의 영역은 삭제된다.

사건은 상태에 비해 그 의미의 폭이 훨씬 넓다. 일반적으로 사건은 두 개의 영역으로 나뉜다. 사람이 감각으로 위치 이동을 인식하지 못하는 변화를 '과정'이라고 하고, 이동을 확인할 수 있으면 '활동'이라고 한다.[3]

---

1) 양정석, 『국어 동사의 의미분석과 연결이론』, 박이정, 1995, 44~45쪽 참조. 전통 문법의 품사론적 연구에서 용언을 형용사와 동사로 가른 것은 상태성과 사건성에 의한 분류라고 할 수 있다.

2) 상태는 성상을 나타내는 그림씨들과 존재를 나타내는 '있(다)', 그리고 지정을 나타내는 '이(다)'로 표현된다. 사람의 주관적인 인식 세계 안에는 변하지 않는 것도 있으며, 짧은 시간 안에는 감지할 수 없는 미세한 변화도 있다. 또한 긴 시간 동안에 눈으로 확인할 수 없는 것도 있다. 이러한 것은 상태로 인식된다.

3) 김차균, 『우리말의 시제 구조와 상 인식』, 태학사, 1999, 250쪽.

과정이나 활동은 전통적으로 움직씨로 표현된다. 과정과 활동을 합쳐서 언어학에서는 사건이라고 부른다. 그러므로 사건에는 반드시 일정한 시간이 개입한다. 이를 정리하면 다음과 같다.

구분	특성	시간 지표	예
상태	사실·성질 존재·지정	0	사과는 붉다 꽃이 있다 저것은 나무다
사건	과정	+	배가 썩었다 방이 추워진다
	활동	+	공이 구른다 사람이 달린다

요시히코 이케가미는 변화에 주목하여 사건을 크게 '추이'와 '운동'으로 구분했다. 추이는 상태의 변화를 의미하며, 운동은 장소의 변화를 뜻한다.[4] 그가 말하는 '추이 / 운동'은 앞서 살핀 '과정 / 활동'의 개념과 비슷하나. 그런데 요시히코 이케가미가 주장하는 것처럼 상태의 변화가 추이라고 한다면, 우리말의 상태에 포함되는 많은 부분이 추이에 해당된다. 상태가 외적일 때보다 개인의 정신이나 심리 속에서 일어나는 내적인 것일 경우 문제가 된다.[5] 소설이 곧 사건이라고 할 만큼 서사 양식에서 사건은 중요하게 다루어져 왔다.[6] 구조주의자들도 사건이라는 개념을 작

4) 요시히코 이케가미[池上嘉彦], 『시학과 문화기호론』, 이기우 역, 한국문화사, 1994, 196쪽. 움직이는 것이 개체가 아니라 연속체라면 운동보다도 추이에 가깝다.

5) '슬프다'는 분명 외적으로는 상태를 지시하지만 내적으로는 변화의 지표를 가진다는 점에서 요시히코 이케가미가 말하는 '추이'에 가깝다.

6) 제랄드 프랭스(G. Prince)는 '사건(event)'을 '상태적(stative)'인 것과 '행동적(active)'인 것으로 나누고 서사물 내에서는 두 사건의 비율이 서사물의 중요한 특징이 된다고 했지만 엄밀하게 사건을 구분하지는 않았다(제랄드 프랭스, 『서사학』, 최상규 역, 문학과지성사, 1988, 100쪽 참조). 러시아 형식주의에서 플롯의 최소단위를 '동기(motif)'라고 하는데, 그것이 단 하나의 언급이나 행동으로 이해할 수 있다는 점에서 사건에 가깝다(라만 셀던(R. Selden), 『현대 문학 이론』, 현대문학이론연구회 역, 문학과지성사, 1987, 28쪽 참조).

품 속에서 그것이 전달되는 방식, 즉 서사의 통사론적 구성에 의해 결정된다고 보았다. 그러나 특정한 사건을 사건이게끔 만들어주는 것은 현실과의 의미론적 상관성이다. 사건은 그것이 속한 세계상이 부여한 일정한 법칙에 대한 의미심장한 일탈의 형식으로 구현된다.[7] 그러나 서사 양식에서 사용하는 사건은 우리말의 쓰임에 따른 상태와 사건의 분류와는 정확히 일치하지 않는다.

특별히 마르틴 하이데거는 존재를 하나의 '사건(Ereignis)'으로 강조했다.[8] 사건은 우리의 계획과 능력 밖에서 우리의 자의와 무관하게 그 자체로 벌어지고 있는 어떤 일을 의미한다.[9] 존재사건은 존재자 중심의 태도와 이론적 해명의 의지를 버리는 순간에 찾아온다. 사건과 관련된 존재는 '있음'(존재)과 '～임'(지정) 두 가지를 다 포함하고 있는 포괄적인 개념이다. 그러므로 앞서 언어학에서 분류한 상태와 사건의 개념은 더 넓은 의미의 사건 속에 포함시켜 이해할 필요가 있다. 하이데거는 사건과 관련된 존재의 본래적 의미를 '현전(Anwessen)', 즉 은폐성에서 비은폐성으로 올라서자 벌써 은폐성으로 떠나기 시작하는 그러한 '머묾(Weilen)'에 있다고

---

7) 일반적으로 서사 양식에 있어서 사건은 플롯을 구성하는 요소다. 기호론자들에게 사건은 세계상과의 관련에 따라 결정된다. 여타의 인물들에게는 '금지'되어 있는 '의미론적 경계의 돌파'가 주인공에 의해 감행되었을 때, 비로소 사건은 성립되며 이러한 사건들의 총체로서 '수젯'(플롯)이 구성된다.

8) 마르틴 하이데거(M. Heidegger)의 철학을 '존재사건학'으로 보고 해석하고 정리한 이는 이기상(『하이데거의 존재사건학 : 존재진리의 발생사건과 인간의 응답』, 서광사, 2003)과 문창옥(「현대철학의 하이데거적 문맥에서 본 화이트헤드의 사건분석」, 《동서철학연구》 28, 2003)이다.

9) 마르틴 하이데거(M. Heidegger)는 이를 두고 존재가 '탈은폐'되고 있다고 했다. 말하자면 이것은 '비은폐성의 사건'이며 '존재진리의 발생사건'이라고 할 수 있다(이기상, 앞의 책, 165쪽 참조). 근거를 동반하지 않는 사건이라는 주제를 가장 철저하게 부각시킨 사람은 마르틴 하이데거와 알프레드 화이트헤드(A. Whitehead)였다. 이들은 모든 사물이 이런 저런 방식으로 자기를 실현하고 있는 것으로 간주되어야 한다고 보았다(문창옥, 앞의 글, 203쪽 참조).

했다. 이때 현전은 밝힘에 의존하며, 때로 현전 그 자체가 비은폐성을 가져온다.[10] 하이데거는 예술 작품을 설명하는 자리에서 '탈은폐'라는 용어를 적극적으로 사용한다.[11] 사건이 자신을 들추어내는 것처럼 예술은 자신의 고유한 방식으로서 존재를 개시한다. "예술이 진리의—작품—속으로의 자기정립"이라는 하이데거의 말에서 진리란 '드러남' '감추어져 있지 않음' '숨겨져 있지 않음' 등의 의미가 된다. 그것은 탈은폐 그 자체다. 하이데거에 따르면 이러한 밝힘의 사건이 지금까지 숨겨져 왔던 존재의 근본적인 특징이 된다.[12]

이 글은 김수영 시를 존재사건학으로 보고 그 현상을 구체적으로 확인하고자 한다. 사건은 김수영 시를 이해하는 데 매우 유의미한 지표다. 특별히 그의 시에서 사건은 시간과 공간이라는 외부적 조건 속에서 그 의미를 획득한다. 물론 사건이라는 용어는 우리말 용언의 의미와 '상(相)' 인식에서 빌려왔다. 그러나 철학적 명제로서의 사건의 의미가 포함된 술어로 사용할 것이다. 따라서 상태에 포함되는 어떤 우연적 상황도 사건이 된다. 쉽게 말해 사건이란 인간에게 닥쳐오고 있는 어떤 것이며, 그러므로 어떤 것이 탈은폐되고 있는 것을 가리킨다. 이 과정을 통해 사건은 의미

---

10) 가령, 아기의 탄생은 산모에게 새로운 세계의 출현을 의미한다고 볼 수 있다. 현전과 밝힘의 관계는 일방적인 것이 아니다. 현전하게 함은 특별한 존재자 전체를 특정한 방식으로 현전하게 하는 사건을 말한다(이기상, 앞의 책, 117쪽 참조).

11) 마르틴 하이데거(M. Heidegger)는 존재자의 비은폐성을 'alētheia'라는 그리스어를 회상하는 것으로부터 출발한다. 그는 사물과 작품, 진리, 예술이 모두 비은폐성으로 그 존재를 드러내는 것으로 설명한다(마르틴 하이데거, 『예술 작품의 근원』, 오병남·민형원 역, 경문사, 1979). 사물과 작품, 진리, 예술은 망각과 은폐(lēthē)를 극복하고 부정하는 것을 그 본질로 한다.

12) 김수영의 산문 「반시론」과 「시여, 침을 뱉어라」에서의 존재 사유의 특징적인 측면들을 마르틴 하이데거(M. Heidegger)의 존재론적 원리를 바탕으로 상세하게 검토한 이가 김유중이다(「김수영 시의 모더니티 5」, 《국어교육》 114, 2004, 325~358쪽).

화된다. 흥미로운 사실은 사건이 특정한 장소에서 필연적으로 그 의미를 드러내고, 장소의 성격은 드러난 사건의 사실(의미)에 의해 결정된다는 점이다. 이처럼 장소와 사건이 긴밀하게 연결되어 있으므로 사건을 다룰 때 장소의 문제를 함께 다루고자 한다.

2. 세계의 개진과 사건을 통한 자기실현

김수영은 본격적인 시론을 쓴 적이 없다. 그러나 그는 여러 산문에서 시론에 해당하는 사유의 흔적을 보여준 바 있다. 예컨대, 그가 산문에서 사용한 "세계의 개진"이라는 말은 그의 시론을 설명하는 중요한 용어에 해당한다. "세계의 개진"에서 개진이 함의하는 탈은폐는 사건의 본질적 의미에 가깝다.

> 시에 있어서 모험이란 말은 세계의 개진, 하이데거가 말한 '대지의 은폐'의 반대되는 말이다. [중략] 나는 그것들을 통해서 상당한 부분에서 모험의 의미를 연습해보았다. [중략] 산문이란, 세계의 개진이다. 이 말은 사랑의 유보로서의 '노래'의 매력만큼 매력적인 말이다. 시에 있어서의 산문의 확대 작업은 '노래'의 유보성에 대해서는 침공(侵攻)적이고 의식적이다. [중략] 예술성의 편에서는 하나의 시작품은 자기의 전부이고, 산문의 편, 즉 현실성의 편에서도 하나의 작품은 자기의 전부이다. 시의 본질은 이러한 개진과 은폐의, 세계와 대지의 양극의 긴장 위에 서 있는 것이다.
>
> —「시여, 침을 뱉어라」(1968. 4) 중에서

김수영은 "세계의 개진"이라는 말을 하이데거가 말한 "대지의 은폐"의 반대되는 말로 사용했다.[13] 그가 "세계의 개진"을 상당히 모험적으로 연습했다는 것은 시가 지니는 '노래'의 예술성과 정반대이기 때문이다. "세계의 개진"은 "노래의 유보성"에 대해 침공적이어서 시인이 의식적으로 하지 않으면 안 된다. 김수영은 세계를 개진하는 대표적인 양식으로 산문을 꼽았다. 개진은 탈은폐로 자신을 드러내는 행위다. 그것은 하나의 사건이다. 세계의 모든 존재는 스스로를 드러냄으로써 사건을 만든다. 산문 역시 운문과는 달리 사건을 다룬다. 시가 자신의 존재를 숨김으로써 예술성을 획득한다면, 산문은 자신을 드러냄으로써 현실성을 획득하는 것이다. 김수영은 산문의 본성에 가까운 "세계의 개진"을 시가 지녀야 할 또 다른 본질로 보았다. 김수영의 선진성이 여기에 있다. "그가 보는 것은 남들이고, 소재이고, 현실이고, 신문"이기 때문에 시인이 시속에 끌어들인 산문(현실)은 노래의 음악성을 파괴한다. 이를 정리하면 아래와 같다.

세계의 개신	대지의 은폐
모험	유보
산문	노래
의식적	무의식적
현실성	예술성
내용	형식

김수영은 그러나 '세계의 개진 / 대지의 은폐', '내용 / 형식'이 시의 반반이 아님을 강조했다.[14] "시에 있어서의 내용과 형식"은 "내용이 반

13) 김수영이 마르틴 하이데거(M. Heidegger)의 '밝힘(Lichtung)'과 '은폐(Verborgen)', 세계와 대지의 긴장에 관한 내용을 통해 시의 내용과 형식의 통일에 대한 사유를 정리하였다는 점에서 주목할 필요가 있다.

14) 스스로를 여는 '개시성(Offenheit)'으로 이해되는 '세계(Welt)'와 자기를 폐쇄하고 은폐하는 것이 자발적으로 이루어지는 '대지(Erde)'는 본질적으로 서로 다른 것이다. 그러나 세계가

형식이 반이라는 식으로 도식화해서 생각해서는 아니 된다." 시는 예술성의 편에서도, 산문(현실성)의 편에서도 하나의 작품 전부가 된다. 김수영은 시의 본질이 "개진과 은폐의, 세계와 대지의 양극의 긴장 위에 서 있는 것"이라고 했다. "언어의 서술과 언어의 작용은 시의 본질에서 볼 때는 당연히 동일한 비중을 차지해야 할 것이다"(「생활현실과 시」, 1964. 10)라며 이 둘을 한 작품의 동질적 구성 계기로 보았다. 그 둘이 분리될 수 없음을 의식과 무의식의 관계로 번역했다는 점에서 김수영의 탁월함이 돋보인다. '산문'과 '모험'이 공통으로 지니는 의미는 '밝혀 낸다'는 것이다. 놀랍게도 김수영은 산문에서 시의 현대성을 발견했다.

> 그가 보는 것은 남들이고, 소재이고, 현실이고, 신문이다. 그것이 그의 의식이다. [중략] 이러한 의식이 없거나 혹은 지극히 우발적이거나 수면(睡眠) 중에 있는 시인이 우리들의 주변에는 허다하게 있지만 이런 사람들을 나는 현대적인 시인이라고 부를 수는 없다.
>
> —「시여, 침을 뱉어라」(1968. 4) 중에서

자신이 보는 것들, 말하자면 "남들이고, 소재이고, 현실이고, 신문"을 의식의 차원에서 다시 발견할 때, 그를 현대적인 시인이라고 부를 수 있다는 게 김수영의 생각이었다. 시의 현대성은 물론 시의 예술성 조건이 충족되어 있어야 한다. 그런데 예술성은 시인이라면 무의식적으로 구비하고 있어야 하는 것이다. 시인이 그것을 의식할 때, 진정한 기교가 아니라 만들어진 기교가 된다. 반면에 현대성은 시인이 의식적으로 갖추어야 할 무엇이다. 그러므로 시의 현대성은 모험이고 침공적일 수밖에 없다.

대지 위에 근거하고 있으며 대지가 세계를 관통하고 있다는 하이데거의 생각(마르틴 하이데거, 앞의 책, 117쪽 참조)을 김수영은 대체로 받아들이고 있다.

이상의 논의를 통해 볼 때, 김수영에게 "세계의 개진"은 '밝힘' '열려 있음' '탈은폐성'을 뜻한다. 그것이 현실성을 직접적으로 지시한다는 점에서 그렇다. 숨겨지고 감춰진 것이 시를 통해 드러난다. 김수영이 말한 "세계의 개진"에서 '세계'는 '개진'이라는 사건이 일어나는 장소다. 역으로 '개진'은 '세계'라는 장소를 통해 진리를 개시하는 사건이 된다. 그러므로 장소와 사건을 따로 있는 게 아니다. 작품이 스스로를 은폐하고 자신 가운데서 안식하고자 하는 측면을 "대지의 은폐"라 했다면, 사건을 통해 스스로를 드러내는 것을 "세계의 개진"이라고 볼 수 있다. 예술작품이 자신의 독자적인 방식으로 존재를 개시할 때, 그것은 작품 가운데서 개시(탈은폐)를 통해서 존재의 진리가 생성됨을 의미한다. 시 「눈」은 특정한 장소에서 벌어지는 특별한 사건을 잘 보여준다.

눈은 살아 있다
떨어진 눈은 살아 있다
마당 위에 떨어진 눈은 살아 있다

기침을 하자
젊은 시인이여 기침을 하자
눈 위에 대고 기침을 하자
눈더러 보라고 마음 놓고 마음 놓고
기침을 하자

눈은 살아 있다
죽음을 잊어버린 영혼과 육체를 위하여
눈은 새벽이 지나도록 살아 있다

기침을 하자

젊은 시인이여 기침을 하자
눈을 바라보며
밤새도록 고인 가슴의 가래라도
마음껏 뱉자

—「눈」(《문학예술》, 1957. 4) 전문

이 시는 "눈은 살아 있다"라는 기저문장의 반복을 통해 존재의 의미가 형상화되는 어떤 사건을 보여준다. '있다'는 존재를 나타내는 말이다. 존재의 대상('눈')과 그 대상이 놓여 있는 장소('마당')를 필수적인 요건으로 한다. '눈이 있다'라고 한다면 그것은 어떤 상태에 불과하지만 "살아"라는 어휘에 의해 그것은 하나의 사건이 된다. 말하자면 '있다'의 존재성이 사건으로 바뀐 것이다. 이 사건은 눈을 바라보는 현상적 화자의 힘에 의해 일어난 것이 아니다. 그렇다고 제3자가 그 사건을 만들지도 않았다. 기저문장만으로는 사건의 의미가 쉽게 드러나지 않는다. 중요한 사실은 이 사건이 '마당'이라는 장소에서 일어난다는 점이다. 먼저 기저문장인 "눈은 살아 있다"에서 확인된 사건은 행을 바꾸어 "떨어진"이라는 수식어를 통해 사건의 의미를 확대한다. 3행에서 다시 기저문장은 "마당 위에"라는 장소를 통해 그 의미를 구체화시키고 있다.

'눈'이라는 비인칭 존재가 스스로 자신의 진리를 세계 속에 사건화하고 있다면, 시의 화자는 "기침을 하자"라는 명령으로 자신과 '시인'의 존재를 증명하고자 한다. 드러나지 않은 화자는 현상적 주체인 '시인'의 목소리를 빌려서 어떤 사건을 도모한다. 그것은 "기침을 하자"라는 문장이 "젊은 시인이여" "눈 위에 대고" "눈더러 보라고 마음 놓고 마음 놓고" "눈을 바라보며"라는 수식하는 구절과 함께 그 의미가 구체화된다. 마지막 연에서 "눈을 바라보며 / 밤새도록 고인 가슴의 가래라도 / 마음껏 뱉자"라는 화자의 발언을 통해 눈과 시인은 동질감을 획득한다. 기침을 하고 가래를 뱉는 행위는 현상적 주체의 강력한 의지에 따른 사건이다. 이를 정리하면 다음과 같다.

구분	성격	장소	사건
눈	비인칭 존재	마당	눈은 살아있다
시인	현상적 주체	마당으로 대표되는 곳	기침을 하자 가래를 뱉자

눈이 살아 있는 장소인 '마당'은 명확하게 시 텍스트 내에 드러나지만, 기침을 하고 가래를 뱉는 시인이 있는 곳은 구체적으로 제시되지 않는다. 그러나 눈과 시인의 관계를 통해 우리는 그 둘이 같은 '마당'에 있음을 알게 된다. '마당'으로 상징되는 사회에 떨어진 눈은 시 텍스트 안에서 은폐되어 있는 시인이 어떻게 살아가야 하는지를 알려주는 중요한 사건이 된다. 이 시는 '마당'이라는 삶의 터전과도 같은 장소에 "눈은 살아 있다"라는 사건이 함께 겹쳐짐으로써 시적 상상력이 촉발되는 경우다. 눈이 스스로 살아 있음으로 존재 진리를 정립하듯이 시인은 기침을 하고, 가래를 뱉는 의식적인 행동을 통해서 정립된다. 이처럼 김수영 시에서 장소와 사건은 매우 밀접한 관련을 지닌다. 장소의 성격은 드러난 사건의 사실에 의해 구체화되고, 사건이 특정한 장소를 배경으로 일어남을 확인할 수 있다.

인간은 자신의 관계 맺음의 영역을 생활 세계로 한정하지 않고, 그것 너머에 존재하는 전체에로 확장한다. 김수영 시에서 장소는 그 넘어섬과 확장을 보여준다. 그것은 현실을 대신하는 비유가 될 수 있다. 비유된 그 장소에 사건이 일어난다. 김수영 시가 특별한 사건을 구체화한다는 의미가 바로 여기에 있다. 김수영은 시를 통해 삶과 생활과 육체와 같은 지극히 현실적인 대상들에 대해서 그것이 거역할 수 없는 명제라는 사실을 이미 수락하고 있음을 보여주는데,[15] 이 사실은 장소의 중요성을 강조한 것이라고 볼 수 있다. 존재의 한가운데서 하나의 열려진 장소가 생성하여 존재하게 된다.[16] 이 장소는 생활 세계와 동떨어진 추상적인 곳이 아니다. 생활 세계란 물리적 공간이 아니라 생활 주체의 이해의 틀이다. 모든 인간 경험이 그 가운데서 행해진다. 그러므로 그것은 주체의 생활 세계를 넘어선 역사적인 장소와 같다. 사건이 실제적 행위가 벌어진 것의 궤적으로서의 역사라는 뜻은 바로 이를 두고 한 말이다. 물론 이때의 역사는 고착화되어 어떤 현장성에도 파괴되지 않는 관념의 역사가 아니다. 김수영의 산문과 시를 통해 이러한 사실을 확인할 수 있다.

3. 비인칭 존재와 우연적 사건

사건은 주체(문장에서의 문법적 주어)의 자발적인 의지로 진행되는 것이 있고, 그렇지 않은 것이 있다. 자발적인 의지가 개입될 수 있는 사건을 '의지적 사건'이라고 한다면, 무정 명사가 주어인 대부분의 사건은 '무의지적 사건'에 해당한다. 유정 명사가 주어이더라도 무의지적 사건인 경우가 많다.[17] 무의지적 사건은 주체가 개입하지 않는다는 측면에서 우연적

---

15) 김주연, 「교양주의의 붕괴와 언어의 범속화」, 『김수영의 문학』, 민음사, 1983, 269쪽.

16) 마르틴 하이데거(M. Heidegger)는 "존재는 자신이 본질상 활동할 수 있는 터(場: Da의 밝힘)를 형성하게 하고, 이 활동할 수 있는 터를 그 자체로서 받아들여, 개시성은 이 터 가운데서, 모든 존재자가 자신의 방식 가운데서 발현하도록 한다"(마르틴 하이데거, 앞의 책, 132쪽)고 했다.

17) 김차균, 앞의 책, 250쪽. 그는 사건을 변화 양상의 정도에 따라 '균질적 사건'과 '전환적

이다. 반면에 일인칭 화자 '나'가 나타나는 경우는 화자의 강력한 의지가 서술어를 통해 전달된다. 대부분의 경우 화자에 의해 새로운 사건이 촉발된다.

김수영 시에서 일인칭 화자가 드러나지 않는 경우는 그리 많지 않다. 일인칭 화자가 없다고 해서 사건이 발생하지 않는 것은 아니다. 사건은 현상적 주체의 의지와는 상관없이 일어난다. 여기에서는 일인칭 화자의 존재 여부와 관계없이 어떤 사건이 일어나는 경우를 검토하고자 한다. 물론 대부분의 경우 무정 명사(비인칭 존재)가 주어인 경우가 많다. 일인칭 화자가 없다는 점에서 그 사건을 무의지적 사건이라고 할 수 있겠지만, 그것은 일인칭 화자를 포함한 현상적 주체의 의지와 아무런 관계가 없다는 점에서 우연적 사건이다. 우선 일인칭 화자가 등장하지 않는 김수영 시에서 비인칭 존재가 만드는 단순한 사건이 어떻게 의미를 획득하게 되는지 살펴본다.

폭포는 곧은 절벽을 무서운 기색도 없이 떨어진다

규정할 수 없는 물결이
무엇을 향하여 떨어진다는 의미도 없이
계절과 주야를 가리지 않고
고매한 정신처럼 쉴 사이 없이 떨어진다

금잔화도 인가도 보이지 않는 밤이 되면
폭포는 곧은 소리를 내며 떨어진다

사건'으로 나누기도 한다. 예를 들어 '놀다' '자다' '끓다' '알다' '모르다' 등은 '균질적인 사건'이며, '깨다' '잠들다' '잊다' '식다' '깨닫다' 등은 '전환적인 사건'이다.

곧은 소리는 소리이다
곧은 소리는 곧은
소리를 부른다

번개와 같이 떨어지는 물방울은
취할 순간조차 마음에 주지 않고
나타(懶惰)와 안정을 뒤집어놓은 듯이
높이도 폭도 없이
떨어진다

—「폭포」(《조선일보》, 1956. 5. 29) 전문

김수영은 이 시에 대해 산문 「연극하다가 시로 전향」(1965. 9)에서 "나타와 안정을 배격"한 시라고 스스로 평가했다. 죽음과도 같은 절벽에서 떨어지는 폭포는 매 순간 자신의 전 존재를 건 결단을 내려야만 하는 인간의 모습과 무척 닮았다. 아무런 두려움 없이 절벽 아래로 떨어지는 폭포의 모습은 "고매한 정신"의 소유자일 수 있다. 그런데 이 시에는 일인칭 화자 '나'가 나타나지 않는다. 대신 비인칭 존재인 폭포가 주체가 된다. 폭포가 떨어지는 것이 이 시의 중심 사건이다. 이 사건이 일어나는 장소는 폭포가 떨어지는 "곧은 절벽"이며, 놀랍게도 폭포는 스스로 떨어짐으로써 장소가 된다. "규정할 수 없는" 폭포의 물결은 연속적인 움직임을 보여준다. 움직임은 장소의 이동을 통해 구별되는 게 아니라 전체의 일부로서의 부분이다. 폭포가 스스로 떨어짐으로써 장소가 된다는 말은 이 때문이다. 물방울이 움직여 만드는 물의 이동, 즉 떨어짐이 없다면 폭포는 만들어지지 않는다. 이 경우에는 움직이는 것과 움직임이 이루어지는 장소가 구별되지 않는다. 폭포가 어떻게 사건이 되며 진리를 드러내는지 살펴보자. '폭포가 떨어진다'라는 기저문장이 연을 바꾸면서 의미를 확대한다. 의미의 확대는 '없이' '않고' '없는' 등의 부정어의 반복을 통해 이루어진다. 예외적으로 4연은 부정어가 한 번도 사용되지 않았다. 또한 '폭포가 떨어진다'라는 기저문장의 반복 대신에 소리에 대한 진술로 이루어져 있다. 1연과 2연의 시각적인 장면이 3연에서 '밤'이라는 시간적 배경을 통해 청각적 이미지로 전환된다. 이 장치는 소리가 지니는 중요성을 강조하기 위한 의도적인 배치다. 3연에서 "폭포는 곧은 소리를 내며 떨어진다"라는 구절을 참조한다면 "소리"를 내는 것과 "떨어진다"가 서로 다르지 않음을 알 수 있다.

폭포를 폭포이게 하는 것은 바로 "떨어진다"라는 움직임이다. "떨어진다"는 폭포를 하나의 사건으로 개시한다. 더 중요한 것은 '폭포가 떨어진다'라는 사건이 "곧은 소리"를 획득한다는 데 있다. "떨어진다"라는 서술어의 쓰임에서 시작하여 "곧은 소리"로 바뀌는 전 과정을 통해 폭포의 존재 진리가 탈은폐되는 것이다. 소리는 청각으로만 남아 있지 않고, 다시 "곧은"이라는 정신적 차원의 의미를 획득한다. "곧은"이라는 어휘는 모양을 뜻하는 형용사다. 반면에 소리는 '들리는' 것이기도 하고 '듣는' 것이기도 하다. 소리를 내는 무언가가 있고, 그 소리를 들을 누군가가 있어야 한다. 폭포는 "의미 없이" 떨어지지만 그 의미는 "곧은"이라는 '듣는' 자가 들은 것이다.[18] 곧은 절벽을 곧은 소리를 내며 떨어지는 폭포는 곧은 소리를 부른다. '폭포가 떨어진다'는 사건은 이처럼 의식의 논리가 아닌 구체적인 자연물의 운동(움직임)에 의해 만들어진 것이다. 다음 시는 우연적 사건이 시 텍스트 내에서 단순하게 보아 넘기기 어려운 중요한 의미를 숨기고 있음을 보여준다.

---

18) 이경덕, 「사물의 시선과 알리바이」, 《실천문학》, 1998년 가을호, 315쪽.

거위의 울음소리는
밤에도 여자의 호마색[縞瑪瑙色] 원피스를 바람에 나부끼게 하고
강물이 흐르게 하고
꽃이 피게 하고
웃는 얼굴을 더 웃게 하고
죽은 사람을 되살아나게 한다

—「거위 소리」(《현대문학》, 1964. 8) 전문

이 시의 출발은 시 전체의 주어인 1행의 "거위의 울음소리는"에서 시작된다. 나머지 모든 행은 이 주어에 의해 결속된다. 표면적으로는 각 행은 각기 다른 사건을 보여준다. 그러므로 텍스트에는 다섯 개의 사건이 있다. "거위의 울음소리"에서 촉발된 사건은 ①원피스를 나부끼게 하고, ②강물을 흐르게 하고, ③꽃을 피게 하고, ④얼굴을 웃게 하고, ⑤죽은 사람을 되살아나게 한다. 그것은 문장 구조에서 보자면 "거위의 울음소리" 때문이지만, 일련의 모든 사건은 사실 1행과 아무런 연관을 지니지 않는다.[19] 인과성의 결여는 각 행끼리도 마찬가지다. 그렇다면 "거위의 울음소리"에 의해 개별 사건이 발생했다고 보아서는 안 되는 것일까. 흥미롭게도 각 행(2~6행)의 목적어는 아무런 연관성이 없지만 대신 움직임이나 변화를 뜻하는 각 행의 서술어들은 긴밀하게 연관되어 있다는 사실을 확인할 수 있다. 시 텍스트 전체의 주어인 1행을 제외한 모든 행이 사건으로 구성되어 있다. 사건의 중첩이 시를 읽는 독자들에게 주술적 환상을 불러일으킨다. 그런데 우리가 놓친 두 가지가 있다. 하나는 이 시의 모든 사건을 가능하게 한 더 근원적인 사건이며, 다른 하나는 그 사건이 일어난

19) 강웅식은 이를 두고 시의 사건을 시의 구조가 보증해주지 못하기 때문이라고 했다(강웅식, 『부정과 생성의 시학』, 청동거울, 2003, 160쪽).

장소가 텍스트 내에서 쉽게 발견되지 않는다는 사실이다. 근원적인 사건이란 시 텍스트 내에서 이 모든 사건을 불러일으켰던 "거위의 울음소리"다. 거위가 먼저 울었고, 그리고 다른 사건이 이어졌다. 이 사건이 불러온 개별적인 사건으로 인해 우리는 이 사건의 장소를 눈여겨보지 않았던 것이며, 마찬가지로 개별적 사건들의 우연적 연쇄가 우리의 의문을 미리 막았던 것이다.

거위는 울음으로써 자신의 존재를 개시한다. 그런데 거위의 울음소리는 스스로의 존재를 개시할 뿐만 아니라 그 소리를 들은 화자에게 그 소리와 관계없이 개시되는 새로운 세계를 보여준다. 어느 날 밤 화자는 거위의 울음소리를 들었다. 그 소리는 화자의 일상과 자연의 일들을 하나의 동시적 경험으로 제시한다. 그러므로 사건과 사건의 인과성이 아닌 사건의 동시성이 강조된다. 동시적 경험에 포섭되는 것은 현재의 일이기도 하고, 경험된 일이기도 하며, 아직 재현되지 않은 일일 수도 있다. 여자의 호마색 원피스가 나부끼는 것과 웃던 사람이 다시 웃는 것은 일상의 일이며, 강물이 흐르고 꽃이 피는 것은 자연의 일이다. 자연스러운 이 일들이 의미 있는 사건으로 개시되는 것은 마지막 행의 죽은 사람이 되살아나는 사건 때문이다. 그러므로 자연 속에 은폐된 사건과 화자의 일상을 전복시키는 것이 "거위의 울음소리"의 본질적인 역할이 된다. "거위의 울음소리"를 듣는 경험은 다른 사건들을 화자의 앞에 갑자기 내세운다. 그런데 그 사건은 화자의 욕망과는 상관없이 일어난다. 사건은 자기를 버리고 자기를 전적으로 경험에 내맡겨버린 화자의 경험으로 되살아난다. 우연적 사건은 근거로 제시되는 것들의 배후에 있었다. 그것은 그 배후에 놓여 있을 뿐 아니라 또한 그것들을 감싸며 속속들이 휘감고 있다.

일인칭 화자가 등장하지 않는 시에서 일어나는 사건을 살펴보았다. 이때의 사건은 현상적 주체의 의지와 아무런 관계가 없는 우연적 사건이다.

두 편의 시에서 일어난 사건('폭포가 떨어지다'와 '거위가 울다')은 어떤 필연성을 내재하고 있는 것은 아니지만 「폭포」에서 폭포의 "곧은 소리"를 듣는 이와 「거위 소리」에서 "거위의 울음소리"를 듣는 자에게 새로운 세계의 개시를 보여준다.[20] 이처럼 사건은 김수영 시에서 매우 의미 있는 역할을 담당하고 있다. 사건의 개념은 단순히 마음과 신체와 무관한 실재의 반영이 아니다. 그것들은 인간의 신체 경험에서 유래한다. 「폭포」에서 떨어지는 폭포의 소리를 "곧은"으로 듣는 일과 「거위 소리」에서 "거위의 울음소리"를 통해 자연의 일과 일상의 일, 그리고 불가능한 일을 떠올리는 것은 마음과 신체의 경험에 의해 가능하다. 여기에서 사건의 의미는 중대하고 제거할 수 없는 방식으로 우리의 체험과 깊은 관련을 지닌다.[21]

4. 현상적 주체와 사건의 전면화

김수영 시에서 일인칭 화자의 역할은 심대하다.[22] 우리말은 의미 전달에 큰 지장이 없는 경우에 종종 주어를 생략하기도 한다. 특히 서정적 문학 장르인 시에서 일인칭 화자인 '나'의 생략은 자연스러운 현상이다.

---

20) 김수영은 「반시론」(1968)에서 "참다운 노래가 나오는 것은 다른 입김이다. 아무것도 바라지 않는 입김. 신의 안을 불고 가는 입김. 바람."이라는 릴케의 말을 인용하고 있다. 이것은 새로운 세계의 펼쳐짐에 대한 김수영의 이해를 집약적으로 보여준다. 시 「미인」이 이를 실험한 사례다(김유중, 앞의 글, 341~345쪽 참조).

21) 조지 레이코프(G. Lakoff)는 사건과 원인을 객관적이지도 않고 주관적이지도 않다고 말했다. 대신 그들은 체험주의적 접근 방식을 내세운다(조지 레이코프, 『몸의 철학』, 임지룡 외 역, 박이정, 2002, 253~255쪽 참조).

22) 일인칭 화자 '나'가 등장하는 시는 140편에 이른다. '나'가 주어(주체)의 위치에 있는 경우는 300회를 넘는다. 상대적으로 '나'가 목적어, 기타 비교의 대상으로 사용되는 경우는 50회 정도다.

이와 달리 김수영은 꾸준하게 개인적이며 이기적인, 심적이고도 물적인 '나'를 시속에 반영한다. 그렇다면 특별히 행위의 주체인 '나'를 강조하거나 타자와의 차이를 부각시키기 위해 사용했다고 볼 수 있다. 김수영 시에서 '나'는 주체의 확고한 의지를 강조하는 특별한 수사적 장치에 해당한다.[23] 여기에서는 일인칭 화자가 현상적 주체로서 시에 등장하여 자신의 의지에 따른 사건을 만드는 경우를 살펴본다.

도립(倒立)한 나의 아버지의
얼굴과 나여

나는 한번도 이[蝨]를
보지 못한 사람이다

어두운 옷 속에서만
이는 사람을 부르고
사람을 울린다

나는 한번도 아버지의
수염을 바로는 보지
못하였다

---

23) 이러한 현상은 김수영이 영어 문법에 익숙했던 탓도 있다. 영문법에서는 일반적으로 주어가 생략되는 경우가 드물다. 영어의 주어는 특별한 경우를 제외하고는 문두(즉 주체의 위치)를 차지하며, 동시에 원칙적으로 의무적인(반드시 존재하지 않으면 안 되는) 것이다. 따라서 영어와 같은 언어에서 특권적으로 주어로 사용되는 항이 있다면, 특히 두드러지는 정도가 높은 것이라 생각할 수 있다(요시히코 이케가미, 앞의 책, 201쪽 참조). 김수영이 번역으로 생계를 이어갔다는 사실, 다른 누구보다도 영어에 능통했다는 사실은 일상적인 문장에서뿐만 아니라 시에서도 잘 나타난다.

신문을 펴라

이가 걸어나온다
행렬처럼
어제의 물처럼
걸어나온다

—「이[蝨]」(《민성》, 1949. 2) 전문

이 시는 일인칭 화자 '나'의 의지가 시 텍스트 내에서 구체적으로 실현됨을 잘 보여준다. 우선 이 시의 사건을 살펴보자. 들여 쓴 5연의 "신문을 펴라"는 화자의 적극적인 의지가 개입된 언술이며, 이 시에서 가장 중요한 사건이 된다. 화자는 이와 같은 특별한 형식적 장치를 통해 자신과 이 시를 읽는 독자에게 동시에 명령을 수행할 것을 요구한다. 이 시의 사건은 신문을 펴는 순간을 기준으로 그 이전에 있었던 과거의 사건과 현재적 시점에서 일어나는 사건으로 구분된다. 그런데 화자의 적극적인 의지가 개입된 신문을 펴는 사건과는 달리 과거와 그 이후의 사건은 화자의 의지와는 상관없이 일어났거나 일어난다. 그러나 화자의 의지와 관계없다고 해서 그 사건이 우연적 사건인 것은 아니다. 우연적 사건은 앞서 살펴본 「폭포」나 「거위 소리」에서처럼 일인칭 화자의 의도가 전혀 개입되지 않는 상황에서 일어난다. 위의 시에서 신문을 펼치는 순간을 계기로 사건화되는 과거의 일과 이후에 일어난 일은 화자와 매우 밀접한 연관을 지닌 것들이다. 가령, 화자가 "한번도 이[蝨]를 / 보지"못했고, "한번도 아버지의 / 수염을 바로는 보지" 못했던 것은 사실일 수 있지만 그것은 우연성으로 이해될 것이 아니다. 화자가 신문을 펼치기 바로 직전까지 걸어나올 "이[蝨]" 역시 화자가 신문을 펼치는 일과 무관하지 않다. "이[蝨]"는 "전통적인 것의 정신적 억압"[24]과도 같아서 끊임없이 기어 나온다. 화자는 행렬지어 기어 나오는 몹쓸 기억들을 막아내기 위해 신문을 펴고 그것을 읽으라고 자신에게 권고한 것이다. "신문을 펴라"라는 문장 속에 화자의 강력한 의지가 개입되어 있음을 확인할 수 있으며, 신문을 펼치는 사건이 매우 중요한 역할을 하고 있음을 발견할 수 있다. 이처럼 김수영 시에서 일인칭 화자 '나'는 발화의 주체로서 매우 중요하다. 화자의 발언이 시를 이끌어간다. 다음 시는 현상적 주체의 의지가 특별한 장소에서 사건을 만드는 경우다.

남의 집 마당에 와서 마음을 쉬다

매일같이 마시는 술이며 모욕이며
보기 싫은 나의 얼굴이며
다 잊어버리고
돈 없는 나는 남의 집 마당에 와서
비로소 마음을 쉬다

잣나무 전나무 집뽕나무 상나무
연못 흰 바위
이러한 것들이 나를 속이는가
어두운 그늘 밑에 드나드는 쥐새끼들

마음을 쉰다는 것이 남에게도 나에게도
속임을 받는 일이라는 것을
(쉰다는 것이 무엇이라는 것을 알면서)
쉬어야 하는 설움이여

24) 박수연, 「김수영 시에서 근대성의 세 요소」, 《한국언어문학》 42, 1999, 307쪽.

멀리서 산이 보이고
개울 대신 실가락처럼 먼지 나는
군용로가 보이는
고요한 마당 위에서
나는 나를 속이고 역사까지 속이고
구태여 낯익은 하늘을 보지 않고
구렁이같이 태연하게 앉아서
마음을 쉬다

마당은 주인의 마음이 숨어 있지 않은 것처럼 안온한데
나 역시 이 마당에 무슨 원한이 있겠느냐
비록 내가 자란 터전같이 호화로운
꿈을 꾸는 마당이라고 해서

—「휴식」(《동아일보》, 1954. 10. 17) 전문

화자인 '나'는 남의 집 마당에 와서 마음을 쉬고 있다. 1연은 이 시의 사건과 장소를 보여준다. "마음을 쉬다"가 사건이며, 그것이 일어나는 장소는 "남의 집 마당"이다. 화자가 마음을 쉬는 이유는 명확하지 않지만 "매일같이 마시는 술"과 "모욕", 그리고 "보기 싫은" 자신의 "얼굴" 때문이다. 남의 집 마당에서 마음을 쉬고 있는 화자의 눈앞에 펼쳐지는 것은 어디에서나 관찰되는 자연의 일부다. "잣나무 전나무 집뽕나무 상나무 / 연못 흰 바위"와 "어두운 그늘 밑에 드나드는 쥐새끼들"이 그것이다. 화자는 "이러한 것들이 나를 속이는가"라고 반문하지만 사실 그것들은 화자를 속이지 않는 몇 안 되는 것들에 속한다. 화자가 마음을 쉬는 동안 무수한 근심과 고민이 그의 머리를 스치고 지나간다. 그러므로 스스로 마음을 쉰다고 생각하는 것은 자신에게 억지로 그 사실을 강요하는 행위가 된다.

화자가 마음을 쉬고 있는 장소는 "멀리서 산이 보이고 / 개울 대신 실

가락처럼 먼지 나는 / 군용로가 보이는" "고요한 마당"이다. 표면적으로는 아무런 문제가 없는 이곳에서 화자는 마음을 쉬는 행위가 뜻하는 '속임'을 적극적으로 사유한다. 주목해야 할 부분은 화자가 남의 집 마당에서 발견하는 것이 단지 자연의 일부인 평화로운 풍경만이 아니라는 점이다. 화자는 마당의 평화를 "안온"하다고 했는데, 그 이유가 "주인의 마음이 숨어 있지 않"았기 때문이라고 생각한다. 그러므로 화자가 마음을 쉬고 있는 마당의 주인이 지녔을 마음이란 안온하지 않다는 말이 된다. 결국 시의 화자가 쉬고 싶어 하는 불편한 마음과 마당 주인의 마음은 다르지 않다. 그러니 화자가 그 마당에 "무슨 원한"을 가질 리는 없다. 그런데 그 마당에 대해 화자는 자신이 자란 "터전같이 호화로운 / 꿈을 꾸는" 곳이라고 했다. 이 구절은 화자의 마음과 남의 집 마당이 다른 곳이 아님을 보여준다. 화자에게 "호화로운 꿈"이란 세속적인 삶에 안주하고 싶은 현실적 욕망이다. 그러므로 마당으로 비유된 그 마음이 안온할 수 없는 것이다. "마음을 쉬다"라는 사건은 "남의 집 마당"이라는 장소에서 일어났다. 이 시는 "마음을 쉬다"라는 사건을 통해 일상적 장소인 마당과 마당의 비유인 화자의 마음 상태를 보여준다. 동시에 그것은 현상적 주체의 적극적인 의지가 개입된 사건임을 확인할 수 있다.

「이[蝨]」와 「휴식」에서 일인칭 화자가 시 속에 직접 나타나는 경우를 살폈다. 이 경우에 사건은 주체의 적극적인 의지에 따라 달라진다. 일인칭 화자가 등장하는 대부분의 시는 화자의 적극적인 의지에 따라 사건이 발생된다. 김수영의 시에서 사건이 전면화되는 사례를 어렵지 않게 발견할 수 있다. 대부분의 경우 대상에 대한 느낌보다는 특정한 사건에 대한 서술이 중심을 이루고 있음을 주목할 필요가 있다.

5. 결론

김수영 시의 특징 중의 하나는 사건이 전면에 드러난다는 사실이다. 이때 강조되는 사건은 일인칭 화자의 존재 유무에 따라 크게 두 가지 양상으로 구분된다. 첫 번째는 일인칭 화자 '나'가 없이 비인칭 주체만 드러나는 경우다. 일인칭 화자가 등장하지 않는 「폭포」와 「거위 소리」에서 우리는 우연적인 사건이 새로운 존재의 세계를 개시함을 확인할 수 있었다. 우연적 사건을 통해 존재의 근원과 본질을 보여주는 이러한 시들은 김수영 시에서 예외적인 사례로 기록되는 「눈」(《한국문학》, 1966. 6), 「풀」(《현대문학》, 1968. 8) 등과 함께 하나의 계보를 형성한다.[25] 두 번째는, 일인칭 화자가 적극적으로 시 속에 침입하는 경우다. 화자가 만드는 사건은 화자의 자기 경험을 극적으로 구성하는 방식으로 나타나는데, 이를 「이[蝨]」와 「휴식」을 통해 살펴보았다. 이때 시는 나날의 삶의 체험과 그 현장성을 보여준다. 이처럼 대부분의 김수영 시에서 경험이 극적인 방식으로 구성됨을 발견할 수 있다. 중요한 사실은 시인의 실천적인 가치 인식이 사건에 내재되어 있다는 점이다. 김수영 시가 특별한 사건을 구체화한다는 의미가 바로 여기에 있다.

'우연적 사건'과 '사건의 전면화'를 통해 김수영은 존재 자체의 근원과 본질을 새롭게 보여주었다. 존재와 사건을 중심으로 볼 때, 김수영은 그가 산문에서 강조한 "세계의 개진"과 "대지의 은폐"를 시를 통해 직접 실험했다고 하겠다. 이와 같은 김수영 시의 존재사건학을 구체적으로 밝히기 위해서는 사건이 일어나는 장소에 대한 깊이 있는 이해가 필요하다.

---

25) 특히 존재의 자유를 표현한 「풀」은 여러 연구자들에 의해 김수영 문학의 한 극점으로 평가되지만 그 의미는 어떤 원리나 체계로 쉽게 환원되지 않는다. 서술어의 반복과 교체를 통해 눈이 지속적으로 내리고 있음을 보여준 「눈」 역시 비슷한 사례다.

김수영 시에서 사건이 일어나는 장소들은 단순히 배경이나 무대로 제한되지 않는다. 사건이 일어나는 장소를 보다 구체적으로 검증한다면, 김수영 시가 획득한 성과라고 할 수 있는 현장성을 보다 명확하게 설명할 수 있을 것이다.

시와 존재의 장소

1. 시의 공간과 장소

'공간'이란 현상에 의존해서 규정되는 것이 아니다. 공간은 현상을 가능케 하는 조건이며 외적 현상의 근저에 필연적으로 존재하는 선천적인 표상이다.[1] 하나의 시 텍스트는 주어진 크로노토프(Chronotope)를 구현하는 장(場)으로 존재하며, 시에 나타난 시간적·공간적 장소는 텍스트가 진행됨에 따라 시간과 공간의 축적으로 가시적인 이미지를 창출해 낸다.[2] 어떤 존재나 사건은 시간과 공간이라는 장 위에 존재하거나 벌어질 수밖에 없다.[3] 시에서 공간 문제는 서정 주체의 몸이 세계와 관련을 맺는 생생한 체험의 문제에서부터 출발한다.[4] 이러한 사정은 김수영의 시에서도 마찬가지다.

김수영 시의 대상은 그 자체로서는 아무런 의미 영역도 거느리지 않는다. 김수영 시의 대상은 시간과 공간이라는 외부적 조건 속에서 진실한 대상성을 획득한다. 이 글은 김수영의 시가 만들어지는 공간과 장소에 주

1) 임마누엘 칸트(I. Kant), 『순수이성비판』, 정명오 역, 동서문화사, 1975, 80~83쪽 참조.

2) 캐릴 에머슨(C. Emerson)·게리 솔 모슨(G. S. Morson), 「바흐친의 문학이론」, 김욱동 편, 『바흐친과 대화주의』, 민음사, 1990, 79~80쪽.

3) 이진경, 『근대적 시·공간의 탄생』, 푸른숲, 1997, 37쪽.

4) 박태일, 『한국 근대시의 공간과 장소』, 소명출판, 1999, 23쪽.

목한다.[5] 그러므로 이 글의 목적은 장소를 지시하는 시어가 어떤 의미로 형상화되는가를 살피고 이를 통해 김수영 시의 장소적 특성을 검토하는 데 있다. 김수영 시에서 장소는 사건이 일어나는 곳이자 주체가 깃들여 머무는 곳이다. 대표적인 장소로 '방'과 '집'을 들 수 있다. 방과 집은 김수영의 나날의 삶의 체험과 그 현장성을 잘 보여준다. 김수영이 세계를 어떻게 경험하고 이해하였는가는 바로 이 체험이 일어나는 장소를 통해 밝힐 수 있다. '방'과 '집'은 모두 개인적인 장소다. 주체의 몸이 거주하는 장소로서의 방과 집은 확장된 몸으로 이해할 수 있다. 방과 집은 외부 세계라는 타자와의 역동적인 변증법을 통해 하나의 세계를 구축한다.

방은 집의 내부며 닫힌 작은 세계다. 방은 사람이 거처하기 위하여 만들어진 공간(空間)으로 한 건축물의 내부를 벽이나 창문으로 구획한 공간이다.[6] 인간은 그곳에서 삶을 영위할 뿐만 아니라 외적인 문제로부터 비교적 자유로울 수 있다. 그러므로 방은 집이 지니는 집단적·사회적 성격보다 개인적 성향이 훨씬 강하다. 집과는 달리 방이라는 장소에는 사회의 문제나 시대의 문제가 쉽게 끼어들지 못한다. 그러나 때로 방의 의미에는 사람이 생활을 영위하기 위해 필요한 것들이 포함된다. 여기에는 물질적인 것과 함께 가족이나 가정과 같은 추상적 실체도 포함된다. 방이 이처럼 집단적인 의미를 지니게 되는 경우, 그 의미는 집과 거의 비슷해진다.

---

5) 이 글에서의 '장소'는 구체적이고 현실적이라는 점에서 이-푸 투안(Yi-Fu Tuan), 앙리 르페브르(H. Lefebvre) 등이 말하는 현상학적 실존 공간에 가깝다. 이-푸 투안은 '공간'과 '장소'를 구분했다. '공간'은 움직임이며 개방이며 자유며 위협이다. 반면에 '장소'는 정지며 개인들이 부여하는 가치들의 안식처며, 안전과 애정을 느낄 수 있는 조용한 중심이다(이-푸 투안, 『공간과 장소』, 정영철 역, 태림문화사, 1995, 17쪽 참조). 르페브르는 공간의 총체성 궁구를 위해 공간의 '역사'와 '실재'를 살피고자 했으며, 사회 공간 분석에 많은 의미를 두었다(박영민, 「르페브르의 실천전략과 사회공간」, 《공간과 사회》 9, 1997, 209쪽 참조).

6) 김평탁, 『건축용어사전』, 기문당, 1997, 363쪽.

흔히 문학에 있어서의 방은 실재하는 장소로 한정되지 않는다. 방은 개인의 현실적인 거주 장소로서의 의미를 지니며, 동시에 주체의 심리를 상징적으로 나타낸다. 엄밀하게 말하자면 방은 사회와 다양한 관계를 맺고 있는 주체가 스스로의 존재를 정위하는 장소다. 까닭에 방은 주체의 삶의 변화와 존재론적 전환을 은밀하게 보여주는 것이다.

집은 인간이 태어나면서 죽음에 이르기까지 거주하는 공간이다. 집은 내밀한 개인의 공간인 동시에 사회적 공간의 최소 단위이기도 하다. 집은 방보다 훨씬 다양한 의미와 기능을 가진다. 단순히 신체가 기거하는 물리적인 장소로서의 집이 있는가 하면 생활의 장이나 영혼의 피난처로 여겨지는 집도 있다. 또한 집은 가족과 같은 혈연적인 개념을 뜻하기도 한다. 가스통 바슐라르에 의하면 집은 육체이자 영혼이며, 인간 존재의 최초의 세계다. 그는 인간이 '세상에 내던져'지기에 앞서, 집이라는 요람에 놓여 있다고 했다.[7] 그러나 집은 존재의 아늑한 거처로 작용하기도 하지만 때때로 그 속에서 살아가는 인간의 생활을 조직화하고 규율화하기도 한다.[8] 사회적으로 집을 구성하는 가족의 문제가 중요하게 다루어지는 것은 이러한 사정이 있기 때문이다. 집이라는 어휘 속에는 정지와 휴식의 의미가 내포되어 있다. 정지와 휴식의 부정적 의미가 강조될 때 집은 폐쇄의 장소가 되며, 정지와 휴식의 의미가 긍정적일 경우 집은 안식의 장소가 된다.[9] 그러므로 집을 통해 주체는 자아의 동일성을 확인한다. 집을

---

7) 가스통 바슐라르(G. Bachelard), 『공간의 시학』, 곽광수 옮김, 민음사, 1990, 118쪽.

8) 지오 폰티(G. Ponti), 『건축예찬』, 김원 역, 열화당, 1981, 28~29쪽 참조.

9) 정지의 양상에 따라 '집'의 유형을 나누면 다음과 같다(염창권, 『집 없는 시대의 길가기』, 한국문화사, 1999, 31쪽 참조).

[불안의 집(폐쇄되다)] H^{-}/[길 위의 집(머무르다)] H^{0}/[안식의 집(보호되다)] H^{+}

'H'는 Home(House)을 의미하며, 〈-, 0, +〉은 각각 집의 보호 기능의 정도를 표시한다.

잃는다는 것은 삶의 근거지를 잃는 것으로 이해되며, 나아가 자아를 잃는 것과 같다. 집은 인간의 삶이 영위되는 공간이며, 삶의 구심이며 상징적인 중심이다. 인간의 삶은 집으로부터 시작하고 집에서 끝난다. 이처럼 인간의 삶에 있어서 집이 차지하는 비중은 막대하다. 문학에 있어서 집의 이미지는 대부분 상실의식이나 '집짓기'라는 집에 대한 욕망으로 그려진다. 집이라는 말에는 근원적 안주의 장소 혹은 영원한 동경의 장소와 같은 의미가 깔려 있기 때문이다.[10)]

살펴본 바와 같이 방과 집이 지니는 의미는 다양하고 매우 중층적이다. 김수영 시에서 장소는 문학적 실천의 공간인 동시에 실재하는 공간이다. 김수영 시의 화자가 하는 모든 행위는 시 텍스트 내에서 장소를 기반으로 이루어진다. 시의 주제와 의문은 장소에서 출발한다. 이 연구를 토대로 김수영 시의 서술어가 어떤 장소를 배경으로 그 의미의 힘을 얻게 되는지를 살펴볼 가능성이 열릴 것이다.

2. 김수영의 시와 장소

김수영 시에서 '방'이 중요한 소재나 의미소로 사용되는 시는 모두 21편이다. 총 사용 횟수는 52회에 이른다. 방과 비슷한 의미적 자질을 지니는 '집'의 경우엔 총 35편에서 60회 사용되었다(〈표 1〉 참조). 방의 활용이 다양하지 않은 반면, 집의 경우엔 '우리집' '술집' '집안' '집문서' '빈집' '집들이' '집들' 등 그 활용의 사례가 다양하다. 집을 '사람이 거주하는 곳'이라는 일차적 장소의 개념으로 제한한다면 방의 사용 횟수와 비슷한 수

10) 김창수, 「한국 근대시에 나타난 집 이미지 연구」, 고려대박사논문, 2001, 1~4쪽 참조.

치를 보인다. 이와 같은 1차적 자료는 시의 소재로서, 혹은 의미소로서 방과 집에 대한 김수영의 관심을 증명한다.

김수영 시에서 방과 집은 그 장소가 기본적으로 내포하는 '정주'의 의미를 지닌다. 일반적으로 시적 공간으로서의 정주(定住)의 자리는 현재적 자아가 놓여 있는 위치를 암시한다. 정주의 자리는 글쓰는 주체의 체험과 소망이 투사된 장소여서, 시적 화자의 현실적 상황을 보다 알아보기 쉽게 만들어준다.[11] 정주의 의미 외에도 방과 집은 시인의 삶을 억압하는 무거운 현실을 의미한다. 가령, '비호'의 장소였던 방과 집이 도피의 장소로 이해되는 경우가 그렇다. 또한 방과 집은 미래를 기다리는 회복의 장소이기도 하다. 이렇듯 김수영 시에서의 방과 집은 다양한 의미를 지닌다. 중요한 것은 방과 집이 그의 사적 체험과 역사적 진실을 동시에 증언하고 있다는 점이다. 김수영은 방과 집을 통해 실존적 자기 정위의 어려움과 현실에 대해 맞서려는 힘겨운 노력을 보여주었다. 이러한 사실을 고려했을 때, 장소로서의 방과 집은 김수영 시에서 중요하게 다루어야 할 가치가 있다.

김혜순은 크로노토프 개념을 원용해 김수영 시의 시간성과 공간성을 해명하고 있으나, 공간성에 주목하기보다는 오히려 시간성의 의미를 해명하는 데 많은 부분을 할애하고 있다.[12] 이은정은 김수영 시의 상상구조와 지향의식을 논하는 자리에서 '방'이라는 특수한 공간의 문제를 다룬다.[13] 그는 김수영 상상력의 특징이 정지한 것을 참지 못하는 움직임에의 경주로 보고 김수영의 부정의 정신이 '방'과 '거리' 사이를 오가는 시적

11) 김명인, 「우리 시어의 근대성과 근대적 자각」, 《한국학연구》 19, 2003, 269쪽.

12) 김혜순, 「김수영 시 연구」, 건국대박사논문, 1993, 171~220쪽.

13) 이은정, 「김춘수와 김수영 시학의 대비적 연구」, 이화여대박사논문, 1992, 155~159쪽.

자아로 형상화됨을 강조한다. 강은교는 김수영 시의 원 모티프 의식의 심층에 '벌레 모티프'와 '방 모티프'가 있으며, 이때 방의 모티프는 주로 소외 의식의 이미지로 나타난다고 설명한다.[14] 그러나 그의 논지는 매우 소략하며 구체적으로 방이라는 시어가 시 속에서 어떻게 사용되고 있는지를 제시하지 못한다. 지금까지의 연구는 그 논의가 부분적인 이해에 머물고 있거나 본격적인 '장소'에 대한 고찰이 결여되어 있다. 더구나 '방'과 비슷한 장소적 개념으로 등장하는 '집'에 관한 연구는 거의 없는 편이다.

이러한 상황에서 이 글은 김수영 시에 등장하는 '방'과 '집'을 통해 그동안 미비했던 김수영 시의 '장소' 문제를 본격적으로 살펴보고자 한다. 기존의 연구에서 주목한 방과 함께 집의 쓰임을 살펴봄으로써 장소에 대한 이해의 토대를 마련할 수 있을 것이다. 구체적으로 각각의 시어가 시기별로 어느 정도 빈도수를 보이며 어떤 서술어와 짝을 이루는지에 대한 실증적인 연구를 병행한다면 매우 의미 있는 결과가 도출되리라고 생각된다. 김수영 시에 사용된 방과 집의 사용 빈도와 출전은 〈표 1〉과 같다.

〈표 1〉

시어	하위분류	빈도수	점유율 %	출전
방	방	42	80.7	「미숙한 도적」 3, 「도취의 피안」 1, 「거리 2」 1, 「구름의 파수병」 1, 「반주곡」 1, 「그 방을 생각하며」 7, 「여편네의 방에 와서」 3, 「누이야 장하고나!」 2, 「누이의 방」 3, 「피아노」 3, 「시」 1, 「X에서 Y로」 1, 「이사」 4, 「엔카운터지(誌)」 6, 「사랑의 변주곡」 4, 「미인」 1
	방 안	4	7.7	「방 안에서 익어가는 설움」 3, 「나의 가족」 1

14) 강은교, 「김수영 시의 모티프 연구」, 김승희 편, 『김수영 다시 읽기』, 프레스21, 2000, 335~353쪽.

	방바닥	3	5.8	「달나라의 장난」 2, 「장시 1」 1
	방문	2	3.9	「미숙한 도적」 1, 「미인」 1
	토막방	1	1.9	「웃음」 1
	소계	52	100	21 편
집	집	31	51.7	「달나라의 장난」 2, 「조국에 돌아오신 상병포로 동지들에게」 1, 「휴식」 2, 「구름의 파수병」 2, 「말」 2, 「가옥 찬가」 3, 「우선 그놈의 사진을 떼어서 밑씻개로 하자」 4, 「허튼소리」 1, 「격문」 1, 「이놈이 무엇이지?」 2, 「여수」 1, 「장시 1」 1, 「피아노」 1, 「죄와 벌」 1, 「X에서 Y로」 1, 「말」 1, 「네 얼굴은」 1, 「거짓말의 여운 속에서」 1, 「의자가 많아서 걸린다」 3
	우리집	17	28.3	「토끼」 1, 「나의 가족」 1, 「여름 아침」 1, 「모르지?」 1, 「반달」 1, 「강가에서」 1, 「도적」 7, 「꽃잎」 1, 「미농인찰지」 1, 「의자가 많아서 걸린다」 2
	술집	4	6.7	「반주곡」 1,「우선 그놈의 사진을 떼어서 밑씻개로 하자」 1, 「모르지?」 1, 「만주의 여자」 1
	집안	3	5	「나의 가족」 1, 「백의」 1, 「하…… 그림자가 없다」 1
	집문서	2	3.3	「판문점의 감상」 2
	빈집	1	1.7	「사치」 1
	집들이	1	1.7	「이사」 1
	집들	1	1.7	「거리 2」 1
	소계	60	100	35 편
합계		112	100	

2-1. 장소의 점유와 신비화 : 방

김수영 시에서 화자가 거주하는 '방'은 화자의 현실적 상황에 대한 많은 정보를 준다. 주목해야 할 것은 방이 개인적인 비호의 장소로 한정되지 않는다는 점이다. 특히 방을 소재로 한 시가 시작 초기나 후기보다 사회적 발언을 서슴지 않았던 1960년과 1961년에 집중적으로 많이 나타난다는 통계적 자료(〈표 2〉 참조)는 오히려 사회적 문제가 중요한 사안으로 떠오를수록 개인적인 장소로 자신의 거처를 옮겨야 했던 김수영의 내면을 알게 해준다. 방이 등장하는 횟수와 시를 시기별로 정리하면 〈표 2〉와 같다.[15]

〈표 2〉

구분		전기	중기	후기	계
시어	빈도수	15	15	22	52
	시기별 점유율(%)	28.9	28.9	42.2	100
작품	빈도수	8	4	9	21
전체 작품수		84	33	64	181

시어의 빈도수는 후기가 22회로 가장 높지만 작품수를 감안한다면 중기의 15회에 주목해야 한다. 그것은 시기별 작품 빈도수도 마찬가지다. 방을 소재로 한 시는 1960년과 1961년에 집중적으로 많이 나타남을 알 수 있다. 이에 비해 1960년 이전의 시에서 방이 등장하는 시는 모두 8편이며 15회가 사용되었다. 방을 시의 중심 소재로 삼고 있는 「방 안에서 익어가는 설움」(1954. 8. 10)에서 3회 사용되었을 뿐이다. 1960년에 이르러 방에 대한 김수영의 관심이 갑자기 증가한다. 「그 방을 생각하며」(《사상계》, 1961. 1), 「여편네의 방에 와서」(《현대문학》, 1961. 12), 「누이야 장하고

15) 김수영 시의 전체 작품수는 3판에 따르면 181편이다. 시기를 편의적으로 전기(1945~1960. 2: 84편), 중기(1960~1961: 33편), 후기(1962~: 64편)로 나눈다. 이러한 구분은 기존의 연구자들이 대체적으로 동의하는 4·19를 중심으로 그 이전의 시와 그 이후의 시가 보이는 차이를 배려한 것이다.

나!」(《사상계》, 1962. 1), 「누이의 방」(《사상계》, 1962. 1) 등 네 편의 시에서는 무려 15회나 사용될 정도로 방은 중요한 위치를 차지한다. 「누이야 장하고나!」를 제외하면 세 편의 시는 제목에 '방'이라는 시어를 사용하여 방에 대한 시임을 전제하고 있다. 상대적으로 적은 작품 편수에도 불구하고 15회나 사용되었다는 점에서 다른 시기보다 그의 관심이 훨씬 강렬했음을 짐작하게 한다. 방이 시의 장소로서 즐겨 사용되는 사정은 1962년 이후도 마찬가지다. 방이 시의 장소로서 지속적으로 중요한 역할을 했음을 알 수 있다. 이 시기에는 '방'이 무려 6번이나 등장하는 「엔카운터지(誌)」(《한국문학》, 1966. 9)를 비롯해 총 9편에서 22회 사용되었다. 그러나 '방'이 시의 중요한 장소적 역할을 하지 않았다는 점에서 오히려 4회의 빈도수를 보이는 「이사」(《신동아》, 1964. 12)가 주목할 만하다.

(1) 상상과 내밀의 장소

김수영 시에서 처음으로 '방'이라는 시어가 등장하는 시는 「웃음」이다. 이 시는 '웃음'에 관한 작품이지만, '토막방'의 뚜렷한 이미지가 돋보인다.

> 웃음은 자기 자신이 만드는 것이라면 그것은 얼마나 서러운 것일까
> 푸른 목
> 귀여운 눈동자
> 진정 나는 기계주의적 판단을 잊고 시들어갑니다.
> 마차를 타고 가는 사람이 좋지 않아요
> 웃고 있어요
> 그것은 그림
> 토막방 안에서 나는 우주를 잡을 듯이 날뛰고 있지요
> 고운 신(神)이 이 자리에 있다면
> 나에게 무엇이라고 하겠나요

아마 잘 있으라고 손을 휘두르고 가지요
문턱에서.
이보다 더 추운 날처럼 나는 여기서 겨울을 맞이하다가
오랜 시간이 경과된 후에도
이 웃음만은 흔적을 남기고 있을 것이라고 믿는 것은
어리석은 일
시간에 달린 기—다란 시간을 보시오
내가 어리다고 한탄하지 마시오
나는 내 가슴에
또 하나의 종지부를 찍어야 합니다.

—「웃음」(《신천지》, 1950. 1) 전문

화자는 "푸른 목"과 "귀여운 눈동자"를 가진 사람이 "마차를 타고 가는" 그림을 보고 있다. 그림 속의 인물은 웃고 있지만 화자는 그것이 마음에 들지 않는다("좋시 않어요"). 그런데 화자는 그림에 대한 감상 사이에 "기계주의적 판단을 잊고 시들어"가는 자신을 끼워놓았다. 그리고 다시 화자는 "우주를 잡을 듯이 날뛰고" 신은 그런 화자에게 "잘 있으라고 손을 휘두르고" 간다. 그림의 내용이 웃음을 유발할 수 있음에도 화자는 기계주의적 판단을 유보한 채 시무룩하게 있다가 갑자기 우주를 잡을 듯이 날뛴다. 화자의 시들어감과 날뜀 사이의 연관성을 찾기 어렵다. 그러므로 시의 첫 구절 "웃음은 자기 자신이 만드는 것이라면 그것은 얼마나 서러운 것일까"를 이해하는 것도 쉽지 않다. 다만 이 모든 상황이 '토막방'에서 일어나고 있다는 것은 자명하다. 그 중에서 주목해야 할 사건은 "토막방 안"에서 "우주를 잡을 듯이 날뛰고 있"는 화자의 행위다. 그러므로 다시 이 시를 토막방을 중심으로 읽을 필요가 있다.

'토막'이라는 말이 온전한 것이 아님을 뜻하므로 토막방은 일상적인 크기보다 훨씬 작은 방을 지시한다. 크기나 모양새로 보아서 토막방에는 사회적인 의미가 끼어들 틈이 없다. 또한 마차를 타고 가는 그림과 신의 등장은 이 시를 현실적 장소로 해석하는 것을 방해한다. 토막방에서 상상하지 못할 만큼 큰 우주를 잡으려 하는 화자의 행동 역시 정상적이라고 보긴 어렵다. 이 모든 것이 애초부터 비현실적인 일임을 고려한다면, 토막방은 실재하는 방이 아닌 상상의 공간이다. 화자가 있는 토막방은 매우 협소하며 폐쇄적이다. 그곳은 어른의 세계라기보다는 오히려 어린아이의 세계에 가깝다. 그러므로 화자는 "겨울을 맞이하다가 / 오랜 시간이 경과된 후"에 그 웃음이 "흔적을 남기고 있을 것이라고 믿는 것"이 "어리석은 일"임을 알고 있다. 그것이 현실이기 때문이다. 토막방에서 일어나는 사건은 현실에서 용납되지 않는다. 화자는 이 시간이 더 먼 시간으로 이어지기 전에 "종지부를 찍어야" 한다고 말한다.

"문턱에서."라는 구절은 시를 이해하는 데 매우 중요한 사실을 알려준다. 그것은 단절된 장소로서의 토막방과 오지 않은 미래를 이어준다. 정확하게 말해 그 문턱은 현실의 장소에서 상상의 장소로 가는 길목이다. '문턱'은 서로 다른 세계를 이어주거나 나누는 구실을 한다. 화자는 지금 "시간에 달린 기—다란 시간"의 세계인 토막방 안에 있다. 토막방은 시간의 흐름과는 단절되어 있다. 그 안에서 화자의 행동이나 사유는 독자의 예상을 벗어난다. 이러한 일탈은 현실의 방이 아닌 특별한 개인적 장소의 의미를 부각시킨다. 토막방은 보잘것없는 세계의 한 구석이지만 화자에겐 최초의 세계다. 안정적이지만 역사적 시간이나 정향성도 보이지 않는다는 점에서 현실적 장소라기보다는 상상의 공간에 가깝다. 작지만 상상의 공간인 토막방은 김수영이 처음으로 보여준 방에 대한 이미지다. 이 방은 '설움'이 충만한 내밀한 장소로 바뀌어 나타난다.

비가 그친 후 어느 날—
나의 방 안에 설움이 충만되어 있는 것을 발견하였다

오고 가는 것이 직선으로 혹은
대각선으로 맞닥뜨리는 것 같은 속에서
나의 설움은 유유히 자기의 시간을 찾아갔다

설움을 역류하는 야릇한 것만을 구태여 찾아서 헤매는 것은
우둔한 일인 줄 알면서
그것이 나의 생활이며 생명이며 정신이며 시대이며 밑바닥이라는 것을 믿었기 때문에—
아아 그러나 지금 이 방 안에는
오직 시간만이 있지 않으냐

흐르는 시간 속에 이를테면 푸른 옷이 걸리고 그 위에
반짝이는 별같이 흰 단추가 달려 있고

가만히 앉아 있어도 자꾸 뻐근하여만 가는 목을 돌려
시간과 함께 비스듬히 내려다보는 것
그것은 혹시 한 자루의 부채
—그러나 그것은 보일락 말락 나의 시야에서
멀어져 가는 것—
하나의 가냘픈 물체에 도저히 고정될 수 없는
나의 눈이며 나의 정신이며

이 밤이 기다리는 고요한 사상마저
나는 초연히 이것을 시간 위에 얹고
어려운 몇 고비를 넘어가는 기술을 알고 있나니
누구의 생활도 아닌 이것은 확실한 나의 생활

마지막 설움마저 보낸 뒤
빈 방 안에 나는 홀로이 머물러 앉아
어떠한 내용의 책을 열어 보려 하는가

—「방 안에서 익어가는 설움」(1954. 8. 10) 전문

"나의 방 안에 설움이 충만되어 있는"이라는 구절은 이 시를 이해하는 주요한 단서를 제공한다. 방이라는 장소에 있어야 할 무엇이 사라진 것이다. 있어야 할 무엇이 없어지고 괴로운 체험, 즉 '설움'이 그 자리를 차지했다. 말하자면 방이라는 장소에 설움이 충만되는 사건이 일어난 것이다. 그런데 3연에 이르면 이 설움이 다시 '시간'으로 바뀌게 된다. "아아 그러나 지금 이 방 안에는 / 오직 시간만이 있지 않으냐"라는 표현을 참조한다면 설움과 시간은 같은 의미임을 알 수 있다. 설움의 시간 혹은 설움으로 가득찬 시간이 머물고 있는 곳이 바로 방이다.

설움으로 충만해 있는 방에서 화자는 우둔할 일인 줄 알면서 "설움을 역류하는 것"을 "구태여 찾아서 헤매"고 있다. 어서 빨리 설움에 도달하려는 이유는 설움과의 이별을 위해서다. "마지막 설움마저 보낸 뒤"에야 책을 열어 볼 수 있기 때문이다. 설움을 찾아 헤매는 것이란 다름 아닌 '생활' '생명' '정신' '시대' '밑바닥'인 화자의 삶 전체다. 화자의 삶은 설움으로 가득하다. 화자가 그 방을 쉽게 걸어 나오지 못하는 이유도 여기에 있으며, 만약 그 일이 가능하다고 해도 시간이 한참 지난 뒤에야 일어날 것이다. 그러기에 아직 화자의 몸은 걸을 수 없을 만큼 무겁고 "가만히 앉아 있어도 자꾸 뻐근하여만" 간다. 방이라는 일상적 의미의 장소는 시간의 발견을 통해서 깨닫게 된 설움으로 자연스럽게 변화한다. 설움은 시간의 흐름 가운데 화자의 생활 전체를 잠식해버렸다. 시의 제목인 '방 안에서 익어가는 설움' 역시 이러한 상관성을 잘 보여준다. 방 안에 거주하

는 것은 바로 화자 자신이다. 그런데 '익어간다'는 시간적 경위를 통해 지시되는 것은 다름 아닌 설움이다. 설움이 익어갈 수는 없다. 그것은 시간의 흐름을 통해 설움에 가까워진 화자 자신이다. 거주의 공간이었던 방은 시간의 흐름 가운데 설움의 장소로 바뀌었다. 자연히 방의 주인인 화자 역시 설움의 정서로 가득 차게 된다. 설움이 방을 점유하였으므로 방은 지금까지의 의미와는 다른 장소다. 화자가 알게 된 "어려운 몇 고비를 넘어가는 기술"은 자신의 전부와 같은 설움을 극복하는 기술이다. 이것을 "나의 생활"이라고 한 것으로 보아 설움의 원인은 불분명하다. 화자가 빈 방에 '홀로이' 머물러 앉아 있다는 사실은 1연에서 "나의 방 안"이라고 지시한 것처럼 그 공간이 매우 개인적인 장소임을 보여준다. 말하자면 방은 일상으로부터 벗어나 자신과 대면하는 화자가 자아와 세계에 대한 사유를 전개하는 공간이다.

화자가 "어떠한 내용의 책을 열어 보려"는 행위는 이 시의 중심 장소였던 방이 '책'이라는 또 다른 장소와 매우 가까움을 보여주는 증거가 된다.[16] 마지막 연에서 "설움을 보낸 뒤"라고 했으니 책을 여는 행위는 지금까지의 삶과 다른 새로운 가능성을 내포한다. 빈 방 안에 홀로 앉아 있는 화자에게 설움과의 작별은 책을 여는 행위다. 책을 여는 순간 화자는 새로운 삶을 책에 기입한다. 책이 바로 삶이 된다. 관념의 책이 아닌 삶의 책에는 책의 낱장처럼 수많은 새로운 경험들이 빼곡하게 들어찰 것이다. "어떠한 내용의 책"에서 '어떠한'은 바로 설움과의 이별이며, 새로운 가능성을 두고 한 말이다. 다시 말해 책을 여는 행위는 그 자체가 스스로 하나의 의미가 되는 과정이며 행위다. 책의 열림은 지금까지 화자의 체험을

---

16) 구체적인 대상이지만 추상적인 의미를 담고 있는 '책' 역시 김수영의 시가 만들어지는 중요한 장소다.

지배했던 설움이 끝나는 순간이자, 새로운 열림의 순간이다. 또 다른 사건이 일어난다. 비록 방이라는 정주의 자리에 머물고 있으나 화자는 스스로를 그곳에 가두지 않았다. 빈 방에 홀로 머물러 앉아 있으나 설움을 보냈으며, 어떤 책을 열어 보려고 한다. 이를 정리하면 다음과 같다.

> 장소 : 방 안
> 사건 : 설움의 충만 / 시간의 존재 / 책을 열어 봄

방이라는 구체적 장소는 설움과 시간과 책이라는 다른 계기들과 밀접하게 연결되어 있다. 설움이 충만되고, 시간이 흐르고, 책을 여는 세 가지 사건은 방이라는 장소에 특별한 의미를 부여한다. 그것은 거주의 장소인 방이 화자의 내면인 동시에 의식임을 보여준다.

(2) 방의 교체

「웃음」과 「방 안에서 익어가는 설움」 등에서 확인한 것처럼 1960년 이전의 시에서 '방'은 상상의 공간이면서 가장 내밀한 장소였다. 김수영은 그곳에서 오지 않은 미래를 설계하였다. 그러나 사회적인 문제나 생활의 힘이 미치지 않았던 개인적 장소는 1960년 이후 달라진다. 혁명이 실패로 끝난 직후에 쓰인 김수영의 시에는 이전과는 달리 비애와 함께 일상의 모습이 많이 나타난다. 그것은 "여편네의 방"이라든가 "누이의 방"으로 명확하게 제시되고 있다. 그렇다고 김수영의 시를 일상성 속에 함몰되어버린 혁명을 풍자했다고 단언하거나 혁명이 전해준 목표를 일상성의 종식[17]으로 해석할 특별한 이유가 있는 것은 아니다. 오히려 그 일상성의

17) 김혜순, 앞의 논문, 103쪽.

의미를 제대로 이해하기 위해서는 장소의 의미가 함께 해석되어야 한다. 김수영은 그 이전의 방을 바꾸어버렸다.

> 혁명은 안 되고 나는 방만 바꾸어 버렸다
> 그 방의 벽에는 싸우라 싸우라 싸우라는 말이
> 헛소리처럼 아직도 어둠을 지키고 있을 것이다
>
> 나는 모든 노래를 그 방에 함께 남기고 왔을 게다
> 그렇듯 이제 나의 가슴은 이유 없이 메말랐다
> 그 방의 벽은 나의 가슴이고 나의 사지일까
> 일하라 일하라 일하라는 말이
> 헛소리처럼 아직도 나의 가슴을 울리고 있지만
> 나는 그 노래도 그 전의 노래도 함께 다 잊어버리고 말았다
>
> 혁명은 안 되고 나는 방만 바꾸어 버렸다
> 나는 인제 녹슬은 펜과 뼈와 광기—
> 실망의 가벼움을 재산으로 삼을 줄 안다
> 이 가벼움 혹시나 역사일지도 모르는
> 이 가벼움을 나는 나의 재산으로 삼았다
>
> 혁명은 안 되고 나는 방만 바꾸었지만
> 나의 입속에는 달콤한 의지의 잔재 대신에
> 다시 쓰디쓴 담뱃진 냄새만 되살아났지만
>
> 방을 잃고 낙서를 잃고 기대를 잃고
> 노래를 잃고 가벼움마저 잃어도
>
> 이제 나는 무엇인지 모르게 기쁘고
> 나의 가슴은 이유 없이 풍성하다
>
> —「그 방을 생각하며」(《사상계》, 1961. 1) 전문

이 시에서 '방'은 무려 7회나 사용되며 시를 이해하는 가장 중요한 시어로 기능한다. 방은 곧 시라는 텍스트가 만들어지는 장소인 셈이다. 화자는 "혁명은 안 되고 나는 방만 바꾸어버렸다"를 1연과 3연, 그리고 4연에서 모두 세 번 반복한다. 그런데 5연에서는 '방을 바꾸었다'라는 의지적인 사건이 "방을 잃고"라는 무의적인 사건으로 바뀐다. 화자가 방을 바꾼 사실이 자의적인 의도에 따른 결과가 아니라 외부의 압력에 의해 생긴 것이거나 어쩔 수 없는 사태임을 은연중에 드러내고 있다.

시의 화자가 "방을 잃고"라고 했을 때, 그 방은 애초에 '말'과 '낙서'와 '기대'와 '노래'로 가득 차 있어야 할 곳이었다. "싸우라 싸우라" "일하라 일하라"처럼 자신을 독려하고 북돋우는 말들을 포함해 '낙서'와 '기대'와 '노래'는 시의 문맥을 통해 볼 때 '혁명'을 비유한다. 환언하자면 방은 바로 '혁명'이 있어야 할 곳이었다. 그런데 혁명은 일어나지 않았다. 대신 화자는 방을 바꾼 것이다. 화자의 가슴은 메말라 가고 헛소리가 메마른 가슴을 울린다. "그 방의 벽은 나의 가슴이고 나의 사지일까"라고 했으므로 화자의 가슴이 메마른 것에는 당연한 이유가 있다. 이렇게 볼 때 방은 곧 그가 기거하는 장소이면서 그의 의식의 공간이며, 나아가 그의 육체를 비유한다. 첨예한 현실의 문제는 다른 무엇보다도 방으로 비유된 육체를 통해 가장 먼저 감지된다.[18)]

---

18) '몸'은 자아의 집이다. 자아는 몸을 거쳐 '방'이나 '집'을 매개로 세계와 우선 접촉한다. 그리고 집은 다시 더 큰 세계로 나아가기 위해 '거리'나 '도로'를 걷거나 추상적 세계를 만나기도 한다. 몸을 중심으로 세계를 인식하는 것은 다시 그 주체인 몸으로 되돌아온다. 김수영 시에서 몸은 가장 중심이 되는 장소다. 인간의 신체는 구체적인 세계의 한 부분이며 세계를 경험하기 위한 조건이다. 그러므로 인간이 직관적으로 알려져 있는 신체의 통일성에 따라 다면적인 자연을 통합하려고 해왔다는 것은 놀라운 일이 아니다. 이때의 몸은 인식 대상이면서 동시에 인식 주체가 된다. "모든 의식은 지각적이다"라는 모리스 메를로 퐁티((M. Merleau-Ponty)의 지적은 의미가 깊다(모리스 메르로 퐁티, 『현상학과 예술』, 오병남 역, 서광사, 1983, 71~73쪽 참조).

방을 바꾸고 화자는 "실망의 가벼움을 재산으로 삼을 줄" 알게 되었다. 그 '가벼움'이 혹시 '역사'일지도 모른다는 생각이 화자의 머리를 스치고 간다. '혁명'의 실패에 따른 좌절과 실망이 가벼움으로 승화하기 위해선 많은 반성과 고통이 필요하다. 화자의 입 속에 "의지의 잔재" 대신에 "쓰디쓴 담뱃진 냄새"가 되살아나고 있었다는 구절은 이러한 사실을 증거한다. 화자는 방과 그 안을 가득 채우고 있어야 했던 '말'과 '낙서'와 '기대'와 '노래'와 심지어 실망의 가벼움마저 잃어도 풍성해진다. 과거의 방은 삶의 역동적 가능성을 온통 담지하고 있는 장소며 현재의 방은 위축된 삶의 황폐한 귀결을 보여준다.[19)]

방을 바꿈, 혹은 방을 잃어버린 사건은 화자에게 조급성을 버리고 혁명의 완수를 멀리 바라보게 만든다. 실망은 가벼운 것이 되고, 오히려 그러한 역사적 비전을 "재산으로 삼을 줄" 알기 때문에 화자의 가슴이 "이유없이 풍성"해질 수 있는 것이다. 혁명을 방에 비유하였다고 해도 여전히 방은 개인적인 장소다. 물리적 장소가 사라져 버린다고 해서 자신의 삶의 흔적이 묻어 있던 마음의 장소까지 사라지는 것은 아니다. 대상 또는 장소에 대한 경험이 총체적일 때, 즉 적극적이고 반성적인 정신을 통해서, 그리고 모든 감각을 통해서 이루어질 때, 대상과 장소는 구체적인 현실성을 얻는다.[20)] 김수영의 방은 "여편네의 방"이나 "누이의 방"을 통해 그 의미가 더 뚜렷해진다.

---

19) 이희중, 「방과 시(詩)」, 《작가세계》, 1996년 여름호, 328쪽.

20) 이-푸 투안, 앞의 책, 38쪽.

①

여편네의 방에 와서 기거를 같이해도
나는 이렇듯 소년처럼 되었다
흥분해도 소년
계산해도 소년
애무해도 소년
어린 놈 너야
네가 성을 내지 않게 해 주마
네가 무어라 보채더라도
나는 너와 함께 성을 내지 않는 소년

—「여편네의 방에 와서」(《현대문학》, 1961. 12) 중에서

②

누이야
너의 방은 언제나
너무도 정돈되어 있다
입을 다문 채
흰 실에 매어달려 있는 여주알의 곰보
창문 앞에
안치해 놓은 당호박
평면을 사랑하는
코스모스
역시 평면을 사랑하는
킴 노박의 사진과
국내 소설책들……
이런 것들이 정돈될 가치가 있는 것들인가
누이야
이런 것들이 정돈될 가치가 있는 것들인가

—「누이의 방」(《사상계》, 1962. 1) 중에서

혁명이 실패로 끝난 뒤 시인은 자신의 방이 아닌 곳에서 현실의 무게를 읽었다. ①에서 화자는 "여편네의 방"에 와 기거를 하자마자 '소년'이 된다. 방의 주체가 자신이라고 하지 않고 '여편네'라고 명시한 것으로 보아 그곳은 '나의 방'도 아니고 '우리 방'도 아니다. '아내' 혹은 '부인'이라고 부르지 않고 "여편네의 방"이라고 했음에도 불구하고 화자는 '여편네'보다 우월한 위치에 있지 않다. '나의 방'에서 화자는 무엇이어도 관계없다. 반면 "여편네의 방"에서는 사정은 다르다. 화자에게는 당연히 남편으로서 지녀야 할 여러 가지 덕목이 요구된다. 남편으로서의 강한 힘과 권력을 지녔으리라 추측할 수 있다. 그런데 정상적인 남편으로서의 모습은 사라지고 "흥분해도", "계산해도", "애무해도" 화자는 좀체 어른이 될 수 없다. 권력(흥분)이나 생활(계산), 부부관계(애무) 어느 것에서도 화자는 정상적이지 못하다. 화자의 이러한 비정상적인 사태는 "여편네의 방"에 있기 때문에 생긴 것이다. "여편네이 방"이라는 현실 속에서 화자는 '소년' '어린애'로 왜소화된다. 이 시는 세계와의 화해, 적들과의 조화로운 공존의 길을 모색하려는 의도를 보여주지 않는다. '여편네'는 화자에게 억압의 대상이 아니다. 오히려 화자는 거센 외부의 장애물에 직면하여 사회적 성숙을 거부하고 혼자만의 내면 공간으로 퇴행한다.[21] 이를 통해 자신의 소심함을 질타하고 양심을 지키려고 하는 것이다.

②에서 화자는 깨끗하게 정돈되어 있는 "누이의 방"을 보고 반문한다. 깨끗한 "누이의 방"은 현실과 이상 사이에서 고민하고 괴로워하는 화자에게는 이해할 수 없는 현상이다. 혼돈스러운 자신의 머릿속은 정리와 정돈

21) 지그문트 프로이트(S. Freud), 『정신분석 강의—하』, 임홍빈, 홍혜경 옮김, 열린책들, 1997, 485~487쪽 참조. '퇴행'이란 유아기 때 성공적으로 사용했던 생각이나 감정과 행동에 의지하여 현재 자기 자신의 불안이나 위협을 해소하려는 과정을 말한다. 프로이트는 '퇴행'이 역동적인 '억압'과는 달리 서술적이며 '고착'과 관련이 있다고 말했다.

이 불가능한 상태인 반면 "누이의 방"이 믿기 어려울 만치 깨끗하게 정돈되어 있다. 화자는 이러한 사태가 마음에 들지 않는다. 그것은 누이의 삶의 태도를 문제삼는 게 아니다. 화자는 누이에게 재차 "킴 노박의 사진과 / 국내 소설책들"이 정돈될 가치가 있는 것들인지 반문한다. 발화의 현상적 청자는 누이로 설정되어 있지만, 사실 이 질문의 진정한 청자는 곧 화자 자신이다. 화자는 스스로에게 나는 왜 저렇지 못한가라는 비판과 함께 정말로 저것들이 정돈되어 있어야 할 것들인가에 대해 고민하고 반성한다. 말하자면 타락한 오늘의 현실이 과연 정돈될 가치가 있는가라는 질문은 "누이의 방"이라는 장소에서 제기되는 절실한 것이다. '나의 방'에서는 있을 수 없는 상황이 "누이의 방"이라는 현실적인 장소에서 아무렇지도 않게 연출되고 있다. 누이가 걸어 놓은 "오빠의 사진"을 보고 뛰쳐나오고 말았던 "누이의 방"(「누이야 장하고나!」(《사상계》, 1962. 1)에서도 이러한 상황은 재현된다. 정상적인 주체의 모습을 보여주는 않으며(「여편네의 방에 와서」), 이해할 수 없는 상황이 재현되고 있다는(「누이의 방」) 점에서 두 방은 모순의 장소다.

(3) 현실의 방

혁명이 실패로 끝난 1961년 이후에 김수영 시에서 '방'의 의미는 확연히 달라진다. 김수영은 과거 자신의 방을 추억하면서 지금 현재의 방을 "삭막한 방"이라고 부른다. 방은 더 이상 친밀한 개인적인 장소도 아니며 의지를 실현할 수 있는 장소도 아니다.

> 삭막한 집의 삭막한 방에 놓인 피아노
> 그 방은 바로 어제 내가 혁명을 기념한 방
> 오늘은 기름진 피아노가

덩덩 덩덩덩 울리면서
나의 고갈한 비참을 달랜다

—「피아노」(《현대문학》, 1963. 4) 중에서

그 옛날 시인 자신이 한 때 '혁명'을 기도했던 방은 이제 삭막해졌다. 메마른 육체의 쓰디쓴 고통을 맛보았던 방을 화자가 "어제 내가 혁명을 기념한 방"이라고 스스로를 다독이고 위로하지만 쓸쓸함은 기름진 피아노가 "덩덩 덩덩덩" 울리듯 점점 커진다. 그 소리가 화자의 "고갈한 비참"을 달랠 수는 없다. "고갈한 비참을 달랜다"라고 했지만, 차마 숨기고 잊고 싶었던 그때의 감정이 피아노 소리에 의해 다시 의식의 수면 위로 떠올라 화자를 괴롭힌다. 여기에는 현실에 대한 화자의 강력한 비판의식이 숨어 있다. 이 시의 마지막 부분에서 비판의 화살이 '돈'에로 향하는 것은 이유가 있다.

그녀가 새벽부터 부정기적으로
타 온 순서대로
또 그 비참대로
값비싼 피아노가 값비싸게 울린다
돈이 울린다 돈이 울린다

—「피아노」 중에서

불분명하던 비판이 '돈'에 집중된다. "혁명을 기념한 방"에 어울릴 수 없는 고가의 피아노는 화자에게 물질문명의 가치 척도인 돈과 같다. "돈이 울린다"라고 반복함으로써 자신의 '비참'을 더 강조한다. 3연에서 '고갈'의 대척점에 자리한 '기름진'은 바로 '어제'와 '지금'의 차이와 변화를 그대로 보여준다. 화자의 방은 그만큼 많이 바뀌었다. 피아노 소리가 들릴 만큼 방은 풍요로워졌지만 화자의 의식은 점점 더 고갈된다. 변화의 원인은 내부에 있지 않다. 오히려 외적인 상황이 변화를 만들었다. 물질화되는 방에서 화자는 더 이상 혁명을 기념할 수 없다. 화자는 피아노 소리에 의해 점점 더 무감각해질 것이다. 화자는 피아노 소리와 같은 문명의 상징 때문에 점차 주변으로 밀려나가게 된다. 그래서 시인은 "우리 방"으로 가자고 나비에게 말한다.

> 신앙이 동하지 않는 건지 동하지 않는 게
> 신앙인지 모르겠다
>
> 나비야 우리 방으로 가자
> 어제의 시를 다시 쓰러 가자
>
> —「시」(1964) 전문

"여편네의 방"이나 "누이의 방"에서 화자는 자신의 모습과는 어긋난 현실을 발견하고 놀라워하거나 그것을 풍자했다. 그러므로 화자가 다시 자신의 내면과도 같은 방으로 돌아가고 싶어 하는 것은 어쩌면 자연스럽다. 이 시에서 "우리 방"은 현실의 방이 아니다. 동행의 주체가 '여편네'도 '누이'도 아닌 바로 '나비'라는 점에서 그 방은 비현실적인 곳이다. 시의 문맥으로 보아 그 방은 "어제의 시를 다시" 쓸 수 있는 곳이다. '어제'란 시간의 부사는 근대의 물질적 시간을 지시하지 않는다. '지금'이 아닌 '어제'는 화자가 처한 상황의 심각성을 알려준다. '어제'는 시를 쓰는 곳, 곧 이 시의 장소와 같다. 화자는 '지금'이라는 시간적 장소에서는 시를 쓸 수 없다. 당연히 "우리 방"과 '어제'는 등가의 개념을 지니게 된다. 장소란 주체에게 동일성의 감각을 부여함으로 인해 주체가 지향하는 대상이 된다. 화자는 문명이나 생활이 침투하지 않은 곳으로 갈 수밖에 없다. 1연에서 문명과 생활과는 다른 '신앙'을 문제삼고 있다는 사실은 '지금의 방'과 '어제의 방'의 뚜렷한 차이를 말해준다. '다시'라는 부사어가 방의 의미를 새롭게 한다. 다시 시를 쓸 수 있는 곳인 방은 변혁이 차단된 절망의 공간이 아니다. 그곳은 회복을 준비하는 방이다. 방은 시가 태어나는 미래적 사건이 일어나는 장소가 된다.

> 이제 나의 방은 막다른 방
> 이제 나의 방의 옆방은 자연이다
> 푸석한 암석이 쌓인 산기슭이
> 그치는 곳이라고 해도 좋다
> 거기에는 반드시 구름이 있고
> 갯벌에 고인 게으른 물이
> 벌레가 뜰 때마다 눈을 껌벅거리고
> 그것이 보기 싫어지기 전에
> 그것을 차단할
> 가까운 거리의 부엌문이 있고
> 아내는 집들이를 한다고
> 저녁 대신 빨건 팥죽을 쑬 것이다
>
> —「이사」(《신동아》, 1964. 12) 전문

아내와 나는 이사를 했다. 이사는 아내뿐만 아니라 화자인 나에게도 의미 깊은 사건이다. 아내는 이사를 하고 '집들이'를 하기 위해 '팥죽'을 쑨다. 이사 후 '해(害)'를 없애기 위해 "빨건 팥죽"을 쑤는 일은 주술적 의미를 지닌다. 이사 온 이가 이웃들에게 스스로의 존재를 알리는 '집들이'는 이사가 지니는 사회적인 의미와 가치를 뜻한다. 이사를 했으니 이웃들에게 인사를 하는 게 당연하다고 생각하는 아내는 이미 생활인이다. 화자는 이러한 것들에 관심이 없다. 화자에게 이사는 다른 무엇보다 절실한 문제, 곧 자신의 존재성을 확인하는 일이다. 왜냐하면 화자는 "나의 방"이 "막다른 방"이라고 표현하고 있기 때문이다. '막다른'이라는 수식어 속에는 더 이상 다른 곳으로 옮길 수 없다는 생각이 숨어 있다. 이사에 대한 나와 아내의 태도는 매우 상반된다. '막다른'과 '집들이'는 두 사람이 무엇에 관심을 가지고 있는가를 여실히 보여준다.

화자가 굳이 '막다른' 곳이라고 한 까닭은 생활의 문제로부터 자신의 방을 지켜야한다는 생각 때문이다. 1960년 이후 사회적인 의미를 잠시 지녔던 방은 혁명의 열기가 사라지고 난 뒤 생활의 터전으로 사용되거나 혹은 개인적인 장소의 의미를 띤다. 김수영은 스스로 자신의 방을 "막다른 방"이라고 말함으로써 사회적인 문제와 절연한 곳으로서의 '나의 방'을 지키려고 했다. '막다른'이 지니는 공간의 협소함은 자유로운 행동이 불가능한 상황을 의미하지만 아무도 그곳에 들어올 수 없다는 점에서 내밀한 장소임에 틀림없다.

1960년 이전의 시에서 방은 상상의 공간이면서 가장 내밀한 장소였다. 사회적인 문제나 생활의 힘이 미치지 않았던 장소는 1960년과 1961년 사이에 개인적인 의미 외에 사회적인 의미를 지니게 된다. 방의 주체 역시 '나'에서 '나' '여편네' '누이' 등으로 다양하게 변주된다. 이때의 방은 상처의 현장이자 은폐의 장소였다. 그래서 모순적인 사건들이 가득 차 있었다. 1961년 이후 방은 잠시 생활의 현장으로 바뀌지만 김수영은 모순의 방을 나와 다시 내밀한 장소로 돌아간다. 방을 다시 점유한 화자에게 방은 새로운 장소가 된다. 그 신비스러운 '어제의 방'과 '막다른' 방은 김수영이 시를 쓰는 마지막 근거지로 삼은 곳이다. 방이 지니는 의미의 동선이 회귀적이라는 점에서 김수영 시의 방은 개인적인 내밀한 장소라는 의미를 크게 벗어나지 않는다. 그러나 김수영 시에서 방은 추상적인 공간의 등질화된 개념을 거부한다. 지배적인 '공간의 재현들'속에서도 '공간적 실천'에 기반을 두어 새로운 '재현의 공간들'이 끊임없이 틈새를 비집고 일어난다.[22] 방은 사회적인 장소로 혹은 생활의 현장으로 존재하기도 하지만 결국 시를 쓰는 장소이자 자신의 존재를 증명하는 '막다른' 곳으로 그 의미가 귀착된다.

2-2. 장소의 해체와 일상성의 확대 : 집

김수영의 시에서 '집'의 경우 어느 특정한 시기에 집중적으로 시의 소재로 등장하지는 않는다. '방'이 매우 개인적이고 비밀스러운 공간인 반면, 집은 방보다는 노출이 쉽다. 집은 방에 비해 공간적 확장감을 준다. 이러한 특성은 집이 '생활'과 밀접한 관련을 지니고 있음을 유추하게 한다. 시기별로 집이라는 시어의 빈도수와 작품수를 정리하면 〈표 3〉과 같다.

〈표 3〉

구분		전기	중기	후기	계
시어	빈도수	20	12	28	60
	점유율(%)	33.3	20	46.7	100
작품	빈도수	12	7	16	35
전체작품수		84	33	64	181

방과는 달리 집은 어느 시기에 집중적으로 나타나지 않는다. 근소하나마 전기보다 중기와 후기에 집이라는 시어가 많이 등장함을 알 수 있다. 일반적으로 집은 주거공간인 가옥(주택)과 여기에 함께 거주하며 생활하

22) 박영민, 앞의 글, 209쪽 참조.

는 사회 집단인 '가족', 그리고 가족과 가옥을 기초로 하여 형성되는 정서적 공간인 '가정'이라는 의미를 포함한다.[23] 「우선 그놈의 사진을 떼어서 밑씻개로 하자」(《새벽》, 1960. 5. 15)와 같은 중기의 작품에는 집과 관련된 시어가 빈번하게 등장하지만 시의 중심 소재가 되거나 서술어의 중요한 배경이 되는 장소의 역할을 하지 않는다. 오히려 「도적」(《세대》, 1966. 11)이나 「의자가 많아서 걸린다」(《사상계》, 1968. 7)와 같은 후기시에서 집이라는 장소의 역할이 두드러진다. 집의 성격은 시에 드러난 사실에 의해 밝혀질 것이다.

(1) 집에 대한 사랑

시작 초기에 '집'에 대한 김수영의 인식은 뚜렷하지 않다. 집이 시 텍스트 해석에 있어 중요한 의미적 자질을 지니는 「달나라의 장난」(《자유세계》, 1953. 4)에서 "누구의 집을 가보아도 나 사는 곳보다는 여유가 있"다고 생각한 김수영이고 보면, 집에 관해서 매우 현실적이었음을 짐작할 수 있다. 집안을 이을 장손으로 매우 소중하게 자란 그의 성장 배경을 고려할 때 전통적인 가족주의 문화와 달리 '우리 집'을 낡은 것이라고 표현하였다는 점에서 다음 시는 새롭다.

---

23) 김수영 시에서 '가정'이라는 시어는 「백의」(1956. 3) 1회, 「장시 1」(《자유문학》, 1963. 2) 1회, 「엔카운터지(誌)」(《한국문학》, 1966. 9) 2회 등 모두 4회 사용된다. 이에 비해 '가족'은 「조국에 돌아오신 상병포로 동지들에게」(1953. 5. 5) 1회, 「여름 아침」(《동아일보》, 1956. 8. 23) 1회, 「술과 어린 고양이」(《현대문학》, 1961. 12) 2회, 「적」(《신사조》, 1962. 7) 1회, 「나의 가족」(『전시 한국문학선』, 1955. 6. 25) 5회 등 총 10회 사용되었다. 김수영 시에서 '집'의 의미가 '가족' '가정'이라는 정서적 개념과 만날 때 그의 전통주의적인 태도가 두드러진다는 점은 흥미로운 사실이다.

고색이 창연한 우리 집에도
어느덧 물결과 바람이
신선한 기운을 가지고 쏟아져 들어왔다

이렇게 많은 식구들이
아침이면 눈을 부비고 나가서
저녁에 들어올 때마다
먼지처럼 인색하게 묻혀 가지고 들어온 것

[중략]

거칠기 짝이 없는 우리 집안의
한없이 순하고 아득한 바람과 물결—
이것이 사랑이냐
낡아도 좋은 것은 사랑뿐이냐

—「나의 가족」(『전시 한국문학선』, 1955. 6. 25) 중에서

1950년 전쟁의 상처가 아물기 시작한 것은 김수영이 1954년 아내 김현경과 함께 성북동에 거처를 정하고 난 다음이다. 이 시는 아내와 아들, 그리고 다른 가족과 함께 살아가는 생활의 단란함을 노래하고 있다.[24] 화자는 자신의 집을 "고색이 창연"하다고 말한다. 그 집으로 새로운 "물결과 바람"이 "신선한 기운을 가지고" 들어왔다. 그것은 물질적 차원으로 이해될 것이 아닌 삶의 활기와 같은 것들이다. 많은 식구들이 삶의 현장에서 묻히고 들어온 것들은 "거칠기 짝이 없는" 집안에 "한없이 순하고 아득한 바람과 물결"이 된다. 집을 낡은 것으로 생각하였던 화자도 가족들 사이

24) 최동호, 「김수영과 부자유친」, 《작가세계》, 2004년 여름호, 84쪽 참조.

에서 사랑을 발견한다. 그래서 비록 집은 고색창연하게 낡아가지만 그 안에 담긴 사랑은 낡아도 좋다고 말하게 된다. 김수영에게 집은 낡은 것과 새로운 생활의 기운이 함께 뒤섞여 있는 곳이다. 집의 한 곳을 차지하고 자신만의 일에 몰두하던 김수영에게 이러한 현상은 낯설지만 뜻깊은 것으로 여겨진다. 말하자면 집은 사랑의 장소며, 가족들이 함께 모여 사는 정서적 장소다.

> 무더운 자연 속에서
> 검은 손과 발에 마구 상처를 입고 와서
> 병든 사자처럼
> 벌거벗고 지내는
> 나는 여름
>
> 석간(夕刊)에 폭풍경보를 보고
> 배를 타고 가는 사람을
> 습관에서가 아니라 염려하고
> 삼년 전에 심은 버드나무의 악마 같은
> 그림자가 뿜는 아우성 소리를 들으며
>
> 집과 문명을 새삼스럽게
> 즐거워하고 또 비판한다
>
> 하얗게 마른 마루 틈 사이에서
> 들어오는 바람에서
> 느끼는 투지와 애정은 젊다
>
> 자연을 보지 않고 자연을 사랑하라
> 목가가 여기 있다고 외쳐라

폭풍의 목가가 여기 있다고 외쳐라

목사여 정치가여 상인이여 노동자여
실직자여 방랑자여
그리고 나와 같은 집 없는 걸인이여
집이 여기에 있다고 외쳐라

하얗게 마른 마루 틈 사이에서
검은 바람이 들어온다고 외쳐라
너의 머리 위에
너의 몸을 반쯤 가려주는 길고
멋진 양철 차양이 있다고 외쳐라

—「가옥 찬가」(《자유문학》, 1959. 10) 전문

화자는 "집과 문명을 새삼스럽게 즐거워하고 또 비판한다." 그 내막은 잘 드러나지 않는다. 따져 보자면 집은 위험한 자연 속에서 손과 발에 상처를 입고 난 뒤 화자가 돌아가 쉴 수 있는 곳이다. 자연의 위험으로부터 자신을 보호할 수 있는 거소로서 집은 충분히 찬사를 받아야 한다. 집이 우리의 삶에 있어서 비호(庇護)와 휴식의 가장 친밀한 공간이며 장소임을 가장 절실하게 느끼게 하는 때는 고달픈 노동의 경우다. 일기예보란에서 폭풍 경보를 보고 배를 타고 갈 사람을 걱정하는 동안 버드나무의 가지가 내는 아우성 소리를 들으면서 화자는 집이 있다는 사실에 대해 새삼 감사한다. 집은 자연에서 입은 상처를 치료해 주는 병원이요, 자연과의 투쟁과 애정을 확대재생산하는 공장이요, 자연의 공격을 막아 주는 피난처며 벌거벗어도 탓하는 사람이 없는 자유의 천지다.[25] 그런데 이 집

25) 김인환, 「시인의식의 성숙과정」, 『문학과 문학사상』, 열화당, 1978, 174쪽.

의 "하얗게 마른 마루 틈 사이에서" 바람이 들어온다. 집은 자연의 바람을 막지 못한다. 집은 비판의 대상이 된다. 그 바람은 무더위에 화자를 지치게 한 악마 같은 자연이다.

이처럼 집은 이중적이다. 화자는 그 가운데 자연의 본질을 자연의 밖인 집에서 깨닫는다. 집의 가치도 마찬가지다. 화자는 내심 그것마저 집의 일부임을 인정하라고 말한다. "자연을 보지 않고 자연을 사랑하라 / 목가가 여기 있다고 외쳐라 / 폭풍의 목가가 여기 있다고 외쳐라"고 명령하는 까닭이 여기에 있다. 명령의 주체는 화자이지만 명령을 수행해야 할 청자는 '목사' '정치가' '상인' '노동자' '실직자' '방랑자', 심지어 화자와 처지가 같은 "집 없는 걸인"이다. 이 모든 청자는 집의 가치를 깨닫지 못한 이들, 곧 뿌리 없는 자들이다. 집이 '자연'의 가치를 깨닫게 하고, 자연이 집의 가치를 화자에게 일러주었다. 집은 마루 틈 사이로 들어오는 "검은 바람"을 막지 못하지만 "몸을 반쯤 가려주는 길고 / 멋진 양철 차양"을 가지고 있다. 순수한 건축물로서의 집을 노래한 「가옥 찬가」에서 집은 생활의 가치와 자연의 가치를 일깨워주는 장소다.

(2) 개념적 장소

1960년과 1961년 사이에 '집'을 시 텍스트의 중심 소재로 사용한 시는 많지 않다. '방'이 1960년을 기점으로 시의 장소로서 중요한 역할을 한 것에 비하면 다소 의외의 현상이다. 방이 매우 개인적인 장소임에 비해 집은 가족이라는 구성원과 함께 하는 공간이므로 생활과 밀접한 관련을 지니기 마련이다. 사회적 문제가 집의 영역을 침범하기도 한다. 그래서인지 1960년 이후 김수영 시에서 집은 다른 공간과의 차별성을 지니지 않은 채 사용된다.

①

우리들의 적은 늠름하지 않다

우리들의 적은 커크 더글러스나 리처드 위드마크 모양으로 사나웁지도 않다

[중략]

우리들의 전선(戰線)은 눈에 보이지 않는다
그것이 우리들의 싸움을 이다지도 어려운 것으로 만든다
우리들의 전선은 된케르크도 노르망디도 연희고지도 아니다
우리들의 전선은 지도책 속에는 없다
그것은 우리들의 집안 안인 경우도 있고
우리들의 직장인 경우도 있고
우리들의 동리인 경우도 있지만……
보이지는 않는다

—「하…… 그림자가 없다」(《새벽》, 1960. 6) 중에서

②

군대란 군대에서 장학사의 집에서
관공리의 집에서 경찰의 집에서
민주주의를 찾은 나라의 군대의 위병실(衛兵室)에서 사단장실에서 정훈감실에서
민주주의를 찾은 나라의 교육가들의 사무실에서
4·19 후의 경찰서에서 파출소에서
민중의 벗인 파출소에서
협잡을 하지 않고 뇌물을 받지 않는
관공리의 집에서
역이란 역에서
아아 그놈의 사진을 떼어 없애야 한다

—「우선 그놈의 사진을 떼어서 밑씻개로 하자」
(《새벽》, 1960. 5. 15) 중에서

①은 곧 발발할 혁명을 예감하고 있으면서 그 혁명이 지녀야 할 성격을 미리 보여주고 있다는 점에서 중요한 작품이다. 여기에서의 '전선'은 '우리'라는 집단적 자아와 '적'과의 싸움이 벌어지는 현장을 의미한다. 김수영이 생각한 혁명의 적은 그림자처럼 그 실체를 드러내지 않으면서 어디에나 존재한다. 그러므로 적과의 싸움의 전선 역시 추상적인 '지도'에 있는 것이 아니라 '집안' '직장' '동리'와 같이 바로 삶의 옆자리에 있다. 그러나 그것은 눈에 보이지 않는다. 여기에서 집은 삶의 가장 일반적인 현장 그 자체를 의미한다. 눈여겨보아야 할 것은 집이라는 비호의 장소가 이제 그 기능을 상실하였다는 점이다. 적이 집안에까지 들어올 수 있다는 생각은 근원적 안주의 장소 혹은 영원한 동경의 장소와 같은 집의 의미가 사라졌기 때문이다.

②의 시에서 집은 추상적 개념이나 이데올로기가 현실에서 구체화된 양상을 보여준다. 생활의 장(場)이나 영혼의 피난처로서의 집이 아니다. 물론 가족과 같은 혈연적인 개념을 뜻하지도 않는다. 오직 물리적인 장소로서의 집이 부각된다. '그놈'의 사진이 붙어 있는 곳은 "장학사의 집" "관공리의 집" "경찰의 집" "정훈감실" "교육가들의 사무실" "파출소" 등이다. 집과 사무실, 파출소는 서로 다르지 않다. 말하자면 집은 이데올로기가 지배하는 사회의 구성요소로서의 개념적 공간이다. 이 공간에 대해 화자는 친밀감을 느끼지 않는다. 사회적 변혁을 꿈꾸던 시기, 김수영에게 집은 그가 인식한 사회적 적대성이 숨어 있거나 버젓이 그 자리를 차지하고 있는 공간으로 그려진다. 인간의 생활을 조직하고 규율했던 집에 대한 불신이 표면화된 것이다. 이 장소를 근본적으로 되돌려 놓으려는

의도로 볼 수 있다. 그러나 그 의미가 매우 미비하게 형상화되는 까닭은 집이 사회적 적대성을 강하게 드러내지 않기 때문이다. 1960년과 1961년 동안 집에 비해 방을 소재로 한 시가 더 많았다. 이러한 현상은 혁명이 실패로 끝난 뒤 그 상처를 숨기고 치유하기엔 집보다는 방이 더 적합했기 때문이다.

(3) 집의 일상성

1961년 이후 '집'의 성격은 상당히 변질된다. 그것은 그 이전에 보았던 가족들의 사랑이 가득한 곳도 아니며 혁명의 시기에 볼 수 있었던 삶의 현장이나 개념적 공간을 뜻하지도 않는다. 이 시기에 김수영은 집이라는 장소가 물질문명의 일상성을 재현하는 것으로 그리고 있다.

> 도적이 우리 집을 노리고 있다
> 닭장이 무너진 공터에 두른 판장을 뚫고
> 매일 밤 저희 집처럼 출입하고 있다
> 개가 여러 번 짖는 소리를 들었지만
> 나는 귀찮아서 나가지를 않았다
> 쥐보다 좀 큰 도적일 거라 아마
> 그 정도일 거라
>
> 돈에 치를 떠는 여편네도 도적이 들어왔다는
> 말에는 놀라지 않는다
> 그놈은 우리 집 광에 있는 철사를 노리고 있다
> 시가 700원가량의 새 철사뭉치는 우리 집의
> 양심의 가책이다
> 우리가 도적질을 한 것은 아니지만 우리가

훔친 거나 다름없다 아니 그보다도 더 나쁘다

—「도적」(《세대》, 1966. 11) 중에서

위의 시에서 집은 두 가지 의미를 지닌다. 먼저, 1연의 '우리 집'은 도적이 노리는 물건이 있는 공간에 불과하다. 시의 서사를 따라 읽어보자. 시인의 집 마당에 이웃집 2층 신축 공사를 하던 인부가 슬쩍 철사뭉치를 던져두고 그것을 다시 찾으려고 매일 밤 드나들고 있다. 화자는 이러한 사정을 다 알고 있다. 그 철사를 여편네가 광에다 미리 옮겨 놓았고, 못까지 쳐놓았다가 그것도 못 미더워 지하실에 도피시켜 놓았다. 두 번째 의미는 "시가 700원가량의 새 철사뭉치는 우리 집의 / 양심의 가책이다"라는 구절에서 드러난다. 이때의 집은 철사뭉치가 있는 곳이 아니다. 집은 아내와 식모와 아들과 심지어 화자 자신까지 모두 다 포함한 가족의 명칭이다. 그것은 바로 철사뭉치가 "우리 집의 / 양심의 가책이다"에서의 '양심'이 문제가 되기 때문이다. 공사 중에 은근슬쩍 철사뭉치를 시인의 집 마당에 던져둔 인부나, 그것을 모른 척 광에다 숨겨둔 아내와 식모, 이들의 말을 듣고 '그'를 도적으로 오인한 아들은 모두가 스스로의 양심을 속인 이들이다.

이들과 함께 시의 화자도 이 공모에 한몫하고 있다. 김수영이 가장 증오한 것은 우리 사회의 후진성과 허위의식이었다. 김수영은 그러한 것을 증오하고 비판하는 자신조차도 거기에 연루되어 있다고 인식하였다. 문명이나 사회가 내 바깥에 있거나 내가 그 바깥에 있는 것이 아니라, 그것의 한가운데에 내가 있고 그것이 내 한가운데에 있다.[26] 철사뭉치가 "우리 집의 / 양심의 가책"이라고 말하는 화자는 스스로 이제 물질문명의 바

---

26) 강웅식, 『시, 위대한 거절』, 청동거울, 1998, 130쪽 참조.

끝에 있지 않고 그 한가운데 있음을 알고 있는 것이다. 이러한 인식의 변화가 집이라는 장소의 성격을 통해서 드러난다는 점은 주목할 만하다. 생활의 문제가 집의 모든 문제가 아니었던 이전의 시에 비하면 집이 보여주는 경제적 성격은 놀랄 정도다. 다음 시는 점점 더 문명의 일부분으로 전락해가고 있는 자신의 집을 상징적으로 묘사하고 있다.

> 의자가 많아서 걸린다 테이블도 많으면
> 걸린다 테이블 밑에 가로질러놓은
> 엮음대가 걸리고 테이블 위에 놓은
> 미제 자기(磁器) 스탠드가 울린다
>
> 마루에 가도 마찬가지다 피아노 옆에 놓은
> 찬장이 울린다 유리문이 울리고 그 속에
> 넣어둔 노리다케 반상 세트와 글라스가
> 울린다 이따금씩 강 건너의 대포소리가
>
> [중략]
>
> 닿고 닿아지고 걸리고 걸려지고
> 모서리뿐인 형식뿐인 격식뿐인
> 관청을 우리 집은 닮아 가고 있다
> 철조망을 우리 집은 닮아 가고 있다
>
> 바닥이 없는 집이 되고 있다 소리만
> 남은 집이 되고 있다 모서리만 남은
> 돌음길만 남은 난삽한 집으로
> 기꺼이 기꺼이 변해 가고 있다

—「의자가 많아서 걸린다」(《사상계》, 1968. 7) 중에서

인간은 각자의 필요에 따라 가구들을 적당하게 각자의 필요에 상응하는 배열로 옮겨 놓는다. 가구들은 필요로 할 때에 그것을 취할 수 있는 일정한 자리를 부여받는다. 그러나 이 시에서 가구는 그렇지 않다. 화자는 "의자" "테이블" "엮음대" "미제 자기 스탠드" "찬장" "유리문" "노리다케 반상세트" "글라스" 등 집을 구성하는 가구들의 걸림과 울림 현상을 매개로 집의 물질성을 비판한다. 이 모든 것들은 집이 점점 더 풍요로워지고 있음을 증거하지만 이것들로 인해 화자는 불편해졌다. 마루나 거실에서, 혹은 방에서 조금만 몸을 움직이려고 해도 가구들에 부딪치거나 걸린다. 가구가 너저분하게 어질러져 있는 집은 공간의 광활함을 주지 않는다. 그것은 자유의 구속이다. 이 역설은 그러므로 '형식'과 '격식'만 남은 '관청'을 '우리 집'이 닮아 가고 있다는 단언적 진술에 이른다. 분단의 실체는 모르고 그 결과만을 증언하는 '철조망'을 닮아간다. 진실한 삶의 의미('바닥')는 사라지고 겉만 그럴듯한('소리만 남은') 집은 '난삽'한 집일 수밖에 없다. 부르주아의 안락을 확보해가는 '집'의 형식화·규격화에 대한 자조적인 성찰을 엿볼 수 있다. "기꺼이 기꺼이"라는 구절은 권력이 정한 질서와 규율에 스스로 익숙해지기 위해 노력하는[27] 게 아니다. 그것은 "결연한 정직성"[28]에서 나오는 고백이다.

시작 초기에서 집은 주체로서의 화자가 자신의 정체성을 확인할 수 있는 장소였다. 반면, 이 시에선 더 이상 집은 그러한 역할을 하지 않는다. 대신 집은 더 적극적으로 문명의 상징으로 군림하여 생활의 중심에 위치한다. 일상생활의 긍정적 측면은 사라지고 일상성만 부각된다. 그러므로

27) 김유중(「김수영 시의 모더니티 1」, 《국어국문학》 119, 1997, 339쪽)은 권력이 사회에 미치는 효과의 긍정성을 발견하고 권력이 스스로 정한 질서와 규율에 익숙해지기 위해 노력한다고 해석하는데 이는 반어로 읽어야 한다.

28) 김우창, 「예술가의 양심과 자유」, 『김수영의 문학』, 민음사, 1983, 196쪽.

화자는 주체의 자리에서 내려온다. 친밀한 장소의 해체는 정체성에 심각한 위기를 가져온다. "난삽한 집"이라는 단적인 표현에서 집은 더 이상 삶을 쉴 수 있는 공간이 아님을 확인할 수 있다. 집은 우주의 중심이다. 집의 파괴는 우주의 파괴를 의미한다.[29] 자본은 집(가정)을 매개로 소유의 욕망을 끝없이 증대시킴으로써 가족 구성원의 저항을 무력하게 만든다. 자본의 이념은 집을 식민지로 만드는 지배적 이념이 된다. 일반적으로 집이 지니는 행복의 공간과는 달리 김수영의 후기시에서의 집은 행복과 친밀의 공간으로서의 기능을 다 하지 못한다. 그의 현실이 생활과 밀접한 관계를 맺고 있기 때문이다. 집은 방에 비해 생활의 영역으로부터 자유롭지 않았다.

'집'의 경우 초기에는 가족에 대한 사랑을 확인하거나 자연으로부터 자신을 보호하는 장소였다. 1960년 이후 그곳은 삶의 현장과 개념적 공간을 지시하였다. 1961년 이후의 집은 점점 너 속돼가는 문명의 현장으로 그려진다. 화자는 생활로부터 소외를 체험한다. 김수영은 소외를 극복하기 위해 현실을 폭로하고 자신의 사소한 감정까지도 명확히 했다. 스스로를 직접 시 테스트에 출현시킴으로써 친근한 장소의 해체에 따른 생활로부터의 소외를 극복하고자 했다. 집이 친밀의 공간으로서의 기능을 다 하지 못하는 것은 그의 현실이 생활과 밀접한 관계를 맺고 있었기 때문이다. 집은 방에 비해 생활의 영역으로부터 자유롭지 않았다. 김수영 시에서의 집은 친밀한 장소적 의미 해체와 더불어 그 의미망이 점점 확대된다.

---

29) 이-푸 투안, 앞의 책, 240쪽 참조.

3. 결론

김수영 시에서 장소의 의미를 띠는 '방'과 '집'을 통해 시어의 사용빈도와 의미의 변화를 시기별로 구체적으로 확인해 보았다. 일반적으로 방과 집은 이동성이 강조되는 대신에 안주와 거주의 의미를 지닌다. '거주'란 그 공간 안에 있는 어떤 특정한 자리에 친숙해짐을 뜻한다. 인간은 그것을 토대로 하여 자신의 삶을 여러 가지 지속적인 관련 속에서 구축할 수 있는 확고하고도 지속적인 근거를 발견한다.[30] 그런데 김수영 시의 방과 집은 일반적인 '거주'의 의미와는 다르다.

방의 경우 시기별로 그 의미가 조금씩 다르긴 해도 개인적인 내밀한 장소의 의미를 크게 벗어나지 않는다. 방이 지니는 의미의 동선은 회귀적이다. 그것은 사회적인 장소로 혹은 생활의 현장으로 존재하기도 한다. 그러나 김수영이 방을 다시 점유함으로써 그곳은 시를 쓰는 장소이자 자신의 존재를 증명하는 신비스러운 '막다른' 곳으로 의미가 귀착됨을 알 수 있다. 집의 경우 시기별로 그 의미가 확장되며 일상성이 강조된다. 사랑의 장소에서 비호의 장소로, 다시 삶의 현장과 개념적 공간으로, 점점 더 속돼가는 문명의 상징으로 그려진다. 집의 친밀한 장소적 의미는 해체되고 일상성은 점점 확대된다.

방과 집이 닫힌 공간이며 안정되고 따뜻한 곳이라는 사실은 김수영 시에 적용되지 않는다. '정주'의 의미를 지니기는 하지만 김수영은 그곳에 머물지 않는다. 지금의 방과 집은 내적인 안정의 영역도, 존재의 보호지도 아니다. 대신, '어제'의 방과 집이 그런 역할을 한다. 방과 집은 갈등의 공간이며 위기의 장소다. 사랑을 통해 아늑함을 느낄 수 있는 곳이기도

30) 오토 볼노(O. F. Bollnow), 『교육의 인간학』, 오인탁·정혜영 역, 문음사, 1999, 148쪽.

하지만 집에는 김수영 스스로가 자신에게 보내는 감시의 시선과 처벌이 존재한다. 이러한 방과 집의 이중적 구조는 그 이전의 문학에서 보이는 집·고향 상실의식과 존재론적 불안의식과는 분명히 다르다. 그것은 사회적 심리현상으로 이해해야 한다. 자신까지도 포함해 세상과 싸우려는 김수영의 비판의식이 여기에 숨어 있다.

분석을 통해 김수영 시의 공간이 기호적 관계들의 추상 세계가 아니라 구체적인 현실로 이루어져 있음을 확인하였다. 김수영 시에서 나날의 삶의 체험은 현장성을 통해 드러나게 된다. 방과 집이라는 장소를 통해 김수영은 실존적 자기 정위의 어려움과 현실에 대해 맞서려는 힘겨운 노력을 보여준다. 김수영 시에서 화자는 공간을 최대한 활보한다. 안정적인 장소로부터의 외출은 거리로 이어지며 더 많은 시의 장소가 만들어진다. 그때의 모든 장소는 동질적이거나 중립적이지 않고 질적이며 살아 있다. 그의 이동은 '방' '집' '골목' '거리' '다리' '세상' '책' '몸' 등 다양한 장소를 거친다. 김수영 시의 움직임은 시적 언술에서뿐만 아니라 장소의 다양한 변주에서도 찾을 수 있을 것이다.

언어적 정체성과 시적 언어의 힘

김수영(金洙暎)은 1921년 11월 27일, 서울의 종로 2가에서 김태욱(金泰旭)과 안형순(安亨順)의 셋째로 태어났다. 그는 네 살 되던 해 조양(朝陽) 유치원을 다녔으며, 그 이듬해 계명(啓明) 서당에서 『천자문』과 『동몽선습』 등을 배웠던 것으로 기록되어 있다. 초보적인 수준이나마 어려서 한학을 익혔다는 사실은 그의 시를 이해하는 데 많은 참조가 된다. 그 후 김수영은 어의동(於義洞) 공립보통학교를 나와 선린상업 전수과에 들어간다. 그의 영어, 일어, 한문 실력은 타의 추종을 불허할 정도로 뛰어났다고 한다. 당시 그는 선린상업의 교지인 《청파(青坡)》 39호(1937)에 두 편의 시와 「우리 청년의 사명」이라는 산문을 일본어로 실을 만큼 문학에 조예가 깊었다.[1] 졸업 후 1942년 김수영은 일본으로 유학을 떠나 미즈시나 하루키[水品春樹] 연극연구소에서 연극을 배웠으며, 이듬해 어머니를 따라 만주로 가 얼마 동안 연극에 매진하기도 했다. 해방 후 서울로 돌아와 그의 공식적인 첫 작품인 「묘정의 노래」를 1946년 《예술부락》에 발표[2]하였으니, 해방 이전에 그가 남긴 우리말로 된 작품은 없는 셈이다.

---

1) 교지 《청파》에는 「풍경」과 「떠오르는 해」 두 편의 시가 실려 있다. 김수영의 이력은 최하림 시인의 『김수영 평전』(실천문학사, 2001)을 참조했다.

2) 조연현이 주간으로 있었던 《예술부락》은 1946년 1월호가 창간호다. 여기에는 김수영의 시 「묘정의 노래」는 없다. 산문 「연극하다가 시로 전환」(1965. 9)에 명기되어 있는 김수영의 진술은 사실과 다르다. 실제로 작품이 실린 것은 1946년 2월 《예술부락》 2호였다.

김수영은 청년 시기의 대부분을 일제강점기 아래서 보냈다. 그가 사용한 언어는 어려서부터 익힌 한문과 모국어인 한국어, 그리고 공식어였던 일본어와 학습된 외래어인 영어 등이 다양하게 혼종된 것이었다. 이러한 시대적 배경은 그의 시와 시어를 이해하는 데 반드시 고려해야 할 언어의 환경이다. 김수영 시에는 한국어가 아닌 시어가 종종 뒤섞여 나온다. 그것은 당시 한국 문화가 겪었던 혼종적 양상을 언어로 기표화한 예로 볼 수 있다. 그러나 이러한 현상을 시대적 징후로만 이해한다면 그의 시가 지니는 다양한 의미는 사상(捨象)되고, 언어에 대한 그의 태도 또한 제대로 밝히기 어려울 것이다. 당연한 말이지만 한 시인이 선택한 시어에는 그의 교양과 체험이 그대로 반영된다. 시인으로서의 진정성이 모국어에 대한 책임 이행의 정도에 따라 판가름된다면,[3] 김수영의 경우엔 그 판단의 가치 범주를 벗어나는 특별한 위치에 있다고 해야 옳다. 우리는 김수영이 스스로 밝힌 언어에 대한 고백을 참소함으로써 그의 시를 올바르게 이해할 수 있다. 김수영은 자신의 언어에 대해 시와 산문을 가리지 않고 여러 곳에서 언급했다. 그가 처음으로 자신의 언어에 대해 언급한 대목이 아래의 시에 나타난다.

> 사람이란 사람이 모두 고민(苦悶)하고 있는
> 어두운 대지(大地)를 차고 이륙(離陸)하는 것이
> 이다지도 힘이 들지 않는다는 것을 처음 깨달은 것은
> 우매(愚昧)한 나라의 어린 시인들이었다
> 헬리콥터가 풍선(風船)보다도 가벼웁게 상승(上昇)하는 것을 보고
> 놀랄 수 있는 사람은 설움을 아는 사람이지만
> 또한 이것을 보고 놀라지 않는 것도 설움을 아는 사람일 것이다

---

3) 유종호, 「시인과 모국어」, 『현실주의 상상력』, 나남출판, 1991, 162쪽 참조.

그들은 너무나 오랫동안 자기(自己)의 말을 잊고
남의 말을 하여 왔으며
그것도 간신히 더듬는 목소리로밖에는 못해 왔기 때문이다
설움이 설움을 먹었던 시절(時節)이 있었다
이러한 젊은 시절(時節)보다도 더 젊은 것이
헬리콥터의 영원(永遠)한 생리(生理)이다

—「헬리콥터」(《신세계》 3호, 1956. 4. 10) 중에서[4]

물론 이 시는 새롭게 등장한 "헬리콥터"라는 근대문물을 대상으로 가난한 시인의 내면을 솔직하게 형상화한 것이지만, 여기에는 시에 대한 김수영의 생각과 말(언어)에 대한 고민이 숨겨져 있다. 이 시에는 특이하게도 "헬리콥터" "제트기(機)" "카고" "린드버그" 등의 영어에서 온 말과 함께 "고민(苦悶)" "대지(大地)" "이륙(離陸)" "우매(愚昧)" "풍선(風船)" "상승(上昇)" "시절(時節)" "영원(永遠)" "생리(生理)" 등의 한자어가 거리낌 없이 사용되고 있다. 처음 시를 발표한 지 거의 10년이 지난 뒤에 쓴 이 시에서 김수영은 뜻밖에도 "너무나 오랫동안 자기의 말을 잊고 / 남의 말을" 해왔다고 고백한다. 이 충격적인 고백에는 10년이 넘는 기간 동안 써왔던 자신의 언어에 대한 깊은 반성이 담겨 있다. 주목해야할 것은 "남의 말"조차도 제대로 구사하지 못하고, 그것도 "간신히 더듬는 목소리로밖에" 못해 왔다는 사실이다. 시기를 따져봤을 때, "남의 말"이란 1945년 이후의 일이니 일본어가 아닌 제3의 언어다. 물론 시기와 관계없이 김수영이 우리말을 마음대로 쓰지 못했던 일제강점기를 빗대어 한 말로 이해할 수도

4) 『김수영 전집 ①· 시』(이영준 엮음, 민음사, 2018)는 독자들의 편의를 위해 한자로 표기된 글자를 한글로 바꾸고 필요한 경에만 괄호 안에 한자를 표기하였는데, 이 글에서는 김수영이 한자어를 어떻게 사용했는가를 확인하기 위해 애초의 원고 상태에 표기된 한자를 괄호를 이용해 모두 표기하였다.

있다. 그러나 광복 후 김수영이 잠시 영어교사를 하고 외국잡지를 탐독했으며 이를 번역하여 생계를 꾸려갔다는 사실을 고려한다면, 여기에서의 "남의 말"은 영어일 가능성이 높다. 전기적 사실에 따르면 김수영은 일본어를 자연스럽게 썼다. 중요한 사실은 "남의 말"이 단순히 의사소통의 도구로서의 언어만을 뜻하지 않는다는 점이다. 일상적 언어의 범위를 넘어선 더 큰 범주로서의 말(언어)은 문화와 지성을 포함한다. 이러한 자기반성 속에는 모더니즘에 경도된 1950년대 한국시에 대한 날카로운 비판 또한 숨어 있다고 할 수 있다. 그럼에도 불구하고 "너무나 오랫동안 자기의 말을 잊고 / 남의 말을 하여 왔으며 / 그것도 간신히 더듬는 목소리밖에는 못해"왔던 이는 바로 "우매한 나라의 어린 시인들" 중의 한 명이었던 김수영 자신이다.

남의 생각이 아니라 자신의 생각을 남의 말을 빌리지 않고 자신의 언어 속에 담아 표현하기까지 나라 잃은 시대에 글을 쓰는 이들은 오랜 시간 동안 자신의 말을 더듬거려야 했다. 1921년에 태어나 1945년 이후에 창작활동을 시작한 김수영에게도 사정은 크게 다르지 않다.[5] 일본어를 강제로 교육받았으나 완벽하게 습득하지 못하고, 한국어를 배울 기회를 박탈당한 세대의 고민을 김수영은 창작과정에서 그대로 보여준다. 김수영의 고민은 10년쯤 뒤에 씌어진 짧은 산문 속에 다시 나타난다.

---

5) 김유중은 해방 이후 혼란된 우리 사회의 언어생활의 문제점을 김수영 세대가 고스란히 떠안았음을 김수영이 '존재론적 언어'에 관심을 가지게 된 주요한 원인으로 제시한다. 그는 이와 같은 표현상의 곤란과 관련된 인식이 언어에 대한 존재론적인 접근 시도에 있어서 유리한 위치를 확보할 수 있는 계기를 마련해주었다고 판단한다. 그 외 당대 현실과 상황에 대한 부정적 시각과 하이데거와의 만남을 나머지 이유로 제시한다(「김수영 시의 모더니티 4」, 《어문학》 82, 2003, 128~131쪽 참조).

> ① 나는 한국말이 서투른 탓도 있고 신경질이 심해서 원고 한 장을 쓰려면 한글 사전을 최소한 두서너 번은 들추어 보는데, 그동안에 생각을 가다듬는 이득도 있지만 생각이 새어나가는 손실도 많다. 그러나 시인은 이득보다도 손실을 사랑한다. 이것은 역설이 아니라 발악이다.
>
> —「시작 노트 4」(1965) 중에서

> ② 그러나 그대에게 다소의 기회를 남겨주기 위해 일부러 나는 서투른 일본어를 쓰는 정도로 그쳐두자. 하여튼 나는 해방 후 20년 만에 비로소 번역의 수고를 던 문장을 쓸 수 있었다. 독자여, 나의 휴식을 용서하라.
>
> —「시작 노트 6」(1966. 2. 20) 중에서

1년의 시차를 두고 씌어진 두 글에서 발견되는 우리말에 대한 김수영의 자기반성은 10년 전 「헬리콥터」라는 시에서 보여주었던 완곡한 고백보다 그 강도가 훨씬 세다. ①에서 시인이 글을 쓰면서 사전을 들춰보는 것은 당연한 일이다. 그런데 "한국말이 서투른 탓"이라는 구절에는 자기 말을 잊고 남의 말로 더듬거렸다는 10년 전의 자의식이 그대로 남아 있다. 10년이 지난 뒤에도 김수영은 자신의 지각과 정서에 정확히 일치하는 말을 쉽게 찾지 못해 한글 사전을 들추지 않을 수 없었다. 광복이 되던 1945년을 기준으로 한다면, 무려 20년이 지났는데도 한국말이 서툴다는 그의 말은 단순하게 이해할 대목이 아니다. 일제강점기에 교육을 받았던 김수영에게 문학 언어는 당연히 일본어였으며, 그것을 한국어로 교체하는 데 20년이 넘게 걸렸던 것이다. 우리 문학과 함께 김수영 역시 식민지의 복잡한 배경 속에서 살아왔다. 김수영은 "1945년에 15세"인 "35세 이상은 대체로 일본어를 통해서 문학의 자양을 흡수한 사람"들이며, 이들 중에는 해방 후에 "비로소 의식하고 우리말을 공부한 사람들도 적지 않다"(「히프레스 문학론」, 1964)고 말했는데, 그가 바로 여기에 속한다.

②의 글은 여러 가지 상황 논리 속에서 파악되어야 한다. 이 글이 발표될 당시는 한일협정 체결(1965)로 시국이 시끄러웠다. 고야마 이도코[小山いと子][6]가 한국에 왔을 때, 명분을 위해 여당과 야당뿐 아니라 잡지까지 그에게 관심을 보이지 않는 상황을 "배일(排日)은 완벽이다"라고 표현하면서 김수영은 모든 비방을 무릅쓰고 일본어로 위의 글을 썼다. 그 와중에 그는 "근시안"인 "그대"에게 다소의 기회를 주기 위해 "서투른 일본어"로 글을 쓴다고 말한다. 이러한 김수영의 태도는 매우 역설적이다. 우리가 주목해야 할 대목은 바로 그 다음이다. "하여튼 나는 해방 후 20년 만에 비로소 번역의 수고를 던 문장을 쓸 수 있었다"라고 했으니, 이 말은 번역을 하지 않고 곧바로 자신의 생각을 한국어로 쓸 수 있게 되기까지 20년이 걸렸다는 뜻이 된다.

여기서 우리는 김수영의 한국어 구사능력을 포함한 언어 현실에 대해 몇 가지 가정을 해볼 수 있다. 먼저, 일본어로 작품을 쓰고 그것을 한국어로 고치는 과정을 김수영이 1945년 이후 20년 동안 지속적으로 해왔다는 사실이다. 1945년 직후만 하더라도 그는 일본어로 시를 쓰고 그것을 다시 우리말로 옮기곤 했다. 김수영이 자신의 처녀작을 이야기하는 자리에서, "그 이전에 나는 「아메리카 타임지」라는 같은 제목의 작품을 일본말로 쓴 것이 있었다."(「연극 하다가 시로 전향」, 1965. 9)라고 말하기도 했다. 「아메리카 타임지」(《자유신문》, 1948. 12. 25)를 쓴 시기가 1947년으로 되어 있으니, 1945년 이후에도 일본어로 시를 썼음을 알 수 있다. 비록 시는 아니지만 「일기초 2」(1961. 2. 10)만 보더라도 김수영이 1960년대 초까지 일기를 일어로 쓰고 다시 우리말로 옮겨 적었음을 확인할 수 있다. 물론

---

6) 고야마 이도코[小山いと子](1901~1989)는 작품 『집행유예(執行猶予)』(1950)로 〈나오키상[直木賞]〉을 수상한 바 있으며, 〈댐 사이트 논쟁〉에서 남성 평론가를 상대로 논쟁을 벌이기도 했다.

의도적이기는 하지만 그가 위의 글을 "서투른 일본어"로 썼다는 점은 이러한 가설의 신빙성을 높여준다. 김수영이 한국어를 자연스럽게 사용하게 되었다는 사실보다 20년 동안 번역의 수고를 들였다는 점이 강조되어야 한다.

또 다른 가정은 김수영이 이 글을 서툴게나마 일본어로 쓰면서 자신의 생각을 일본어로 자연스럽게 쓸 수 있게 되었다는 사실이다. 문맥상 이 글을 일본어로 쓰고 있으면서 "번역의 수고"를 들이지 않았다고 했으니, 다시 한국어로 고칠 필요가 없음에 대한 설명이 될 수 있다. 그러나 이 가설은 "나는 일본어를 사용하고 있는 것이 아니라 망령(妄靈)을 사용하고 있는 것이다"라는 부연된 진술에서 거짓으로 드러난다. 김수영은 이상(李箱)이 "일본적 서정을 일본어로 쓰고 조선적 서정을 조선어로 썼다"(「시작 노트 6」, 1966. 2. 20)는 것을 불만스럽게 생각하며 오히려 그 반대로 해야 했음을 역설했다. 그 의미는 타자(일본어)의 극복을 통한 새로운 글쓰기 양식을 염두에 두고 한 말이다. 김수영이 보기에 이상은 더욱 "철저한 역설을 이행할 수 있었"지만 그는 그렇게 하지 못했다.[7] 그러나 당시 김수영은 이상의 수준에 미치지 못했다. 김수영은 자신이 쓰는 문장이 "번역투"의 느낌을 준다고 생각했다. 그것은 지각과 정서가 언어와 밀착하지 않는다는 느낌에서 온다. 그가 「눈」(《한국문학》, 1966. 6)이라는 작품에 대해 "만세! 만세! 나는 언어에 밀착했다. 언어와 나 사이에는 한 치의 틈서리도 없다"(「시작 노트 6」, 1966. 2. 20)고 했던 이유가 여기에 있다.

---

7) 실제로 이상(李箱)은 일어로 시를 쓸 때, 일본의 지배에 대한 비판과 일본어에 대한 극복을 의도하지 않았던 것으로 보인다. 오히려, "요새 朝鮮日報 學藝欄에 近作詩 「危篤」 連載中이오. 機能語. 組織語. 構成語. 思索語. 로 된 한글文字 追求試驗이오. 多幸히 高評을 비오. 요다음쯤 一脈의 血路가 보일 듯하오"(이상, 「私信 5」, 『이상 전집: 수필』, 권영민 엮음, 뿔, 2009)라고 한 그의 다양한 언어적 실험이 주목된다.

마지막으로 영어로 된 외국서적을 즐겨 읽었던 그가 우리말의 어감과는 동떨어진 문장을 쓸 수밖에 없었을 것이라는 가능성 또한 배제할 수 없다. 실제로 김수영은 일본어 못지않게 영어를 많이 사용했으며, 그 사실을 시 속에 거짓말처럼 기록한 적이 있다.

> 일본(日本) 말보다도 더 빨리 영어(英語)를 읽을 수 있게 된,
> 몇 차례의 언어(言語)의 이민(移民)을 한 내가
> 우리말을 너무 잘해서 곤란하게 된 내가
> —「거짓말의 여운 속에서」(《창작과비평》, 1969 여름) 중에서

「시작 노트 6」(1966. 2. 20)과 1년 정도의 시간 차이를 두고 씌어진 위의 시에서 김수영은 "일본 말보다 더 빨리 영어를 읽을 수 있"었다고 말한다. 그의 일본어 실력을 참조한다면 영어에 대한 집중은 가볍게 보아 넘길 수준이 아니다. 해방 이후 일본어를 사용하는 일이 급격하게 줄어든 반면, 영어는 그의 지적 호기심을 충족시키기 위해 꼭 필요했다. 김수영이 문학 활동의 자양분을 대부분 '책'을 통해 얻었다는 사실이 참고가 된다.[8] 특히 김수영은 영·미 문학에 관심이 많았으며, 《엔카운터Encounter》나 《파르티잔 리뷰Partisan Review》 등을 직접 구독해서 읽었다.[9] 이와 같은 사실은 최소한 1945년 광복 이후에는 일본어보다 영어가 그에게 더 많은

---

8) 김수영과 '외국문학', 특히 '잡지'와의 상관성에 대해서 조현일(「김수영의 모더니티관과 《파르티잔 리뷰》」, 김명인·임홍배 편, 『살아있는 김수영』, 창비, 2005)과 한명희(「새로운 문학, 전위의 문학을 향하여」, 《작가세계》, 2004년 여름호)가 자세히 검토했다.

9) "《엔카운터》 誌가 도착한 지가 벌써 일주일도 넘었을 터인데 이놈의 잡지가 아직도 봉투 속에 담긴 채로 책상 위에서 뒹굴고 있다"(「밀물」, 1961. 4. 3)거나, "스탠드 앞에는 《신동아》, 《사상계》, 《파르티잔 리뷰》 등의 신간 잡지가 놓여 있고"(「금성라디오」, 1966. 11) 등에서 충분히 확인할 수 있다.

영향을 미쳤음을 증명한다. 김수영은 다양한 외국 잡지들을 통해 세계 각국의 문학의 흐름을 동시적으로 읽었던 것이다.

우리가 관심을 가져야 할 대목은 김수영이 스스로 "몇 차례 언어의 이민"을 했다고 고백하고 있는 부분이다. 여기에는 다양한 언어를 습득했다는 의미로 받아들일 수 없는 여러 가지 복잡한 맥락이 존재한다. 우선, 일제강점기 동안 일본어가 한국인에게 끼친 엄청난 영향을 고려해야 한다. 이 시기에 모국어인 한국어를 지키는 일은 다른 그 어떤 저항보다 강력한 저항을 의미하지만,[10] 반대로 일본어를 구사하지 못하는 한국인은 새로운 문화와 지식을 습득할 수 있는 기회를 박탈당했다. 식민지 시대에 창작활동을 하지 않은 김수영 세대는 별다른 자의식을 가지지 않은 채 일본어를 배웠다. 오히려 이러한 사정 때문에 그들은 이중의 언어로 사유할 수 있는 기회를 가질 수 있었다. 일제강점기에 창작활동을 하지 않았으며, 순수한 한글세대도 아니었던 그들로서는 일본어가 사고의 깊이를 더해주는 역할을 한 셈이다. 그들이 1945년 이후 본격적인 창작활동을 하던 시기에 일본어는 더 이상 타기(唾棄)해야 할 지배자의 언어가 아니었다.

두 번째로 고려해야 할 것은 김수영이 6·25 과정에서 겪은 이데올로기와 관계된 지울 수 없는 상처다. 그가 포로수용소에서 살아남을 수 있었던 이유 중의 하나는 영어를 능통하게 사용할 수 있었기 때문이다.[11] 영어를 구사할 수 있었던 사실이 생존의 문제를 결정했다는 점을 참조한다면, "언어의 이민"이라는 구절의 속뜻이 이해된다. 일제강점기에 태어

10) 유종호는 모국어가 위기에 처한 식민지의 상황 아래서 모국어의 보존과 회복과 풍요와 세련에 바친 생애를 "가장 치열한 저항적 실천의 하나"로 간주하며, 1930년대 시인들을 재평가해야 한다고 역설한 바 있다(유종호, 앞의 글, 앞의 책, 165쪽 참조).

11) 최하림 편, 앞의 책, 171~182쪽 참조.

나 전쟁 체험을 겪으면서 "몇 차례의 언어의 이민"을 했다는 그의 고백 속에서 우리는 김수영이 우리말에 대한 감수성을 키울 만한 충분한 기회를 갖지 못했음을 짐작할 수 있다.

김수영의 고백처럼 그는 일본어의 영향으로부터 벗어나는 데 무려 20년이라는 긴 세월이 필요했으며, 다시 생존을 위해 영어를 쓰지 않을 수 없었다. 그리고 또 하나 눈여겨보아야 할 것이 그의 시에 빈번하게 등장하는 한자어다. 김수영이 어려서부터 서당에서 『천자문』과 『동몽선습』을 배웠다는 전기적(傳記的) 자료만으로는 그가 즐겨 사용한 한자어에 대한 충분한 이유가 되지 못한다. 김수영의 한자어가 대부분 당시에 새롭게 만들어진 일어식 한자어라는 점을 고려할 때, 한자어의 빈번한 사용은 일본어의 영향 속에서 채 벗어나지 못했다는 증거가 된다. 그러나 그가 구사하는 한자어를 유심히 들여다보면 관념적인 의미만을 기호화하고 있지 않음을 알 수 있다. 그의 한자어를 식민시교육의 잔재로 제한해서 이해하는 것은 잘못이다. 김수영 시에 등장하는 한자어에 대한 다음과 같은 지적은 그것의 사용 가치와 의의에 대해 많은 점을 시사(示唆)한다.

> 빈번하게 사용된 한자어에 관해 말한다면, 그것은 김수영이 일본어의 영향과 습관을 오랫동안 벗어버리지 못한 탓이 크겠으나, 감성을 지성화하고 지성을 감성화하려는 기민한 노력의 결과인 것도 사실이며, 흩어지는 말의 기운이 한자어를 통해 집약되고 있는 것도 사실이다.[12]

가령, 앞에서 예로 제시한 「헬리콥터」라는 시에서 "愚昧" "風船" "上昇" "生理" "意思"와 같은 한자로 된 어휘들은 일본어의 영향임에는 틀림없다. 그러나 이와 함께 화자의 감성이 새롭게 만들어진 언어들에 실려

12) 황현산, 「시의 몫, 몸의 몫」, 김명인·임홍배 편, 『살아있는 김수영』, 창비, 2005, 119쪽.

그 깊이와 정도가 더해짐을 발견할 수도 있다. 김수영 시에서 사용된 한자어가 모두 생각과 느낌의 통합에 실패했다고 보는 건 잘못이다. 예컨대, "풍선"과 "상승"이라는 어휘에는 "헬리콥터"라는 육중한 무게를 지닌 기계의 비상이 주는 위용과는 달리 가벼운 자유의 이미지가 덧붙여져 있다. 시인이 "헬리콥터"에 대해 지니는 부러움의 감정이 "풍선"과 "상승"이라는 어휘에 의해 함께 떠오르며, 동시에 시인이 느끼는 "설움"의 강도가 이로 인해 약해진다.

> 배애(悲哀)의 수직선(垂直線)을 그리면서 날아가는 그의 설운 모양을
> 우리는 좁은 뜰 안에서뿐만 아니라
> 심지어는 항아리 속에서부터라도 내어다볼 수 있고
> 이러한 우리의 순수(純粹)한 치정(痴情)을
> 헬리콥터에서도 내려다볼 수 있을 것을 짐작하기 때문에
> "헬리콥터여 너는 설운 동물(動物)이다"
>
> —— 자유(自由)
> —— 비애(悲哀)
>
> [중략]
>
> 안개처럼 가벼웁게 날아가는 과감(果敢)한 너의 의사(意思) 속에는
> 남을 보기 전에 네 자신을 먼저 보이는
> 긍지(矜持)와 선의(善意)가 있다
>
> —「헬리콥터」(《신세계》 3호, 1956. 4. 10) 중에서

"비애의 수직선"과 같은 말의 조합에서 "비애"로 기표화된 시인의 설움의 정서가 "수직선"이라는 과학적이고 지적인 언어에 의해 통제·제어되

고 있다는 점은 매우 흥미로운 사실이다. 이와 함께 "수직선"에 의해 흐릿한 "비애"의 정서가 오히려 뚜렷하게 느껴지는 것은 단순한 착각에서 오는 느낌은 아니다. 이를 통해 슬픔과 설움의 정서는 "비애" 뒤에 숨지 않고, 오히려 "비애"를 매개로 더 큰 울림을 만든다. 설움의 정서가 감상으로 떨어지지 않는 것은 "비애"라는 한자어의 탓도 어느 정도 있다. 이처럼 한자어는 명확하지 않은 감각을 구체화한다는 점에서 눈여겨볼 필요가 있다.

때로 한자어는 근대문명에 대한 이해를 바탕으로 사용되기도 한다. "안개처럼 가벼웁게 날아가는" 헬리콥터의 움직임을 "과감한 너의 의사"에 비유한 부분은 "헬리콥터"가 곧 근대문물이라는 도식적 알레고리로부터 벗어나게 한다. 김수영이 "헬리콥터"의 비행을 "의사"에 비유했을 때, 그것은 근대적 사고의 결정체가 되며, 세계를 움직이는 담론의 중심에 서게 된다. "자유의 정신의 아름다운 원형"인 "헬리콥터"를 "순수한 치정"으로 쳐다보고 있는 "우리"의 "설움"이 단순히 슬픔의 감정으로 읽히지 않게 된다. 뿐만 아니라, 그가 감정의 한 양상으로 사용한 "긍지"와 "선의" 같은 생수한 한자어에서 정시를 하나의 지적 산물처럼 느끼게 되는 것 또한 사실이다. 이러한 것들은 김수영 시에 사용된 한자어가 지닌 특별한 기능에 해당한다. 위의 시에서 살펴본 것처럼, 언어와 경험 사이의 밀접한 관계 속에서 사용되는 김수영의 언어는 진실 적시(摘示)의 기능을 가장 충실히 이행한다는 점에서 중요하게 다루어야 한다.

김수영 시의 언어에서 고려해야 할 또 다른 외적 환경은 사회적 배경이다. 그는 서울의 한 복판에서 태어났으며, 상업을 생업으로 하는 집안에서 성장했다. "우리 아버지는 상인이라 나는 어려서 서울의 아래대의 장사꾼의 말들을 자연히 많이 배웠다"(「가장 아름다운 우리말 열 개」, 1966)라는 그의 고백은 그가 사용한 언어의 또 다른 환경이 된다. 그가 익힌 말들,

'마수걸이' '에누리' '색주가' '은근짜' '군것질' '총채' 등은 그의 언어적 환경을 잘 보여주는 사례들이다. 물론 시 작품에서도 김수영은 이러한 언어들을 과감하게 사용하였다.

①
우선 그놈의 사진을 떼어서 밑씻개로 하자
그 지긋지긋한 놈의 사진을 떼어서
조용히 개굴창에 넣고
썩어진 어제와 결별하자

[중략]

밑씻개로 하자
이번에는 우리가 의젓하게 그놈의 사진을 밑씻개로 하자
허허 웃으면서 밑씻개로 하자
껄껄 웃으면서 구공탄을 피우는 불쏘시개라도 하자
강아지장에 깐 짚이 젖었거든
그놈의 사진을 깔아주기로 하자……

—「우선 그놈의 사진을 떼어서 밑씻개로 하자」
(《새벽》, 1960. 5. 15) 중에서

②
왜 나는 조그마한 일에만 분개하는가
저 왕궁 대신에 왕궁의 음탕 대신에
50원짜리 갈비가 기름덩어리만 나왔다고 분개하고
옹졸하게 분개하고 설렁탕집 돼지 같은 주인년한테 욕을 하고
옹졸하게 욕을 하고

[중략]

그러니까 이렇게 옹졸하게 반항한다
이발쟁이에게
땅주인에게는 못하고 이발쟁이에게
구청 직원에게는 못하고 동회 직원에게도 못하고
야경꾼에게 20원 때문에 10원 때문에 1원 때문에
우습지 않으냐 1원 때문에

—「어느 날 고궁을 나오면서」(《문학춘추》, 1965) 중에서

시 ①은 정치적 자유와 비판이 현실화된 순간의 격정을 보여주며, ②는 정작 분개해야 할 상대에게는 화를 내지 못하는 자신의 모습을 비판적으로 그리고 있다. 그러나 우리의 시선을 붙잡는 것은 "밑씻개" "개굴창" "구공탄" "불쏘시개" "강아지장" "갈비" "설렁탕집" "주인년" "이발쟁이" "땅주인" "구청 직원" "동회 직원" "야경꾼" 등과 같은 어휘들이다. 두 편의 시는 일상생활에서 쉽게 접할 수 있는 단어들을 통해 언어의 범속성을 유감없이 보여주고 있다.[13] 시에 정치를 도입하고 솔직한 자기고백이 수는 효과와는 별도로 언어의 사용에서 오는 낯설음이 위의 시들이 지니는 또 다른 매력이다. 시어에 대한 독자들의 기대를 배반하는 일상어의 쓰임이 주는 효과는 기대 이상이다. 보다 많은 사람들과의 공감의 확대를 겨냥하기보다 김수영은 눈앞의 현실들을 "어떻게 '담느냐?'"(「일기초 1」, 1954. 11. 24)를 시의 목표로 삼았다. 그러므로 자신의 시어들이 "서적어와 속어의 중간쯤 되는 말들"이라고 솔직하게 고백하고 있는 대목은 김수영의 언어관을 잘 보여준다.

13) 김주연, 「교양주의의 붕괴와 언어의 범속화」, 『김수영의 문학』, 민음사, 1983, 273쪽.

> 내가 써온 시어는 지극히 평범한 일상어뿐이다. 혹은 서적어와 속어의 중간쯤 되는 말들이라고 보아도 될 것이다. 고어(古語)도 연구해 본 일이 없고 시조에 대한 취미도 없다. 어느 서구 시인이 시어는 15세까지 배운 말이 시어가 될 것이라고 한 말을 기억하고 있는데, 나의 시어는 어머니한테서 배운 말과 신문에서 배운 시사어의 범위 안에 제한되고 있다.
>
> —「시작 노트 2」(1961. 6. 14)

인용한 글에서처럼, 김수영은 스스로 자신의 시어가 평범한 것이라고 말했다. 시어에 대한 그의 고백은 동시대 시인들의 시어와 비교할 때, 오히려 그의 시어가 가지는 특별함을 부각시킨다. "지극히 평범한 일상어"를 그대로 시어로 사용했다는 그의 말대로 우리는 그의 시에서 거침없는 생활어와 관념어들을 어렵지 않게 발견할 수 있다. 경우에 따라서 다듬지 않은 산문투의 그의 시어는 감정의 순화와 심미감을 오히려 방해하기까지 한다. 그러나 "지극히 평범한 일상어"라는 구절 속에는 시에 대한 그만의 인식이 숨어 있다. 김수영이 즐겨 사용했던 "일상어" "서적어" "속어", 그리고 "시사어" 등은 모두 그의 삶의 내력과 그대로 일치한다. 그는 모국어의 적극적인 사용으로 모국어의 가치를 높일 수 있다고 생각하지 않았다. 대신 그는 일상적 삶과 맞닿아 있는 언어를 의도적으로 사용하는 방식으로 모국어의 역량을 최대한 충전시켰다. 이처럼 생활 현실이 시 속에 속임 없이 표현될 수 있는 것은 언어에 대한 확고한 생각 때문이다. "내가 써온 시어는 지극히 평범한 일상어뿐이다"라는 그의 말은 겸손의 포즈가 아니다.

김수영은 일상어나 비속어의 대담한 사용으로 시어와 일상어의 한계를 철폐하고 시어의 영역을 확대했으며,[14] 우리는 그의 시어를 통해 한

---

14) 정한모, 「시어론」, 《월간문학》, 1969년 1월호, 198쪽 참조; 유재천, 「김수영의 시 연구」,

시인의 개인사뿐만 아니라 시대적 징후와 언어의 변화까지도 읽을 수 있다. 그러나 시어에 대한 이러한 지적이 김수영 시의 중요한 특징을 모두 설명해주는 것은 아니며, 그의 시의 한계가 일어식 한자어나 관념어에 있는 것도 아니다. 김수영은 "생활의 언어"가 아닌 "생활에 밀착된 언어"를 사용하고자 누구보다 고민했던 사람이다. 그런 면에서 김수영의 시는 "현실적 언어에 대한 메타와 초월을 실행하는 수정의 작업"[15]이다. 김수영의 시는 비록 거칠고 번역 어투를 느끼게 하지만, 바로 그 방식으로 낱말에 강한 물질성을 부여하여 "말의 추상성과 구체성이 가장 긴밀하게 결합되는 지점으로 모국어의 역량을 끌어올"렸다.[16] 중요한 것은 그의 시작태도와 시어의 운용방식이다. 그는 일체의 확정성, 말하자면 언어가 지니는 굳은 체계를 의도적으로 거부했다. 그에게 시의 언어는 "과오의 언어"(「가장 아름다운 우리말 열 개」, 1966)며, 시인은 "영원한 배반자"(「시인의 정신은 미지」, 1964. 9)며, 모든 문화는 "불온한 것"(「실험적인 문학과 정치적 자유」, 1968. 2)이다. 김수영이 생각한 시의 운명에 대해 말하자면, 그것은 희망보다 절망에, 성공보다 실패에 가깝다. 그 이유는 시가 현실과 역사 앞에서 그 본성을 전개하지 못하고 자주 좌절하기 때문이다. 그러나 현실의 낙후성을 견디며 그것을 넘어서려는 시의 노력은 그 자체로 의미를 지닌다. 그것은 불가능에 대한 도전이다. 생활 언어로서 현실을 담고 있는 김수영 시의 언어들은 시 속에서 늘 새롭게 운용된다.

지금까지 김수영이 처했던 환경을 통해 그의 시어의 특성을 살펴보았

연세대박사논문, 1986, 100쪽 참조.

15) 김상환, 「시인과 모국어」, 『풍자와 해탈 혹은 사랑과 죽음』, 민음사, 2000, 214쪽. 김상환은 "너무 더디 가는 언어의 회전과 너무 빠르게 변해가는 사회학적 괴리와 불균형"이 김수영 세대의 "언어학적 혼란의 전모"임을 밝히면서 김수영 시어의 특징을 설명한다(216쪽).

16) 황현산, 「모국어와 시간의 깊이」, 『말과 시간의 깊이』, 문학과지성사, 2002, 436쪽.

다. 그의 시에는 한자어와 영어와 일본어가 동시에 등장하고, 문어와 구어가 구별 없이 사용되며, 관념어와 구체어가 마구 섞여 있다. 그의 시는 다양한 언어의 활용이 주는 독특한 매력을 보여준다.[17] 김수영 시의 특성은 그의 언어가 처했던 환경과 무관하지 않다. 어려서 한자를 배우고, 일본어로 말을 하고, 성년이 된 뒤에는 영어로 된 책을 즐겨 읽었던 그의 삶이 정제되지 않은 투박한 시어의 형태로 시 속에 그대로 노출된다.[18] 그 결과 김수영 시에는 그의 시가 지닌 중요한 특징인 속도감을 떨어뜨리는 경우가 종종 발견된다. 가령, 한자어와 일어식 한자어로 표기된 추상어와 관념어, 그리고 낯선 영어와 속어 등은 읽는 이로 하여금 머뭇거리게 한다. 이것들은 일반적 상황에서 통용되는 것과는 다른 새로운 의미를 지닌다. 이러한 장치를 통해 김수영은 전통적인 서정시의 어법과 동세대의 시가 추구했던 모더니즘의 방식으로부터 벗어났다. 당시의 시들이 사용한 보편적인 시의 문법과 비교할 때, 그의 시는 "언어활동의 더듬거리기"[19]를 보여준다. 그것은 형식적 장치인 행간걸침(enjambement)과는 다

---

17) 김수영의 이러한 언어 사용에 따른 문체적 특성은 조선 후기 "戱作"의 발생과 그 특징에 비견할 만하다. "희작"은 천년의 위대한 전통을 가진 한시형식에 와해작용을 하였으며, 한자와 우리말의 의미와 음을 이용하는 등 다양한 수법을 활용하였다. 그 대표적인 예를 김삿갓의 시에서 찾아볼 수 있다(임형택, 「李朝 末 지식인의 분화와 문학의 戱作化 경향」, 『실사구시의 한국학』, 창작과비평사, 2002, 295쪽 참조).

18) 김용희는 "모국어로서의 한국어와 생래적으로 이식된 일본어, 새롭게 학습된 영어라는 다중언어 체계" 속에서 김수영의 자의식이 출발하고 있음을 언급하며, 이러한 조건이 그의 시어의 혼종성을 초래했다는 의미 있는 지적을 했다(「김수영 시에 나타난 다중언어와 혼성성」, 《서정시학》, 2003년 겨울호, 73쪽).

19) 보편적 형식의 언어 안에서, 문체라는 형식의 변이선을 가동시킴으로써 새로운 표현형식, 새로운 '언어들'을 창안해내는 것, 그리고 그것으로써 문법적인 언어의 보편성을 상대화시키고 약화시키는 언어의 사용을 강조했던 질 들뢰즈(G. Deleuze)와 펠릭스 가타리(F. Guattari)의 생각을 참조할 만하다. 그들은 이를 '언어를 더듬는 일'에 비유했다. 그것은 "자신의 것과 다른 언어로 말할 때뿐만 아니라 자신의 언어 안에서 이방인이 되는 것. 사투리나 은어조차 없이 하나의 동일한 언어 안에서 이 개 국어나 수 개 국어를 쓸 수 있는 것. 순수한

른 의식적 차원에서 이루어지는 더듬거림이다. 독자들의 굳은 의식 속에 하나의 흠집을 내면서 그 자체로 새로운 가능성의 세계를 마련한다. 중요한 사실은 그가 즐겨 사용한 한자어, 일본어, 영어, 속어, 구어, 관념어 등이 어느 하나의 지배적 언어로 귀속되려는 언어에 대한 경계[20]가 되었다는 점이다.

인종 안에서 혼혈 내지 서출이 되는 것"이며, 바로 거기서 "문체는 언어가 된다"(질 들뢰즈·펠릭스 가타리, 『천의 고원: 자본주의와 정신분열증』 1, 이진경·권혜원 외 역, 연구공간〈너머〉자료실, 2000, 104쪽 참조).

20) 이 점에서 김수영의 시어는 지배적 언어에 대한 저항을 보여준 질 들뢰즈와 펠릭스 가타리가 말하는 "소수적 언어"를 닮았다. '다수적' '소수적'이란 말은 두 가지 종류의 언어를 규정해주는 것이 아니라, 언어의 두 가지 용법 내지 기능에 대한 술어다(질 들뢰즈·펠릭스 가타리, 위의 책, 106~113쪽 참조). 이를 구체적으로 다루고 있는 책이 『소수 집단의 문학을 위하여: 카프카론』(조한경 역, 문학과지성사, 1992)이다.

4·19와 시적 언어의 혁명

1960년 3월 15일, 이승만은 제4대 정·부통령 선거에서 88.7%라는 경이적인 득표율로 대통령에 당선되었다. 그러나 국민은 어처구니없는 이 선거 결과에 승복할 수 없었다. 바로 그날 마산에서는 부정선거 규탄 시위가 일어났고, 불과 한 달이 채 지나기도 전인 4월 11일, 마산 앞바다에서는 시위 때 행방불명되었던 한 학생이 한쪽 눈에 최루탄이 박힌 모습으로 떠올랐다. 충격적인 사건의 소문은 순식간에 전국적으로 퍼졌다. 며칠 뒤 4월 18일, 고려대학교 학생 3,000여 명이 '경찰의 학원출입 금지'와 '마산사건 책임자 처단'을 요구하는 농성을 벌였다. 그날 밤 자유의 열기가 서울 시내를 가득 채우기 시작했다. 그 다음날 각 대학과 중고등학교 학생, 그리고 10만 명이 넘는 시민들이 서울 곳곳에서 대규모 시위를 벌였다. 당황한 이승만은 재빠르게 계엄령을 선포하고 시위대에게 무차별 총격을 가했다. 그러나 민중의 힘은 그 어느 때보다 강했다. 쌓였던 분노와 열망이 화산처럼 폭발했다. 4·19가 일어난 것이다. 4·19와 함께 문학은 좀 더 많은 자유를 얻었고, 현실에 대해 좀 더 많은 이야기를 할 수 있게 되었다고, 세월이 흐른 뒤 문학사는 기록하고 있다. 그러나 '좀 더 많은' 자유의 시간은 그리 길지 않았다.

4·19는 정치적, 사회적 사건이기도 하지만 도덕적, 윤리적 문제와 무관할 수 없다. 4·19를 받아들이는 태도의 문제는 훨씬 더 도덕적이고 윤리적이어야 한다. 그 중심에 김수영이 있다. 자크 랑시에르(J. Rancière)의

말대로 윤리가 환경과 존재방식, 그리고 행동원리 사이의 동일성을 확립시키는 생각[1]이라는 점에서 김수영은 4·19 무렵의 한국적 상황이 요구하는 존재방식과 삶의 방식으로서의 윤리를 가장 잘 보여주는 시인이다. 김수영이 내내 고심했던 것이 시인의 양심과 시적 진실이었음은 누구나 인정하는 사실이다. 이러한 믿음을 확신케 하는 많은 증거가 그의 시와 산문에 있다. 그런데 4월 19일 바로 그날, 김수영이 어떤 태도를 취했는지 우리는 구체적으로 알지 못한다. 최하림에 의하면 그날 김수영은 시위대의 뒤를 따라 오후 내내 시내를 돌아다니다가 계엄령이 내려졌다는 소문을 듣고 부리나케 도봉동에 있는 어머니 곁으로 돌아간 것으로 되어 있다.[2] 그곳에 머문 며칠 동안 김수영은 무슨 생각을 했을까? 그 사이에 그가 남긴 기록은 없다. 4월 26일, 미국의 지지마저 잃어버린 이승만은 마침내 하야성명을 발표하고 만다. 4·19가 일어난 지 꼭 일주일이 지난 뒤였다. 12년간에 걸친 이승만 독재정치가 막을 내리는 순간이었다. 그 화약 같은 혁명의 순간을 김수영은 이렇게 기록했다.

> 우선 그놈의 사진을 떼어서 밑씻개로 하자
> 그 지긋지긋한 놈의 사진을 떼어서
> 조용히 개굴창에 넣고
> 썩어진 어제와 결별하자
> 그놈의 동상이 선 곳에는
> 민주주의의 첫 기둥을 세우고
> 쓰러진 성스러운 학생들의 웅장한
> 기념탑을 세우자

---

1) 자크 랑시에르(J. Rancière), 『미학 안의 불편함』, 주형일 옮김, 인간사랑, 2008, 172쪽 참조.

2) 최하림, 『김수영 평전』, 실천문학사, 2001, 273~277쪽 참조.

> 아아 어서어서 썩어빠진 어제와 결별하자
> —「우선 그놈의 사진을 떼어서 밑씻개로 하자」
> (《새벽》, 1960. 5. 15) 중에서

부인 김현경이 정서한 시 말미에는 '1960. 4. 26. 早朝'라고 명기되어 있다.[3] 이른 아침 이승만의 하야성명을 듣자마자 김수영은 귀신에 홀린 것처럼 단숨에 시를 써 내려갔다. 4월 19일 이후 1주일 동안의 침묵이 터져 나왔다. 폭포처럼 쏟아지는 언어는 기존의 시적 언어의 자장에서 이미 이탈한 것이었다. "협잡과 아부와 무수한 악독의 상징"인 이승만의 사진을 떼어서 밑씻개로 하자는 김수영의 언어가 시적인가 아닌가에 대한 논의는 잠시 접어두자. 이 시가 보여주는 엄청난 언어의 파토스만으로도 그날의 열기를 짐작하고도 남음이 있다. 김수영의 언어는 4·19와 함께 시적 혁명을 선취하고 있었다. "썩어빠진 어제"와 결별하듯 김수영은 그동안 그를 괴롭혔던 패배와 설움의 그림자를 조용히 밀쳐내고 반짝거리며 살아 있는 언어를 골랐다. 새로운 시의 바람이 불어오고 있었다. 그것은 가히 혁명적이었다. 이 놀라운 사태 이후 수없이 많은 김수영의 후예가 탄생했음을 우리는 안다.

그날의 감동은 산문에서도 발견된다. 흥미롭게도 김수영은 오랜 독재정치로 자유를 억압했던 이승만의 굴복에 대해 만세를 부르지는 않았다. 대신 그는 보잘것없는 민중들이 일구어 낸 승리에 대해 진심으로 감격했다. 그 감격을 김수영은 이렇게 적었다.

> 사실 4·19 때에 나는 하늘과 땅 사이에서 통일을 느꼈소. 이 '느꼈다'는 것은 정말 느껴본 일이 없는 사람이면 그 위대성을 모를 것이오. 그때는 정

---

3) 이영준 엮음, 『김수영 육필시고 전집』, 민음사, 2009, 231쪽.

> 말 '남'도 '북'도 없고 '미국'도 '소련'도 아무 두려울 것이 없습니다. 하늘과 땅 사이가 온통 '자유 독립' 그것뿐입디다. 헐벗고 굶주린 사람들이 그처럼 아름다워 보일 수가 있습디까! 나의 온몸에는 티끌만 한 허위도 없습디다. 그러니까 나의 몸은 전부가 바로 '주장'입디다. '자유'입디다…….
>
> '4월'의 재산은 이러한 것이었소. 이남은 '4월'을 계기로 해서 다시 태어났고 그는 아직까지도 작열(灼熱)하고 있소. 맹렬히 치열하게 작열하고 있소. 이북은 이 작열을 느껴야 하오. '작열'의 사실만을 알아가지고는 부족하오. 반드시 이 '작열'을 느껴야 하오. 그렇지 않고서는 통일은 안 되오.
>
> —「저 하늘이 열릴 때」(1961. 5. 9)[4] 중에서

"'4월'의 재산은 이러한 것이었소."라고 김수영은 분명하게 말했지만, 도대체 무엇이 "'4월'의 재산'이라는 것인지 분명하게 알기 어렵다. 우리가 유추해 볼 수 있는 그 재산은 자유의 이미지다. 예컨대, '하늘과 땅 사이의 통일'이라든지, '다시 태어남', 그리고 '작열'이 여기에 해당한다. 그는 좀 더 과격하게 남과 북, 미국과 소련의 구분조차 필요 없다고까지 말했다. 김수영은 4·19가 새로운 세계의 길을 열어 보여주었다고 믿었던 모양이다. 정말로 그는 황홀한 체험을 했으리라. 그리고 느껴본 사람만이 알 수 있다는 지극히 모호한 말로 그것을 대신했다. 이 느낌의 강렬도를 우리는 김수영의 언어에서 확인할 수 있다. 그런데 4월의 재산은 자유가 거느리는 '하늘과 땅 사이의 통일'과 '다시 태어남'과 '작열' 그것뿐이 아니었다. 그 자유를 이행한 "헐벗고 굶주린 사람들"이 있었다. 그는 4·19 때 젊은 학생들이 시를 실천하고 있는 것으로 이해했고, 그 기쁨을 감추지 않았다. 사실 가슴 벅찬 자유란 정연한 논리를 필요로 하지 않는다. 김수영이 '느낌'이라는 지극히 모호한 표현으로 적을 수밖에 없었던 이유

4) 이 글은 4·19혁명 직후에 간행되었던 진보계 신문인 《민족일보》(1961. 5. 9)에 게재되었다.

다. 느껴본 일이 없는 사람이면 그 위대성을 알 도리가 없다. 그래서였을까. 김수영은 뒤따라가는 영광마저 소중하다고 기록했다. 비록 4월 혁명이 실패로 돌아갔더라도 김수영은 쿠바를 부러워할 필요가 없었다. 쿠바는 '카스트로' 단 한 사람밖에 없지만 한국은 이미 '카스트로'와 같은 2,000명이 넘는 자유의 실천가들을 가지고 있었으니 말이다.

4·19가 정치적, 사회적으로 어떤 의미를 지니고 있었는가에 대해 김수영이 속속들이 알고 있었다고 말할 수는 없다. 그러나 4·19를 기점으로 김수영의 시는 많은 변화를 보인다. 4·19가 터지고 난 뒤 그해, 김수영은 「우선 그놈의 사진을 떼어서 밑씻개로 하자」를 포함해서 모두 14편의 시를 썼다. 다른 해와 비교하면 높은 수치다. 그가 목소리를 높여 외쳤던 것이 다름 아닌 언어의 자유였음을 확인할 수 있는 대목이다. 분명 김수영은 뒤따라가는 영광만을 누렸던 건 아니었다. 화약 같은 열망으로 달구어진 그것은 분명 시적 언어의 혁명이었다.

> 밑씻개로 하자
> 이번에는 우리가 의젓하게 그놈의 사진을 밑씻개로 하자
> 허허 웃으면서 밑씻개로 하자
> 껄껄 웃으면서 구공탄을 피우는 불쏘시개라도 하자
> 강아지장에 깐 짚이 젖었거든
> 그놈의 사진을 깔아주기로 하자……
>
> —「우선 그놈의 사진을 떼어서 밑씻개로 하자」
> (《새벽》, 1960. 5. 15) 중에서

「우선 그놈의 사진을 떼어서 밑씻개로 하자」에서 보이는 산문성은 다분히 의도된 것일 가능성이 크다. 말하자면 이 산문성은 자유의 언어적 실천인 셈인데, 김수영은 자유의 언어적 실천에 정신의 검열이 불필요하

다고 생각했던 것이다. 실제로 격한 감동의 느낌은 매끈하게 연결된 비유적인 언어로 표현하는 것보다 산문적인 일상어로 전달하는 게 훨씬 더 효과적이다. 김수영이 산문성을 끌어들인 중요한 이유 중의 하나는 감정의 폭발을 억누를 수 없었기 때문이었다. 정리와 정돈이 필요 없을 만큼 절박한 순간에 터져 나오는 말은 꼬리에 꼬리를 물고 이어진다. 무시할 수 없는 또 다른 이유는 자유의 에네르기가 최고의 힘을 발휘할 수 있는 언술이 바로 산문적인 일상어에 있었기 때문이다. "껄껄 웃으면서 구공탄을 피우는 불쏘시개라도 하자"가 불러일으키는 통렬한 느낌을 어떤 비유적인 언어도 대신하기는 어렵다. 김수영의 이러한 언어적 실천은 산문화된 시와 일상어의 과감한 사용으로 확인된다. 특히, 일상어가 보여주는 시적 언어의 혁명은 김수영이 주장했던 혁명의 현대성에서 찾아볼 수 있다.

> 그리고 이에 대한 산 증거를 우리는 바로 엊그저께 '4월의 광장'에서 목격하지 않았던가. 혁명을 하자. 그러나 빠찡꼬를 하듯이 하자. 혹은 슈사인 보이가 구두닦이 일을 하듯이 하자.
>
> —「들어라 양키들아」(1961. 6) 중에서

인용한 글은 찰스 라이트 밀스(C. Wright Mills)의 『들어라 양키들아』의 서평으로 쓰였으며 내용은 다분히 반미적이다. 짐작과는 달리 김수영이 생각한 현대의 혁명은 육중하지도 심각하지도 않은 것이었다. 그는 오늘날의 과제로서의 혁명의 성격을 평범하고 상식적인 것에서 찾았다. 일상의 사소한 현장에서 혁명을 시작하고 완수해야 한다는 게 김수영의 생각이었다. 생활에서의 혁명은 소박한 것이지만 그러나 그것은 절실하게 이루어져야 한다. 마치 '빠찡꼬'를 하듯이, 혹은 '슈사인 보이'가 구두를 닦

듯이 혁명은 이루어져야 한다. 그런데 '빠찡꼬'와 '슈사인 보이'라니 의아하지 않은가. '슈사인 보이'야 가난한 소시민으로 볼 수 있겠지만 '빠징꼬'는 어떻게 이해해야 하는가? 그러나 혁명과 어울릴 것 같지 않은 이 언어에 김수영식 혁명의 현대성이 담겨 있다. 김수영식 혁명은 모든 경계와 한계를 넘어서는 것이었다. 혁명은 실제로 모든 일상의 현장에서 이루어져야 한다. 김수영은 자본주의에 의해 생성된 일상과 그 일상을 재현하는 언어를 통해 혁명의 현대성을 강조했다. '빠찡꼬'와 '슈사인 보이'야 말로 혁명의 일상성을 보여주는, 그의 표현대로 '산 증거'인 셈이다. 혁명은 자본이 지배하는 현실에서도 이루어져야 한다. 말하자면 그것은 자본에서 정치적 성격을 소거하는 하는 방식으로 자연스럽게 진행되어야 한다. 김수영식의 시적 혁명과 시의 자율성이 여기서 나온다. 그것이 정치적 것들과의 연루로부터 시를 해방시키는 시적 실천의 길이다. 혁명의 방식과 혁명의 현장에 대한 김수영의 생각은 그가 보여준 시적 언어의 혁명을 통해 가늠해볼 수 있다.

> 이유는 없다—
> 나가다오 너희들 다 나가다오
> 너희들 미국인과 소련인은 하루바삐 나가다오
> 말갛게 행주질한 비어홀의 카운터에
> 돈을 거둬들인 카운터 위에
> 적막이 오듯이
> 혁명이 끝나고 또 시작되고
> 혁명이 끝나고 또 시작되는 것은
> 돈을 내면 또 거둬들이고
> 돈을 내면 또 거둬들이고 돈을 내면
> 또 거둬들이는

석양에 비쳐 눈부신 카운터 같기도 한 것이니

이유는 없다—
가다오 너희들의 고장으로 소박하게 가다오
너희들 미국인과 소련인은 하루바삐 가다오
미국인과 소련인은 '나가다오'와 '가다오'의 차이가 있을 뿐
말갛게 개인 글 모르는 백성들의 마음에는
'미국인'과 '소련인'도 똑같은 놈들
가다오 가다오
'4월 혁명'이 끝나고 또 시작되고
끝나고 또 시작되고 끝나도 또 시작되는 것은
잿님이 할아버지가 상추씨, 아욱씨, 근대씨를 뿌린 다음에
호박씨, 배추씨, 무씨를 또 뿌리고
호박씨, 배추씨를 뿌린 다음에
시금치씨, 파씨를 또 뿌리는
석양에 비쳐 눈부신
일년 열두 달 쉬는 법이 없는
걸찍한 강변밭 같기도 할 것이니

—「가다오 나가다오」(《현대문학》, 1961. 1) 중에서

이 시는 김수영식 시적 혁명의 대표적인 작품이다. 먼저, 혁명의 방식에서 그렇다. 그것은 '돈을 내면 다시 거둬들이는 일'과 '씨를 뿌리고 또 뿌리는 일'과 다르지 않다. 씨를 뿌리는 일의 반복이 자연의 순리를 따르고 있는 반면 돈을 내고 거둬들이는 일은 자본의 이동에 대한 서술처럼 보일 수 있다. 그러나 김수영이 생각한 혁명의 방식은 이질적인 두 행위가 동시에 지니는 반복에 있다. 반복이 불러오는 경쾌감과 속도감은 혁명의 뚜렷한 속성이다. 예컨대, '돈'과 '씨', '끝'과 '시작'의 대비와 반복에 의해 한층 강렬해진 속도감을 느낄 수 있다. 이 속도감은 '미국인'과 '소

련인'이 "똑같은 놈들"이라는 인식의 전환을 거쳐 그들이 자행할 끔찍할 폭력에 대한 염려까지 말끔히 씻어낸다. '나가다오'와 '가다오'는 저 내면 깊숙이 남아 있는 두려움의 끈질긴 사슬마저 끊어놓는다. 그러므로 1연과 2연의 첫 구절, "이유는 없다—"는 진술에는 모든 형식적 절차가 필요 없는 혁명의 절대적 권리가 담기게 되는 것이다.

다음, 혁명이 어디서 일어나는가를 살펴보면 알 수 있다. '비어홀'과 '강변밭'과 같은 보잘것없는 곳에서 혁명은 시작된다. 모든 사람이 혁명의 열기에 도취되어 정작 생활의 혁명을 깨닫지 못할 때, 김수영은 혁명이 일상의 삶 속에서 이루어져야함을 강조했다. "혁명이 끝나고 또 시작되"는 일은 '비어홀'의 카운터 위에 무수히 오고가는 '돈'처럼 우리는 혁명과 친숙해야 한다. 잠시 찾아오는 적막은 혁명의 끝일 수 없다. 무수히 반복되는 일상 속에서의 혁명의 아름다움은 바로 "석양에 비쳐 눈부신" '카운터'와 '강변밭'에서 발견할 수 있는 것이다. "잿님이 할아버지"가 "상추씨, 아욱씨, 근대씨"를 뿌리고, 다시 "호박씨, 배추씨, 무씨"를 뿌리고, 다시 "시금치씨, 파씨"를 또 뿌리는 일은 혁명의 일상성과 무한성을 여실히 보여준다. "비어홀의 카운터"와 "걸찍한 강변밭"은 삶의 현장이며, 혁명은 그 삶의 현장 속에서 쉼과 움직임을 반복한다. "끝나고 또 시작되고 끝나고 또 시작되는 것"은 혁명이면서 곧 삶이다. 4·19라는 특별한 사건에 맞춰 터져 나온 욕망의 언어는 또 다른 언어를 낳았다. 「가다오 나가다오」에서 느껴지는 힘과 속도 역시 혁명이 낳은 값진 선물이다. 이 언어가 보여준 힘과 속도가 "소리 없이 가다오 나가다오 / 다녀오는 사람처럼 아주 가다오!"라는 울림이 큰 어조를 만들어냈다. 김수영은 터져 나오는 혁명의 열기를 산문적 형식의 시에서 과감한 일상어의 활용으로 보여주었다. 김수영의 시에서 시적 실천과 혁명은 이렇게 나란히 걸어간다.

4·19가 일어나던 해 김수영은 우리 나이로 마흔이었다. 불혹의 나이에 접어든 김수영은 혁명의 실패에 대해 깊게 숙고했다. 고독과 피로가 어떤 의미인지 그는 혁명의 실패를 통해 깨달았다. "혁명은 / 왜 고독해야 하는 것인가를"(「푸른 하늘을」, 《동아일보》, 1960. 7. 7) 그는 어느 일기에서 이렇게 적고 있다.

> '4월 26일' 후의 나의 정신의 변이 혹은 발전이 있다면, 그것은 강인한 고독의 감득(感得)과 인식이다. 이 고독이 이제로부터의 나의 창조의 원동력이 되리라는 것을 나는 너무나 뚜렷하게 느낀다. 혁명도 이 위대한 고독이 없이는 되지 않는다. 두말할 나위도 없이 혁명이란 위대한 창조적 복본(複本, counterpart)이니까. 요즈음의 나의 심경은 외향적 명랑성과 내향적 침잠 혹은 섬세성을 완전히 일치시키는 데 성공하고 있다. 졸시 「푸른 하늘을」이 약간의 비관미를 띠고 있는 것은 역시 격려의 의미에서 오는 것이리라.
>
> —「일기초 2」(1960. 6. 16) 중에서

혁명이 지나간 뒤 고독에 대한 김수영의 생각은 그 어느 때보다 사려 깊어졌다. 스스로 인정하고 있는 것처럼 "고독의 감득과 인식"은 "정신의 변이 혹은 발전"에 해당한다. 혁명은 위대한 "창조적 복본(複本, counterpart)"이고, 혁명은 고독 없이는 불가능하다는 것은 혁명 이전에는 찾아보기 힘든 생각들이다. 분명, 김수영은 달라졌다. 피곤을 이해하는 태도도 새로워졌다. 실제로 그는 많이 피로했다. 폭발한 감정의 뒤끝은 견디기 어려울 만큼 심했을 것이다. 피로에 지쳐 스스로를 방기하고 싶은 숱한 유혹이 있었겠지만 유혹의 마지막 순간에 김수영은 그의 큰 두 눈을 깜짝거렸다.

피곤한 하루의 나머지 시간이 눈을 깜짝거린다
세계는 그러한 무수한 간단(間斷)

오오 사랑이 추방을 당하는 시간이 바로 이때이다
내가 나의 밖으로 나가는 것처럼

눈을 가늘게 뜨고 산이 있거든 불러보라
나의 머리는 관악기처럼
우주의 안개를 빨아올리다 만다

—「피곤한 하루의 나머지 시간」(1960. 10. 29) 전문

김수영은 일기에서 이 시를 "백팔십도 전환. '일보 퇴보'의 시작(試作)"(「일기초 2」, 1960. 10. 29)이라고 했다. 자기 확립을 위해 다시 뿌리를 펴는 작업이 필요함을 인식하고 있었던 것이다. 그는 피곤한 일상 가운데 찾아오는 짧은 휴식을 맛보았다. "피곤한 하루의 나머지 시간" 동안 김수영은 생각에 잠겼다. 피곤을 참지 못하고 잠깐 눈을 감기도 했다. 자신의 몸에서 자기가 빠져나가는 착각 뒤에, "내가 나의 밖으로 나가는 것처럼" 의식을 잃었다가 깨어난 그 순간에, 세계도 이러한 "무수한 간단(間斷)"으로 이루어졌음을 김수영은 운명적으로 알아차렸다. 잠깐 눈을 감음으로써 몸의 피로가 사라지는 것처럼 세계의 피로도, 시간의 피로도 짧은 휴지(休止)를 필요로 한다. 다시 눈을 가늘게 뜨는 순간 피곤한 몸("나의 머리")은 관악기처럼 "우주의 안개"를 빨아올린다. 그 순간은 길지 않았다. 김수영은 그것을 "무수한 간단(間斷)"이라고 했다. 움직임의 휴식은 새로운 움직임을 예비하는 법이다. 피로는 부단한 움직임 가운데 있는 휴식의 순간에만 지각되는 움직임의 증거가 아니겠는가. 김수영에게 몸은 피곤을 견디며 끊임없이 새로운 미래를 창조해 나가야 할 희망이었다. 그러나 그가

보기에도 이 시는 '에스키스(esquisse)'(「일기초 2」, 1960. 10. 31)에 불과했다. 피로를 피로로 받아들여서는 안 된다는 생각이 필요했던 때였다. 이 시가 바로 그 생각의 흔적, 밑그림이다. 이러한 고민 끝에 김수영은 피로한 자신에게서 가벼운 희망을 발견했다. 혁명의 실패가 가져다 준 또 다른 희망이었다. 김수영은 희망의 가벼움, 혁명의 가벼움에 대해 기록하는 것을 잊지 않았다.

> 혁명은 안 되고 나는 방만 바꾸어버렸다
> 나는 인제 녹슬은 펜과 뼈와 광기—
> 실망의 가벼움을 재산으로 삼을 줄 안다
> 이 가벼움 혹시나 역사일지도 모르는
> 이 가벼움을 나는 나의 재산으로 삼았다
>
> 혁명은 안 되고 나는 방만 바꾸었지만
> 나의 입속에는 달콤한 의지의 잔재 대신에
> 다시 쓰디쓴 담뱃진 냄새만 되살아났지만
>
> 방을 잃고 낙서를 잃고 기대를 잃고
> 노래를 잃고 가벼움마저 잃어도
>
> 이제 나는 무엇인지 모르게 기쁘고
> 나의 가슴은 이유 없이 풍성하다
>
> —「그 방을 생각하며」(《사상계》, 1961. 1) 중에서

혁명이 실패로 끝나자 김수영은 혁명의 여운이 남아 있는 방을 나와 다른 방으로 거처를 옮겼다. 방을 바꾼 뒤에 김수영은 무엇을 얻었을까? 그 방은 "녹슬은 펜과 뼈와 광기"가 가득했던 곳이다. 김수영은 그 방에서

숱한 고민의 시간을 보냈고, 열망의 언어를 쏟아냈다. 낙서처럼 휘갈긴 시들이 폭풍처럼 몰려왔다 가라앉고, 거리 곳곳을 흘러 다니던 혁명의 노래가 사그라질 때쯤 김수영은 다시 그 방을 생각했다. 그의 머릿속에 가장 먼저 떠올랐던 말들은 '실망'이나 '가벼움'과 같은 단어였다. 그 다음에 어떤 말들이 그의 텅 비어버린 가슴을 채웠을까? 김수영은 '재산'과 '역사'를 '실망'과 '가벼움' 옆에 나란히 놓았다. 불혹의 나이가 준 선물이었을지도 모른다. 딱히 특별한 계기가 없었지만 김수영은 "실망의 가벼움"을 재산으로 삼을 줄 알게 되었으며, 그 가벼움이 혹시나 역사일지도 모른다는 인식을 새롭게 가졌다. 그는 섣부르게 혁명을 다시 일으켜 완수하겠다고 말하지 않았다. 혹시나 있을지 모르는 혁명의 "달콤한 의지의 잔재"마저 떨쳐버린 상태에서 혁명의 실패를 내면화하기 시작한 김수영은 자신의 입속에 쓰디쓴 냄새가 나더라도 이유 없이 풍성할 수 있게 되었다. 이미 그때 김수영은 실망의 가벼움마저 이해할 수 있는 나이였다. 역사의 새로운 미래를 기대할 수 있게 된 것도 이 무렵의 일이다. 이듬해 김수영은 「사랑」이라는 아름다운 시 한 편을 쓴다. 혁명의 실패와 마흔의 나이, 그리고 사랑이었다. 너무 늦게 찾아온 사랑이었다.

> 어둠 속에서도 불빛 속에서도 변치 않는
> 사랑을 배웠다 너로 해서
>
> 그러나 너의 얼굴은
> 어둠에서 불빛으로 넘어가는
> 그 찰나에 꺼졌다 살아났다
> 너의 얼굴은 그만큼 불안하다
>
> 번개처럼

번개처럼
금이 간 너의 얼굴은

—「사랑」(《동아일보》, 1960. 1. 31) 전문

사랑하는 연인을 그 대상으로 한다면 '너'를 사랑의 은유라고 보아도 좋다. 2연에서 시인은 어둠에서 불빛으로 넘어가는 순간 그 사랑이 꺼졌다가 살아나는 것을 확인한다. '너'의 얼굴이 불안한 이유다. 사랑은 1연에서 보듯 변하지 않는 무엇이다. 그러나 정작 지켜보는 이의 마음이 불안하기 때문에 '너'의 얼굴이 불안한 것이다. 3연에서 '너'의 얼굴에 번개처럼 금이 가는 것도 따지고 보면 지켜보는 이의 마음에 금이 간 것이지 사랑에 금이 간 게 아니다. 이 시는 사랑의 이중적인 속성을 말하고 있지 않다. 김수영은 사랑을 잘 몰랐다. 따뜻한 시선으로 누군가를 그윽하게 바라본 적이 없었다. 김수영이 열렬히 사랑을 느낀 때는, 산문 「저 하늘이 열릴 때」(1961. 5. 9)에서 말한 것처럼 묵묵히 자유와 혁명을 실천했던 "헐벗고 굶주린 사람들"을 만나고 난 뒤다. 4·19라는 특별한 사건이 김수영에게 준 최고의 선물은 바로 사랑이었다.

단속(斷續)의 언어

1. 경험에서 체험으로 : 무능한 주체

1960년대 김수영은 현실세계의 상황들과 자신의 내면에 존재하는 여러 이질적인 양상들을 있는 그대로 보여주는 방식으로 시를 썼다. 파편적인 언어를 무매개적으로 결합하는 방식으로 시를 구성한다든가, 혹은 최소한의 논리성을 갖추지 않은 발화로 이루어진 특별한 언어적 형식이 대표적인 예에 해당한다. 이와 같은 시적 구성과 언어적 형식은 김수영이 살았던 시대의 역사적 경험과 무관하지 않으며, 4·19의 실패가 그 중요한 이유 중 하나일 것이다.[1] 삶이 연속적일 때 한 개인의 서사가 완성된다. 이 서사를 갖추었을 때 한 개인은 자신의 존재를 스스로 인정할 수 있게 된다. 그런데 그 삶이 하나로 이어지지 못하고 파편처럼 끊어져 있다면 어떻게 될까? 분명 그는 자신의 삶이 공허하다고 생각하고, 자신의 존재를 무의미하다고 여길 것이다. 1960년대 김수영의 시에서 확인되는 특별한 시적 구성과 언어적 형식은 4·19의 실패 이후 그가 겪었을 역사적 경험에 대한 이해를 통해 어느 정도 설명이 가능하다. 김수영은 자신의 특별한 경험 구조를 파편적 언어의 무매개적 나열과 비인과적 발화로

---

1) 김수영의 시세계가 1960년 4·19에 이르러 변모되었다는 견해는 김현이 「자유와 꿈」(『김수영의 문학』, 민음사, 1983)에서 김수영의 시세계를 구분하기 시작한 이후 많은 연구자들의 동의를 얻고 있다.

서의 말 걸기라는 언어적 전략으로 보여주었고, 여기에는 현실과 삶에 대한 그의 깊은 이해가 담겨 있다.

발터 벤야민은 근대 이후 일상인들이 갖게 된 경험 구조의 변화를 전통과 연관된 경험(Erfahrung)과 고립된 충격의 순간에 이루어지는 체험(Erlebnis)로 구분하였는데, 그의 통찰은 1960년대 김수영의 시에서 보이는 무능하며, 때로는 타락해 보일 수도 있는 시적 주체의 모습을 이해하는 데 도움을 준다.

> 사실상 경험이라는 것은 집단생활이나 개인생활에서 모두 일종의 전통 문제이다. 경험은 기억(Erinnerung) 속에 엄격히 고정되어 있는 개별적인 사실들에 의해 형성되는 산물이 아니라 종종 의식조차 되지 않는 자료들이 축적되어 합쳐지는 종합적 기억(Gedachtnis)의 산물이다.[2)]

벤야민에 의하면 경험 구조의 변화란, 경험보다 체험이 상대적으로 우월한 위치에 있거나 혹은 경험에서 체험으로의 변화를 의미한다. 의미 있는 경험이 폐기됨으로써 인간은 새로운 경험을 치를 필요가 없어졌다. 경험 구조의 변화로 인해 자기동일성을 실현할 수 있는 가능성은 현격히 줄어들고 충격 체험이 일상화되어 버린 상황에 처하게 된다. 이때 체험이란 고립된 충격의 순간에 이루어지는 것으로 문명화된 대중의 규범화되고 변질되어버린 일상적 생활 속에서 쌓여진 것에 해당한다.[3)] 김수영은 한 개인이 당면한 이러한 충격 체험을 적극적으로 문제화하면서 그것을 시 쓰기의 중요한 대상으로 삼고 있다. 충격 체험으로 인해 분열되어 있

---

2) 발터 벤야민(W. Benjamin), 『보들레르의 작품에 나타난 제2제정기의 파리/보들레르의 몇 가지 모티프에 관하여 외』, 김영옥·황현산 옮김, 도서출판 길, 2010, 182쪽.

3) 발터 벤야민, 위의 책, 181~182쪽 참조.

거나 현실로부터 단절되어 있는 내면세계를 유기적으로 형상화할 수 없는 상황이 1960년대 김수영의 시에서 흔히 발견된다는 것은 주목할 만한 대목이다.

> 저이는 나보다 여유가 있다
> 저이는 나보다도 가난하게 보이는데
> 저이는 우리 집을 찾아와서 산보를 청한다
> 강가에 가서 돌아갈 차비만 남겨놓고 술을 사준다
> 아니 돌아갈 차비까지 다 마셨나 보다
> 식구가 나보다도 일곱 식구나 더 많다는데
> 일요일이면 빼지 않고 강으로 투망을 하러 나온다고 한다
> 그리고 반드시 4킬로가량을 걷는다고 한다
>
> 죽은 고기처럼 혈색 없는 나를 보고
> 얼마 전에는 애 업은 여자하고 오입을 했다고 한다
> 초저녁에 두 번 새벽에 한 번
> 그러니 아직도 늙지 않지 않았느냐고 한다
> 그래도 추탕을 먹으면서 나보다도 더 땀을 흘리더라만
> 신문지로 얼굴을 씻으면서 나보고도
> 산보를 하라고 자꾸 권한다
>
> 그는 나보다도 가난해 보이는데
> 남방샤쓰 밑에는 바지에 혁대도 매지 않았는데
> 그는 나보다도 가난해 보이고
> 그는 나보다도 짐이 무거워 보이는데
> 그는 나보다도 훨씬 늙었는데
> 그는 나보다도 눈이 들어갔는데
> 그는 나보다도 여유가 있고

그는 나에게 공포를 준다

이런 사람을 보면 세상 사람들이 다 그처럼 살고 있는 것 같다
나같이 사는 것은 나밖에 없는 것 같다
나는 이렇게도 가련한 놈 어느 사이에
자꾸자꾸 소심해져만 간다
동요도 없이 반성도 없이
자꾸자꾸 소인이 돼간다
속돼 간다 속돼 간다
끝없이 끝없이 동요도 없이

—「강가에서」(《현대문학》, 1964. 8) 전문

시의 화자는 쉽게 동의할 수 없는 충격 체험으로 인해 매우 혼란스러운 상황에 처해 있다. 분명하게도 그 이유는 '저이/그'의 어처구니없는 행동과 말 때문이다. 상식적으로 '저이/그'가 하는 생활은 '나'보다 못한 것이거나 부정적인 것이어야 한다. 가령, 1연에서 '저이/그'는 '나'보다 가난해 보이고 부양해야 할 식구가 많음에도 불구하고 일요일에 낚시를 하는 여유를 보인다. 2연에서 '저이/그'는 아이를 업은 여자와 오입을 하고, 추탕을 먹으면서 '나'보다 땀을 더 흘리고 '나'에게 산책을 권유한다. 3연에서 '저이/그'는 바지에 혁대를 매지 않았으며 '나'보다 늙어 보인다. 이러한 '저이/그'의 모습은 일반적인 시각에서는 긍정적인 것이 아니라 부정되어야 할 것들이다. 그러나 '저이/그'는 나보다 여유가 있어 보인다. 화자는 그 사실이 "나에게 공포를 준다"고 말하는데, 그것은 충격 체험의 결과로 보인다. '저이/그'의 모습이 현실의 모순적 상황을 비틀어서 보여주고 있다면, 무기력하고 왜소하게 나타나는 '나'의 모습은 정상적인 것의 가능성이 부정되는 어처구니없는 현실을 비유한다고 할 수 있다. 말하자면 이 시는 '저이/그'와 '나'의 행동과 생각을 나란히 놓음으로써 폭력적 현실과

그러한 세계를 부정하는 화자의 욕망을 강력하게 대립시키고 있다. '저이/그'는 나보다 여유가 있고 세상 사람들 모두가 '저이/그'처럼 살고 있는 것같이 느낀다는 것은 '나'가 자신이 살고 있는 이 세계를 수용하기 어렵다고 생각하기 때문이다. 따라서 '저이/그'와 '나'와의 대비적인 상황 속에서 발견되는 '나'의 무기력한 모습을 단순한 자기 폭로로 이해해서는 안 된다. 물론 시인이 폭력적 현실에 대한 부정적인 태도를 통해 이질적인 세계에 대해 간접적인 저항을 시도하고 있다는 사실을 확인하는 것도 중요하다.

그런데 여기에 앞서 폭력적 현실을 증명하고 있는 '저이/그'가 어떻게 '나'에게 공포감을 주는가를 면밀히 따져 볼 필요가 있다. 실제로 '저이/그'가 보여주는 행동과 생각은 공포의 대상에 해당하지 않을지도 모른다. 오히려 '저이/그'가 '나'에게 주는 공포감은 사실 자신의 위상에 대해 '나'가 느끼는 초조함에서 유발되었다고 해야 한다. 비정상적인 '저이/그'의 행동과 생각은 화자로 하여금 "세상 사람들이 다 그처럼 살고 있는 것 같"으며, "나같이 사는 것은 나밖에 없는 것 같다"는 생각을 가지게 한다. 화자의 이러한 초조함은 '나'가 자신의 삶을 스스로 점검하는 것을 불가능하게 한다. 그러므로 이 초조함은 단순히 '나'라는 한 개인의 감정상태가 아니다. 모순되고 불합리한 체제에 의해 '나'가 체계적으로 생산되고 관리되고 있다는 유력한 증거다. 이를테면 초조함을 자신의 개인적인 감정 상태로 인식하게 하여 그것을 자신의 부족 때문인 것으로 만들어 버린다. 이때 사물화된 체험 속에서 헤어나지 못하고 있는 '나'의 무능한 육체가 도드라져 보이게 된다. '저이/그'와 '나'의 대비가 육체적인 측면에서 이루어지고 있다는 사실도 주목해야 할 것이다. 무능한 육체는 결국 무능한 주체로서의 자신에 대한 부정으로 이어지고, 그럼에도 불구하고 자기 동일성을 유지하고자 하는 '나'의 욕망은 초조함과 공포를 동시에 느끼는 분열적 증세를 보이게 된다. 이 시는 이와 같은 '나'의 충격 체험을 전경화시킨다. 충격 체험 속에 매몰되어 버린 '나'는 자신의 모습을 제대로 인식하고 반성할 여유가 없는 무능한 주체다. 특정 계층과는 상관없이 이 무능한 주체는 세계에서 억압받고 소외된 모든 인물이다. "자꾸자꾸 소심해져만 간다"는 표현이 이를 증명한다. 근대자본주의 사회는 잉여인간을 생산하고 관리한다. 무능한 주체는 쓸모없는 것으로 전락하고 만다. 도드라져 보이는 화자의 무능한 육체는 충격 체험의 강도가 얼마나 큰지를 드러내기 위해 선택되었다고 할 수 있다. 그것은 곧 자기성찰을 잃어버린 무능한 주체를 상징하는 장치이다. 그리하여 "자꾸자꾸 소인이 돼"가는 '나'는 한 개인으로서의 구체적 가능성을 상실하고 있다. '나'가 "속돼 간다 속돼 간다"고 반복해서 말함으로써 정상적인 한 개인의 가능성이 현실에서 완전히 사라지게 된다. 이 시는 한 인물의 왜곡된 모습을 통해 추상적 가능성('쟤이/그'의 모습)이 구체적 가능성('나')을 억압하고 있는 불합리한 현실을 보여준다. 무능한 육체를 통해 무능한 주체의 체험을 전경화하는 것은 사회 재배권력에 대한 무력한 개인의 반응 형식이다. 이러한 상황은 정작 분노해야 할 일과 사람에게는 화를 내지 못하고, 그렇지 않아도 될 일과 사람들에게는 분노하는 자신을 자조적으로 드러낸 다음의 시에서도 잘 나타난다.

> 아무래도 나는 비켜서 있다 절정 위에는 서 있지
> 않고 암만해도 조금쯤 옆으로 비켜서 있다
> 그리고 조금쯤 옆에 서 있는 것이 조금쯤
> 비겁한 것이라고 알고 있다!
>
> 그러니까 이렇게 옹졸하게 반항한다
> 이발쟁이에게

땅주인에게는 못하고 이발쟁이에게
구청 직원에게는 못하고 동회 직원에게도 못하고
야경꾼에게 20원 때문에 10원 때문에 1원 때문에
우습지 않으냐 1원 때문에
모래야 나는 얼마큼 적으냐
바람아 먼지야 풀아 나는 얼마큼 적으냐
정말 얼마큼 적으냐……

—「어느 날 고궁을 나오면서」(《문학춘추》, 1965) 중에서

"나는 얼마큼 적으냐"와 같은 자조적 표현을 김현은 "일상적인 삶 속에서 소시민이 되어 버리고만 자신을 바라본다는 것은, 시인에게는 오히려 분노를 야기시킨다. 그 분노는 그러나 안으로 스며들어 자신에 대한 쓰디쓴 연민으로 나타난다"[4]고 했는데, 여기서 '소시민'은 시 「강가에서」의 '나'가 보여준바 그 무능한 육체, 무능한 주체와 닮았다. 위의 시에서 '나'가 보여주는 '분노'와 '연민'이 소시민이 되어 버린 상황을 벗어나게 하지는 못할 것이다. 하지만 무능한 주체의 목소리를 빌려 사회 현실에 대한 부정적 태도를 견지할 수 있다는 것은 매우 긍정적인 부분이다. 무능한 주체의 체험을 시 전면에 내세우는 것은 우선 자기고발적이고, 나아가 불합리하고 폭력적인 세계에 대한 간접적인 저항을 담고 있다. 속물로부터 벗어나고자 하는 화자 '나'의 의지는 역설적으로 속물의 모습을 전경화하는 방법을 통해 제시된다. 부정적인 사회 현실에 적극적으로 대응하지 못하고 사소한 것들에만 집착하면서 "모래야 나는 얼마큼 작으냐"고 묻고 있는 '나'의 모습은 「강가에서」의 "자꾸자꾸 소인이 돼"가는 '나'와 분명히 닮았다. 두 시에서 뚜렷이 드러나는 이러한 모습은 한 사회 내에서 한

4) 김현, 「자유와 꿈」, 『김수영의 문학』, 민음사, 1983, 111쪽.

개인이 지닐 수 있는 긍정적 가능성이 얼마나 폭력적으로 억압받고 있는가를 보여준다. 이것은 현실의 비합리성이나 모순을 드러냄으로써 현실을 부정하고 진리를 표현하는 방식이다.[5] 「강가에서」와 「어느 날 고궁을 나오면서」의 주체는 스스로 능동적인 행위를 하지 못하는 무능한 주체다. 이 두 편의 시에서 우리가 읽어야 할 것은 화자인 '나'의 자기고발적인 태도보다는 한 개인의 긍정적 가능성이 사라지는 무능한 주체의 모습, 그리고 이를 강제하는 폭력적인 사회 현실이다. 무능한 육체를 통해 암시되는 무능한 주체의 모습은 이와 같은 현실을 조장한 도구적 이성의 힘에 대한 우회적 비판으로도 충분히 읽을 수 있다.[6] 「금성라디오」는 이와 같은 현실을 조금 더 적나라하게 보여준다.

> 금성라디오 A 504를 맑게 개인 가을날
> 일수로 사들여온 것처럼
> 500원인가를 깎아서 일수로 사들여온 것처럼
> 그만큼 손쉽게
> 내 몸과 내 노래는 타락했다
>
> —「금성라디오」(《신동아》, 1966. 11) 중에서

"금성라디오 A 504"라는 기계가 "내 몸과 내 노래"를 타락시키는 현실은 상품 자본주의가 일상의 삶 속에 깊숙이 관여하고 있는 상황을 그대로

---

5) 테오도어 아도르노(T. Adorno)는 현대예술의 의의를 현실과의 동일시를 통해 현실의 재앙을 표현함으로써 그것의 힘이 사라지기를 기대하는 것이라고 말한다(홍승용, 「아도르노의 모더니즘론」, 《현대시사상》 1, 고려원, 1988, 98쪽 참조).

6) 테오도어 아도르노(T. Adorno)는 근대 이후 서구의 계몽의 과정을 '도구적 이성' 혹은 지배도구의 발달과정으로 이해한다. 그가 말하는 '관리되는 사회'란 도구적 이성의 힘에 억눌린 개인의 집단이거나 현실이다(막스 호르크하이머·테오도어 아도르노, 『계몽의 변증법』, 김유동 외 옮김, 문예출판사, 1995, 23~28쪽 참조).

보여준다. 나아가 "새 라디오가 승격해 들어왔다"는 표현은 바로 그 '상품/사물'이 '나/주체'를 지배하고 있음을 의미한다. 그러나 소비상품이 넘쳐나서 만들어내는 환상은 결코 일상적 행위들의 빈곤함을 숨길 수 없다. 소비상품인 "금성라디오 A 504"가 역사적 삶의 장소인 집으로 침입한 것은 의미 있는 경험이 더 이상 가능하지 않은 상황이다. 이러한 경험 구조의 변화로 인해 자기동일성을 실현할 수 있는 가능성은 현격히 줄어들게 된다. 시의 화자는 이 충격 체험에 의해 변질되어 버린 일상적 삶을 '타락'했다고 말하는 것이다.

이 지점에서 무능한 주체에 의해 어떤 언어적 결과가 만들어지는가를 따져 볼 필요가 있다. 주체가 무력화된 자리에서 기존의 형식으로부터 벗어난 글쓰기 형식, 말하자면 보편적인 문장형식으로부터의 일탈과 같은 예를 발견할 수 있다. 사회 역사적 상황과 관련된 행위자로서 주체가 그 사회에 대해 어떠한 태도를 취하느냐에 따라 글쓰기 방식은 구체적으로 결정된다. 한 개인이 글쓰기를 통해 사회와 관계를 맺는다는 것은 그 사회의 언어를 사용한다는 단순한 사실보다 그 사회의 언어를 사용하는 독특한 방식, 즉 언어의 형식적 활동을 통해 잘 나타난다. 1960년대 김수영의 시에서는 이러한 일탈이 '파편적 언어의 무매개적 나열'과 '비인과적 발화로서의 말 걸기'와 같은 형태로 확인된다. 이를 단속(斷續)의 언어라고 부를 수 있다.[7] '파편적 언어의 무매개적 나열', '비인과적 발화로서의 말 걸기'라는 단속의 언어는 연속의 반대[斷] 의미와 단절의 반대[續] 의미

7) 엄기호는 『단속사회』(창비, 2014)에서 이질적인 것의 침입을 철저히 차단·외면하면서 동질적인 것에는 과도하게 접속하는 현상을 '단속'으로 정의하면서, '단속(團束)'과 '단속(斷續)'의 특성을 지금 우리 사회의 다양한 사례를 통해 흥미롭게 설명하고 있다. 그가 사용한 '단속(斷續)'의 의미를 활용하여, 이 글에서는 1960년대 김수영 시에 나타나는 '연속의 반대[斷]' 의미와 '단절의 반대[續]' 의미로서의 언어적 특징을 설명하고자 한다.

를 동시에 지닌다. 뿐만 아니라 연속의 반대[斷]에는 외부의 힘에 의한 끊어짐과 능동적인 끊음이, 단절의 반대[續]에는 비자발적인 이어짐과 자발적인 이음이 공존하고 있다.

2. 단속 1 : 파편적 언어의 무매개적 나열

1960년대 김수영의 시는 이질적인 것들로 가득 차 있는 모순적 상황이나, 혹은 한 개인의 가능한 욕망을 사회가 강제로 억누름으로써 발생하는 불협화음을 그대로 드러내고 있다. 그것은 도구적 이성에 대한 의미 있는 저항으로 이해될 수 있다. 파편적 언어를 무매개적으로 나열하는 것은 충격적인 이질적 체험을 효과적으로 표현할 수 있는 방법이 된다. 이와 같은 이질적 요소들의 나열로 인해 발생되는 복잡성은 다분히 의도적인 것이며, 그 목적은 기존 체제와 질서에 대한 저항이자 거부에 있다.[8] 새로운 언어 활용을 만들어 내기 위해 일상적 의사소통의 언어를 파괴하는 것처럼 보이는 텍스트들은 문법규칙들보다는 보는 언어에 공통적인 무의식의 보편법칙을 따르는 기표관계를 확립하고자 한다.[9] 그러므로 이러한 시를 문법범주에 맞추어 해석하려는 것은 어쩌면 무모한 시도일 수 있다.

---

8) 김수영 시의 복잡성은 장 프랑수아 리오타르(J-F. Lyotard)의 다음과 같은 말과 매우 연관이 있다. "복잡성의 축소는 체계의 권력행사 능력을 유지하기 위해 필요하다. 만약 모든 메시지가 개인들 사이에서 자유롭게 유통될 수 있다면, 올바른 선택을 내리기 전에 고려해야 할 엄청난 양의 정보가 결정을 상당히 지연시킬 것이고 따라서 수행성을 저하시킬 것이다. 요컨대 '속도'는 체계의 권력요소이다"(장 프랑수아 리오타르, 『포스트모던의 조건』, 유정완 외 옮김, 민음사, 1992, 152쪽).

9) 줄리아 크리스테바(J. Kristeva), 『언어, 그 미지의 것』, 김인환·이수미 옮김, 민음사, 1997, 359쪽 참조.

의자가 많아서 걸린다 테이블도 많으면
걸린다 테이블 밑에 가로질러놓은
엮음대가 걸리고 테이블 위에 놓은
미제 자기(磁器) 스탠드가 울린다

마루에 가도 마찬가지다 피아노 옆에 놓은
찬장이 울린다 유리문이 울리고 그 속에
넣어둔 노리다케 반상 세트와 글라스가
울린다 이따금씩 강 건너의 대포소리가

날 때도 울리지만 싱겁게 걸어갈 때
울리고 돌아서 걸어갈 때 울리고
의자와 의자 사이로 비집고 갈 때
울리고 코 풀 수건을 찾으러 갈 때

38선을 돌아오듯 테이블을 돌아갈 때
걸리고 울리고 일어나도 걸리고
앉아도 걸리고 항상 일어서야 하고 항상
앉아야 한다 피로하지 않으면

울린다 시를 쓰다 말고 코를 풀다 말고
테이블 밑에 신경이 가고 탱크가 지나가는
연도(沿道)의 음악을 들어야 한다 피로하지
않으면 울린다 가만히 있어도 울린다

미제 도자기 스탠드가 울린다
방정맞게 울리고 돌아오라 울리고
돌아가라 울리고 닿는다고 울리고
안 닿는다고 울리고

먼지를 꺼내는데도 책을 꺼내는 게 아니라
먼지를 꺼내는데도 유리문을 열고
육중한 유리문이 열릴 때마다 울리고
울려지고 돌고 돌려지고

닿고 닿아지고 걸리고 걸려지고
모서리뿐인 형식뿐인 격식뿐인
관청을 우리 집은 닮아 가고 있다
철조망을 우리 집은 닮아 가고 있다

바닥이 없는 집이 되고 있다 소리만
남은 집이 되고 있다 모서리만 남은
돌음길만 남은 난삽한 집으로
기꺼이 기꺼이 변해가고 있다

—「의자가 많아서 걸린다」(《사상계》, 1968. 7) 전문

1960년대 김수영 시의 언어적 전략이 뚜렷이 드러나는 이 시의 형식상 첫 번째 특징은 '걸리다'와 '울리다'의 활용형이 많이 사용되고 있나는 것이다. 실제로 '걸리다'의 활용형이 8회, '울리다'의 활용형이 20회 사용될 정도로 '걸리다'와 '울리다'의 이미지가 시 전체를 지배하고 있다. "의자" "테이블" "미제 자기 스탠드" "피아노" "찬장" "노리다께 반상세트" "글라스" 등이 만들어내는 걸림과 울림 현상은 사물들이 형성하는 관계 속으로 화자인 '나'를 위압적으로 끌어들인다. 구체적으로 "우리 집"이라는 안정적인 장소에서 '나'는 마땅히 누려야 할 역사적 연속성을 방해받는다. 말하자면 외부의 폭력은 삶에서 가장 의미 있는 경험이 발생하는 곳인 '여기', 즉 '우리 집'을 빼앗아 가는 것이다. "모서리뿐인 형식뿐인 격식뿐인 / 관청을 우리 집은 닮아 가고 있다 / 철조망을 우리집은 닮아 가고 있다"

는 구절은 상품 자본주의와 폭력적인 권력이 '나'의 삶을 송두리째 빼어 가고 있는 현상을 뚜렷하게 보여준다. 동시에 점점 부르주아의 안락에 빠져들어 가고 있는 '우리 집'의 변화에 대한 비판적이고 자조적인 성찰을 유도한다. 말하자면 가구로 대변되는 사물들이 시의 화자인 '나'를 지배하고 무력화시키고 있다고 볼 수 있다. 이미 강력한 힘을 가지게 된 "의자" "테이블" "미제 자기 스탠드" "피아노" "찬장" "노리다케 반상세트" "글라스"가 만들어내는 걸림과 울림은 '나'를 주체의 자리에서 끌어내리고 무력화시킨다.

이 시의 형식상 두드러진 두 번째 특징은 의미 맥락 단위를 한 행에서 끝내지 않고, 다음 행으로 이어가거나 앞 행으로 옮겨 놓는 앙장브망(enjambement)[10]에 있다. 이 방법은 행과 행 사이의 걸침뿐 아니라 연과 연(2~3연, 4~5연, 6~7연) 사이에서도 나타난다. 가령 2연 "마루에 가도 마찬가지다 피아노 옆에 놓은 찬장이 울린다 유리문이 울리고 그 속에 넣어둔 노리다케 반상세트와 글라스가 울린다 이따금씩 강 건너의 대포소리가"에서 "놓은 / 찬장이", "그 속에 / 넣어둔", "글라스가 / 울린다"를 통사적으로 끊음으로써 독자의 읽기를 방해한다. 그 단절에 놀라고 당황한 독자는 다시 새로운 기대를 지니고 다음 행을 읽게 된다.[11] 느닷없는 단절로 인한 효과는 다음 행을 읽을 때에도 일어난다. "찬장이" "넣어둔"

10) 로만 야콥슨(R. Jakobson)은 행간 걸침을 "정도에서 벗어난 변이적인 것", "통사적 종지와 율격의 한계를 긋는 휴지 억양이 일치한 정상적인 시행을 도드랍게 만들뿐이다"(로만 야콥슨, 『문학속의 언어학』, 신문수 편역, 문학과지성사, 1989, 71쪽)라고 부정적으로 이해한다. 그러나 행간 걸침은 기존의 것으로부터 벗어난 것으로 다분히 의도적 장치로 시인의 글쓰기 방식과 긴밀한 관계를 지니고 있다고 볼 수 있다.

11) 이혜원은 앙장브망을 '시행엇붙임'으로 부르고 김수영의 시에서 그것은 "통사적 흐름을 중단시키는 의외의 방법으로 의미의 직접적인 전달을 유보하면서 언어에 대한 새로운 감각을 작동시킨다"며 그 미학적 가능성을 인정하고 있다(이혜원, 「김수영 시의 동시대성과 중단의 미학」, 《현대문학의 연구》 53, 2014, 162쪽).

"울린다"를 읽을 때 잠시 멈추었다가 계속해서 시를 읽게 되는데, 이때는 그 이전에 읽던 속도보다 빠르게 읽게 된다. 이때 행과 행 사이의 호흡은 급박해지고 시적 의미와 정서는 서로 긴밀히 이어진다. 아무것도 하지 않음으로써 외부로부터 단절되고 숨어서 자신을 돌이켜볼 수 있는 쉼의 가능성이 이 시에서는 차단되어 있다. 앙장브망으로 인해 시를 읽는 속도가 상대적으로 느려지거나 빨라지더라도 시를 해석하는 속도는 대체로 느려진다.[12)]

또 주목해야 할 것은 이 시의 중요한 이미지를 형성하는 데 기여하고 있는 '걸리다'와 '울리다'를 활용할 때에도 통사적 단절이 빈번하게 일어나고 있다는 사실이다. "많으면 / 걸린다" "글라스가 / 울린다" "걸어갈 때 / 울리고" "비집고 갈 때 / 울리고" "돌아갈 때 / 걸리고" "않으면 // 울린다" 등에서 볼 수 있듯이, 통사적 단절은 '걸리다'와 '울리다'의 단절적 이미지를 보여주고, 그 연쇄적 사용은 설림과 흔들림의 연속적 이미지를 강화한다. 말하자면 "우리 집"의 불안과 불안정이 "관청"과 "철조망"으로 연결되면서 국가적, 정치적 상황의 불안과 불안정으로 이어지게 되는 것이다. "난삽한 집"은 이와 같은 상황을 총체적으로 보여준다고 하겠다. 이와 같은 단속(斷續)의 언술적 전략은 통일되고 고정된 의미를 동요시키고 일직선적인 논리의 인과관계를 의도적으로 차단시켜 다차원적인 가능성을 창조하려는 전략이다. 이 시는 단절과 연속의 장치, 말하자면 앙장브망의 활용을 통해 폭력적 현실에 대한 화자의 태도를 잘 보여주고 있다고 하겠다.

김수영의 시에서 확인되는 파편적 언어의 무매개적 나열은 근대 이후

---

12) 앙장브망에는 단속(斷續)의 기능이 동시에 존재한다고 볼 수 있다. 앙장브망으로 인해 시행의 연결적 기능이 강조될 때 읽기의 속도가 빨라지고, 단절적 기능이 강조될 때 읽기의 속도는 느려진다. 반면에 해석의 속도는 읽기의 속도와 반드시 일치한다고 보긴 어렵다.

사물화된 세계에서의 주체의 상황과 주체의 분열을 반영하는 대표적인 글쓰기 방식인 병치로 이해할 수 있다.[13] 주체가 다른 사물들과 마찬가지로 객체로 전락해 버린 세계 속에서는 주체와 세계의 모순으로 인한 갈등을 해결할 수 있는 대안을 찾기란 쉽지 않다. 파편적 언어의 무매개적 나열은 분열된 것을 통일시키고 모순을 화해로 이끄는 종합의 논리를 부정한다. 분열되고 모순된 것들을 화해시키지 않고 지속시키기 위해 필요한 글쓰기 원리가 바로 병치라는 점에서 그것은 파편적 언어의 무매개적 나열과 매우 닮았다. 파편적 언어의 무매개적 나열에 의한 글쓰기는 어떤 일관적인 기준이나 관점으로 자신의 생각을 구조화하는 것이 아니다. 모순을 일으키는 요인들을 동등한 무게를 지닌 병렬적인 부분들로 구성한다는 점도 눈여겨보아야 한다. 병렬의 언술 구조는 이질적인 대상들을 나열하여 병치하거나 첨가하는 연대하는 속성을 지니는데, 이때 의미는 확대되고 정서는 확산되는 미적 효과가 발생하기도 한다.[14] 파편화되고 분해된 것을 화해되지 않은 상태로 드러냄으로써 역설적으로 통일과 화해를 지향하기도 하는데, 이 화해되지 않은 상태로 드러내는 원리가 바로 병치인 것이다.

---

13) 병치(parataxis)란 대표적인 모더니즘 글쓰기 방식으로 병렬(parallelism)과 종합(synthesis)을 통해 새로운 의미를 창조하는 은유의 한 형태다(김준오, 『시론』, 삼지원, 1997, 183쪽). 병치는 어휘(단어), 구, 문장, 문장의 결합, 연, 내용 구성방식 등에서 다양하게 나타난다. 야콥슨은 통사적, 형태적, 어휘적 등가간의 상호작용과 불일치, 여러 종류의 의미의 인접성, 유사성, 동의어와 반의어, 그리고 고립된 시어의 유행과 그 기능, 이 모두가 시에서의 여러 가지 문법적 활용 수법을 이해하고 해석하는 데 필수 불가결한 조직적인 분석을 요구한다고 말한다(로만 야콥슨, 앞의 책, 138쪽).

14) 오형엽은 '병렬적 대구'는 구성 요소들이 '수평적 나열'을 통해 독립성을 유지한 채 '상호 병존'하거나 '수평적 첨가'를 통해 '상호 연대'하면서 '등가적 구도'를 형성한다고 말한다(오형엽, 「김수영 시의 언술과 구조화 원리 연구」, 《한국시학연구》 43, 2015, 245~246쪽).

여편네의 방에 와서 기거를 같이해도
나는 이렇듯 소년처럼 되었다
흥분해도 소년
계산해도 소년
애무해도 소년
어린놈 너야
네가 성을 내지 않게 해주마
네가 무어라 보채더라도
나는 너와 함께 성을 내지 않는 소년

바다의 물결 작년의 나무의 체취
그래 우리 이 성하(盛夏)에
온갖 나무의 추억과
물의 체취라도
다해서
어린 놈 너야
죽음이 오더라도
이제 성을 내지 않는 법을 배워주마

여편네의 방에 와서 기거를 같이해도
나는 점점 어린애
나는 점점 어린애
태양 아래의 단 하나의 어린애
죽음 아래의 단 하나의 어린애
언덕 아래의 단 하나의 어린애
애정 아래의 단 하나의 어린애
사유 아래의 단 하나의 어린애
간단(間斷) 아래의 단 하나의 어린애
점(點)의 어린애

베개의 어린애
고민의 어린애

여편네의 방에 와서 기거를 같이해도
나는 점점 어린애
너를 더 사랑하고
오히려 너를 더 사랑하고
너는 내 눈을 알고
어린 놈도 내 눈을 안다

—「여편네의 방에 와서」(《현대문학》, 1961. 12) 전문

「여편네의 방에 와서」에서 겉으로 드러나는 의미는 "여편네"와 '나'와의 대립이지만, 역사적 맥락을 고려하자면 5·16 쿠데타가 발생한 이후의 한국 정치현실에 대한 충격적 체험을 환멸적으로 보여준다고 할 수 있다. 4·19 혁명이라는 역사적 경험이 5·16 군사 쿠데타의 폭력으로 인해 충격적 체험으로 전락하게 된 상황에서 김수영은 연작 「신귀거래」 9편을 쓴다.

먼저 이 시에서 충격적인 체험으로 인한 주체의 분열을 파편적 언어의 무매개적 나열의 형태, 즉 병치의 방식으로 보여주는 사례를 살펴보자. 쉽게 확인되는 것은 "흥분해도 소년" "계산해도 소년" "애무해도 소년"에서처럼 '~ 소년'이라는 구문의 병치다. 또한 '~ 어린애' 형태를 띠면서 그 앞에 "태양" "죽음" "언덕" "애정" "사유" "간단(間斷)" "점(點)" "베개" "고민"을 배치하는 구문의 병치가 반복되고 있다. 병치를 통한 이 구문의 반복은 반복 그 자체에 있다고 보기 어렵고, '소년'과 '어린애'의 의미를 특별히 강조한다고 보아야 한다. "소년" 앞에 쓰인 "흥분" "계산" "애무"에서 특별한 연관성을 발견하기란 쉽지 않다. "어린애" 앞에 나열된 "태양"

"죽음" "언덕" "애정" "사유" "간단" "점" "베개" "고민" 역시 사정은 크게 다르지 않다. 이 어휘 자체가 특별한 의미를 지니지 않으며, 각각의 어휘가 연관관계에 있지 않다는 점에서 다른 어휘로 대체되어도 무방한 것처럼 보인다. 그렇지만 '소년'과 '어린애'에 부가되는 이미지는 점점 더 쌓인다. 의미 있는 역사적 경험이 폭력적 현실에 의한 체험으로 바뀌고, 그로 인해 '나'가 겪게 될 무력감과 복잡한 내면의 심사를 이를 통해 유추할 수 있게 된다. "소년", "어린놈", "어린애"로 비유되고 있는 무능한 육체는 무능한 주체로 이해되며, 이와 같은 '나'의 모습이야말로 이 시가 겨냥하고 있는 것이다. 뿐만 아니라 '나'가 "소년", "어린놈", "너", "어린애"로 다양하게 호명되는 것에서 '나'가 비동일성의 존재일 수 있다는 사실을 짐작할 수 있다.

폭력적 현실에 의한 충격적 체험은 일상적 문법의 틀을 깨고 흔들고 싶은 화자의 욕망을 부추기고, 그 결과가 문장형식의 일탈로 나타났다고 볼 수 있다. 가장 먼저 눈에 띄는 것은 자신을 "소년", "어린 놈", "너", "어린애"로 호명하며 타자화하고 있다는 사실이다. 자신을 '나'라는 1인칭으로 호명하면서 동시에 "소년", "어린 놈", "너", "어린애"와 같은 2, 3인칭을 통해서 호명하는 것은 문법적 일탈 현상임에 틀림없다. 이와 같은 특정 화자의 차용이나 문장 구성의 변형, 인칭의 혼용 등과 같은 형식적 장치는 주체의 충격적 체험을 강조하는 역할을 한다. 다른 호칭을 이용해 자기 자신을 부르는 행위는 일차적으로는 자신을 타자화시켜 객관화하는 방식이며, 이차적으로는 자기 부정의 방법이다. 여기서 자기 부정은 자기 소외로 이어진다는 점에서 주목해야 한다. 구체적으로 아내와 함께 사용하는 '우리'의 방을 "여편네의 방"으로 말하는 행위는 남편으로서의 '나'를 부정하는 것이다. 뿐만 아니라 그 표현은 남편으로서의 '나'를 부정하면서 동시에 가족 구성원으로서의 자신의 위상마저 부정한다. 그러므로

"여편네의 방"은 자기 분열의 공간이다. "소년", "어린 놈", "너", "어린애" 등의 유사한 의미맥락을 지닌 어휘의 반복적 나열과 병치는 모순적이면서 이중적인 주체의 내면을 드러낸다. 이로 인해 '나'는 한없이 움츠러들게 되는데, "너"를 제외하면 "소년", "어린 놈", "어린애"는 모두 무능한 육체에 가깝다. 이 무능한 육체가 무능한 주체가 되는 것이 '나'의 소외 과정으로 드러난다는 사실은 매우 중요하다. 정상적인 사유를 할 수 없다는 점에서 그 무능한 육체는 무능한 주체일 수밖에 없다. '우리'의 방이 아닌 "여편네의 방"에서 '나'는 자연스럽게 소외되고 만다.

근대 이후 문학은 주체와 세계 사이에 존재하는 비동일성을 인정하고 세계와 비동일성의 상태에 있는 주체의 내면을 주관적으로 재구성하는 방식을 취해 왔다. 이러한 방법은 세계와 자아와의 불일치를 의도적으로 화해시키지 않으며, 있는 그대로 드러낸다. 자아의 타자화란 결국 사물화된 관계 속에서 자신의 내부에 존재하는 서로 다른 측면을 드러내는 것과 다르지 않다. 이것은 자기 자신을 낯설게 전환시키는 이질화의 과정에서 자신을 타자화하여 부정하고 싶은 내면을 효과적으로 드러내게 된다. 1960년대 김수영은 개인과 개인, 개인과 사회 사이에서 소통이 원활하게 이루어지는 바람직한 현실에 대한 욕구를 그렇지 못한 현실을 전경화시킴으로써, 말하자면 폭력에 대한 저항으로서의 능동적인 끊음을 통해 역설적으로 보여준다. 김수영은 충격적인 이질적 체험을 효과적으로 표현하기 위해 파편적 언어를 무매개적으로 나열하였는데, 이 단속의 언어는 1960년대 김수영의 특별한 경험 구조와 무관하지 않다.

3. 단속 2 : 비인과적 발화로서의 말 걸기

한 개인의 삶이 연속적일 때 그는 자신의 존재를 인정할 수 있게 된다. 만약 그 삶이 파편처럼 끊어져 있다면 그는 자신의 삶을 부정할 가능성이 높다. 1960년대 김수영은 삶이 파편처럼 끊어져 한 개인이 감당하기 어려운 충격 체험을 시 쓰기의 중요한 대상으로 삼고 있다. 물론 그것은 4·19의 실패 이후 그가 겪었을 역사적 경험과 무관하지 않다. 그는 그 충격 체험으로 인한 혼란스러운 상황을 비인과적 발화로서의 말 걸기라는 언어적 전략으로 표현하였다. 비인과적 발화로서의 말 걸기는 메시지의 전달 과정이 논리성을 띠지 않으며, 화자가 자신에게 말하는 내적 독백의 형식을 취하거나, 화자가 텍스트 속에 청자를 가정하고 대화를 하는 내면 대화의 형식을 취하기도 한다. 전화를 통해 누군가에게 말 걸기를 하고 있는 다음 시에서 그 상황을 확인할 수 있다.

> 여보세요. 앨비의 아메리칸 드림예요. 절망예요.
> 8월달에 실어주세요 절망에서 나왔어요.
> 모레면 다 돼요. 200매예요. 특종이죠.
> 머릿속에 특종이란 자가 보여요. 여편네하고
> 싸우고 나왔지요. 순수하죠. 앨비 말예요.
> 살롱 드라마이지요. 반도호텔이나 조선호텔에서
> 공연을 하게 돼요. 절망의 여운이에요.
> 미해결이지요. 좋아요. 만족입니다.
> 신문회관 3층에서 하는 게 낫다구요. 아네요.
> 거기에는 냉방장치가 없어요. 장소는 200명가량
> 수용될지 모르지만요. 절망의 연료가 모자
> 란다구요. 그래요! 반도호텔같은 데라야
> 미국놈들한테서 입장료를 받을 수 있지요.

여편네하고는 헤어져도 되지만, 아이들이
불쌍해서요, 미해결예요.

코리안 드림이라구요. 놀리지 마세요.
아이놈은 자구 있어요. 구원이지요. 나를
방해를 안하니까요. 절망의 물방울이
튄 거지요.
내주신다면, 당신의 잡지의 8월호에 내주신다면,
특종이니깐요, 극단도 좋고, 당신네도
좋고, 번역하는 사람도 좋고, 나도 좋은
일을 하는 폭이 되지요.
앨비예요, 앨비예요. 에이 엘 삐 이 이. 네.
그래요. 아아, 그렇군요.
네에, 그러실 겁니다. 아뇨. 아아, 그렇군요.

이런 전화를, 번역하는 친구를 옆에 놓고,
생색을 내려고, 하고나서, 그 부고(訃告)를
그에게 전하고, 그 무지무지한 소란 속에서
나의 소란을 하나 더 보탠 것에 만족을
느낀 것은 절망에 지각하고 난 뒤이다.

—「전화이야기」(《한국문학》, 1966. 9) 전문

이 시는 화자의 정서를 표현하거나, 시인의 체험을 구체적이고 생생하게 드러내지 않는다. 전화를 하고 있는 '나'의 목소리만 들릴 뿐 대화의 상대자는 어떤 상황인지 전혀 드러나지 않는다. 청자는 최소한 숨겨져 있거나 설정되어 있지 않은데, 오히려 이러한 사정으로 인해 독자의 참여가 강조된다. 이 시는 크게 세 층위로 나눌 수 있다. 화자인 '나'가 생존을 위해 번역을 하고 출판사 직원과 나누는 대화 이야기, 여편네와 아이들로 구성된 가족과 관련된 이야기, 둘을 바라보는 화자의 태도에 관한 이야기가 그것이다. 그런데 세 가지 층위 사이에는 아무런 연관성이 없다. 세 층위의 이야기는 이질적인 체험의 방식으로 서로 충돌하고 있다. 화자가 전화라는 독특한 매개체를 통해 상대방과 하는 대화를 보여주는 이 시를 읽는 독자는 화자의 말을 통해서 청자의 상태를 짐작할 수밖에 없다. 그런데 일방적인 자기표현만 가능한 상태에서 상대방의 말은 부재하게 된다. 비록 상대방이 표현을 한다고 하더라도 그것은 왜곡될 가능성이 높다. 또 하나 주목해야할 것은 다양한 공간에서 나타나는 상이한 체험의 서술은 한 사람의 목소리로 나타나지만 그 목소리의 성격은 각기 다르다는 점이다. 여기서 다성적 목소리를 발견할 수 있다. 시에서 대화가 부재하는 것은 상대방을 고려하지 않은 일방적인 목소리 탓이기는 하지만 다성적인 목소리도 여기에 한몫을 하고 있다. 그러므로 긍정적인 대화가 가능하지 않게 된다. 이 시에서 확인되는 파편적인 언어의 무매개적 나열은 화자와 청자 사이의 대화를 가능하게 하지 않는다. 이 상황은 화자와 청자 사이의 단절을 조장한다. 그리하여 파편적 언어의 무매개적 나열은 의미를 생성하는 데 기여하지 못하고 의미의 혼란을 증가시킨다. 이 시를 해석하기가 어려운 이유는 '나'의 대화 내용을 쉽게 짐작할 수 없다는 사실 때문이다. 그런데 김수영의 다음과 같은 말은 이 시의 언어적 전략을 이해하는 데 많은 도움을 준다.

> 나의 시 속에 요설(饒舌)이 있다고들 한다. 내가 소음을 들을 때 소음을 죽이려고 요설을 한다고 생각해 주기 바란다. 시를 쓰는 도중에도 나는 소음을 듣는다. 한 1초나 2초가량 안 들리는 순간이 있을까. 있다고 하기도 없다고 하기도 말하기 어려운 문제다. 이것을 말하면 '문학'이 된다. 그러나 내 시 안에 요설이 있다면 '문학'이 있는 것이 된다.
>
> —「시작 노트 7」(1966) 중에서

김수영의 말을 따르면 소음을 죽이는 방식은 소음에 필적할 만한 다른 대체물을 만들어내는 것이다. 그는 소음 때문에 요설을 말했다고 적고 있다. 흥미롭게도 그 요설이 문학을 보증하는 중요한 근거가 된다. 그는 시를 쓰는 과정에서 거의 모든 순간 소음이 들린다고 했다. 소음이 들리는 그 과정에서 요설이 생긴다고 볼 수 있다. 글쓰기 과정에서 소음이란 본래 다루고자 하는 내용과는 다른 맥락의 발화가 중간에 끼어드는 것이며, 글의 흐름을 방해하는 것이다. 김수영이 소음을 문제시했다면, 그 이유는 소음이 자기 자신과의 '싸움'을 촉발시킨다고 생각했기 때문이다. 소음을 견디면서 자신만의 감각을 유지해야만 한다. 파편적 현실로 이해되는 소음이 끊임없이 주체를 억압하고 강제한다. 그 소음을 극복하기 위해서는 요설이 필요하고, 그것을 드러내는 방식에서 자신만의 문학이 가능하다고 이해할 수 있다. 소음의 개입은 기존의 가치 영역에 다른 가치 영역들이 개입해 들어오는 것, 혹은 하나의 이야기에 이질적인 이야기가 삽입되는 것을 의미한다. 소음의 개입은 전체 내용의 유기적인 맥락을 깨면서 각 부분으로 파편화시키는 역할을 한다. 이 논리에 비춰보자면 「전화이야기」는 "무지무지한 소란 속에서 / 나의 소란을 하나 더 보탠 것"이며, 소음에 대항하는 요설로 이해할 수 있다. 전체를 구성하는 각각의 요소들은 그것들이 안고 있는 모순들이 해결되지 않은 채 공존한다. 파편화된 체험에 대한 저항이란 갈가리 찢겨진 현실을 그대로 드러냄으로써 가능하다. 이 시에서는 비인과적인 말 걸기를 통해 한층 심화된 파편화된 현실을 보여준다.

「전화이야기」에서는 생존을 위해 번역을 하고 출판사 직원과 대화하는 층위, 여편네와 아이들로 구성된 가족과 관련된 층위, 둘을 바라보는 화자의 층위를 비인과적 발화의 형태로 보여주고 있다. 무매개적인 상황을 나열하고 있는 「전화이야기」에서 확인되는 비인과적 발화는 과연 누구에게 하는 말 걸기일까. 그 대상이 독자라고 한다면 이 말 걸기는 독자를 작품 속으로 참여케 한다. 독자는 시의 메시지를 그대로 받아들이지 않으며, 자신의 신념과 감정에 따라 특별한 지위를 확보하게 된다. 독자는 작품을 중립적으로 수용하지 않고 참여적으로 수용한다. 말 걸기의 대상이 독자가 아니라고 하더라도, 이 시는 논리적 인과관계에서 벗어난 무매개적 나열의 형식을 통해 누군가에게 지속적으로 말 걸기를 하고 있다.

> 빌려드릴 수 없어. 작년하고도 또 틀려.
> 눈에 보여. 냉면집 간판 밑으로—육개장을 먹으러—
> 들어갔다가 나왔어—모밀국수 전문집으로 갔지—
> 매춘부 젊은 애들, 때묻은 발을 꼬고 앉아서
> 유부우동 먹고 있는 것을 보다가 생각한 것
> 아냐. 그때는 빌려드리려고 했어. 관용의 미덕—
> 그걸 할 수 있었어. 그것도 눈에 보였어. 엔카운터
> 속의 이오네스코까지도 희생할 수 있었어. 그게
> 무어란 말야. 나는 그 이전에 있었어. 내 몸. 빛나는
> 몸.
>
> 그렇게 매일을 믿어왔어. 방을 이사를 했지. 내
> 방에는 아들놈이 가고 나는 식모아이가 쓰던 방으로
> 가고. 그런데 큰놈의 방에 같이 있는 가정교사가 내
> 기침소리를 싫어해. 내가 붓을 놓는 것까지
> 자리에서 일어나는 것까지 문을 여는 것까지 알고
> 방어 작전을 써. 그래서 안방으로 다시 오고, 내가
> 있던 기침소리가 가정교사에게 들리는 방은 도로
> 식모아이한테 주었지. 그때까지도 의심하지 않았어.
> 책을 빌려드리겠다고. 나의 모든 프라이드를
> 재산을 연장을 내드리겠다고.

그렇게 매일 믿어왔는데, 갑자기 변했어.
왜 변했을까. 이게 문제야. 이게 내 고민야.
지금도 빌려줄 수는 있어. 그렇지만 안 빌려줄 수도
있어. 그러나 너무 재촉하지는 마라. 이 문제가 해결
되기까지 기다려봐. 지금은 안 빌려주기로 하고
있는 시간야. 그래야 시간을 알겠어. 나는 지금 시간
과 싸우고 있는 거야. 시간이 있었어. 안 빌려주
게 됐다. 시간야. 시간을 느꼈기 때문야. 시간이
좋았기 때문야.

시간은 내 목숨야 어제하고는 틀려졌어. 틀려
졌다는 것을 알았어. 틀려져야겠다는 것을 알
았어. 그것을 당신에게 알릴 필요가 있어. 그것
이 책보다 더 중요하다는 걸 모르지. 그것을
이제부터 당신에게 알리면서 살아야겠어—그게
뭘까? 되면? 안 되면? 당신! 당신이 빛난다.
우리들은 빛나지 않는다. 어제도 빛나지 않고,
오늘도 빛나지 않는다. 그 연관만이 빛난다.
시간만이 빛난다. 시간의 인식만이 빛난다.
빌려주지 않겠다. 빌려주겠다고 했지만
빌려주지 않겠다. 야한 선언을
하지 않고 우물쭈물 내일을 지내고
모레를 지내는 것은 내가 약한 탓이다.
야한 선언은 안 해도 된다. 거짓말을 해도
된다.

안 빌려주어도 넉넉하다. 나도 넉넉하고,
당신도 넉넉하다. 이게 세상이다.

—「엔카운터지(誌)」(《한국문학》, 1966. 9) 전문

이 시의 언술적 전략은 일방적으로 화자의 감정이나 생각을 전달하거나 어떤 사건을 들려주는 방식이 아니다. 전체적인 시의 내용을 알 수 없을 만큼 화자인 '나'의 말이 비인과적 발화의 나열로 이루어져 있다. 파편적으로 나열된 세부 내용 사이에는 필연적인 인과관계가 존재하지 않는다. 앞선 장에서 살펴보았던 파편적 언어의 무매개적 나열이 확인되며, 중간에 앙장브망이 사용되어 있어 읽기가 매우 어렵다. 전체적으로 보면 책을 빌려주기로 했던 '나'가 청자에게 자신의 생각을 전달하는 형식이다. 그런데 청자는 드러나 있지 않고 화자의 전언만 있을 뿐이다. 문맥상으로도 비인과적 발화가 분명한 청자를 가정하고 이루어진다고 보기는 어렵다. 그렇다고 이 말 걸기가 아예 대상을 정하지 않은 채 일방적으로 발화되고 있는 것도 아니다. 화자는 비인과적 발화로서의 말 걸기를 통해 최소한 자기 안에서의 소통을 하고 있다. "갑자기 변했어. / 왜 변했을까. 이게 문제야"라는 구절에서 보듯 명확하게 드러난 대화의 상대자는 없지만 화자는 자신의 말을 다시 들으면서 거기에 응답하고 있다. 말 걸기를 통해 이루어진 말의 깊은 흔적이 뒤에 따라오는 화자의 생각과 행동에 영향을 미치고 있는 형국이다.

시에서 가장 중요하게 다루고 있는 것은 '책을 빌려주는 일'이다. '책을 빌려주는 일'을 중심에 두고 1연에서는 육개장을 먹으러 간 이야기를, 2연에서는 자신의 방을 옮기게 된 사연을 말하고 있다. 3연, 4연, 5연은 '책을 빌려주는 일' 그 자체에 집중하고 있는데, 3연과 4연에서는 책을 빌려주려고 했지만 안 빌려주겠다는 말을 횡성수설하면서 이어가고 있다. 5연에서는 책을 안 빌려주어도 넉넉하다고 말한다. 정리하자면 화자는 자신의 모든 "프라이드"이며 "재산"이자 "연장"인 '책'을 빌려주겠다고 했으나, 자신의 목숨인 '시간'을 느꼈기 때문에 책을 빌려줄 수 없으며, 그러한 사실을 미안해 하지 않는다. 화자의 태도가 논리적 인과관계를 따르지 않기 때문에 독자는 화자의 독특한 성격만을 읽을 수밖에 없다. 이 시에 대해 김수영은 다음과 같이 기록한 바 있다.

> 나의 서가의 페이퍼 홀더 속에는 최근에 쓴 아직 미발표 중의 초고가 세 편이나 있다. 「식모」, 「풀의 영상」, 「엔카운터지(誌)」라는 제목이 붙은 시들—아직은 사실은 부정을 탈 것 같아서 제목도 알리고 싶지 않았는데, 이 중의 「엔카운터지(誌)」 한 편만으로도 나는 이병철이나 서갑호보다 더 큰 부자다.
>
> —「제정신을 갖고 사는 사람은 없는가」(1966. 5) 중에서

이 글만으로 김수영이 만족해하는 이유를 쉽게 알기는 어렵다. 그런데 뒤이어 그는 "'제정신'을 갖고 산다는 것"을 강조하면서, 그것은 "창조생활(넓은 의미의 창조생활)"과 밀접하게 연결되어 있으며, 여기에는 "순간을 다투는 어떤 윤리"인 "현대의 양심"이 있다고 말한다. 이를 통해 짐작해 본다면, 김수영은 「엔카운터지(誌)」에 끊임없이 창조하려는, '제정신'을 차리려는 자신만의 윤리가 담겨 있다고 생각했던 것 같다. 그가 이 시를 두고 그 어떤 부자도 부럽지 않다고 한 이유의 일단을 찾을 수는 있지만 이 시가 노리고 있는 바를 알기란 묘연하다.

시가 전개되는 과정에서 그 이유를 찾아본다면, 우선 '책'과 '책을 빌려주는 일'을 중심에 두면서 끊임없이 그것에 대해 자신에게 말을 걸고 있다는 사실을 확인할 수 있다. 만약 김수영이 '책'과 '책을 빌려주는 일'을 통해 자신이 "제정신을 갖고 사는 사람"이라고 생각할 수 있었다면, 그것은 비인과적 발화의 형태일 수밖에 없는 말 걸기를 자기에게 하고 있다는 사실을 발견했기 때문이다. 김수영에 의하면 "제정신을 갖고 사는 사람이란 끊임없는 창조의 향상을 하면서 순간 속에 진리와 미(美)의 전신(全身)의 이행을 위탁하는 사람"(「제정신을 갖고 사는 사람은 없는가」, 1966. 5)이다. 외부의 힘에 의해서, 때로 타성에 젖은 자신의 태도 때문에라도 '제정신'

을 유지하기는 쉽지 않다. 김수영은 무능한 주체로 전락하고 있는 자신이 "제정신을 갖고 사는 사람"이기 위해서는 폭력적이고 체계적인 시스템과의 관계를 끊어내고 미적 창조의 순간을 놓치지 않아야 한다고 말한다. "어제하고는 틀려졌어. 틀려 / 졌다는 것을 알았어. 틀려져야겠다는 것을 알 / 았어"[15]에서 어제하고 다르고, 달라졌고, 달라져야 한다는 그 대상은 결국 자신의 생각이다. 달라지지 않는다면 이미 외부의 힘에서건 자신 안에 있는 타성에 의해서건 무능한 주체, 즉 '제정신'을 지니지 않은 것으로 존재할 뿐이다. 결국 달라지는 것이란 시간과 싸우는 일과 다르지 않게 된다. 그리하여 "나는 지금 시간 / 과 싸우고 있는 거야"라고 말하게 되는 것이다. 이 시에서 확인되는 불안정하고 파편적인 언어란 시의 화자가 자신의 전신을 이행하는 순간 빚어내는 미적 창조의 결과에 해당한다.

살펴본 2편의 시 「전화이야기」, 「엔카운터지(誌)」는 몇 가지 공통적 요소를 지닌다. 첫째, 일반적인 서정시가 취하는 형식과는 다르다. 「전화이야기」는 전화를, 「엔카운터지(誌)」는 약간 모호하지만 전화나 편지의 형식을 매개로 파편적 언어를 무매개적으로 나열하고 있다. 이질적 체험의 무매개적 나열은 인과관계를 지니지 않는다. 인과관계의 틀을 벗어남으로써 이성의 체계가 강요하는 현실의 억압으로부터 벗어나고자 하는 시인의 태도가 형식적 장치를 통해 드러난다. 둘째, 화자의 목소리가 단일하지 않으며, 비인과적 발화로서의 말 걸기 형태를 취하고 있다. 그 결과 각각의 청자는 텍스트 속에서 화자와 어떻게든 관계를 맺고는 있지만 독자는 그 내용을 쉽게 간파하기 어렵다. 대신 화자의 말 걸기를 통해서만 그 의미를 짐작할 수 있을 뿐이다. 화자는 전달자인 동시에 수신자다. 상

---

15) 김수영은 '다르다'와 '틀리다'를 혼돈하고 있다. 여기서 "틀려졌어"는 '달라졌어'라는 의미로 읽어야 한다.

대방에게 전달한 메시지는 어떤 의미에서는 그것을 발언한 자신에게 먼저 전달된다고 할 수 있다.[16] 그러나 청자가 숨겨져 있거나 설정되어 있지 않더라도 화자의 대화는 그 나름대로 의미를 지닌다. 비인과적 발화로서의 말 걸기는 화자의 존재를 향해 있다. 언뜻 비인과적 발화로서의 말 걸기가 충격으로 변질된 체험적 현실에 연루되어 있는 주체의 상황을 보여주는 것 같지만 실제로는 그 현실로부터 자신을 지켜내는 자발적 수단임을 알 수 있다. 이 말 걸기는 화자의 사회문화와 동떨어진 곳에서는 상상할 수 없는 것이며, 현실에 대한 화자의 독특한 태도를 나타내는 방법적 장치다. 이와 같은 단속의 언어를 통해서 화자의 내면심리 변화를 읽을 수 있는데, 이는 일종의 내면 대화 혹은 내적 소통의 방식으로 독특한 효과를 거둔다. 논리적 인과를 벗어난 진술에 따라 화자의 성격과 심리가 조금씩 변한다. 말하자면 화자의 내면 심리 변화를 비인과적이지만 끊임없이 이루어지는 말 걸기를 통해서 유추할 수 있는 것이다.

4. 단절과 연속의 의미

1960년대 김수영의 시에 나타난 단속(斷續)의 언어적 현상과 그 원인을 살펴보았다. 김수영은 '파편적 언어의 무매개적 나열'과 '비인과적 발화로서의 말 걸기'로 이루어진 특별한 언어적 형식을 보여주었다. 충격 체험으로 인해 분열되고 단절되어 있는 내면세계를 유기적으로 형상화할 수 없는 상황이 이와 같은 시적 구성과 언어적 형식과 연결되고 있음을 확인하였다.

---

16) 줄리아 크리스테바(J. Kristeva), 앞의 책, 15쪽.

'파편적 언어의 무매개적 나열', '비인과적 발화로서의 말 걸기'라는 단속의 언어적 전략은 첫째 연속의 반대[斷: 끊어짐/끊음] 의미를 띤다. 그런데 이 끊어짐은 외부의 폭력에 의한 끊어짐이면서 동시에 그 폭력에 대한 저항으로서의 능동적인 끊음이라는 이중적인 의미를 지닌다. 외부의 힘에 의한 끊어짐으로 보이지만 자세히 살펴보면 능동적인 끊음이라는 것을 시를 통해 확인할 수 있다. 김수영은 '파편적 언어의 무매개적 나열'과 '비인과적 발화로서의 말 걸기'를 통해서 외부의 폭력과 맞서는 동시에 스스로 삶의 서사적 주체가 되려고 노력했던 것이다. 이 과정에서 김수영의 언어적 전략이 겨냥하고 있던 가치가 발견된다. 둘째 단속의 언어적 전략은 단절의 반대[續: 이어짐/이음] 의미를 지닌다. 의미 있는 경험이 문명의 충격으로 변질된 체험적 현실에 비자발적으로 연루되어 있는 이어짐이면서 동시에 그 현실로부터 자신을 지켜내는 자발적 수단으로서의 이음이라는 이중저 의미를 지닌나. 연속은 비자발적인 이어짐이 아니라 자발적인 이음임을 시를 통해 확인할 수 있다. 김수영은 단속의 언어를 통해 외부의 폭력으로부터 끊임없이 자신을 차단하는 동시에 세계로부터 소외되어 가는 자신에게 지속적으로 말을 건넨다.

이 글에서 강조하는 단속의 언어란 시의 형식적 차원에서나 의미론적 차원에서 김수영이 선택했던 매우 유의미한 실천이다. 끊어지고 차단하며, 연루되고 이으려는 이 행위에는 자신의 삶의 서사적 주체가 되려고 하는 개인의 욕망이 숨어 있다. 말하자면 이 행위는 무능한 주체의 자리를 박차고 떠나 다시 한 개인의 의미 있는 가능성이 실현되는 현실로 되돌아가려는 과정이라고 할 수 있다. 이러한 과정을 통해 주체는 사유의 지평을 넓힌다. 그러므로 외부의 폭력에 대해 맞서고 자신을 지키려는 언어적 노력은 단속이 지니는 새로운 가능성을 예기한다. '파편적 언어의 무매개적 나열'과 '비인과적 발화로서의 말 걸기'는 의미 생성을 방해하고 의미화를 지연시킨다. '파편적 언어의 무매개적 나열'과 '비인과적 발화로서의 말 걸기'는 체계화된 어떤 구조를 지향하지 않는다. 그것은 고정된 의미를 차단하면서 동시에 의미의 확산을 지향한다. 1960년대 김수영의 시에서 확인되는 단속의 언어가 지니는 가치가 여기에 있다.

불완전한 주체 불안한 시
— 이상의 시

1. 문제제기

이상은 불행했다. 가난과 병이 그를 괴롭혔고, 그의 작품은 당시에는 제대로 이해되지 못한 채 소문만 무성하게 떠돌았다. “李箱은 지금까지 얼마 알려지지 않은 시인”이지만 “사실 우리들 중에서 누구보다도 가장 뛰어난 ‘쉬르리얼리즘’의 이해자다.”[1]라는 김기림의 인상적인 평가는 그에 대한 소문이 사실이었음을 보여준다. 그런데 젊은 지식인인 이상이 근대적 합리성의 세계를 완전히 저버리고 쉬르리얼리즘이라는 미지의 세계 속으로 잠입했다는 것은 쉽게 이해하기 어려운 대목이다. 비록 그가 파시즘과 제국주의를 자신의 중요한 문제로 인식하지 않았다고 하더라도 식민지 현실을 지배하는 자본의 논리에 대해서는 충분히 인식하고 있었기 때문이다. 식민지 지식인인 이상이 마지막으로 자신의 운명을 걸고 찾아간 곳은 근대적 도시의 상징과도 같은 도쿄[東京]였다. 그런데 그가 김기림에게 그 도쿄를 두고 “참 치사스런 都십디다.”라고 말하고, “그래도 뭐이 있겠거니 했더니 果然 속빈 강정 그것이오.”(「私信 6」)[2]라고 단언한 데

1) 김기림, 「현대시의 발전」, 《朝鮮日報》, 1934. 7. 12~22(김기림, 『김기림 문학전집』 2, 심설당, 1988, 328~329쪽).

는 나름의 이유가 분명 있었다. 그가 과학에 가까운 건축을 공부했다는 사실은 근대의 합리적 사고를 체계적으로 수학했음을 뜻한다. 동시에 자신의 시대를 "유우크리트는死亡"[3]해 버린 시대라고 선언했다는 점에서, 이상은 보편적 이성과 과학의 한계에 대해서도 어느 정도 인식했던 것으로 보인다. 이상은 근대의 지배적 기표들에 대한 동경과 그것에 대한 거부를 혼재적으로 보여주었던 것이다. 그러므로 이상의 시에서 보편적인 이해의 범위를 넘어서는 어떤 특별한 것들에 대해 주목할 필요가 있다.

흥미롭게도 이상의 많은 텍스트들은 탈주의 전략을 보여준다. 이상이 탈주하고자 했던 대상은 과거가 아니었으며, 곧 다가올 미래도 아니었다. 말하자면 그것은 "十九世紀의 嚴肅과 道德性의 피가 威脅"(「私信 6」)하는 현실이었다. 그렇다고 하더라도 완전성, 총체성으로 인식되는 근대적 사유가 미래에 대한 기대와 희망을 그에게 주었다면 탈주, 혹은 분리의 전략은 수립되지 않았을지 모른다. 그런데 "十九世紀와 二十世紀 틈사구니에 끼워 卒倒하려 드는 無賴漢"(「私信 6」)이었던 이상에게 이 세계는 결여를 지니고 있는 불완전한 것이었다. 문제는 여기에 있었다. 결여는 이 세계의 기본적인 형식이었을 뿐만 아니라 그것을 인지하는 주체의 문제이기도 했다. '거울' 모티프를 통해 이상이 보여준 것 역시 완전하다고 가정되는 이상적인 주체의 훼손된 모습, 말하자면 불완전한 주체라는 사실이 이를 증명한다. 이상은 이 결여의 세계로부터 탈주하고자 했다. 그

---

2) 이 글에서 인용하고 있는 산문은 『이상 전집: 수필』(권영민 엮음, 뿔, 2009)에서 가져왔다. 산문을 인용할 경우 최초의 발표지면을 명기하고 따로 출전은 밝히지 않는다.

3) 이상, 「三次角設計圖—線에關한覺書 2」, 《朝鮮と建築》, 1931. 10. 시 원문은 일어로 되어 있으며, 임종국이 『이상전집 2: 시집』(태성사, 1956)에 처음 번역하여 수록했다. 이 글에서 인용하고 있는 시는 『이상 전집: 시』(권영민 엮음, 뿔, 2009)에서 가져왔다. 시를 인용할 경우 최초의 발표지면을 명기하고 따로 출전은 밝히지 않는다. 대신 ①산문과 시로 구분하기 어려운 경우, ②일어시의 경우엔 그 출처를 각주를 통해 따로 밝힌다.

런데 결여로서의 이 세계를 인식하는 순간 불완전한 주체는 불안해지고 만다. 동시에 불안한 주체는 끊임없이 그 불안의 원인을 치유하려고 한다. 하지만 그것은 불가능한 일이었다. 이미 불안한 주체는 불완전한 주체였기 때문이다. 이상이 취했던 탈주의 전략과 그 환상의 실패는 불완전한 주체를 더욱 불안한 상태로 몰아갔다. 하지만 그것은 도저히 포기할 수 없는 것이었다. 이를 통해 이상이 보여주고자 했던 것은 지식이라는 에피스테메로 해결할 수 없는 어떤 진리의 문제였던 것으로 보인다. 이 글의 목적은 불완전한 주체가 끊임없이 탈주하며 불안해하는 근본적인 원인을 밝히고, 그것이 불가능한 현실 속에서 어떤 가능성을 찾는 행위임을 확인하고자 한다. 뿐만 아니라 불가능한 가능성이 시적 아이러니를 통해 형상화되고 있음을 구체적으로 검토하고 그 의미를 살펴볼 것이다.

2. 탈주의 전략과 환상의 실패

이상이 문단의 중심부로 진입하게 된 첫 사례에 해당하는 시 「오감도」 연작시편에는 그의 예술적(시적) 전략이 분명하게 드러난다.

> 十三人의兒孩가道路로疾走하오.
> (길은막달은골목이適當하오.)
>
> 第一의兒孩가무섭다고그리오.
> 第二의兒孩도무섭다고그리오.
> 第三의兒孩도무섭다고그리오.
> 第四의兒孩도무섭다고그리오.
> 第五의兒孩도무섭다고그리오.

第六의兒孩도무섭다고그리오.
第七의兒孩도무섭다고그리오.
第八의兒孩도무섭다고그리오.
第九의兒孩도무섭다고그리오.
第十의兒孩도무섭다고그리오.

第十一의兒孩가무섭다고그리오.
第十二의兒孩도무섭다고그리오.
第十三의兒孩도무섭다고그리오.
十三人의兒孩는무서운兒孩와무서워하는兒孩와그러케뿐이모혓소.(다른事情은업는것이차라리나앗소)

그中에一人의兒孩가무서운兒孩라도좃소.
그中에二人의兒孩가무서운兒孩라도좃소.
그中에二人의兒孩가무서워하는兒孩라도좃소.
그中에一人의兒孩가무서워하는兒孩라도좃소.

(길은뚫닌골목이라도適當하오.)
十三人의兒孩가道路로疾走하지아니하야도좃소.

—「烏瞰圖—詩第一號」(《朝鮮中央日報》, 1934. 7. 24) 전문

이 시가 어떤 원인 없는 공포의 문제를 다루고 있다는 것은 분명한 사실이다. "무섭다"고 하는 "兒孩"들의 말을 무려 13번에 걸쳐 반복하고 있는 데서 그 이유를 찾을 수 있다. 물론 그 공포의 생산자와 수신자는 구분되지 않는다. 모든 "兒孩"들이 공포의 생산자이자 수신자이기 때문이다. 형용사 '무섭다'는 대상의 성질을 서술한 것일 수도 있고, 그것에 대한 주체의 감정을 표현한 것일 수도 있다. 전자의 경우 "兒孩"들은 '무서운' "兒孩"들이 되고, 후자의 경우 "兒孩"들은 '무서워하는' "兒孩"들이 된다.

어쨌든 무서운 "兒孩"들과 무서워하는 "兒孩"들의 집합으로 되어 있다. 그 점에서 보자면, 이 시는 은폐되어 있는 공포의 근원에 대해 묻고 있다. 그런데 그 공포의 원인은 알 수 없다. 그렇다고 공포의 감정이 공포를 만들 수도 있다는 이야기를 하는 것은 아니다. "兒孩"들이 거리를 질주하며 공포를 감지하고 있으나 그 원인은 어디에도 없다. 그 공포가 뒤늦게 깨닫는 것이라면 왜 굳이 이런 공포를 이야기하고 있는가에 대해 주목할 필요가 있다. 그러므로 이러한 공포의 문제를 제기하기 위해 시인이 전략으로 취하고 있는 "疾走"라는 특별한 현상에 대한 설명이 필요하다.

첫 문장 "十三人의兒孩가道路로疾走하오."는 이 시의 배경과 사건과 주체를 모두 보여준다. 주체인 "兒孩"들이 배경인 "道路" 위를 "疾走"하는 사건이 있다. 그런데 그 다음 문장이 의미심장하다. "(길은막달은골목이適當하오.)"는 직접적인 화자의 진술임에도 불구하고 어떤 상황에 대한 명확한 진술이 아니라 어떤 상황을 가정하고 있는 진술에 가까워 보인다. 그러므로 이러한 상황이 "疾走"라는 사건에 그다지 큰 영향을 끼치지 않는다는 사실을 짐작할 수 있다. 그리고 시인은 마지막 연에서 "(길은뚫닌골목이라도適當하오.)"라고 밝히고 있기도 하다. 그러므로 "뚫닌골목"은 "막달은골목"이며, "막달은골목"은 곧 "뚫닌골목"이다.[4] 무서운 "兒孩"가 무서워하는 "兒孩"며, 무서워하는 "兒孩"가 무서운 "兒孩"라는 것과 함께 이 진술 역시 모순어법에 기대고 있다. 어쨌든 이 시는 질주라는 상황을 전략적으로 설정하고, 이를 통해 원인 없는 공포를 말하고 있는

---

4) 황현산은 시 「烏瞰圖—詩第一號」를 '무서운 아이는 곧 무서워하는 아이요, 무서워하는 아이는 곧 무서운 아이다.' '뚫린 골목이 곧 막다른 골목이요, 막다른 골목이 곧 뚫린 골목이다.'라는 두 개의 진술로 정리하고, 두 번째 진술의 중요성을 강조했다. 그것은 "운명을 넘어서는 유일한 수단일 '예술'로 막힌 길을 뚫린 길로 바꾸고 싶어 했"던 이상이 자기의 운명을 정언적 명제로 선언한 것으로 이해된다(「『烏瞰圖』의 「詩第一號」에는 과거가 없다」, 『잘 표현된 불행』, 문예중앙, 2012, 674~677쪽 참조).

것이다. 질주란 현실로부터의 이탈, 탈주, 분리의 의미를 지닌다. 어딘가를 향해서건, 목적지가 있건 없건 간에 뛰어가는 것은 이전의 장소로부터의 이탈을 전제하지 않고서는 성립되지 않는 사건이다. 이 시를 공포의 의미에 주목해서 해석할 경우에도 이 "疾走"의 사건을 전제하지 않을 수는 없다. 또 하나 따져 보아야 할 것은 숫자 '13'이다. '13'은 분리와 탈주의 상징적 기호로서의 역할을 하고 있다. '12'가 근대성의 표상으로 간주되는 시계를 뜻한다면 '13'은 '12'라는 근대의 세계로부터의 탈주에 해당한다.

> 나의 방의 시계(時計) 별안간 13을 치다. 그때, 호외(號外)의 방울소리 들리다. 나의 탈옥(脫獄)의 기사(記事). 불면증과 수면증으로 시달림을 받고 있는 나는 항상 좌우의 기로에 섰다.
> 나의 내부로 향해서 도덕의 기념비가 무너지면서 쓰러져 버렸다. 중상(重傷).
> 세상은 착오(錯誤)를 전한다.
> 13+1=12 이튿날(즉 그때)부터 나의 시계의 침은 3개였다.
>
> —「1931년—작품 제1번」[5] 중에서

시계가 '13'을 쳤다는 것과 시계의 바늘이 세 개가 되었다는 것은 '12'까지밖에 없고 바늘이 두 개뿐인 이전의 세계와는 다른 차원의 세계가 열렸음을 의미한다. 이와 동시에 "도덕의 기념비"가 무너진다. 그러므로 이 작품은 지금까지 화자를 억압하던 질서와 도덕으로부터의 탈출 가능성을 보여준다. 그런데 그 가능성은 어디에 있는가? 같은 작품의 3번째

---

5) 이 작품은 1960년 《현대문학》 11월호에 김수영의 번역으로 처음 게재되었다. 권영민은 이 작품을 수필로 분류했다. 반면에 김주현은 "나의 탈옥(脫獄)의 기사(記事)." 다음 문장에서 행갈이를 하고 시에 넣었다. 그리고 번역자를 김윤성으로 밝히고 있지만 그것은 잘못이다(김주현 주해, 『정본 이상문학전집: 시』, 소명출판, 2009, 191쪽 참조).

부분에 기록된 "1932年 5月 7日[부친의 사일(死日)]"이라는 구절에서 그 이유를 찾을 수 있다. 그날은 백부 김연필(金演弼)의 사망일이다. 이상은 두 살 때, 총독부 기술직으로 근무하던 백부 김연필의 양자로 들어갔다. 말하자면 비자발적 소외의 길로 들어선 것이다. 그러다 백부가 사망하자 그는 다시 본집으로 돌아온다. 이 사건은 김해경이라는 봉건적 질서가 강제하는 일체의 운명으로부터의 탈주에 해당한다. 이상은 봉건사회의 가족제도라는 굴레와 감옥으로부터 탈옥한 것이다.

사실 '13'이란 숫자가 지니는 의미는 대단히 중요하다. '13'은 근대의 타자이면서 동시에 식민지 근대 바깥으로 나갈 수 있는 탈주의 기호다. '12'란 근대적 질서가 부여한 자명한 세계, 익숙한 세계다. 그 세계로부터 벗어난, 말하자면 탈주하고 분리된 세계가 '13'이다. 그러므로 '13'은 불길한 의미로서의 근대의 타자성이며, 시계가 "별안간 13을 치"는 것은 일상을 규율하는 근대적 시간 바깥으로의 탈수를 의미한다.[6] 이 작품은 일상적 삶과 자의식의 세계로부터 탈출하려는 욕망을 반복적인 행위의 패턴으로 보여준다. 이러한 탈주는 실재의 현실에 대한 신념이 붕괴되었다는 회의론적인 인식에 기반하고 있다. 바로 이 점에서 탈주는 근대적 사회로부터의 의도적인 단절로 보아야 한다.

> 벌판한복판에 꽃나무하나가잇소 近處에는 꽃나무가하나도업소 꽃나무는제가생각하는꽃나무를 熱心으로생각하는것처럼 熱心으로꽃을피워가지고섯소. 꽃나무는제가생각하는꽃나무에게갈수업소 나는막달아낫소 한꽃나무를爲하야 그러는것처럼 나는참그런이상스러운숭내를내엿소.
>
> —「꽃나무」(《가톨닉靑年》, 1933. 7) 전문

6) 조강석, 「이상의 「오감도」 연작에 개진된 알레고리적 태도와 방법 연구」, 《현대문학의 연구》 41, 2010, 162쪽.

주체와 대상과의 관계를 보여주고 있는 이 시는 이상의 국문 시 가운데 가장 먼저 발표된 작품이다. 일반적인 경우, 시의 화자인 '나'가 주체라면 '나'가 보고 있는 것("꽃나무")은 하나의 대상으로 존재하게 마련이다. 그러나 이 시에서 "꽃나무"는 '나'와 마찬가지로 보는 주체로 설정되어 있다. 두 주체에게 가장 큰 문제는 고립이라는 상황이다. "제가생각하는" 것에게 이를 수 없다는 문제를 가지고 있다.

벌판에 "꽃나무" 한 그루가 서 있다. 다른 "꽃나무"는 없다. 이 "꽃나무"는 "熱心으로꽃을피워가지고" 서 있는데, 그것은 "제가생각하는꽃나무" 곧 꽃나무라는 관념에 대해 "熱心으로생각"하는 일과 다르지 않다. 이 모든 "꽃나무"의 사유와 행동은 "꽃나무" 그것이 생각하는 "꽃나무"에게 갈 수 없다. 그것은 관념의 세계여서 곧바로 현실이 될 수 없기 때문이다.

이 시는 두 부분으로 나뉜다. 하나는 벌판에 서 있는 "꽃나무"에 대한 것이고, 하나는 그것을 보고 흉내를 내는 '나'에 대한 것이다. 공교롭게도 시에는 마침표가 두 개만 찍혀 있다. "나는막달아낫소" 바로 앞의 구절은 벌판에 있는 "꽃나무"에 대한 객관적 설명이라기보다는 '나'가 생각하는 것에 가깝다. 이를 통해 앞의 사건, 벌판에 서 있는 "꽃나무"에 대해 짐작할 수 있는 것이다. 문제는 이 시에서 가장 모호한 구절인 "나는막달아낫소"다. 이 말은 어떤 의미인가? 열심히 노력해도 이를 수 없는 일로부터 도피했다는 뜻이 아니다. 사실 그것의 방향에 따라 시의 해석도 달라질 수 있다. 시는 '나'가 위치한 장소에 대해 알려주지 않는다. 일반적으로 '달아나다'라는 동사는 '빨리 내닫다' '위험을 피하여 도망가다' 등의 의미로 쓰인다. 흔히 '~에서' 혹은 '~로'라는 처소를 나타내는 조사가 따라붙는다. 그런데 예외적으로 이 시에는 그 장소가 드러나지 않는다. 애초에 장소가 필요하지 않았을지도 모른다. 바로 이어지는 "한꽃나무를爲하야 그러는것처럼"을 참조한다면, 그 달아남의 의미는 벌판에 있는 "꼿나무"의 사정을 고려하지 않고서는 이해하기 어렵다. 꽃나무는 "한꼿나무"와 "제가생각하는꼿나무" 두 개로 분리된다. "한꼿나무"란 "제가생각하는꼿나무"를 열심히 생각해서 꽃을 피우고 있는 "꼿나무"일 것이다. 만약, 그 "꼿나무"를 위한 것이라면 그와 같은 행동을 해야 논리적으로 모순이 없다. 그러므로 '나'는 '현재의 나'로부터 '이상적인 나'에게로 달아난 것이다. 만약, 그것이 불가능한 현실이라면 구태여 그렇게 할 필요가 없다. 그런데 벌판의 "꼿나무"는 그 일을 하고 있다. '현재의 나'로서는 이해하기 쉽지 않은 일이다. 그래서 이를 "참그런이상스러운숭내"라고 했다. 그런데 이 달아남이 '현재의 나'로부터의 달아남이라고 했으니, 그것은 현실에 대한 부정으로 이해해야 한다. 현실에서 가능하지 않은 일을 가능한 일인 것처럼 하고 있는 '달아남', 즉 탈주는 이상에게 하나의 실천이었고, 바로 그 점에서 꽃피우기의 의미를 지닌다.

> 天秤우에서 三十年동안이나 살아온사람 (엇던科學者) 三十萬個나넘는 별을 다헤여놋코만 사람 (亦是) 人間七十 아니 二十四年동안이나 뻔뻔히사라온 사람(나)
>
> 나는 그날 나의自敍傳에 自筆의訃告를 挿入하엿다 以後나의肉身은 그런故鄕에는잇지안앗다 나는 自身나의詩가 差押當하는꼴을 目睹하기는 참아어려웟기때문에.
>
> —「一九三三, 六, 一」(《가톨닉靑年》, 1933. 7) 전문

화자는 자신의 육신에 대해 사망을 선고하면서 자신의 삶으로부터 떠나고자 한다. 시에는 '저울에 무게를 30년 동안이나 단 사람', '30만개가 넘는 별을 다 헤아린 사람', '24년을 뻔뻔하게 살아온 사람'이 각각 나온다. 그러나 이 세 사람은 모두 한 사람이다. 각각의 인물을 부연하고 있는

"(엇던科學者)", "(亦是)", "(나)"가 동일인임을 알려주고 있기 때문이다. 그런데 후반부에서 화자는 "自敍傳에 自筆의訃告를 揷入"한다. 부고란 다름 아닌 죽음이다. 그러나 여기서 "訃告"란 육체적 죽음을 뜻하는 것이 아니라 지금까지의 삶에 종지부를 찍고 새로운 삶을 살겠다는 선언이다. 그것은 전반부에 열거된 세 사람의 삶에 대한 부정이다. 그 이유를 추적해볼 수 있다. 그것은 "나의詩가 差押當하는꼴을 目睹하기는 참아 어려웟기때문"이다. 분명 이 구절은 시인으로서의 어떤 자의식을 보여준다. 1931년에서 1932년으로 넘어가는 동안 생활인 김해경은 문학인 이상으로 변신하고 있었다. 그것이 구체적으로 활자화된 때가 1933년이다. 그는 '李箱'이라는 이름으로 《가톨닉靑年》에 한글로 된 「꽃나무」「이런詩」「一九三三, 六, 一」 3편의 시를 발표한다.[7] 말하자면 문학을 위해 그 이전의 삶을 포기한 것이다.

그런데 이상의 시에서 자기와의 단절은 매우 주목할 만한 결과로 이어진다. 예컨대 「烏瞰圖—詩第十三號」(《朝鮮中央日報》, 1934. 8. 7)에서는 "내팔이면도칼을 든채로끈어저떨어젓다."는 극단적인 단절의 사태를 신체의 절단을 통해 보여준다. 몸의 일부분이 몸으로부터 떨어져나가는 사태란 자기의 것이 자기의 것이 아닌 것이 되는 특별한 체험이다. 만약 타자와의 단절, 자기라고 생각한 것과의 단절이 더 진행된다면, 그것은 자기의 일부분이 자기를 떠나는 일이 될 것이다. 이상은 우리의 신체가 유기적 구조를 이루고 있다는 사실에 대한 부정을 신체의 절단이라는 가장 극단적인 분리의 사태를 통해 보여주었다. 따라서 이 시의 다른 구절인 "일허버린내두개팔을나는 燭臺세음으로내 방안에裝飾하야노앗다."

7) 신형철은 '김해경'으로부터 '이상'으로의 탈주를 '가면의 주체론'으로 설명하고 있다(「시선의 정치학, 거울의 주체론」, 『몰락의 에티카』, 문학동네, 2008, 483~485쪽 참조).

는 새로운 해석을 요구한다. 신체의 일부분을 절단하고 그것을 전시하는 것("裝飾")은 신체의 유기적 전체성에 대한 부정으로 읽을 수 있다. 한편으로 탈주의 전략에 따른 자기와의 단절은 근대적 사회가 요구하는 노동이라는 생산양식에 대한 거부에서도 발견된다. 일반적으로 신체기관은 사회적으로 유용한 노동을 생산한다. 그러므로 신체의 일부분인 팔을 절단하고 분리하여 방안에 장식하는 행위는 그것에 대한 명백한 거부인 셈이다.[8] 사실 이상이 근대, 혹은 근대성이라는 개념과 그 가치에 대해 보여주는 태도는 매우 모호하다. 때로는 긍정적이면서 때로는 부정적이다. 이상에게 근대, 혹은 근대성은 전면적인 부정으로 존재하는 것이라기보다는 그 모순과 한계를 드러내고 있다는 점에서 새로운 해석을 요구한다.[9]

3. 불완전한 주체와 불안한 주체

이상의 시에서 주체는 자신과 세계로부터 탈주한다. 그 주체는 자신과 세계로부터 분리된 주체라는 점에서 불완전한 주체다. 불완전한 주체는 자신이 속한 세계의 지배적인 욕망을 지니고 있으면서도 그 욕망에 전적으로 동화되지 못함으로써 근대(성)의 모순과 한계를 노출한다. 흥미로운 것은 불완전한 주체가 이 세계의 병을 인지하고 있다는 사실이다. 시 「紙碑」(《朝鮮中央日報》, 1935. 9. 15)에서 외형적으로 절름발이가 아닌 것처럼 보이는 "無事"한 이 부부에게 이 "世上"은 "病院"이었다. 이상이 본 1930

---

8) 신형철, 위의 책, 481쪽 참조.

9) 함돈균은 이상의 시에서 신체절단이나 훼손, 결핍된 신체나 폐기된 신체의 이미지는 변증법을 성취하지 못한 시적 주체의 존재의 결여를 의미한다고 해석한다(「이상 시의 아이러니와 미적 주체의 윤리학」, 고려대박사논문, 2010, 75~98쪽).

년대 조선의 경성은 무사한 것처럼 보이지만 무수히 많은 환자로 가득한 병원 그 자체였다. 문제는 그 병원으로서의 세상을 인지하지 못하면 세상은 여전히 무사한 상태로 있게 된다는 데 있다. 물론 이상은 이 세계의 병을 진단했다. 그것은 주체와 세계에 내재한 모순을 인식하고 있다는 증거다. 이상이 「烏瞰圖—詩第四號」(《朝鮮中央日報》, 1934. 7. 28)에서 0부터 9까지 숫자를 차례로 나열하고 이를 거울처럼 뒤집어 보여주면서 스스로를 책임의사로 말한 까닭은 이 세계의 병을 인지했기 때문이다. 스스로가 병자이면서 의사일 수밖에 없는 세계란 뭔가가 있어야 할 자리에 그것이 없는 경우다.

> 거울속에는소리가업소
> 저럿케까지조용한세상은참업슬것이오
> ◇
> 거울속에도 내게 귀가잇소
> 내말을못아라듯는딱한귀가두개나잇소
> ◇
> 거울속의나는왼손잡이오
> 내握手를바들줄몰으는—握手를몰으는왼손잡이오
> ◇
> 거울때문에나는거울속의나를만저보지를못하는구료만은
> 거울이아니엿든들내가엇지거울속의나를맛나보기만이라도햇겟소
> ◇
> 나는至今거울을안가젓소만은거울속에는늘거울속의내가잇소
> 잘은모르지만외로된事業에골몰할께요
> ◇
> 거울속의나는참나와는反對요마는
> 쏘꽤닮앗소

나는거울속의나를근심하고診察할수업스니퍽섭섭하오

—「거울」(《가톨닉靑年》, 1933. 10) 전문

"거울속의나"가 근심과 진찰의 대상이다. 여러 이유가 있을 수 있겠으나 "거울속의나"는 거울 밖의 '나'의 말을 못 알아듣는 "딱한" 상대이며, 악수조차 "몰으는" 사람임에 틀림없다. 그리고 "외로된事業"에 골몰한다. 여기서 '외로된'의 의미는 다른 방식이 불가능하다는 뜻처럼 읽힌다.[10] 거울 밖의 '나'는 이와 같은 "거울속의나"에 대해 안타까워한다. "내말을못아라듯는딱한귀가두개"나 있는 타자란 주체에게 "근심"과 "診察"의 대상에 불과하다. 그러므로 이 시를 이상적 자아를 확인하려는 노력으로 읽어선 안 된다. 일반적으로 거울은 주체가 통일적이라는 믿음을 갖게 하는 중요한 역할을 한다. 주체가 자신을 고유한 존재로, 동일한 존재로 인식하기 위해서는 주체의 반대 자리에 다른 존재가 있어야 한다. 그 존재를 통해, 혹은 그 존재를 부정함으로써 주체는 자신이 고유하고 동일한 존재임을 오인할 수 있게 되는 것이다. 거울은, 타자의 시선을 통해서만 주체가 자기존재의 동일성을 인정받을 수 있음을 역설적으로 보여준다. 거울이 타인의 시선이라면 얼굴은 타인의 시선에 의해서만 확인되는 아이러니한 주체성의 상징적 자리다. 그 주체는 이 세계를 단일한 시선으로 포착하지 못한다. 그 주체는 존재의 사건들과 그 사건들 사이의 틈에서 태어난다. 살펴본 것처럼 이상은 거울을 통해서 자기동일성을 확인하는 것이 아니라 자기를 닮았지만 자기와는 다른 또 다른 주체를 만난다. 그것은 불완전한 주체다. 거울 안의 주체와 거울 밖의 주체는 모두 다 불완전

10) 어쩌면 그것은 거울의 속성과 관련된 것일 수 있다. 거울은 반영이라는 하나의 방식으로만 대상을 보여줄 수밖에 없다. 그러므로 이 '외로된'의 의미는 다른 방식으로는 존재할 수 없다는 뜻에 가깝다.

한 주체다. 이상은 이와 같은 불완전한 주체의 실상을 생활이라는 문제로 보여주었다.

> 나의 생활은 나의 생활에서 1을 뺀 것이다.
> 나는 회중전등을 켠다.
> 나의 생활은 1을 뺀 나의 생활에서 다시 하나 1을 뺀다.
> 나는 회중전등을 끈다.
> 감산이 회복된다—그러나 나는 그것 때문에 또 다른 하나의 생활을 잃어버린다.
> 나는 회중전등을 포켓 속에 집어넣었다.
> 동서남북조차 분간할 수 없다. 나는 무엇을 해야 좋을지 알지 못한다.
> 나는 그저 빈둥빈둥—나의 사상마저 빈둥거리게 하기 위해 회중전등이 포켓 속에서 켜졌다.
> 나는 서둘러야 한다. 무엇을?
> 나는 죽을 것인가? 그게 아니면 나는 비명의 횡사라도 해야 한단 말인가?
> 내게는 나의 생활이 보이지 않는다.
> 나의 생활의 국부를 나는 나의 회중전등으로 비추어 본다.
> 1이 빼어져 나가는 것을 목전에 똑똑히 보면서—나는 나에게도 생활이 있다는 것을 알았을까?
>
> —「斷想」(1933. 2. 5)[11] 중에서

이상은 자신의 생활을 결여의 방식으로 확인했다. 그 결여는 지속적인 상태로서의 결여가 아니라 계속해서 변화하는 결여다. 회중전등을 켤 때마다 원래의 생활에서 하나씩 생활이 빠져나간다. 회중전등을 끄면 다시

---

11) 이 작품은 1986년 《문학사상》 10월호에 최상남의 번역으로 처음 게재되었다. 권영민은 이 작품을 수필로 분류했지만 김주현은 시에 넣었다(김주현 주해, 『정본 이상문학전집: 시』, 210~211쪽 참조).

생활이 회복되지만("감산이 회복된다") 그것은 일시적인 회복일 뿐이다. 회복이 되는 순간 이미 그 이전의 생활과는 다른 생활이 시작되기 때문이다. 그것이야말로 완전한 실체의 불완전성을 보여주는 뚜렷한 증거다. 이상은 이것을 "또 다른 하나의 생활을 잃어버린다."고 했다. 이상에게 중요한 문제 중의 하나가 바로 이 생활이었다. 달리 말하자면 그것은 생활을 가능하게 하는 자본의 문제다. 자본과 생활은 끊임없이 변하면서 결여를 만든다. 그러므로 정상적인 생활에서 '-1'인 상태가 이상에게는 생활이었다. '나'는 "1이 빠어져 나가는 것을 목전에 똑똑히" 본다. 그러므로 영원한 '-1'의 상태가 바로 생활이며, '-1'의 생활을 산다는 점에서 주체는 불완전한 주체임에 틀림없다. 중요한 것은 이러한 생활의 결여, 세계의 결여를 불완전한 주체가 경험하고 있으며, 그것을 생활이라고 인지하고 있다는 사실이다.

그런데 불완전한 주체는 불안한 주체다. 거울 밖의 '나'와 거울 속의 '나'와의 불일치를 보여주고 있는 시 한 편을 통해 이를 확인해보자.

1
나는거울업는室內에잇다. 거울속의나는역시外出中이다. 나는至今거울속의나를무서워하며떨고잇다. 거울속의나는어디가서나를어떠케하랴는陰謀를하는中일가.

2
罪를품고식은寢牀에서잣다. 確實한내꿈에나는缺席하얏고義足을담은 軍用長靴가내꿈의 白紙를더럽혀노앗다.

3
나는거울잇는室內로몰래들어간다. 나를거울에서解放하려고. 그러나거울

속의나는沈鬱한얼골로同時에꼭들어온다. 거울속의나는내게未安한뜻을傳한다. 내가그때문에囹圄되어잇듯키그도나때문에囹圄되여떨고잇다.

—「烏瞰圖—詩第十五號」(《朝鮮中央日報》, 1934. 8. 8) 중에서

이 시는 모두 6연으로 구성되어 있다. 1, 2연이 거울이 없는 실내이고 나머지 연이 거울이 있는 실내로 보일 수 있다. 그런데 1, 3, 5연을 현실의 공간으로, 2, 4, 6연을 꿈으로 대표되는 무의식의 공간으로 보는 것이 시를 이해하는 데 도움이 된다. 1, 3, 5연에서 거울 밖의 나와 거울 속의 나의 관계가 비교적 사실적으로 제시되고 2, 4, 6연에서는 일종의 죄의식이 비유의 방식으로 제시되고 있기 때문이다.[12)]

1연에서부터 '나'와 "거울속의나"와의 불화가 전면에 드러난다. 거울 밖의 '나'는 "거울속의나"를 근심하거나 걱정하지 않는다. 오히려 거울 밖의 '나'는 "거울속의나"를 무서워하며 떨고 있다. 그 이유는 "어디가서나를어떠케하랴는陰謀를하는中"일지 모르기 때문이다. 그래서 거울 밖의 '나'는 거울 속으로 몰래 들어가 "거울속의나"를 해방하려고 한다. 그런데, 이 작업은 "거울속의나"가 모르게 진행되어야 하는데, "거울속의나"는 그때를 알고 "同時에꼭" 나타난다. 이처럼 거울 밖의 '나'와 "거울속의나"는 분리되지 않는다. 그 사건은 불안이라는 필연적 결과를 동반한다. 거울 밖의 '나'가 "囹圄"되어 있듯이 "거울속의나"도 영어되어 있다. 이러한 구속의 상황이 주체의 불안을 만든다. 거울 바깥의 세계와 거울 속의 세계를 구별하는 것은 무의미하게 된다. 불완전이 불안을 초래한다. 당연하게도 불완전한 상황이 초래하는 불안한 주체는 통일적인 주체가 아니다. 흥미로운 것은 애초에 불안을 느꼈던 것은 거울 밖의 '나'였지만, 이

12) 김지녀, 「이상 시의 아이러니 연구」, 고려대석사논문, 2004, 63쪽 참조.

제는 "거울속의나" 역시 불안해한다. 완전성, 총체성으로 인식되는 근대적 사유가 미래에 대한 기대와 희망을 주었다면, 불완전한 현실은 불안이라는 정서를 촉발시킨다. 4연에서 "내가自殺하지아니하면그가自殺할수업슴을그는내게가르친다."라는 구절에서 보건대 거울 밖의 '나'와 "거울속의나"의 통합은 '나'의 죽음으로만 완결될 수 있다. 이러한 모순성이 주체의 존재형식이다.

> 꽃이보이지안는다. 꽃이香기롭다. 香氣가滿開한다. 나는거기墓穴을판다. 墓穴도보이지안는다. 보이지않는墓穴속에나는들어안는다. 나는눕는다. 또꽃이香기롭다. 꽃은보이지안는다. 香氣가滿開한다. 나는이저버리고再차거기墓穴을판다. 墓穴은보이지안는다. 보이지안는墓穴로나는꽃을깜빡이저버리고들어간다. 나는정말눕는다. 아아. 꽃이또香기롭다. 보이지않는꽃이—보이지도않는꽃이.
>
> —「絶壁」(《朝鮮日報》, 1936. 10. 6) 전문

"꽃이보이지안는다."는 진술은 한 존재의 불완전성을 암시하고 있다. 꽃이 보이지 않기 때문에 꽃은 향기를 통해서만 감지된다. 꽃이라는 존재에게 반드시 필요한 것은 형상이다. 꽃이 완전한 꽃이기 위해서는 향기가 있어야 하는 것은 아니다. 그런데 꽃이 보이지 않는 상황에서 향기가 꽃의 존재를 암시하는 것은 어쩌면 향기가 형상과 함께 꽃을 존재하게 하는 중요한 요인임을 알려준다. 보이지 않으면서 향기만 있는 꽃은 그 자체만으로는 모순적이다. 하지만 육체의 감각이라는 관점에서 이 세계를 인지하다면, 그것은 하나의 실제적 현실이 될 수도 있다. "꽃이보이지안는다."는 존재의 부재를 뜻하는 구절이 있음에도 불구하고 "香氣가滿開한다."는 존재의 또 다른 증거로 인해 보이지 않는 꽃의 존재는 사실로 밝혀진다. 그렇다면 어떤 존재에 대해 우리가 믿고 있는 사실들이 어느 순간

달라질 수 있다는 뜻이 된다. 불완전한 존재가 존재의 충분조건이 되는 순간 우리의 믿음은 흔들리고 근거를 잃는다. 불완전한 상황이 화자의 불안을 초래하게 되는 것이다. 화자의 이러한 불안은 "墓穴을판다."는 행위로 드러난다. 묘혈을 파고 그 속에 들어앉아 눕는다는 것은 불완전한 세계로 초래된 불안을 잊는 행위다. 믿고 있던 세계가 그렇지 않은 것으로 현시될 때, 그 당혹감과 불안감을 감추기 위한 어떤 전략으로 설정된 것이다. 그런데 화자의 불안은, 묘혈을 팠는데도 그 사실을 잊어버리고 재차 묘혈을 파는 행위로 이어진다는 사실에 있다. 불안은 화자의 반복적인 행위로 구체화된다. 묘혈을 판 행동이 언어적으로 기억되지 않고 행동을 통해서 기억되는 것이다. 꽃이 보이지 않고 향기가 만개한 사건을 보고 묘혈을 파는 행위를 화자가 "再차" 반복하고 있다는 점에서 반복 강박처럼 보이기도 한다.[13] 주목해야 할 것은 "아아. 꼿이또香기롭다."라는 구절이다. 화자가 재차 묘혈을 파고 그 자리에 누웠는데, 어디선가 "또" 향기가 난다. 묘혈을 판 "거기"에 꽃은 보이지 않으면서 향기는 또 다른 곳에서 나는 것이다. 이 향기의 발생이 무한히 반복될 것임을 암시하고 있다. 화자는 다시 불안해질 수밖에 없다. 그러므로 이 시는 부재하는 전망에서 기인하는 절망과 지속적으로 환기되는 대상에 대한 주체의 강렬한 욕망의 반복을 보여준다. 보이지 않는 꽃은, 주체에게 결핍과 죽음과 고통을 불러일으키는 욕망의 대상이라 점에서 존재론적 결여를 환기한다고 할 수 있다.

---

13) 지그문트 프로이트(S. Freud)는 쾌락 원칙보다 더 원시적이고, 더 기초적이며 더 본능적으로 보이는 '반복 강박'(*Wiederholungszwang*)이 저항의 의미보다는 불안을 극복하고 조절하는 기능을 가지고 있다고 했다. 나아가 이것을 죽음 본능의 궁극적 목적인 무기물의 상태로 돌아가고자 하는 충동의 표현으로 보았다(지그문트 프로이트, 『쾌락의 원칙을 넘어서』, 박찬부 옮김, 열린책들, 1997, 10~89쪽 참조).

바른손에菓子封紙가없다고 해서
왼손에쥐어져있는菓子封紙를찾으려只今막온길을五里나되돌아갔다
×
이손은化石하였다

이손은이제는이미아무것도所有하고싶지도않다所有된물건의所有된것을느끼기조차하지아니한다
×
只今떨어지고있는것이눈[雪]이라고한다면只今떨어진내눈물은눈[雪]이어야할것이다

—「空腹—」(《朝鮮と建築》, 1931. 7)[14] 중에서

무엇인가를 쥐고 있다는 사실을 모르는 손은 더 이상 주체의 것이 아니다. 시에서 "이손은化石하였다"라는 표현은 그 손이 이미 유기적인 신체의 일부가 아님을 뜻한다. "이손"은 "化石"이 되면서 "아무것도所有하고싶지"않을 뿐만 아니라 어떤 것도 소유할 수 없는 사태에 이르게 된다. 문제는 비록 "所有된물건"이지만 그 "所有된것을느끼기조차하지아니한다"는 사실이다. 대상을 감촉할 수 없는 시적 주체의 그 공허감이 제목 '공복(空腹)'으로 상징화되어 있다. 공복감은 이 세계와 주체 사이에 내재한 간극, 혹은 불화가 육체적 감각의 형태로 드러난 것이다. 분명히 있지만 그것을 인지하지 못하는 것이나 존재하지 않는 뭔가를 끊임없이 욕망하는 것은 주체와 세계 사이에 극복할 수 없는 거리가 있기 때문이다. '공복'이라는 단어가 함의하고 있는 것에 유의한다면 그것은 주체와 이 세계에 내재한 근본적인 결여를 뜻한다고 볼 수 있다. 시 「絶壁」에서 보

14) 원문은 일어로 되어 있으며, 임종국이 『이상전집 2: 시집』(태성사, 1956)에 처음 번역하여 수록했다. 작품 말미에 창작시기(1931. 6. 5)가 기록되어 있다.

이지 않는 꽃이 결핍이면서 동시에 욕망의 대상이었던 것처럼, '공복'은 어떤 목표나 일상을 부정하는 힘이면서 동시에 자신의 예술적 세계를 추동하는 강력한 힘이다.[15] 문제는 불완전한 주체와 불안한 주체의 중요한 특징인 결여가 이 세계의 기본 형식이라는 데 있다.

4. 불가능한 가능성과 시적 아이러니

문학에서 아이러니는 이 세계가 제시하는 지배적 관점들과 불화하면서 세계의 실재를 드러내는 미적 주체의 존재 형식에 가깝다. 중요한 사실은 이러한 아이러니가 일반 대중의 의견과 분명하게 구별되는 어떤 진리를 현시한다는 점이다. 이상의 대부분의 시 역시 이러한 아이러니의 형식을 띠고 있다.[16] 이 말은 곧 이상의 시에 이 세계와 주체 사이의 어떤 불화가 숨겨져 있다는 것을 뜻한다. 그러므로 그 불화가 어떤 조건에서 유래되는가를 따져 볼 필요가 있다. 이상의 시에서 아이러니는 사회체계와 불화하는 양상으로 제시된다. 예컨대 가문이나 혈통에 관계된 자신의 정체성 문제, 혹은 자본주의 사회에서의 성(性)과 화폐의 문제와 같은 어떤 불가능한 가능성을 아이러니의 형식을 통해 보여준다. 먼저, 가문과 혈통에 관계된 자신의 정체성에 대한 아이러니를 살펴보자.

---

15) 정주아, 「평면으로부터의 탈주와 반원근법의 설계도」, 신범순 외, 『이상의 사상과 예술: 이상 문학 연구의 새로운 지평 2』, 신구문화사, 2007, 291쪽 참조.

16) 이상의 시를 아이러니로 읽어낸 연구자로는 함돈균이 대표적이다. 그는 이상 시에 일관된 미적 형식으로 나타나는 아이러니의 문제를 수사학적 차원을 넘어서 세계에 대한 시적 주체의 인식론적 태도를 드러내는 표지이자, 존재론적 의미를 담고 있는 표지로 보고 텍스트를 깊이 있게 분석했다(앞의 논문 참조).

> 나의아버지가나의겨테서조을적에나는나의아버지가되고또나는나의아버지의아버지가되고그런데도나의아버지는나의아버지대로나의아버지인데어쩌자고나는작고나의아버지의아버지의아버지의……아버지가되니나는웨나의아버지를껑충뛰어넘어야하는지나는웨드듸어나와나의아버지와나의아버지의아버지와나의아버지의아버지의아버지노릇을한꺼번에하면서살아야하는것이냐
>
> —「烏瞰圖—詩第二號」(《朝鮮中央日報》, 1934. 7. 25) 전문

가문과 혈통이 한 인간의 삶에서 얼마나 힘겨운 짐이었는가를 이 시는 보여준다. 봉건적 가족제도는 한 개인의 욕망을 철저하게 억압하고 가족이라는 영역 안에서 개인의 존재 의미를 강제적으로 부여한다. '나'가 "나의아버지"가 되고 다시 "나의아버지의아버지"가 되는 까닭은 '나'의 욕망과는 아무런 상관이 없는 일이다. 그런데 갑자기 '나'가 "나의아버지를껑충뛰어넘어" 민 신조의 얼굴을 하고 사는 이상한 삶이 펼쳐진다. 시에서 "아버지를껑충뛰어넘"는다는 것은 아버지를 극복할 수 있다거나 극복했다는 뜻이 아니다. 결국 '나'가 살아야 하는 삶은 아버지의 삶과 다르지 않나는 것을 상소한다. '나'는 무수한 아버지들을 통해 확대되지도 않으며, 그 아버지로부터의 독립도 가능한 일이 아니다. 이처럼 아버지는 '나'에게 나의 정체성을 강요하면서 동시에 그 한계를 드러내는 대상이다. 이러한 아버지를 문제 삼고 있는 시가 「門閥」이다.

> 墳塚에계신白骨까지가내게血淸의原價償還을强請하고잇다. 天下에달이밝아서나는오들오들떨면서到處에서들킨다. 당신의印鑑이이미失效된지오랜줄은꿈에도생각하지안으시나요—하고나는으젓이대꾸를해야겟는데나는이러케실은決算의函數를내몸에진인내圖章처럼쉽사리끌러버릴수가참업다.
>
> —「門閥」(《朝鮮日報》, 1936. 10. 6) 전문

마찬가지로 이 시에서의 아버지 역시 "血清의原價償還을强請"하고 있다는 점에서 '나'에게 자식으로서의 정체성을 강요한다. 물론 '나'는 그 강청으로부터 벗어나고자 하지만 "오들오들떨면서到處에서들"키고 만다. 이 구절을 참조하자면 그 가능성은 언제나 실패한다. 그런데 얼핏 보기에 완벽한 존재처럼 보이는 아버지가 완벽한 존재로서의 아버지가 아니다. "당신의印鑑이이미失效"되었기 때문이다. '나'는 이미 그 사실을 알고 있다. 그래서 "으젓이대꾸를" 하고 싶어 한다. 말하자면 가문과 혈통의 상징적인 아버지는 그 힘을 잃었다. 아버지의 이름으로 제기되는 호명 역시 실패하고 만다. 아버지는 완벽한 세계가 아닌 것이다. 그런데 가문과 혈통의 상징적인 아버지는 우리가 의문을 제기할 수 없는 대상이다. 그러므로 그 상징적 아버지가 완벽하다면, 설령 완벽하지 않다고 하더라도 그 아버지에 대한 '나'의 의문은 애초에 제기될 수 없는 것이었다. 하지만 이 시의 화자는 그 상징적 아버지에 대해 의문을 품은 것이다. 이 의문 자체만으로도 문제적이다. 그럼에도 불구하고 시의 화자는 "決算의函數를내몸에진인내圖章처럼쉽사리끌러버릴수가참없다."고 고백하고 있다. '나'는 상징적 아버지의 "失效"를 알고 있으나 그것을 해결할 수 없는 난처함에 처해 있다. 이 난처함은 예컨대 '나'를 재현하는 많은 것들('血清'으로 대표되는 것들)과 그것으로 상징화되지 않는 '나'의 잉여("印鑑"의 失效를 증명하는 것들) 사이의 간극을 발견했을 때의 난처함과 매우 닮았다. 불가능한 현실에 대한 가능성을 이야기하고 있는 이 시의 아이러니가 바로 이것이다.

가문이나 혈통에 관계된 자신의 정체성과는 달리 시적 주체에 대한 의문을 제기하면서 아이러니가 발생되는 경우도 있다. 「烏瞰圖—詩第十五號」의 후반부가 이를 잘 보여준다.

4

내가缺席한나의꿈. 내僞造가登場하지안는내거울. 無能이라도조흔나의孤獨의渴望者다. 나는드듸어거울속의나에게自殺을勸誘하기로決心하얏다. 나는그에게視野도업는들窓을가르치엇다. 그들窓은自殺만을爲한들窓이다. 그러나내가自殺하지아니하면그가自殺할수업슴을그는내게가르친다. 거울속의나는不死鳥에갓갑다.

5

내왼편가슴心臟의位置를防彈金屬으로掩蔽하고나는거울속의내왼편가슴을견우어拳銃을發射하얏다. 彈丸은그의왼편가슴을貫通하얏스나 그의心臟은바른편에잇다.

6

模型心臟에서붉은잉크가업즐러젓다. 내가遲刻한내꿈에서나는極刑을바닷다. 내꿈을支配하는者는내가아니다. 握手할수조차업는두사람을封鎖한巨大한罪가잇다.

—「烏瞰圖—詩第十五號」(《朝鮮中央日報》, 1934. 8. 8) 중에서

앞서 살펴본 바에 의하면, 거울 밖의 '나'와 "거울속의나"가 불일치함으로 인해 주체의 불안이 생겼다. 그런데 그 불안을 해소하기 위해 거울 밖의 '나'가 "거울속의나"를 완전히 폐기하고자 한다. "거울속의나"에게 자살을 권유하는 것이다. 그러나 "거울속의나"의 자살은 불가능한 일이다. "거울속의나"는 거울 밖의 '나'가 먼저 자살하지 않으면 그 일이 가능하지 않다고 거울 밖의 '나'에게 가르친다. 생활인으로서의 이상(거울 밖의 '나')의 삶 역시 문학인으로서의 이상("거울속의나")의 몫이다. 둘은 서로 다른 존재가 아니다. 그럼에도 불구하고 거울 밖의 '나'는 거사를 치른다. 자신의 심장이 있는 왼편 가슴을 방탄 금속으로 엄폐하고 거울의 왼쪽

가슴을 향해 방아쇠를 당긴다. 그러나 모형심장에서 붉은 잉크가 엎질러질 뿐 "거울속의나"는 무사하다. 그의 심장이 오른 쪽에 있기 때문이다. 이상은 끊임없이 현실로부터 탈주하고 싶어 했다. 삶에서 자꾸만 도망치려고 한 것이 이상의 한계라면 한계일 수 있다. 이 현실로부터 탈주한다는 것, 현실을 떠나 자유로운 공간으로 간다는 것은 불가능한 일이다. 생활인으로서의 이상이 완전히 생활로부터 떠나서는 존재할 수 없다는 것을 이 시는 아이러니로 보여준다. "두사람을封鎖한巨大한罪"란 말하자면 거울 밖의 '나'와 "거울속의나"를 완전하게 분리시키려고 엄청난 음모를 꾸민 것에 대한 자조에 가깝다. 이상은 물리적인 삶을 벗어나는 일이 불가능함을 인식하고 있었다. "握手할수조차업는두사람"은 근대적 지식이 지배하는 일상에서 욕망을 결코 포기하지 않고 "거울속의나"와 합일되고자 하지만 그것은 불가능한 일이다.[17] 거울 밖의 '나'가 먹은 마음대로 삶이 가능하지 않다는 것을 "내가缺席한나의꿈"이 단적으로 보여준다.

> 너는누구냐그러나門밖에와서門을두다리며門을열나고외치니나를찾는一心이아니고또내가너를도모지모른다고한들나는참아그대로내여버려둘수는없어서門을열어주려하나門은안으로만고리가걸닌것이아니라밖으로도너는모르게잠겨있으니안에서만열어주면무엇을하느냐너는누구기에구타여다친門앞에誕生하였느냐
>
> —「正式-Ⅳ」(《가톨닉青年》, 1935. 4) 전문

시의 제목인 '正式'이 함의하는 것은 바른 공식, 혹은 바른 형식이다. 이 시는 이러한 전제를 통해 결여와 결핍의 문제를 주체와 세계의 기본적

17) 문흥술은 거울 밖의 나와 거울 속의 나를 "封鎖"한 "巨大한罪"를 저지른 장본인이 타락한 근대적 지식이라고 말한다(「이상 시 『烏瞰圖』에 나타난 언술 주체의 분열 양태」, 《한국현대문학연구》 36, 2012, 262쪽 참조).

인 형식으로 보여주고 있다. '너'는 문밖에서 문을 열어 달라고 외친다. 그 이유는 간단하다. 문의 열림에 의해 '너'와 '나'의 만남이 가능하기 때문이다. 그런데 밖에서 문을 열어 달라고 외치는 '너'의 다급함과 '너'를 대하는 '나'의 난감함이 존재한다. 그 난감함은 다음과 같다. 첫째, '너'가 "一心"으로 '나'를 찾아온 것인지 알 수 없다는 사실. 둘째, '너'를 '나'가 모를 수도 있다는 사실. 그러나 '나'는 '너'를 위해 닫힌 문을 열어 주려고 해도 '너'는 문안으로 들어올 수 없다. 문을 잠그는 고리가 문안에만 있는 게 아니라 문밖에도 있었다. "너는모르게" 문은 밖에서 잠겨 있었다. 이를 통해 볼 때, '너'가 문안으로 들어올 수 없는 이유는 '너'의 문제일 수도 '나'의 문제일 수도 있지만, 근본적으로는 둘의 문제와는 상관없는 또 다른 문제에 기인한다. 그럼에도 불구하고 이러한 불가능한 현실에 대해 주체는 거부하거나 회피하지 않고 주체와 세계 사이의 끈을 놓지 않는다. "너는누구기에구타여다친門앞에誕生하였느냐"는 마지막 구절을 보면 분명히 '너'의 탄생은 예정된 실패다. 그런데 '너'는 불가능한 현실 앞에 나타난 가능한 무엇으로 태어났다. 문이 '닫혔다'는 점에서 그것은 불가능하다. 하지만 문밖에 있는 '너'와 문안의 '나'는 가능한 만남을 위해 애쓴다. 이러한 상황은 타자에 대한 주체의 사라지지 않는 관심을 뜻한다. 그러나 끝내 주체는 타자와의 불화와 세계와의 간극을 극복하지 못하고 실패하고 만다. 그러므로 "너는누구기에구타여다친門앞에誕生하였느냐"는 질문에서 주체는 '너'이면서 동시에 '나'이기도 한 것이다.

이상은 그가 속한 세계와 화해하지 못했음을 자본주의 사회에서 성과 화폐가 지니는 문제를 통해 보여주었다.

> 내두루매기깃에달린貞操빼지를내어보엿드니들어가도조타고그린다. 들어가도조타든女人이바로제게좀鮮明한貞操가잇으니어떠냔다. 나더러世上에서

얼마짜리貨幣노릇을하는세음이냐는뜻이다. 나는일부러다홍헌겁을흔들엇드니窈窕하다든貞操가성을낸다. 그리고는七面鳥처럼쩔쩔맨다.

—「白晝」(《朝鮮日報》, 1936. 10. 6) 전문

이 시가 보여주는 것은 화폐로 성을 흥정하는 장면이다. 매춘부와 고객인 남성 화자의 심리가 잘 나타나 있다. 구체적으로 매춘행위로 인한 매춘부의 성적 대상화와 그로부터 발생하는 주체성의 상실을 보여준다. 매춘부뿐만 아니라 매춘부와 거래하는 주체가 매춘이라는 행위를 통해 정체성을 잃어버리는 과정이 문제적이다. '나'와 매춘부에게 정조의 의미는 화폐의 유무를 뜻한다. 보편적으로 유곽에서 윤리가치인 '정조(貞操)'의 의미는 형성되지 않는다. 그러므로 매춘부의 정조란 윤리가치에 대한 조롱에 가깝고, '나'에게 정조는 화폐의 유무와 같다. 말하자면 '나'에게 "貞操빼지"는 화폐를 가지고 있다는 물증이다. 정조가 사라진 곳에 화폐라는 물질적 가치가 한 사람을 판단하는 중요한 준거가 된다. 매춘부가 고객을 판단하는 기준은 돈이다. 매춘부와 고객은 정조가 아닌 돈으로 관계 맺는다. 말하자면 돈으로 정조를 사는 셈이다. 화폐의 유무로 '나'를 받아들일지 거절할지를 결정하겠다던 매춘부는 '나'가 흔드는 "다홍헌겁"[18]을 보고는 성을 낸다. 말하자면 '나'가 도덕적 윤리를 정말로 요구하자 매춘부는 화를 낼 뿐만 아니라 칠면조처럼 쩔쩔맬 수밖에 없는 것이다. 진정한 가치가 사라지고 모든 것이 화폐로 계산되는 현실을 정조와 돈에 빗대어 조롱하고 있다. 그러므로 이 시의 제목인 '백화(白晝)'는 매우

---

18) 조해옥은 이 '다홍헌겁'이 당시 화폐를 대신한 것이 아니라고 판단하다. 그는 화자가 '다홍헌겁'을 흔드는 행위가 매춘부가 요구하는 거래를 거절하는 것으로 이해한다(조해옥, 『이상 시의 근대성 연구』, 소명출판, 2001, 111쪽 참조). 권영민은 처녀 시절에 머리를 땋아 내리면서 흔히 다홍 댕기를 사용하는 것에 착안하여 이 '다홍헌겁'이 여성의 처녀성을 의미하는 것으로 본다(이상, 『이상 전집: 시』, 권영민 엮음, 뿔, 2009, 140쪽 참조).

의미심장하다. 백화는 정조의 본래의 의미가 사라지는 어떤 지점으로서의 하얀 그림이다. 말하자면 유곽에서 정조라는 도덕적 윤리의 의미가 탈색되는 순간을 뜻한다. 백화는 정조라는 윤리적 의미가 탈색된 상태, 또는 화폐에 의해 전도되는 인간관계의 무의미를 흰색의 이미지로 단단히 결속한다.

이 시의 아이러니는 그렇게 중시하던 정조라는 도덕적 윤리가 물질주의에 의해 아무것도 아닌 것이 되며, 심지어 조롱의 대상으로 전락하는 과정에서 만들어진다. 이를 구체적으로 살펴보자. 시에서 매춘부와 마찬가지로 '나'에게도 그 정조라는 도덕적 윤리가 여전히 문제가 되고 있다는 점이 우선 흥미롭다. '나'가 매춘부를 희롱하기 위해, 아니면 면박을 주기 위해 "다홍헌겁"을 흔들었을 수도 있다. 그러나 '나'는 이미 유곽이라는 장소에 있다. '나'가 유곽이라는 장소에서 정조를 요구하는 것이 첫 번째 아이러니다. 또한 이미 정조를 포기하고 육체를 돈으로 거래하는 매춘부가 도덕적 윤리를 요구하는 '나' 앞에서 쩔쩔맨다는 것이 두 번째 아이러니다. 의미 있는 것은 아무것도 발견할 수 없는 유곽이라는 공간은 점점 자본화되고 있는 사회의 상징적인 자리다. 바로 그 공간에서 매춘부도 '나'도 백지처럼 의미를 잃어버리는 이상한 사태가 발생하는 것이다. 이 시의 세 번째 아이러니다. 시는 이처럼 이중적인 아이러니를 통해 우리가 왜곡하고 은폐하고 있는 진실을 드러낸다. 시「興行物天使」역시 성의 문제를 아이러니로 보여준다.

> 整形外科는여자의눈을짖어버리고형편없이늙어빠진曲藝象의눈으로만들고만 것이다. 여자는싫것웃어도또한웃지아니하여도웃는것이다.
>
> —「興行物天使—어떤後日譚으로」(《朝鮮と建築》, 1931. 8)[19] 중에서

매춘부로 보이는 여자는 남성고객에게 잘 보이기 위해서 성형수술을 했다. 그런데 수술 부작용으로 인해 여자는 자신의 얼굴로 자신의 감정을 표현할 수 없게 되었다. 슬프고 고통스러워도 웃는 표정만 지을 수밖에 없다. 문제는 여기에 있다. 외모가 감정을 지배하는 이상한 현상이 벌어지게 된 것이다. 감정에 따라 얼굴의 표정이 달라지는 게 아니라 주어진 표정이 감정과 상관없이 우리의 얼굴을 대신한다.

이상 시의 시적 주체는 자신이 속한 세계와 불화한다. 그곳에서 유통되는 지배적인 욕망의 기표들, 예컨대 자본과 성과 같은 것들에 동화되지 못한다. 이상이 자신의 정체성과 주체성을 문제삼거나, 혹은 자본주의 사회에서 성과 화폐를 문제삼을 때, 그가 보여주는 것은 이 세계를 제대로 이해할 수 없다는 불행 그 자체였다. 더 불행하게도 이상은 그러한 문제에 대한 해답이 없다는 사실을 알고 있었다. 이상의 시는 모더니티 자체에 내재하는 모순을 그대로 드러낸다는 점에서 시적 아이러니에 해당한다. 뿐만 아니라 그것은 시 「白晝」에서처럼 시적 주체가 언제든지 굴욕과 수모를 받을 가능성을 전제하고 있다는 점에서 윤리의 문제와 무관하지 않다. 이상의 시가 보여주는 아이러니는 이와 같은 가능성과의 직접적인 대면을 전제하고 있어서 더욱 더 문제적이다. 이상은 이미 주어진 것 속의 일상적 개념으로는 환원될 수 없는 무엇인가를 요구하거나 혹은 그것을 발견하고자 했다. 그것은 주체에게 새로운 존재 방식을 결정하도록 강요하는 하나의 사건이다. 문제는 이상의 시에서 시적 주체가 그 사건에 대해 보여주는 충실성의 정도다.[20] 이상의 시에서 다뤄지는 한 개인의 도

19) 원문은 일어로 되어 있으며, 임종국이 『이상전집 2: 시집』(태성사, 1956)에 처음 번역하여 수록했다.

20) 알랭 바디우(A. Badiou)는 진리의 과정을 지속시키는 원리를 '진리의 윤리학'이라고 했다. 그는 "그 진리의 과정이 도출시키는 주체의 구성 속에서, 어떤 자의 현존에 일관성을 부여하는

덕이나 이성의 문제는 전체로서의 역사가 요구하는 보편성으로는 결코 설명되지 않는다. 이상은 언제나 실패하는 주체와 결여로서의 이 세계를 통해 존재론적인 인식을 드러냈다. 이 세계에서 불가능한 가능성을 찾았던 이상은 시적 아이러니를 통해 도저히 해명할 수 없는 어떤 사실들을 말하고자 했다.

5. 윤리적 주체와 진리의 문제

많은 연구자들이 이상의 시를 현대적인 것에 대한 무한한 동경으로 이해한다. 하지만 그 근거로 제시할 만한 것들이 이상의 시에는 그렇게 많지 않다. 오히려 이상은 생활인으로서의 그의 삶을 문학이라는 형식을 통해 완전히 바꾸고자 했다. 끊임없이 현재로부터 탈주하고, 자신의 삶으로부터 자신을 분리하고자 한 것은 많은 경우 생활이 그 이유였다. 물론 그것은 불가능한 일이었다. 식민지의 폐허를 근대의 폐허로 경험한 이상은 목적이 없는 일을 선택한 것이 아니라 불가능한 가능성을 선택했다. 그리하여 이상은 세계의 실재를 목도한 자의 고통스러운 태도로 그 세계에 대해 물었다. 세계의 분열과 결여를 경험한 시적 주체가 세계에 대해 질문한다는 것은 부정적일 수밖에 없다. 물론 그 질문에 대한 답을 이상이 얻을 수는 없었다.

분열된 주체가 한 체계의 지배적인 지식이나 질서에 대해 의문을 가지고 질문하는 것은 문제적이다. 그런데 중요한 것은 그 질문이 한 개인의

것"(알랭 바디우, 『윤리학』, 이종영 옮김, 동문선, 2001, 55~58쪽 참조)이 진리의 윤리학이라고 했다. 이 점은 이상이 그의 시에서 보여주었던 태도와 많이 닮았다. 그러므로 이상의 시를 윤리적 차원에서 새롭게 검토할 필요가 있다.

실존과 무관하지 않다는 점이다. 이상의 시들은 절박한 순간에서도 보편적 삶의 방식과는 다른 한 개인의 실천을 보여주고 있다. 그 실천 주체는 윤리적 주체와 여러모로 닮았다. 물론 이러한 질문의 방식이 윤리적 주체를 만드는 것은 아닐 것이다. 그러나 그 실천의 양상은 난처한 삶의 곤경을 회피하지 않고 그것에 대해 질문한다는 점에서 주체의 윤리와 결코 무관하지 않다. 왜냐하면 이상의 시가 불가능한 것, 전망이 부재한 미지의 대상을 향한 주체의 모험이라는 형식을 띠고 있기 때문이다. 그 이유로 인해 이상의 시에서 주체는 환상이 가리고 있는 실재를 우연히 마주하게 된다. 그 마주침을 통해 자신이 존재하는 이 세계의 허구성을 자각하게 된다.

이 글은 이상의 시에서 불완전한 주체가 끊임없이 탈주하며 불안해하는 근본적인 원인을 살펴보았다. 그것은 결여로서의 세계, 말하자면 불가능한 현실 속에서 어떤 가능성을 찾는 일이었으며, 이때 불가능한 가능성은 끊임없이 그것에 대해 질문하는 주체의 아이러니를 통해 드러나고 있다는 사실을 확인할 수 있었다. 진리를 향해 걸어갔던 이상은 어떠한 위로의 말도 귀담아듣지 않았으며, 철저하게 현실과 타협하지 않았다. 그러한 이상이 자신의 삶을 소비하면서 지킬 수 있었던 윤리란 민족의 운명과 함께 할 만큼 거창한 것은 아니었다. 그러나 그것은 그 시대의 모든 불가능한 것들에 대한 가능성으로서 한 개인의 특별한 모험의 형식이기 때문에 문제적이다.

2 부

윤리와 실재

시적 실천과 시의 윤리

1. 시를 쓰는 일에 대해

김수영의 시에서 언어의 두터운 의미망을 뚫고 나가려는 시인의 고투를 발견하기란 그렇게 어려운 일이 아니다. 이 진술은 김수영의 시가 언어의 자유를 구속하는 현실과 무관하지 않으며, 동시에 그 현실을 꿰뚫는 특별한 힘이 그의 시에 내재하고 있다는 의미와 다르지 않다. 그런데 한 시인에게 언어의 자유를 구속하는 것들과의 지난한 싸움을 가능하게 하는 힘은 어디서 오는 것일까. 언어의 일상적 의미망을 뚫고 나가려는 김수영의 언어는 기존의 체계적 지식으로 해명하기가 쉽지 않다. 반면에 자유를 구속하는 것들과의 싸움을 포기하지 않았던 그의 시는, 모든 자유가 허용되는 삶의 자리를 언제나 예기하고 있었다.

> 그(김수영)는 쉽게 정합되지 않는 현실 속에서 기존의 체계적 지식으로 해명할 수 없는 자리를 발견하고 그것을 감당해 낼 다른 삶을 육체적 감각과 마음의 감동으로 우선 실천하려 하였다.[1]

김수영이 모든 체계의 억압으로부터, 심지어 자신이 쓰고 있는 시로부터 탈주하려고 했으며, 그렇게 함으로써 그가 존재의 변모를 사회적 변혁

---

1) 황현산, 「김수영의 현대성 혹은 현재성」, 『잘 표현된 불행』, 문예중앙, 2012, 312쪽.

과 일치시킬 수 있었다는 황현산의 평가는 김수영이 보여준 시적 실천에 대한 적극적인 해석이면서 동시에 저 물음에 대한 적절한 대답이 될 수 있을 것이다. 특별히 김수영의 시에서 시적 실천을 강조한 사례는 "그가 노린 것이 '行動의 詩'"[2]라는 백낙청의 언급에서부터 시작되었다고 볼 수 있다. '행동의 시'란 시를 쓰는 과정 속에 시를 쓰는 주체의 의식이 완전히 시에 수렴되는 것을 뜻하며, 이때 시인의 경험과 의식은 언어와 하나가 된다는 것으로 요약될 수 있다. 두말할 필요도 없이 자유를 구속하는 것들과의 싸움을 회피하지 않았던 김수영 시의 힘은 그의 양심과 자유에의 의지에 있었다. 이와 같은 문학사적 평가와는 상관없이, 김수영은 그 힘을 '제정신을 갖고 사는' 것이라고 강조해서 말했다. 이때 '제정신을 갖고 사는' 것이란, 그의 표현을 빌리자면 "끊임없는 창조의 향상을 하면서 순간 속에 진리와 미(美)의 전신(全身)의 이행을 위탁하는"(「제정신을 갖고 사는 사람은 없는가」, 1966. 5) 일에 해당한다. 김인환이 김수영은 "말로써 삶에 침투하려고 하지 않고, 오히려 삶 자체로써 말에 침투하려고 하였다"[3]라고 했을 때, '삶이 말에 침투한다'는 의미도 바로 '진리와 미의 전신의 이행'과 크게 다르지 않다. 김수영의 시에서 시적 실천의 문제와 그것의 미학적 가능성, 그리고 시적 주체를 특별히 문제삼아야 하는 이유가 여기에 있다.

김수영의 시에서 화자와 시인을 분간하기란 쉽지 않다. 그만큼 시적 주체는 시를 쓴 시인과 가까운 거리에 있겠지만, 그렇다고 해서 척박한 현실을 살아가면서도 자유를 향한 모험을 주저하지 않았던 김수영의 시적 태도를 쉽게 관찰할 수 있는 것은 아니다. 그것은 김수영이 명확하고

---

2) 백낙청, 「김수영의 시세계」, 『김수영의 문학』, 민음사, 1983, 41쪽.

3) 김인환, 「한 정직한 인간의 성숙 과정」, 위의 책, 217쪽.

논증적인 말이 아닌 직정적인 말로써 현실에 대해 말했기 때문이다. 그러므로 김수영의 시에서 현실성을 투명하게 드러내면서 시적인 힘을 발휘하는 언어를 감지하게 되고, 동시에 시적 실천이 시적 주체의 움직임을 만들고, 나아가 시적 주체의 움직임이 텍스트의 움직임을 이루어내는 일을 발견하게 되는 것은 자연스럽다. 앞당겨 말하자면 김수영은 탁월한 통찰력으로 역사와 자연 속에 내재하는 움직임을 읽어 냈으며, 그 내부의 움직임을 시의 움직임으로 밀고 나갔다. 바로 그 이유로, 진리와 미를 온몸으로 실천하는 김수영의 시에는 그의 시적 윤리가 고스란히 담겨 있다고 말할 수 있는 것이다. 김수영은 자신의 말대로 "세계와 같이 움직"였는데, 그의 시 역시 "들어맞지 않던 행동의 열쇠가 열릴 때"(「시작 노트 2」, 1961. 6. 14) 탄생했다고 할 수 있다. 이때 그의 시에서는 시를 쓰는 주체의 움직임과 시의 움직임이 겹쳐지는 매우 드문 일이 만들어지기도 한다. 김수영에게 시를 쓰는 것은 실천의 문제와 직결되는 일이었다.

이 글에서는 김수영의 시적 태도로 규정되는 자기 부정의 정신이 어떻게 시적 실천으로 이루어지는지, 그리고 시적 실천이 시적 주체와 어떻게 연결되는지, 마지막으로 시적 실천이 어떻게 언어의 진경을 만들어내고, 그것이 미학적 가능성을 보여주는지를 그의 시와 산문을 통해 살펴보고자 한다. 김수영은 시적 실천을 통해 시적 주체의 변화를 세계의 변화와 일치시킬 수 있는 가능성을 보여주었다.

2. 자기 부정으로서의 시적 실천

얼마 전에 내한한 프랑스의 앙티로망의 작가인 뷔토르(M. Butor)도 말했듯이, 모든 실험적인 문학은 필연적으로는 완전한 세계의 구현을 목표로 하는 진보의 편에 서지 않을 수 없게 되는 것이다. 모든 전위 문학은 불온하다. 그리고 모든 살아 있는 문화는 본질적으로 불온한 것이다.

—「실험적인 문학과 정치적 자유」(1968. 2) 중에서

'실험'='진보'='전위'='불온'이라고 이해했던 김수영에게 문학이란 주체가 주체 바깥에 놓인 객체를 재생산하는 '재현'의 체계[4)]가 아니었다. 그렇다고 그가 극단적인 실험 그 자체를 문학의 전부라고 여긴 적도 없다. 말 그대로 그는 실험적인 문학이 완전한 세계의 구현을 목표로 하는 진보의 편에 서 있는 것으로 이해했다. 완전한 세계의 구현이란 극단적인 실험으로 가능한 것이 아니라 바람직한 삶에 대한 이해를 통해서만 이루어질 수 있다고 보았기 때문이다. 이 문맥에는 모더니즘과 리얼리즘을 통합하는 김수영만의 특별한 문학적 태도가 담겨 있다. '진보의 편'이라고 했을 때, 흔히 '편'이란 말에는 세계에 대한, 문학에 대한, 언어에 대한 주체의 태도가 담겨 있게 마련이다. 이와 같은 태도의 측면에서 새로움을 추구하는 문학이 전위 문학이며, 그리고 불온한 이유는 논란의 여지가 없이 분명하다. 그것은 새로움을 추구하는 문학이 항상 기존의 체계를 위협하기 때문이다. 이 진술은 시의 존재 이유에 대한 설명이기도 하면서 동시에 그것은 새롭게 창조하는 문학만이 늘 전통을 극복하는 문학이었기 때문이다. 여기서 우리가 읽어야 할 것은 시를 쓰는 시인으로서의 분명하고 솔직한 김수영의 태도다. 기존의 질서를 부정하는 시는 반드시 자기부정을 동반하게 마련이다. 산문 「실험적인 문학과 정치적 자유」를 썼던

---

4) 프레드릭 제임슨(F, Jameson)에 의하면 "리얼리즘 인식론은 근본적으로 재현을 주체가 주체 바깥에 놓인 객체를 재생산하는 것으로 생각하면서 지식과 예술에 대한 반영이론을 제시"(프레드릭 제임슨, 「포스트모던의 조건에 관하여」, 장 프랑수아 리오타르(J-F. Lyotard), 『포스트모던의 조건』, 유정완 외 옮김, 민음사, 1992, 13쪽)한다.

1960년대 후반에 이르러서 정치적 자유의 문제와 실험적인 문학이 결코 다르지 않다는 생각을 김수영이 어느 날 문득 얻게 된 것이 아니다. 시를 처음 쓸 무렵부터 그는 실험적인 문학의 가능성을 시적 실천의 문제로 이해하고 있었다. 김수영의 자기 부정의 태도가 그의 시작 초기에서부터 확인된다는 점은 김수영의 시를 이해하는 데 매우 중요한 사실이다.

꽃이 열매의 상부에 피었을 때
너는 줄넘기 작란(作亂)을 한다

나는 발산한 형상을 구하였으나
그것은 작전같은 것이기에 어려웁다

국수—이태리어로는 마카로니라고
먹기 쉬운 것은 나의 빈란성(叛亂性)일까

동무여 이제 나는 바로 보마
사물과 사물의 생리와
사물의 수량과 한도와
사물의 우매와 사물의 명석성을

그리고 나는 죽을 것이다

—「공자의 생활난」(『새로운 도시와 시민들의 합창』, 1949. 4) 전문

넓은 의미에서 글쓰기란 작가가 언어와 문체를 통해 사회 속으로 참여하는 하나의 장이다.[5] 언어의 일상적 의미망을 벗어나 언어의 가능성을

---

5) R. Barthes, *Writing Degree Zero*, trans, Annettee Lavers and Colin Smith, New York : Hill and Wang, 1968, pp.9~18 참조.

실험한다는 점에서 시쓰기는 이와 같은 글쓰기의 가장 적극적인 사태에 해당한다. 그러므로 일상적 의미의 외관을 뚫고 나가려는 시쓰기는 하나의 모험이며, 바로 이러한 사실 때문에 시를 쓰는 주체에게 어떤 자유를 부여한다. 동시에 시를 쓰는 주체가 사회 속으로 참여하는 장이라는 점에서, 시쓰기에는 주체의 삶과 유리될 수 없는 윤리가 늘 개입하게 마련이다. 여기에는 어떻게 세상에 나아갈 것인가라는 역사적 문제의식과 어떻게 세상을 인식하고 바라볼 것인가라는 철학적 명제가 동시에 담겨 있다. 그러므로 독자는 「공자의 생활난」에서 김수영의 시적 태도를 읽을 수 있으며, 그것이 다분히 공자의 삶의 태도와 관계 맺고 있다는 데 동의할 수 있게 된다.

김수영은 사물의 존재와 그 방식과 관계되는 형이상학적인 질문보다 사물을 어떻게 볼 것인가와 같은 해석의 문제에 더 많은 관심을 기울였다. 말하자면 사물을 바라보는 올바른 정신과 시각의 방법에 대해 항상 생각했던 것이다. 관습적인 기존의 사고방식에서 벗어나서 “사물의 생리와 / 사물의 수량과 한도”를 바로 보겠다는 그의 태도가 이를 증명한다. 전통적 관습에 대한 역전을 주장했던 김수영은 규범으로부터의 일탈과 끊임없는 자기 부정을 스스로에게 요구했다. 그러므로 이 시에서의 ‘바라봄’의 태도는 인식의 차원을 넘어서는, 말하자면 시인이 지향하는 시의 세계이자 삶의 방식이라고 해야 옳다. “그리고 나는 죽을 것이다”라고 시인이 결연하게 말할 때, 그 죽음은 육체적인 것이 아니라 사고의 죽음이자 정신의 죽음이 되는 것이다. 김수영은 끊임없이 자기를 부정했다. 그 부정은 단순한 파괴가 아니라 다시 바라봄이고, ‘다시’의 의미는 항구적인 통일성의 반복이 아니라 통합하고 나아간다는 뜻을 지닌다. 이러한 자기 부정의 정신은 김수영의 시 전체를 관통한다.

예컨대 김수영의 자기 부정의 정신은, 그가 알렉산드르 솔제니친(A.

Solzhenitsyn)의 시에 나오는 개미에서 "낡은 생리"(「모기와 개미」, 1966. 3)를 읽어내는 것과 사람을 알기 위해서는 그 사람의 '벽'(「벽」, 1966)을 보아야 한다고 말하는 지점에서도 확인된다. "낡은 생리"나 '벽'은 부정해야 할 어떤 대상이라는 점에서 그 의미가 다르지 않다. 김수영에게 "낡은 생리"와 '벽'은 벗어나야 할 무엇이었지만 용이하지 않은 것이었다. "고칠 수 없는 막다른 골목"으로서의 '숙명'과도 같은 '벽'을 보았을 때에야 주체는 자기 자신을 대면할 수 있으며, 그때 자기 부정 또한 가능하게 되는 것이다. 김수영은 시적 실천을 통해 "낡은 생리"와 '벽'을 극복하려고 노력했다. 김수영 시에 '죽음'의 이미지가 특별히 많은 까닭은 죽음이라는 극한의 상황을 통해 "낡은 생리"나 '벽'을 넘어서는 자기 부정의 정신을 얻을 수 있었기 때문이다.

김수영은 지식과 체계로 환원되지 않는 진실의 가능성을 시적 가능성으로 믿었으며, 이 세계를 정직하게 바라보려고 노력했다. 「공자의 생활난」에서 "동무여 이제 나는 바로 보마"라고 한 이유가 여기에 있다. 여기에는 나날의 삶이 지니는 참혹하고 어두운 실상을 두려워하지 않고, 그것과 끈질기게 마주치려는 김수영만의 윤리적 태도가 담겨 있다.[6] "그리고 나는 죽을 것이다"라는 선언은 그 모든 과정에서 있을 수 있는 자기와의 싸움을 회피하지 않겠다는 의지의 표명이다. 그것이 숭고함을 불러일으키는 것은 획일적 제도에 굴복하거나 분해되지 않기 위해 그 자신의 굴욕마저 감내하고 있기 때문이다. 김수영은 아무 말도 하지 않거나, 아니면 다른 모든 시선을 집중시키는 극이 되기 위해 스스로 발가벗었다. 그는 허위의 껍질을 벗어 버리는 행위, '발가벗는' 행위로서의 시적 실천이 다

---

6) 김수이는 김수영의 '바로 보기'에서 근대적 주체의 보는/인식하는 행위가 지니는 균열을 읽어내면서도 '우울'과 '피로'의 증상이 주체의 성찰과 관련됨을 밝히고 있다(김수이, 「김수영 시에 나타난 '시선의 기술'의 전개양상」, 《한국문예창작》 25, 2012, 102~108쪽 참조).

른 그 어떤 것보다 아름답고 소중하다고 생각했다. 많은 김수영의 시가 여기서 힘을 얻는다. 자신의 모든 것을 정직하게 드러내 놓는 자만이 자기를 부정할 수 있다.

김수영의 자기 부정의 정신은 나태한 삶에 대한 부정에서 현실의 불합리에 대한 부정으로, 나아가 시쓰기 과정의 무모함과 서투름에 대한 부정에 이르기까지 다양하게 나타난다. 놀랍게도 이 부정의 정신은 늘 새로운 시적 실천의 힘을 얻는다. 그 경험이 시적 실천으로 이어지는 과정을 「눈」이 잘 보여준다.

> 눈은 살아 있다
> 떨어진 눈은 살아 있다
> 마당 위에 떨어진 눈은 살아 있다
>
> 기침을 하자
> 젊은 시인이여 기침을 하자
> 눈 위에 대고 기침을 하자
> 눈더러 보라고 마음 놓고 마음 놓고
> 기침을 하자
>
> 눈은 살아 있다
> 죽음을 잊어버린 영혼과 육체를 위하여
> 눈은 새벽이 지나도록 살아 있다
>
> 기침을 하자
> 젊은 시인이여 기침을 하자
> 눈을 바라보며
> 밤새도록 고인 가슴의 가래라도

마음껏 뱉자

—「눈」(《문학예술》, 1957. 4) 전문

모든 단어는 주어진 문맥 안에서 한정되고 구체적인 하나의 의미, 즉 문맥 의미를 지닌다.[7] 이 문맥 의미는 자주 본래의 의미와 달라지기도 한다. 「눈」에서 '눈'은 지시적인 의미를 넘어 새로운 의미의 영역으로 나아간다. 죽음과 소멸의 운명을 지닌 '눈'은 김수영의 시쓰기와 일치한다. '눈'이 '시'라는 점은 2연에서 명확히 드러나는데, "젊은 시인"이 기침을 할 만한 곳이란 바로 '시' 이외에 달리 없기 때문이다. 그리고 3연 "죽음을 잊어버린 영혼과 육체를 위하여"라는 문장을 통해 '시'와 '기침'의 의미는 한결 강화된다. 4연에서 '가래'는 더러운 대상을 향한 적대적 행위로 이해되는 부정적 이미지가 아니다. 그것은 부정적 현실과의 갈등으로 인해 생긴 고뇌의 흔적에 가깝다. 따라서 시인은 '기침'과 '가래'를 적극적으로 뱉으라고 말하게 되는 것이다. 김수영은 마당 위에 떨어진 소멸해야 할 운명의 '눈'을 바라보면서 자신의 시쓰기를 독려했다. 이 시는 시적 주체에게 늘 깨어 있을 것을 강요하고, 이 '깨어 있음'이 자기 폭로를 통해서 이루어진다는 사실을 보여준다. 물론 여기에는 나태한 자신의 삶을 경계하는 자기 부정의 정신이 숨어 있다. 김수영의 시쓰기가 얼마나 절박한 상황에 있는지, 그 형편을 잘 보여주는 「눈」에는 시인으로서의 태도와 운명이 명징하게 드러난다. 그러므로 우리는 내적 갈등을 거친 이후에 특별히 행동을 강조하고 있는 이 시에서, 자기 부정의 정신이 시적 실천으로 이행하는 과정을 읽을 수 있는 것이다.

---

7) 줄리아 크리스테바(J. Kristeva), 『언어, 그 미지의 것』, 김인환·이수미 옮김, 민음사, 1997, 54쪽.

3. 시적 실천과 주체의 문제

김수영의 시에서 시적 실천은 주체의 자기 부정과 반성의 움직임을 통해 분명하게 드러난다. 그러므로 시적 실천은 현실의 괴로움을 이겨내고, 괴로움 그 자체를 이행하는 과정이라고 할 수 있다. 이행의 과정에서 이 세계를 정직하게 바라보려는 주체는 필연적으로 비애와 설움의 정서를 느낄 수밖에 없다. 더군다나 낙후되었다는 사실조차 모른 채 살아가는 이들을 바라보고, 그렇게 살아갈 수밖에 없는 현실을 알아챈 이에게 그 모든 부정적인 상황은 견디기 어려울 것이다. 이러한 설움의 정서가 김수영의 시에 자주 출몰한다.[8)]

> 서울에 돌아온 지 일주일도 못 되는 나에게는 도회의 소음과 광증(狂症)과 속도와 허위가 새삼스러웁게 미웁고 서글프게 느껴지고
>
> ―「시골 선물」(1954. 1. 1) 중에서

> 비가 그친 후 어느 날 ―
> 나의 방 안에 설움이 충만되어 있는 것을 발견하였다
>
> ―「방 안에서 익어가는 설움」(1954. 8. 10) 중에서

> 내가 으스러지게 설움에 몸을 태우는 것은 내가 바라는 것이 있기 때문이다.
>
> ―「거미」(1954. 10. 5) 중에서

---

8) 이찬은 김수영의 시에 나타나는 '설움'과 '비애'의 정서가 그의 실존적 삶의 태도와 매우 밀접한 관련을 맺고 있으며, '전통'과 '현대성'의 문제와도 무관하지 않음을 밝히고 있다. 나아가 김수영의 실존적 삶의 태도가 알랭 바디우(A. Badiou)가 말하는 '진리의 윤리학'을 구체적으로 예시하고 있음을 규명하고 있다(이찬, 「김수영 시에 나타난 '진리의 윤리학'과 '현대성' 인식 양상」, 《우리어문연구》 36, 2010, 357~389쪽). '진리의 윤리학'을 시쓰기라는 이행의 과정으로 이해했을 때, 이를 '시적 실천'이라고 부를 수 있을 것이다.

(쉰다는 것이 무엇이라는 것을 알면서)
쉬어야 하는 설움이여

—「휴식」(《동아일보》, 1954. 10. 17) 중에서

어떤 이상에 도달하고자 하는 주체의 의지와 이를 방해하는 현실 사이의 갈등이 설움을 유발하기도 하겠지만, 인용한 시에서의 설움은 참혹하고 어두운 현실을 회피하지 않고 끈질기게 마주하려 했던 김수영의 윤리적 태도가 빚어낸 결과에 가깝다.[9] 그가 산문 「제정신을 갖고 사는 사람은 없는가」(1966. 5)에서 "모든 창조 생활은 유동적이고 발전적인 것이다. 여기에는 순간을 다투는 어떤 윤리가 있다."고 강조하고, 그것을 "현대의 양심"이라고 했던 이유도 여기에 있다. 사실이 그러하다면, 김수영 시에서 시쓰기 주체의 경험이 설움과 비애로 드러나는 것은 한 개인의 경험이 어떻게 시를 쓰는 행위와 관련되는가를 해명할 수 있는 중요한 단서가 될 수 있다. 또한 김수영이 일상을 지배하는 어떤 원리를 발견했으며, 그로 인한 감정의 미묘한 변화가 특별한 시어의 활용으로 드러나게 되었다고 말할 수 있을 것이다.[10] 시 「헬리콥터」는 '헬리콥터'라는 내상을 통해 일상 속에서 겪게 되는 주체의 심리와 역사적 경험을 비애의 이름으로 잘 표현하고 있다.

---

9) 그러나 또 다른 한편으로 김수영의 시에 그 진실을 찾기 위한 실천의 과정에서 예상치 못하게 얻게 되는 '긍지'가 없는 것은 아니다. 「긍지의 날」 「아픈 몸이」 등에는 그 '긍지'가 잘 나타난다.

10) 김유중은 김수영의 시와 하이데거의 존재론과 윤리학적인 사유 사이에서 발견되는 유사성을 밝히면서, 김수영 시에서 근본 기분으로서의 '피로'와 '설움'이 "일상의 원리에 대한 발견, 그리고 그로 인해 빚어진 주체 내면의 미묘한 감정"이며, 또한 그것이 "김수영이 이후 존재론적인 탐구에 뛰어들게 된 직접적인 계기"(김유중, 「일상 세계의 무의미성과 시인의 윤리 의식」, 『김수영과 하이데거』, 민음사, 2007, 203쪽)라고 분석하고 있다.

사람이란 사람이 모두 고민하고 있는
어두운 대지를 차고 이륙하는 것이
이다지도 힘이 들지 않는다는 것을 처음 깨달은 것은
우매한 나라의 어린 시인들이었다
헬리콥터가 풍선보다도 가벼웁게 상승하는 것을 보고
놀랄 수 있는 사람은 설움을 아는 사람이지만
또한 이것을 보고 놀라지 않는 것도 설움을 아는 사람일 것이다

[중략]

"헬리콥터여 너는 설운 동물이다"

—자유
—비애

더 넓은 전망이 필요 없는 이 무제한의 시간 위에서
산도 없고 바다도 없고 진흙도 없고 진창도 없고 미련도 없이
앙상한 육체의 투명한 골격과 세포와 신경과 안구까지
모조리 노출 낙하시켜 가면서
안개처럼 가벼웁게 날아가는 과감한 너의 의사 속에는
남을 보기 전에 네 자신을 먼저 보이는
긍지와 선의가 있다
너의 조상들이 우리의 조상과 함께
손을 잡고 초동물(超動物) 세계 속에서 영위하던
자유의 정신의 아름다운 원형을
너는 또한 우리가 발견하고 규정하기 전에 가지고 있었으며
오늘에 네가 전하는 자유의 마지막 파편에
스스로 겸손의 침묵을 지켜가며 울고 있는 것이다

—「헬리콥터」(《신세계》 3호, 1956. 4. 10) 중에서

시에서 "우매한 나라의 어린 시인들"이 전쟁을 통해 겪어야 했던 설움은 헬리콥터라는 대상을 통해 사회현실로까지 확대되고 있다. 물론 근대 이후 서구 열강의 침입과 일제강점으로 인한 경제적·문화적 식민화에 따른 정통성의 상실, 그리고 남북 분단의 현실에 대한 김수영의 비극적 현실 인식을 엿볼 수도 있다. 그러나 헬리콥터가 "근대 이후 제국주의 열강의 침입의 한 대치물"[11]일 가능성은 있어도, 그것이 시적 주체가 느끼는 설움의 충분한 원인은 아니다. 헬리콥터는 "자유와 비애를 양극"[12]에 가지고 있으며, 헬리콥터의 비상이 주는 자유보다 결국은 착륙해야 하는 설움이 김수영에게는 더 컸다. 시인이 '—'를 사용하여 의도적으로 강조한 '자유'와 '비애'가 이 시의 핵심이다. 헬리콥터의 속성 역시 '자유'이기도 하고 '비애'이기도 하다. "우매한 나라의 어린 시인"이 헬리콥터를 바라보는 시각은 분명히 선망의 시각이다. 이러한 상승의 욕구는 '자유'로 정의된다. 헬리콥터는 너 이상 기계가 아니다. 헬리콥터는 대지의 중력으로부터 벗어난, 물체로서의 이름을 떨쳐 버리고 초월하는 자유의 이름이다. 그러나 헬리콥터의 가벼운 상승이 떨쳐 버리는 그 육중한 무게는 시인이 자유를 위해 견뎌야 할 서러움과 비애의 무게이기도 하다. 문제는 여기에 있다. "우매한 나라의 어린 시인"은 헬리콥터가 언젠가 착륙해야 하는 운명을 지니고 있음을 알고 있다. "우매한 나라의 어린 시인"이 헬리콥터를 '설운 동물'이라고 부르는 순간, "우매한 나라의 어린 시인"과 설운 동물은 등가의 함의를 지니게 된다. 헬리콥터가 자유일 수 있는 이유를 시인은 "남을 보기 전에 네 자신을 먼저 보이는 / 긍지와 선의"가 있기 때문이라고 했다. 긍지와 선의의 힘을 헬리콥터가 가질 수 있는 이유는 아무런

---

11) 정과리, 「현실과 전망의 긴장이 끝간 데」, 『문학, 존재의 변증법』, 문학과지성사, 1985, 247쪽.

12) 김현, 「자유와 꿈」, 『김수영의 문학』, 민음사, 1983, 108쪽.

미련도 없이 "모조리 노출낙하"할 수 있기 때문이다. 그러므로 헬리콥터는 자유라는 정신의 "아름다운 원형"이 될 수밖에 없다. 언젠가 내려앉아야 할 운명이지만 자신의 모든 것을 노출낙하 하면서까지 착륙하는 것을 부정하려는 헬리콥터는 김수영이 느껴야 했던 자유와 비애를 상징적으로 보여준다.

이 시는 근대화의 아이러니를 상징하는 헬리콥터의 이중적 속성을 자유와 비애로 말하고 있다. 그런데 사실 그 속에는 김수영의 자유에 대한 열망이 녹아 있으며, 좌절에 따른 생활 현실의 비애가 숨어 있다. 자유에 대한 희망을 가지는 일은 생활의 비애를 겪어 보지 못한 이에게는 어려운 일인지도 모른다. 김수영의 삶은 자유에 대한 희망과 좌절의 연속이었다. 김수영은 "온몸으로, 바로 온몸으로 밀고 나가는"(「시여, 침을 뱉어라」, 1968. 4) 시쓰기의 과정에서 많은 상처를 입었다. 그러나 상처를 딛고 일어서려는 자기 부정의 정신이 그를 지탱해 준 것 또한 사실이다. 시적 주체가 겪게 되는 그 상처가 몸의 뚜렷한 아픔으로 형상화되고 있는 과정을 시 「먼 곳에서부터」는 잘 보여준다.

먼 곳에서부터
먼 곳으로
다시 몸이 아프다

조용한 봄에서부터
조용한 봄으로
다시 내 몸이 아프다

여자에게서부터
여자에게로

능금꽃으로부터
능금꽃으로……

나도 모르는 사이에
내 몸이 아프다

—「먼 곳에서부터」(1961. 9. 30) 전문

'~에서부터'(a)와 '~로'(b)의 반복과는 달리 기대하지 않았던 이미지의 전환이 5연에서 일어난다. "나도 모르는 사이에"라는 표현은 말 그대로 이성적 능력을 넘어서는 순간이다. 그러므로 a에서 b로의 이동은 이성으로 인식 가능한 대상 a로부터 이성의 한계를 넘어선 b라는 대상으로의 이동이다. '먼 곳에서' '먼 곳', '조용한 봄에서' '조용한 봄', '여자에게서' '여자', '능금꽃에서' '능금꽃'으로의 이동은 논리적이지 않지만 이성의 영역에서 몸이 감지할 수 있는 영역으로의 이동임을 알 수 있다. 그 구체적인 예가 1연의 '몸'이 2연에서 '내 몸'으로, 다시 5연에서 '나도 모르는 사이에'로의 변주다. 무한적인 반복 속에서 무의식적으로, 혹은 육체적으로 "내 몸"이 아프게 된다. 중요한 것은 순간적으로 일어나는 이와 같은 일이 몸의 고통을 통해서 인지된다는 사실이다. 사실 시가 보여주고 있는 a와 b의 거리는 너무 가깝거나 너무 멀어서 알 수 없는 거리다. 그 거리만큼 시적 주체의 몸이 아프기 시작한다. 그러므로 그 거리는 몸으로 느끼는 거리며, 시적 주체가 몸이 아픈 까닭은 나날의 체험을 오직 몸을 통해서만 감지할 수 있기 때문이다. 이 시가 1961년 5월의 쿠데타 이후에 씌어졌다는 사실은 시인의 고통을 이해하는 데 어느 정도 참조가 되겠지만, 언어의 배치가 만들어내는 이미지만으로도 시적 주체의 고통을 느낄 수 있다. 새봄이 돌아와도, 새로운 여자를 만나도, 능금꽃이 다시 피어도 시인은 즐겁지 않았다. 다만 몸이 아플 뿐이다. 시적 주체의 이 아픔은 풍경과 풍경이 겹쳐지듯 시인의 아픔을 떠올리게 한다.

김수영의 시에서 몸의 아픔은 몸이 느끼는 피로의 증상과 매우 비슷하다. 몸의 아픔이 자아가 자기동일성을 성취하고 유지하는 과정인 것처럼 몸의 피로란 성장의 과정이 필연적으로 수반하는 정서 양태로 볼 수 있다.[13] 성장이 자기 변모의 체험이자 자기동일성의 체험이라는 점에서 몸의 아픔과 피로는 시적 실천의 결과인 동시에 시적 주체의 움직임을 스스로 증명하는 사태다. 이때 자기동일성이라는 체험은 현실을 수동적으로 받아들이는 부정적 사태가 아니라 무수히 거듭나기 위해서 매번 해체되어야 하는 자기 부정의 적극적인 사태와 관련된다. 그러므로 피로는 "영원히 피로할 것이기에 / 구태여 옛날을 돌아보지 않아도 / 설움과 아름다움을 대신하여 있는 나의 긍지 / 오늘은 필경 긍지의 날인가 보다"(「긍지의 날」, 《문예》, 1953. 9)에서 자기 변모를 가능하게 하는 동력이 될 수 있으며, 또 "아픈 몸이 / 아프지 않을 때까지 가자 / 나의 발은 절망의 소리 / 저 말(馬)도 절망의 소리"(「아픈 몸이」, 1961)에서는 절망을 딛고 일어설 수 있는 새로운 힘을 얻기도 하는 것이다. 그 새로운 힘이란 '아픈 몸이' 세상을 뚫고 지나가는 움직임과 다르지 않다. 시적 주체가 텍스트 속으로 적극적으로 '투신(投身)'할 때, 말하자면 시적 실천의 과정에서 이 움직임이 잘 나타난다. 그것은 시의 형식과 내용이 서로 분리되지 않고 하나의 유기적 짜임을 이루고 있는 것과 비슷하다. 현실 속에서 비애와 설움을 느꼈던 김수영은 자기 부정의 정신으로 시에서 특별한 움직임을 만들어냈다.

---

13) 김상환, 「풍경의 미학」, 『풍자와 해탈 혹은 사랑과 죽음』, 민음사, 2000, 283~295쪽 참조.

비가 오고 있다
여보
움직이는 비애를 알고 있느냐

명령하고 결의하고
'평범하게 되려는 일' 가운데에
해초처럼 움직이는
바람에 나부껴서 밤을 모르고
언제나 새벽만을 향하고 있는
투명한 움직임의 비애를 알고 있느냐
여보
움직이는 비애를 알고 있느냐

순간이 순간을 죽이는 것이 현대
현대가 현대를 죽이는 것이 '종교'
현대의 종교는 '출발'에서 죽는 영예(榮譽)
그 누구의 시처럼

　그러나 여보
　비 오는 날의 마음의 그림자를
　사랑하라
　너의 벽에 비치는 너의 머리를
　사랑하라
비가 오고 있다
움직이는 비애여

결의하는 비애
변혁하는 비애……
현대의 자살

그러나 오늘은 비가 너 대신 움직이고 있다
무수한 너의 '종교'를 보라

—「비」(《현대문학》, 1958. 6) 중에서

시에서 "움직이는 비애", "투명한 움직임의 비애"란 다름 아닌 시쓰기를 뜻한다. 김수영은 자신의 시쓰기를 비애로 표현하며, 그것을 끊임없이 "움직이는 비"라고 말하고 있는 것이다. 그런데 이 "움직이는 비애"가 "평범하게 되려는 일" 가운데에 있다는 사실이 중요하다. '명령'과 '결의', 그리고 '변혁'은 거창한 목표를 두고 사용한 말이 아니라 단지 "평범한 일상" 속에서 움직임을 만드는 것들이다. '결의'나 '변혁'이라는 말에 특별히 정치적인 의미가 담겨 있다고 볼 수는 없으나, 일상에서의 움직임이 없다면 정치적 혁명과 같은 거대한 움직임을 기대하기 어려운 것도 사실이다. 일상의 삶과 밀착되지 않은 시쓰기란 그 어떤 혁명도 이루어내지 못할 것이다. 김수영은 움직이고 결의하고 변혁하는 '비애'인 비를 보면서 시의 현대성을 생각했다. 말하자면 "순간이 순간을 죽이는 것"은 진정한 현대의 모습이고, "현대가 현대를 죽이는 것"은 유행을 초월하는 전위적 성격에 해당한다. 그것은 일상에서 결의와 변혁을 꿈꾸는 시적 주체의 태도와 다르지 않다. 그 태도는 이제까지 살펴보았던 자기와의 단절에서 비롯하며, 과거에 대한 거부의 방식이어서 전위적이다. 현대적이라는 말은 현실 그 자체를 의미하지 않는다. 현실에 대한 시적 태도라는 점에서, 과거와 대립되는 현재의 의도적인 선택일 때 그것은 의미를 지닌다. 과거와의 단절이 역설적이게도 미래를 기약한다. 이는 '결의'하고 '변혁'하는 비애의 속성이다. 김수영은 그것을 '현대의 자살'이라고 했으며, 피터 비에렉(P. Viereck)의 시 「불길한 감자」를 이야기하면서 그것을 '현대의 순교'에 빗대어 말했다.

> 연극성의 와해를 떠받치고 나가야 할 역사적 지주는 이제 개인의 신념이 아니라 인류의 신념을, 관조가 아니라 실천하는 단계를 밟아 올라가고 있다. 그리고 이러한 실천은 윤리적인 것 이상의, 작품의 image(심상)에까지 강력한 영향을 끼치는 더 근원적인 것으로 되어 있다. 현대의 순교가 여기서 탄생한다. 죽어 가는 자기를 바라볼 수 있는 자기가 아니라, 죽어 가는 자기— 그 죽음의 실천—이것이 현대의 순교다. 여기에서는 image는 바라볼 것이 아니라, 자기가 바로 image이다. 이러한 의미에서 그것은 image의 순교이기도 하다.
>
> —「새로운 모색」(1961. 9. 18) 중에서

실천이 윤리와 관계하고, 또 그것이 작품의 이미지에 영향을 미친다는 생각은 김수영의 시를 이해하는 데 매우 중요한 근거가 된다. 그러므로 "죽음의 실천"이 "현대의 자살"로, 나아가 "현대의 순교"로 이해되는 것은 이상하지 않다. 이를 참조한다면, 「비」에서 "그 누구의 시"란 바로 김수영 자신의 시가 되며, 그는 움직이는 비를 통해 움직이는 비애라는 이미지를 만들어낸 것이다. 그 움직임이 바로 시적 실천이며, 김수영이 말한 '이행'의 의미다. 전위적이지만 현실 그 자체에 천착한 그의 혁명은 자기 변혁에 충실한 몸과 정신이 함께 움직이는 실천이었다. 「비」는 움직이는 주체[14]의 비애를 움직이는 비로 형상화한 작품이다.

---

14) 줄리아 크리스테바(J. Kristeva)는 글쓰기 주체가 현실에서만 아니라 텍스트에서도 늘 움직이고 있다고 말한다. "욕망은 쾌락의 원칙의 한계를 뛰어넘어, 이미 의미를 지닌 현실–욕망은 대타자의 욕망이다–을 투여하며, 그 현실 속에는 분할되어 항상 움직이는 주체로서의 주체가 포함된다. 그 이유는 주체란 욕망하는 것이고, 한 실천의 주체이기 때문이다."(줄리아 크리스테바, 『시적 언어의 혁명』, 김인환 옮김, 동문선, 2000, 151쪽)

4. 언어의 진경(進境)과 미학적 가능성

김수영이 시적 실천을 통해 일상의 비애를 딛고 일어설 수 있었던 것은 자기 부정의 정신이 있었기 때문이다. 뿐만 아니라 김수영의 시에서 움직이는 주체를 발견할 수 있는 이유도 여기에 있다. 그의 시에 빈번하게 출몰하는 피로하고 아픈 몸의 주체란 바로 그 시적 실천의 주체임에 틀림없다. 그러므로 김수영 시의 힘은 자기 부정을 통한 움직임, 즉 실천에 있다고 해야 한다. 「시여, 침을 뱉어라」는 그 실천이 어디서 어떻게 시작되는지를 짐작하게 해주는 글이다.

> 시도 시인도 시작하는 것이다. 나도 여러분도 시작하는 것이다. 자유의 과잉을, 혼돈을 시작하는 것이다. 모기 소리보다도 더 작은 목소리로 시작하는 것이다. 모기 소리보다도 더 작은 목소리로 아무도 하지 못한 말을 시작하는 것이다. 아무도 하지 못한 말을. 그것을—.
>
> —「시여, 침을 뱉어라」(1968. 4) 중에서

'시작(始作)'은 '어떤 일이나 행동의 처음 단계를 이루거나 그렇게 함'이라는 출발의 의미지만, 그가 비장하게 적은 저 글에는 '시작(詩作)'의 뜻도 포함되어 있다. 두 가지 의미를 모두 포함한다는 점에서 시작은 아무도 하지 않은 '혼돈'이며, 누구도 알지 못하는 '모호성'이다. 시작은 가려진 현실을 바로 보기 위해 기존의 질서 밖에서 그 질서의 취약성을 들추어내는 일이며, 그렇기 때문에 기존의 질서에 대한 부정이다. 뿐만 아니라 시작은 미래의 가능성을 예기하기 위해 질서 이전의 혼돈 상태로 모든 것을 되돌리는 일이기도 하다. 시작은 언제나 처음의 시작을 '다시' 하는 실천적 의미가 되고, 그 자체로서 시적 실천의 근원적인 힘이 되는 것이다. 그런데 중요한 것은 기적 같은 그 일이 "모기 소리보다도 더 작은 목소리"

에서부터 시작된다는 사실이다. 김수영은 현실을 한 번에 바꿀 수 있다고 믿지 않았다. 대신 현실의 조그만 모서리에 천착했다. 그의 시가 어떤 식으로든 현실을 지배하는 체계를 문제삼을 수 있었던 것도 따지고 보면 "모기 소리보다도 더 작은 목소리"로 "아무도 하지 못한 말"을 하려고 했기 때문이다. 물론 시는 "아무도 하지 못한 말"이겠지만, 세상의 모든 일 역시 "아무도 하지 못한 말"에서부터 시작된다. 암흑과도 같은 무의식의 세계에서 한줄기 빛이 시작되듯이 시도 그렇게 시작한다.

김수영은 그렇게 시작된 시를 온몸으로 밀고 나갔다. "시작은 '머리'로 하는 것이 아니고, '심장'으로 하는 것도 아니고, '몸'으로 하는 것"이라 믿었기 때문이다. 어느 순간 김수영이 "이러한 온몸에 의한 온몸의 이행이 사랑이라는 것을 알게 되고, 그것이 바로 시의 형식이라는 것"(「시여, 침을 뱉어라」, 1968. 4)을 알게 된 것은 기적에 가까운 일이지만 기적은 아니다. 그는 지루스린 현실을 이겨내기 위해 그 현실을 감내하기도 하고, 때로는 그 현실과 드잡이하면서 자신의 계속되는 글쓰기를 부정하고 동시에 긍정했다. 그러므로 기적은 아니지만 기적에 가까운 일을 해낼 수 있었던 것이다. 자기 부정으로서의 시적 실천이 주체의 움직임을 가능하게 했을 때, 그 순간 펼쳐지는 시적 실천의 진경(進境)을 갑자기 찾아온 기적이라고 말할 수는 없다. 자기 부정이, 때로는 자기 긍정이 김수영에게는 시적 실천의 원동력이었으며 시적 혁명을 가능하게 했다.

김수영은 불분명한 관념이더라도 거기에 구체적인 언어의 몸을 입혀 새로운 인식의 차원으로 끌어올려 살아 움직이게 했다. 그의 시가 열려 있다고 하는 것은 이러한 언어의 힘을 두고 하는 말이다. 그러므로 김수영의 시를 읽으면서 언어가 품은 절실한 감정의 순간을 발견하게 되는 것은 시라는 형식적 시간 속에 그의 시쓰기가 체험으로 존재하기 때문이다. 김수영은 과거의 상처와 흔적을, 미래에 대한 현재적 경험을 시쓰기의 과정에서 보여주었다. 시적 실천의 과정에서 분명하게 드러나는 움직이는 주체의 이미지는 몸을 통한 경험이 선험적 인식의 단계로 이행되는 흔적이다. 시인은 몸으로 보고 몸으로 생각하며, 자신의 온몸을 이유 없는 자발성에 맡김으로써 시라는 또 하나의 몸을 세계에 탄생시켰다. 김수영의 시가 보여주는 바대로 세계를 지각하는 주체는 더 이상 내가 아니라 몸이 된다. 시적 실천, 혹은 미학적 가능성이란 김수영의 말대로 "제정신을 갖는 일"이며 "전신(全身)의 이행"이다. 김수영은 이와 같은 "전신의 이행"을 "풍경 속에서 일을 하는 것"에 비유하여 말한 바 있다.

> '사람은 바빠야 한다'는 철학을 나는 범속한 철학이라고 보지 않는다. 풍경을 볼 때도 바쁘게 보는 풍경이 좋다. 일을 하다가 잠깐 쉬는 동안에 보는 풍경. 그리고 다시 아무렇지도 않은 듯이 일을 계속하게 하는 풍경. 다시 말하자면 그것은 일을 하면서 보는 풍경인 동시에 풍경 속에서 일을 하는 것이다. 수양버들이 늘어진 연못가의 기름진 푸른 잔디 그늘에서 피크닉을 나온 부인이 부지런히 뜨개질을 하고 있는 영화의 장면 같은 것은 나에게는 평범한 풍경이면서도 결코 평범한 풍경이 아니다. 풍경을 보는 것도 좋지만 풍경을 사는 것은 더 좋다.
>
> —「장마풍경」(1964. 7. 21) 중에서

김수영은 일을 하면서 '풍경을 보는 일'과 "풍경 속에서 일을 하는 것"을 구분하면서, "풍경을 보는 것도 좋지만 풍경을 사는 것은 더 좋다"고 말한다. 풍경을 보는 일이란 풍경을 사는 일과는 무관하거나 다른 일이다. 풍경을 보는 일이란 주어진 대로 풍경을 발견하는 것이다. "전신의 이행"과 "풍경 속에서 일을 하는 것"은 어떤 연관성이 있을까. 이 두 사건을 매개할 수 있는 가능성을 '바쁘다'에서 찾을 수 있다. '그가 바쁘다'라고 할 때, 우리는 그가 어떤 일에 집중하고 있다고 이해한다. '바쁘다'라는 사실만으로 그는 하나의 풍경을 이미 만들고 있다. 그러므로 '풍경을 산다'는 말은 풍경 속에서 그가 바쁘게 뭔가에 집중하고 그 일을 해내고 있다는 뜻이다. 바쁘게 일을 하는 가운데, 풍경을 살면서 풍경을 만들어 내는 것은 시적 실천이 시를 만드는 것에 비견될 수 있다. 풍경 속에 일을 한다는 것이 중요하다. '풍경을 통해서'가 아니라 '풍경 속에서' 일을 한다. 풍경을 살면서 풍경을 만들어 내는 과정에서는 풍경과 주체가 분리되지 않는다. '풍경 속에서'[15]가 이를 입증한다. 이때 주체는 자신도 모르는 풍경을 만들어 낸다. 김수영 시가 보여주는 언어의 진경과 그것의 미학적 가능성이 여기에 있다.

사실 풍경을 사는 것이 전제되지 않으면 결코 풍경을 볼 수 없다. 시를 쓰는 주체가 시에 집중하고 움직일 때, 그는 풍경을 사는 것이 가능하게 된다. 이와 같은 '전신의 이행'이 없이는 결코 시적 발견이 가능하지 않은 이유이기도 하다. 김수영이 "풍경을 보는 것도 좋지만 풍경을 사는 것은 더 좋다"고 했을 때, 우리는 그의 시에서 움직이는 몸이 겪는 비애와 설움, 그리고 아픔의 상처를 떠올릴 수 있다. 예기치 못한 풍경을 보게 되는 것은 그 뒤의 일이다. 물론 그 풍경은 주어진 풍경이 아니다. 풍경 속에서 바쁘게 일을 함으로써 풍경을 살 수 있으며, 뜻하지 않은 풍경까지 보게 되는 것이다. 김수영이 「장마풍경」(1964. 7. 21)에서 "모두 다 바쁘다는 것은 사랑을 낳는다"고 말한 것처럼, 풍경을 살 때 시가 오고 사랑이 온다. 다시 말해 시적 주체가 자기 부정의 정신으로 시적 실천을 행할 때, 시적

15) '풍경 속에서'를 발터 벤야민(W. Benjamin)이 말한 '언어 속에서'와 비교할 수 있을 것이다. 발터 벤야민은 "언어는 그 언어에 상응하는 정신적 본질을 전달한다. 이 정신적 본질이 언어 속에서 전달되는 것이지 언어를 통해 전달되는 것이 아니라는 것을 아는 것이 핵심"이며, 그래서 "모든 언어는 자기 자신을 전달한다"고 말한다(발터 벤야민, 『언어 일반과 인간의 언어에 대하여·번역자의 과제 외』, 최성만 옮김, 도서출판 길, 2008, 73~74쪽).

주체도 모르는 사이에 시의 진경이 펼쳐지게 되는 것이다. 김수영은 이를 '풍경을 사는 일'에 빗대어 말했으며, 풍경을 사는 것이 바로 김수영 시의 미학적 가능성이다. 또한 김수영은 사랑으로의 '이행'을 가로막는 것을 욕심이라고 말했는데(「생활의 극복」, 1966. 4), 이 욕심이 없을 때에도 언어의 진경이 나타난다.

누구한테 머리를 숙일까
사람은 아닌 평범한 것에
많이는 아니고 조금
벼를 터는 마당에서 바람도 안 부는데
옥수수잎이 흔들리듯 그렇게 조금

바람의 고개는 자기가 일어서는 줄
모르고 자기가 가 닿는 언덕을
모르고 거룩한 산에 가 닿기
전에는 즐거움을 모르고 조금
안 즐거움이 꽃으로 되어도
그저 조금 꺼졌다 깨어나고

언뜻 보기엔 임종의 생명 같고
바위를 뭉개고 떨어져 내릴
한 잎의 꽃잎 같고
혁명 같고
먼저 떨어져 내린 큰 바위 같고
나중에 떨어진 작은 꽃잎 같고

나중에 떨어져 내린 작은 꽃잎 같고

—「꽃잎」(《현대문학》, 1967. 7)[16] 중에서

인용한 「꽃잎」은 우리말의 일반적인 통사구조에서 벗어난 문장들과 연관이 불분명한 이질적인 단어들이 연을 달리하면서 배치되어 있어 의미론적 해석이 쉽지 않다. 1연의 행위 주체가 쉽게 파악되지 않는 것도 그 이유 중의 하나다. 하지만 정해진 틀이나 윤곽을 따르지 않고 마치 혼돈의 영역을 조금씩 알아가는 '바람'의 이미지가 뚜렷하게 형상화되어 있다. 그렇게 생각할 수 있는 까닭은 2연의 행위 주체가 "자기가 일어서는 줄 / 모르고 자기가 가 닿는 언덕을 / 모르고 거룩한 산에 가 닿기 / 전에는 즐거움을 모르"는 바람으로 설정되어 있기 때문이다. 그러나 바람은 "조금/ 안 즐거움이 꽃으로 되어도" 자신의 존재를 알지 못한다. 2연을 통해 볼 때, 명백하게 1연과 2연의 행위 주체는 다르다. 이유는 "바람도 안 부는데"라는 구절이 1연의 행위 주체가 2연과 같을 수 없음을 말해주기 때문이다. 바람의 속성은 3연에서도 2연에서와 같이 반복과 병치를 통해 부연된다. 3연에서 바람은 '생명' '꽃잎' '혁명' '큰 바위' '작은 꽃잎'과 같다. 2연과 3연의 바람은 대상을 통해서, 가령 '산'이나 '언덕'을 통해 우연찮게 즐거움을 알게 되거나 꽃이 된다. 이는 시를 쓰는 과정, 나아가 주체가 대상을 인식하는 과정과 비슷하다. 인식이 대상에 대한 주체의 지각이듯이 '바람'도 대상을 통해서만 자신의 존재를 인식할 수 있기 때문이다.

그러나 시란 그 어떤 완성을 기획하지 않으므로 사유의 과정은 '즐거움'이 '꽃'이 되어도 모르는 법이다. 1연의 "머리를 숙"이는 행위는 언뜻 보아도 꽃잎이 떨어지는 모습과 닮았다. 까닭에 1연의 행위 주체를 꽃잎으로 보는 게 가능해진다. 꽃잎은 시와 같은 것이어서 곧 죽어야 할 "임

---

16) 1판에는 「꽃잎 1」「꽃잎 2」「꽃잎 3」 세 편으로 수록되었으나 《현대문학》(1967. 7)에 「꽃잎」 한 편으로 발표한다.

종의 생명"같은 것이며, 비록 한 잎의 꽃잎이지만 바위를 뭉갤 수도 있어 '혁명'이 되기도 한다. "모기 소리보다도 더 작은 목소리"(「시여, 침을 뱉어라」, 1968. 4)로 '시작(始作/詩作)'이 가능해지듯이 한 잎의 꽃잎이 바위를 뭉갤 수 있는 사태도 가능한 것이다. 그러므로 시적 주체가 대상을 인식하는 과정과 시를 쓰는 과정을 '바람'이 보여준다는 점에서, '꽃잎'은 바람이 만드는 시라고 볼 수 있다. 시적 실천은 바람처럼 눈에 보이지 않으나 혁명 같은 시를 만들기도 한다. 서술어가 미래형 "떨어져 내릴"에서 현재형 "떨어져 내린"으로, 다시 과거형인 "떨어진"으로 변주되는 것은 시를 쓰는 과정이나 시의 생명이 순간적이지만 그 본질은 영원히 새로워야 함을 이미지로 형상화하고 있다.[17] 이는 김수영이 자기 부정의 움직임, 즉 시적 실천을 통해 이루어낸 언어의 진경이다.

눈이 온 뒤에도 또 내린다

생각하고 난 뒤에도 또 내린다

응아 하고 운 뒤에도 또 내릴까

한꺼번에 생각하고 또 내린다

한 줄 건너 두 줄 건너 또 내릴까

---

17) 조강석은 김수영이 후기에 이르러 현실과의 연루 상황에 대한 고백을 직정적으로 하고 있지만 그것에 대한 대안을 이미지를 통해 제시하고 있다고 말한다. 그는 이것이 김수영의 후기시의 한 방향으로 보고, 브라이언 마수미(B. Massumi)의 표현을 빌려 '이미지 사건'으로 설명한 바 있다(조강석, 「김수영, 이미지, 그리고 1960년대의 정동」, 《김수영문학관 개관기념 학술 심포지움 자료집》, 2013. 11. 27).

폐허에 폐허에 눈이 내릴까

—「눈」(《한국문학》, 1966. 6) 전문

이 시는 서술어의 반복과 교체를 통해 눈이 지속적으로 내리고 있음을 형상화하고 있다. '내린다'와 '내릴까'의 병치와 반복의 언술 구조는 시를 속도감 있게 하지만, 한 줄 건너 이어지는 행갈이가 내리는 눈의 깊이를 더해주며 속도에 절제를 부여한다. 속도는 욕망과 같은 것이어서 너무 빨리 가면 광신이 되기 쉽다. 눈이 내리는 장면이 시를 쓰는 행위와 일치하는 어떤 순간을 보여주고 있는 이 시에 대해 김수영은 "만세! 만세! 나는 언어에 밀착했다. 언어와 나는 한 치의 틈사리도 없다."(「시작 노트 6」, 1966. 2. 20)라고 말했다. "언어에 밀착했다"는 것은 언어가 지니는 의미의 가능성을 주체가 최대한 활용할 수 있게 되었다는 뜻이다. 말하자면 「장마풍경」(1964. 7. 21)에서 '풍경 속에서' 일을 하는 가운데 보는 풍경과 닮았다.

언어가 하나의 개념으로 축소될 때, 진정한 의미의 문장도 없어지고 그 문장이 다른 문장과 만나는 새로운 사유의 가능성도 막히게 된다. "언어와 나는 한 치의 틈사리도 없다"고 했던 김수영의 말은 언어의 의미가 완전히 하나의 개념으로 축소되었다는 뜻이 아니라 그 의미의 가능성을 최대한 넓혔다는 뜻이다. 그러므로 독자는 이 시를 읽으면서 시인에 의해 언어가 통제되지 않고 자유롭게 움직이고 있다는 인상을 받게 되는 것이다. 폐허에 눈이 내리더라도 그것이 죽음의 이미지로 축소되지 않는 이유 역시 여기에 있다. 김수영 시에서 언어의 진경은 이와 같은 미학적 가능성을 통해 성취된다. 누군가 시를 쓰고 또 쓴다. 생각하고 또 쓴다. 그 시에 좌절하고 또 쓴다. 한꺼번에 시가 쏟아져 나올 때도 있고, 천천히 시가 만들어지기도 한다. 한 번 쓴 시는 김수영의 말대로 잊어 버려야 할 무엇이기 때문에 폐허에 눈이 계속 내린다. 그렇지 않으면 다시 시를 쓸 수 없게 된다. 눈이 온 세상을 덮었더라도 그곳은 폐허이므로 계속 눈이 내릴 것이다. "완전한 세계의 구현"(「실험적인 문학과 정치적 자유」, 1968. 2)을 위해서 폐허에 계속해서 눈이 내려야만 하기 때문이다. 김수영의 시 쓰기는 폐허 위에 계속해서 내려야 할 눈이었다. 그에게 시란 완결되지 않은 어떤 것, 완성할 것을 요구하는 어떤 것이다. 그것은 시인에게 구원의 대상이 된다. 말하자면 완결된 현실태가 아닌 구원의 가능성을 지닌 잠재태로 존재하는 것이다.[18] 「풀」 역시 풍경을 살고 있는 욕심이 없는 주체가 언어의 가능성을 최대한 넓혔을 때 찾아오는 시적 진경을 가장 잘 보여주는 작품이다.

풀이 눕는다
비를 몰아오는 동풍에 나부껴
풀은 눕고
드디어 울었다
날이 흐려서 더 울다가
다시 누웠다

풀이 눕는다
바람보다도 더 빨리 눕는다

---

18) 조르조 아감벤은 '실재성(actuality; being)'을 한 번 실현되면 더 이상의 어떤 가능성을 갖지 못하는 것으로, '잠재성(potentiality)'을 어떤 것으로 실현되지 않은 상태로 설명한다. What is essential is that potentiality is not simply non-Being, simple privation, but rather the existence of non-Being, the presence of an absence; this is what we call "faculty" or "power."(G. Agamben, *potentialities*, edited&trans, D. Heller-Roazen, Stanford Univ. Press, 1999, p.179) 이때의 잠재성은 김수영이 생각한 시와 시적 언어의 특성과 닮았다.

바람보다도 더 빨리 울고
바람보다 먼저 일어난다

날이 흐리고 풀이 눕는다
발목까지
발밑까지 눕는다
바람보다 늦게 누워도
바람보다 먼저 일어나고
바람보다 늦게 울어도
바람보다 먼저 웃는다
날이 흐리고 풀뿌리가 눕는다

—「풀」(《현대문학》, 1968. 8) 전문

특별히 주목해야 할 것은 '풀'이라는 명사의 쓰임보다는 풀의 움직임을 수행하는 서술어의 쓰임이다. 1연의 '눕다' '울다', 2연의 '눕다' '울다' '일어나다', 3연의 '눕다' '일어나다' '울다' '웃다'로 연의 진행에 따라 서술어의 사용횟수는 공간의 확장으로 연결되며, 그것은 풀의 의미를 폭넓게 하는 데 기여한다. 1연에서 '눕다' '울다'의 하강적 이미지는 2연에서 '일어나다'에 의해 상승적 이미지로 바뀌며, 3연에서는 '웃다'에 의해 초월적인 이미지로 연결된다. 또 하나 중요한 사실은 3연의 서술어가 '일어나다' '웃다'만으로 이루어지지 않고, '눕다' '울다'의 이미지가 여전히 반복되고 있다는 점이다. 그러므로 이 시의 의미는 '풀'과 '날/바람'의 대립에 의한 민중의 끈질긴 생명력에만 있지 않고, '풀'과 '날/바람'의 갈등을 보여주면서 그 갈등을 넘어서는 존재론적 자유에 있다고 해야 한다. 풀은 울기도 하고, 웃기도 하고, 눕기도 하고, 일어나기도 한다. 그 부단한 반복과 병치의 힘은 능동적 서술어의 쓰임 때문이었다. 누울 때와 일어설 때를 아는 풀이야말로 진정한 생명력의 소유자이며, 끝없이 자신의 머리를 들고일어나는 풀은 김수영의 자기 부정의 시적 실천과 다르지 않다.

5. 결론

김수영의 시에서 현실성을 투명하게 드러내면서 시적인 힘을 발휘하는 언어를 감지하게 되고, 시적 실천이 시적 주체의 움직임을 만들고, 나아가 시적 주체의 움직임이 텍스트의 움직임을 이루어내는 일을 발견하는 것은 어려운 일이 아니다. 이 글에서는 여기에 주목하여 김수영의 시적 태도로 규정되는 자기 부정의 정신이 어떻게 시적 실천으로 이루어지는지, 그리고 시적 실천이 시적 주체와 어떻게 연결되는지, 마지막으로 시적 실천이 어떻게 언어의 진경을 만들어내고, 그것이 미학적 가능성을 보여주는지를 그의 시와 산문을 통해 확인하고자 하였다.

「공자의 생활난」과 「눈」(1957. 4)을 해석하면서 김수영 시에서 시적 실천이 시적 주체의 자기 부정과 반성의 움직임으로 분명하게 드러나고 있음을 살펴보았다. 시적 실천은 현실의 괴로움을 이겨내고, 괴로움 그 자체를 이행하는 과정이라고 할 수 있는데, 김수영의 자기 부정의 시적 태도는 그의 시쓰기 행위와 직결된다. 시가 완성되는 과정의 어려움은 그의 시에서 흔히 발견되는 상처를 통해 확인할 수 있으며, 설움과 비애의 상처들이야말로 그의 시쓰기가 지난한 삶의 과정이었음을 반증한다. 「헬리콥터」와 「먼 곳에서부터」, 그리고 「비」를 통해 이행의 과정에서 이 세계를 정직하게 바라보려는 시적 주체가 필연적으로 비애와 설움의 정서를 느낄 수밖에 없음을 확인하였다. 또한 시적 실천의 과정이 시쓰기 주체와 텍스트의 겹침으로 나타나는 현상을 살펴보았다. 시란 온몸으로 밀고 나가는 것이라고 김수영이 말했을 때, 그 '온몸'의 의미는 실천에 있다. 시적 실천은 주체의 자기 부정과 반성의 움직임을 통해 하나의 움직임으로 드러난다. 그는 자기 부정의 정신을 통해 상처의 경험을 딛고 일어설 수 있었으며, 그 실천의 과정을 시로써 보여주었다. 그의 시에서 확인되는 시쓰기와 시의 일치가 바로 그것이다. 특히 시작(詩作)의 과정에서 언어가 그 힘만으로 새로운 시적 진경을 만들어내고 미학적 가능성을 보여주는 사례를 「꽃잎」, 「눈」(1966. 6)을 통해 검토하였다.

살펴본 것처럼 김수영 시에서 시적 주체의 자기 부정의 정신이 '전신의 이행'이라는 시적 실천을 가능하게 했으며, 그 시적 실천의 가운데 아름다운 시의 진경이 펼쳐진다. 그것이 김수영이 말한 '풍경 속에서' 일하면서 풍경을 보는 것이며, 풍경을 사는 일이 만들어내는 또 하나의 풍경이다. 바로 여기에 김수영 시가 지니는 미학적 가능성이 있다. 김수영은 이와 같은 시들에서 역사와 자연, 그리고 개인적 삶 속에 내재하는 움직임을 읽어냈으며, 그 내부의 움직임을 시의 움직임으로 밀고 나갔다. 바로 그때 시쓰기 주체의 움직임과 시의 움직임이 겹쳐지는 보기 드문 사태가 만들어지기도 했다. 그 지점은 시적 실천이 미학적 글쓰기와 만나는 곳이었다. 김수영의 시에서 시적 실천의 문제와 미학적 가능성을 검토하면서 얻은 잠정적 결론은 김수영이 진리와 미를 온몸으로 실천하려고 했다는 사실이다. 그러므로 김수영의 시를 시적 실천의 문제와 함께 진리와 윤리의 관점에서 새롭게 이해할 필요가 있겠다.

시와 미학적 정치성

1. 오래된, 그러나 중요한 질문

최근 시와 정치, 문학과 정치에 관한 질문이 여러 곳에서 제기되고 있다.[1] 한국의 여러 정치사회적인 사건과 무관하지 않은 이 담론이 문학의 새로운 실험 이상으로 평가되고 있다는 사실만으로도 문학과 정치의 관계를 가벼이 여길 수 없을 것 같다. 흥미로운 것은 문학의 정치성, 시의 정치성을 말할 때마다 김수영의 이름이, 그의 시와 시론이 거론되고 있다는 점이다. 더 나아가 김수영 시의 미학과 정치성을 함께 논의하고 있는 개별 연구들이 하나둘씩 발표되고 있다는 사실도 눈여겨보아야 할 것이다.

---

1) 백낙청, 「문학이 무엇인지 다시 묻는 일」; 한기욱, 「문학의 새로움은 어디서 오는가」; 진은영, 「감각적인 것의 분배」(이상 《창작과비평》 2008년 겨울호), 이장욱, 「시, 정치 그리고 성애학」; 손정수, 「전정 물어야 했던 것」(이상 《창작과비평》 2009년 봄호), 차미령, 「소설과 정치-'소설'은 무엇을 할 수 있는가」; 심보선·서동욱·김행숙·신형철 좌담, 「감각적인 것과 정치적인 것 사이에서-오늘날 시는 무엇을 할 수 있는가」(이상 《문학동네》 2009년 봄호), 강계숙 「'시의 정치성'을 말할 때 물어야 할 것들」; 김형중, 「문학과 정치 2009」; 이수형, 「자유라는 이름의 정치성」(이상 《문학과사회》 2009년 여름호), 백낙청, 「현대시와 근대성, 그리고 대중의 삶」(《창작과비평》, 2009년 겨울호), 진은영, 「한 진지한 시인의 고뇌에 대하여」; 정홍수, 「소설의 정치성, 몇 가지 풍경들」; 권희철, 「당신의 얼굴이 되어라」; 유희석, 세계체제의 (반)주변부와 근대소설」(이상 《창작과비평》 2010년 여름호), 백지은, 「"문학과 정치" 담론의 행방과 향방」(《비평문학》 36, 2010), 진은영, 「시와 정치: 미학적 아방가르드의 모럴」(《비평문학》 39, 2011) 등이 여기에 해당한다.

문학의 정치성을, 시의 정치성을 이야기하기 위해서 김수영과 그의 시가 필요했던 것이라면, 이 뜨거운 관심은 조금 슬픈 일이 될지도 모른다. 하지만 그 이유가 지금 이 순간을 나름대로 돌파하고자 하는 수없이 많은 개인들에게 김수영의 시가 절실하게 요청되기 때문이라면, 비록 그러한 현실이 안타깝지만 그리 슬픈 일만은 아닌 것 같다. 짐작컨대 상당히 많은 논의들은 '시인'의 진지한 고민이 그냥 묻힐 수 없는 중요한 것이었음을 밝히기 위해 '김수영'이라는 이름과 그의 시를 불러냈을 것이다. 그런데 우리가 이미 알다시피, 이 주목할 만한 현상은 김수영의 시에 대한 오래된 질문과 다르지 않다. 다시 그 질문은 김수영 시의 위치와 그 의의를 논의하는 일에 매우 가까우며, 그렇다는 전제하에 김수영이 언어의 서술과 언어의 작용 중 어떤 것을 강조했는가 하는 문제와 맞닿아 있다. 김수영의 시에서 확인되는 모더니즘적 특성과 현실 참여적인 성격은 지금까지 그의 시를 연구하는 데 있어 중요한 좌표 역할을 해 왔다. 김수영 시 연구사 역시 이를 중심으로 전개되어 왔음을 우리는 알고 있다.

한때 김수영이 "모더니즘을 청산하고 민중시학을 수립하는 데까지 나아가지는 못했"다고 애정이 담긴 비판을 받았던 이유는, 그가 "세련된 감각의 소시민"이었으며 "혁명이 또한 탁월하게 군중적인 것을 충분히 알지" 못했다는 사실 때문이었다.[2] 군중성의 체험, 민중적 실천의 체험이 그에게 부족했다는 비판은 김수영이 민족과 민중의 잠재적 역량을 너무나 등한히 했다는 것뿐만 아니라 시대의 폭력에 정면으로 대항하지 못했다는 불만에서 나온 것이었다. 그러나 김수영은 시의 현실변혁의 가능성을 그 누구보다 신뢰했을 뿐만 아니라 실제로 그것을 시와 산문으로 보여주었다. 이러한 그의 태도와 작품이 민중주의자들에게 큰 힘이 되었음을

---

2) 염무웅, 「김수영론」, 『김수영의 문학』, 민음사, 1983, 165쪽.

부인할 수 없다. 그 이후에 그를 모더니즘의 한계를 넘어서지 못한 시인이라고 평가할 때도 그 비판의 핵심은 민중문학을 진전시키기 위한 구심적 역할에 대한 기대에 있었다. 최소한 그 비판은 김수영 시의 본질적인 측면을 겨냥한 것은 아니었다. 이미 "모더니즘과 리얼리즘 시의 종합으로서의 시적 성과"[3]로, "최량의 작품들에서 통상적 모더니즘과 통상적 리얼리즘을 가로질러 그 회통(會通)에 도달하는 경지를 보여준 드문 시인"[4]으로 정리가 된 것처럼 보이는 김수영의 문학에서, 새삼 정치성을 논하지 않을 수 없는 이유는 무엇인가. 이 글의 문제성이 여기에 있다.

2. 참여적인 것에서 정치적인 것으로

김수영은 "나는 시단의 일부의 사람들로부터 참여시의 옹호자라는 달갑지 않은, 분에 넘치는 호칭을 받고 있다"(「시여, 침을 뱉어라」, 1968. 4)는 말로 '참여 시인'라는 말에 대해 전면적인 긍정을 유보했었다. 만약 그가 "참여시의 효용성"을 신용했다면, 그것은 참여시가 특별히 "'내용'은 언제나 밖에다 대고 '너무나 많은 자유가 없다'는 말을 계속해서 지껄"(「시여, 침을 뱉어라」)이고, 혹은 지껄일 수 있었기 때문이다. 그러므로 자유가 없다고 항변하고 있는 모든 시가 반드시 참여시라는 이름을 얻어야 할 까닭은 없다. 실제로 김수영은 모든 문학적 행위에 대한 외부적 간섭을 철저히 비판했으며, 시라는 형식에 대한 고정관념조차 탈피해야 시인의 소리가 헛소리가 아닐 때가 온다고 믿었다. 이 점에서 김수영은 참여시의 한

---

3) 최동호, 「김수영의 문학사적 위치」, 《작가연구》 5, 새미, 1998, 11쪽.

4) 최원식, 「'리얼리즘'과 '모더니즘'의 회통」, 『문학의 귀환』, 창작과비평사, 2001, 52쪽.

계를 분명히는 아니더라도 어느 정도 인식하고 있었던 것으로 보인다. 그가 "참여시라는 이름의 사이비 참여시"와 "참여시가 없는 사회에 대항하는 참여시"(「참여시의 정리」, 1967)가 있을 뿐이라고 비판했던 것은 시라는 문학 양식보다는 기존 질서 안에서의 문학의 존재방식을 문제삼았기 때문이다. 시란 외부적 조건으로부터 자유로워야 하는데, 김수영이 보기에도 그것은 낙후된 한국이라는 현실에서는 불가능한 일이었다. 말하자면 그 당시의 참여시가 특정한 방식으로 분배되어 있는 정치세력의 장 안에서 하나의 세력을 재현하는 기형적인 방식으로 존재하고 있었다는 사실이 문제가 된다.

민중이 스스로 민중에 대해 말함으로써 특정한 주체를 세우는 일은 문학의 정치성을 최고로 실현하는 모습이겠지만 김수영은 다른 방식으로 문학의 정치성, 시의 미학적 정치성을 생각하고 있었다. 그러므로 김수영이 시의 정치성과 미적 자율성을 분리하지 않고 정치성과 미적 자율성을 동시에 밀고 감으로써 시적인 것과 정치적인 것을 함께 사유했다는 김행숙의 글[5]과 김수영의 문학적 사유가 '불화(disagreement)'와 '불일치(dissensus)'의 정치학이 표명하는 미학적 정치성을 구현하고 있다는 진은영의 글[6]은 나름대로 의미가 있다. 두 편의 글은 분명 그 이전과 다른 지점에서 김수영 시의 정치성을 이야기하고 있으며, 단순히 김수영 시, 혹은 김수영 문학의 참여적인 성격을 무용하게 다시 논의하지 않는다는 점에서 주목을 요한다. 그런데 공교롭게도 두 편의 글은, 예술은 새로운 감성적 분배에 참여함으로써 낡은 분배형태와 불일치하며 낡은 분배형태와 맞서 싸우는 한에서 정치적일 수 있다는 자크 랑시에르(J. Rancière)의

---

5) 김행숙, 「'시적인 것'과 '정치적인 것'」, 《국제어문》 47, 2009.

6) 진은영, 「김수영 문학의 미학적 정치성에 대하여: 불화의 미학과 탈경계적 정치학」, 《현대문학의 연구》 40, 2010.

논리에 기대어 김수영 문학의 정치성에 대한 새로운 해석의 방향을 제시하고 있다. 말하자면 김수영의 시를 참여적인 것에서 정치적인 것으로 이해하고자 하는 시도라고 할 수 있다.

문학의 정치성이 오직 정치현장에 대한 직접적인 재현에 의해서만 가능한 것은 아니다. 오히려 문학의 정치성은, 많은 경우 여러 다른 삶의 실천영역들과의 상호관계 속에서 주체의 인식 혹은 감각체계의 변화를 가져오느냐 마느냐에 따라 그 가능성을 얻게 된다. 바로 여기에, 김수영 시의 미학적 정치성을 단순히 참여시라는 렌즈만으로 바라보아서는 안 되는 이유가 있다. 김수영 시인 40주기에 새롭게 발굴 소개된 미발표 시 「"김일성만세(金日成萬歲)"」는 작품의 문학적 성과와는 별도로 김수영 시의 미학적 정치성을 뚜렷하게 보여주는 작품이다. 그런데 이 작품은 기존의 참여시와는 그 성격을 달리한다.

"金日成萬歲"
韓國의 言論自由의 出發은 이것을
인정하는 데 있는데

이것만 인정하면 되는데

이것을 인정하지 않는 것이 韓國
言論의 自由라고 趙芝薰이란
詩人이 우겨대니

나는 잠이 올 수밖에

"金日成萬歲"
韓國의 言論自由의 出發은 이것을

인정하는 데 있는데

이것만 인정하면 되는데

이것을 인정하지 않는 것이 韓國
政治의 自由라고 張勉이란
官吏가 우겨대니

나는 잠이 깰 수밖에

—「"김일성만세(金日成萬歲)"」(1960. 10. 6) 전문[7)]

김수영의 일기를 참조하면 이 시의 최초의 제목은 「"金日成萬歲"」였다. 김수영은 아무렇지도 않게 썼지만, 발표할 수 있겠느냐는 김현경의 말에 제목을 「잠꼬대」로 바꾸었다. 뿐만 아니라 시집을 내놓을 때는 다시 원제로 하고 싶어 했다. 본문의 한자로 된 "金日成萬歲"를 한글 "김일성만세"로 고쳐서 《자유문학》에 발표하려고 했으나 결국에는 발표할 길도 시집에 넣을 가망도 없어지고 말았던 작품이라고 「일기초 2」(1960. 10. 6~18)에 기록하고 있다. 그 과정이야 어떻든 간에 이 시는 그 제목만으로도 그 자신뿐만 아니라 한국사회를 통제하고 있었던 정치적 제도를 뛰어넘는 충격적인 작품이다. 김수영은 "단순히 '언론자유'에 대한 고발장"으로 생각했다고 했지만, 그것은 '단순히' 생각할 문제는 아니었다. 김수영은 이 시로 "한국의 언론자유의 출발"을 매우 위험한 방식으로 보여준 셈이다. '조지훈'이나 '장면'이라는 대중으로부터 존경받고 있었던 이들, 권력의 중심을 그가 비판해서가 아니다. 그 이유는 "김일성만세"를 "'언론자

7) 「김수영 미발표 유고-시」, 《창작과비평》, 2008년 여름호, 119쪽.

유'에 대한 고발장"으로 그가 사용했기 때문이다. "김일성만세"는 당시 한국의 정치와 사회가 분명하게 그어 둔 한계선 밖의 말이다. "김일성만세"를 입 밖으로 내는 순간, 그 한계선을 뚫을 수 있는 구멍이 생긴다. 굳이 위험을 무릅쓰고라도 김수영이 그 출발을 보여주려고 했던 이유는 분명하다. 왜냐하면 김수영에게 언론자유란, 그것이 없이는 문학이 가능하지 않는 필요충분조건이기 때문이다. 그에게는 시를 쓰는 일이 언론자유를 실천하는 일과 같다. 또한 그것은 "'내용'은 언제나 밖에다 대고 '너무나 많은 자유가 없다'는 말"을 해야 하는 일이며, "헛소리다! 헛소리다! 하고 외우다 보면 헛소리가 참말이 될 때의 경이"(「시여, 침을 뱉어라」, 1968. 4)를 경험하는 일이었다. 비록 작품을 발표하지는 못했지만, 이 시를 썼다는 사실 하나만으로도 그가 미학적 정치성을 훌륭하게 이행했다고 보아야 하지 않을까. 그러므로 김수영의 문학이, 그의 시가 지배적 정치체계를 파열시켜 새로운 종류의 감성적 분배를 가져올 삶의 형식을 만들어내고자 했다는 것은 틀림없는 사실이다.

3. '시 무용론'의 진실과 '자유로운 언어'의 의미

'오래된, 그러나 중요한 질문'에 대한 답을 찾아가기 위해서 무엇을 먼저 확인해야 할까. 이 작업은 김수영의 시와 미학적 정치성을 본격적으로 논의하기 위한 준비 단계에 해당한다. 이를 위해 김수영이 생각한 시의 의미와 언어에 대한 이해가 우선 필요하다.

> 결론부터 말하자. 시의 뉴 프런티어란 시가 필요 없는 곳이다. 이렇게 말하면 벌써 예민한 독자들은 유토피아를 설정하고 나온다고 냉소할지도 모른다.

그러나 시 무용론은 시인의 최고 혐오인 동시에 최고의 목표이기도 한 것이다.
—「시의 뉴 프런티어」(1961. 3) 중에서

시가 필요 없는 곳으로 시는 나아가야 한다고 김수영은 말했지만, 그 말의 속뜻을 이해하기란 여간 어렵지 않다. 뒤이어 나오는 '시 무용론'도 그렇지만, 그것이 시인에게 최고의 혐오이자 최고의 목표가 된다는 아리송한 표현도 그 말이 지니고 있을 의미를 쉽게 보여주지 않은 데 한몫하고 있다. 김수영이 말한 '시 무용론'은 단지 시의 위상과 존재 의의를 논하고 있는 것만은 아니다. 먼저 '시 무용론'이 시인의 최고의 목표가 된다는 것은 무슨 의미인가. 그것은 일상생활 속에서 예술과 종교와 정치가 분리되지 않아 자유롭게 시를 쓸 수 있고, 모든 활동이 시적으로 용인될 수 있는 상황을 의미한다. 반면에 '시 무용론'이 시인의 최고의 혐오가 된다고 한 이유는, 시를 쓰는 시인에게 그것이 최고의 불명예가 될 수 있기 때문이다. 사실 시가 없다는 것은 기존의 질서와 다른 새로운 것을 말하고자 하는, 아니 말함으로써 그 존재가 입증되는 시인의 목소리를 금지하는 일과 다르지 않다.[8] 그러므로 시인은 그 양극의 마찰 사이에 몸을 놓고 균형을 취해야 한다. 이때 "정치가에게 허용되지 않는 시인만의 모랄과 프라이드가 있다"고 김수영은 말했다. 그러면서 그는 그때의 시의 모습이 "계급문학을 주장하고 노동조합이나 협동조합의 문화센터 운동"과는 다른 것임을 분명히 했다. 어쨌든 김수영이 시의 '뉴 프런티어'로 호명한 그것은 미학적으로도 정치적으로도 실험적인 문학일 가능성이 매

8) 진은영은 '시 무용론'을 논하면서 미학적 자율성과 미학적 타율성에 대한 김수영의 자각을 읽어내려고 했다. 특히 김수영의 시를 자크 랑시에르(J. Rancière)가 말한 '삶에 저항하는 예술'과 '예술의 삶-되기'라는 개념을 빌어 '지게꾼-되기의 시'라고 불렀는데, 이를 미학적 타율성으로 해석한 것은 매우 흥미롭다(진은영, 「김수영 문학의 미학적 정치성에 대하여」, 506~512쪽 참조).

우 농후한 말에 가까웠다.

> 모든 실험적인 문학은 필연적으로는 완전한 세계의 구현을 목표로 하는 진보의 편에 서지 않을 수 없게 되는 것이다. 모든 전위 문학은 불온하다.
>
> —「실험적인 문학과 정치적 자유」(1968. 2) 중에서

인용문은 새로움을 추구하는 문학이 곧 전위 문학이며, 그것은 불온하다로 정리할 수 있다. 김수영은 재현으로서의 문학이 아니라 새롭게 창조하는 문학이야말로 전통을 극복하는 문학이며, 그것은 이미 주어진 질서를 배격하는 위험을 감수해야 한다는 의미에서 불온할 수밖에 없음을 인정했다.[9] 그렇다면, 시의 '뉴 프런티어'란 어떻게 가능한 것인가를 묻지 않을 수 없다. 짐작컨대 김수영은 인간으로서의 의무를 이행할 수 있는 자유로운 언어에서 그 해답을 찾았다. 그가 「히프레스 문학론」(1964)에서 말한 바대로 "심금의 교류를 할 수 있"으며, "오늘날의 우리들이 처해 있는 인간의 형상을 전달하는 의무를 이행할 수 있"으며, "인간의 장래의 목적을 위해서 선택이 이루어질 수 있"는 언어에 의해 시의 '뉴 프런티어'가 가능한 것이다. 이 언어는 "단순한 전달과 노예의 언어"와는 분명히 다르다. 심지어 김수영은 이러한 언어를 발굴하는 임무를 문학하는 사람들이 이행하지 못하는 나라는 멸망할 것이라고 비난했다. 이러한 발언을 가능케 한 사유는 다분히 전위적이다. 그러나 그 전위성이 순수모더니즘이 추구하는 미적 자율성과 다르다는 것을 그가 설명하고 있는 언어의

---

9) 전위, 즉 아방가르드에는 "운동을 이해하고 그 힘들을 구체화하고 역사적 변화의 방향을 규정하며 주체적인 정치적 방향설정들을 선택하는" 정치적 아방가르드와 "미래에 대한 미학적 예상"으로서의 미학적 아방가르드가 있다. 자크 랑시에르(J. Rancière)의 생각처럼 미학적 아방가르드는 그것의 혁신적 감각 경험 양식들 속에 내재하는 잠재성을 정치적 아방가르드에서 가져왔다(자크 랑시에르, 『감성의 분할』, 오윤성 옮김, 도서출판b, 2008, 39쪽 참조).

속성을 통해 충분히 알 수 있다.

김수영이 생각한 자유로운 언어는 기성의 삶이 만들어내는 타율성에 의해 규제를 받는 언어를 전복하는 언어지만 그것은 아방가르드적인 난해시의 언어만을 뜻하지 않는다. 산문에 두루 나타나듯이 그는 순수모더니즘을 고집하지 않았다. 예컨대 「시인의 정신은 미지」(1964. 9)에서 "언제나 시의 현 시점을 이탈하고 사는 사람이고 또 이탈하려고 애를 쓰는 사람"을 시인으로 이해하고 있던 김수영이 '기정사실은 시인의 적'이며 '기정사실의 정리도 시인의 적'이라고 말했을 때, 이미 순수모더니즘의 언어와는 어느 정도 거리를 두고 자신의 언어에 대해 고민하고 있는 그를 발견할 수 있다. 그런데 미학적 자율성이 순수모더니즘과 결별하는 순간 즉각적으로 정치적인 것들과 관계를 맺지 않을 수 없게 됨을 또한 간과해서는 안 된다. 김수영 역시 이 사실을 직시하고 있었다. 영민한 그의 눈이 "현내에 있어서의 문학의 전위성과 정치적 자유의 문제가 얼마나 밀착된 유기적 관계"(「실험적인 문학과 정치적 자유」, 1968. 2)에 있는지 놓칠 리가 없다. 실제로 그는 국회의 부정선거, 언론의 부자유, 문단에서의 권위적인 관행, 이북 작가들의 작품 출판 및 연구 등에 이르기까지 기성질서에 끊임없이 이의를 제기했으며, 그와 같은 문학적 행위를 통해 생긴 정치적 파열을 몸소 경험한 바 있다. 김수영은 기존의 정치 영역에서 의도적으로 숨긴 작은 목소리들을 주의 깊게 듣고 감춰진 존재들을 애써 기억하고 가시화하고자 했다.

> 비숍 여사와 연애를 하고 있는 동안에는 진보주의자와
> 사회주의자는 네에미 씹이다 통일도 중립도 개좆이다
> 은밀도 심오도 학구도 체면도 인습도 치안국
> 으로 가라 동양척식회사, 일본영사관, 대한민국 관리,

아이스크림은 미국놈 좆대강이나 빨아라 그러나
요강, 망건, 장죽, 종묘상, 장전, 구리개 약방, 신전,
피혁점, 곰보, 애꾸, 애 못 낳는 여자, 무식쟁이,
이 모든 무수한 반동이 좋다

—「거대한 뿌리」(《사상계》, 1964. 5) 중에서

이 시는 이미 완강하게 존재하는 기성질서 안에서 최소한의 존재 이유조차 찾을 수 없는 것들을 드러내고, 동시에 그 질서와 어긋나는 뭔가를 보여줌으로써 분열을 만들어낸다. 다시 말해 다수에 의해 합의된 질서와 불일치함으로써 새로운 가능성을 만들어내고 있는 것이다. 예컨대 거의 무의식에 가까운 지점에서 발화되는 "네에미 씹" "개좆" "미국놈 좆대강"과 같은 욕설들은 타락한 현실에 대한 강력한 거부의 한 양식이면서 동시에 안정된 언어질서에 균열을 내는 역할을 한다. "요강, 망건, 장죽, 종묘상, 장전, 구리개 약방, 신전, 피혁점, 곰보, 애꾸, 애 못 낳는 여자, 무식쟁이"란 어떤 것인가. 그것들은 스스로 합의된 질서와 불일치한다는 점에서 "이 모든 무수한 반동"이다. 보잘것없어 보이는 이들에 의해 기성의 공동체적 삶은 타격을 입는다. 이 타격을 통해 새로운 삶의 가능성이 만들어진다. "무수한 반동"이 아니라 "이 모든 무수한 반동"이다. 반드시 '이 모든'이어야 한다. "이 모든 무수한 반동" 속에 이미 존재하는 삶의 타율성에서 벗어나 새로운 삶을 일반화하는 미학적 타율성으로 이동할 수 있는 힘이 존재한다. 김수영이 이 사실을 전적으로 신뢰했는지도 장담할 수 없으나 최소한 그의 시와 언어는 그 힘을 충분히 보여주고 있다. 그런데 우리가 기억해야 할 것이 있다. 그것은 김수영의 시에 사용된 언어가 아방가르드적 난해시의 그것과 동일하지 않은 것처럼 이 불온한 문학 역시 온전히 참여문학으로 환원되지 않는다는 사실이다. 말하자면 이

러한 문학적 행위가 정치적 규제를 허무는 현실참여적인 이데올로기적 언어를 뜻하지는 않는다는 뜻이다. 이것은 김수영의 시가 미적인 것과 정치적인 것 사이에서 움직이고 있음을 보여주는 중요한 증거다. 여기서 가장 명예로운 시와 가장 혐오스러운 시 사이에 몸을 놓고 있는 김수영의 모습을 떠올릴 수도 있겠다.

문학이 순수예술의 영역에 남기를 고집하지 않고 바람직한 공동체를 만들기 위해 현실의 삶으로 들어갈 때, 문학은 타율적이 된다. 만약 김수영의 시쓰기 행위(미학적 실천)가 한 사회의 결집과 명령을 작동시키는 승인된 규칙들에 대해 예외를 만들어 내는 것이라면, 그것은 자크 랑시에르가 말한 '치안(le police)'과 분명하게 구분되는 '정치적인 것(le politique)'[10]으로의 성격에 매우 가깝다. 정치적인 것이란 결국 합의 또는 일치를 통해 형성되었다고 간주되는 공동체에 매순간 불일치를 가져오는 활동이기 때문이다. 우리는 시 「거대한 뿌리」에서 그 모습을 확인할 수 있다. 그러므로 김수영에게 시란 하나의 미학적 정치성의 실험이라고 할 수 있을 것이다. 그의 시는 기존의 감각적 분배 방식을 파열시키고, 또 그 파열을 수행하면서 세속의 윤리를 넘어선다. 그 세속의 윤리와 대척의 자리에 시인의 모럴이 있다.

---

10) 미학이 감각적인 것의 분배방식이라는 칸트적 의미를 수용하고 있는 자크 랑시에르(J. Rancière)는 미학적인 것과 정치적인 것을 동연적인 것으로 간주한다(자크 랑시에르, 『정치적인 것의 가장자리에서』, 양창렬 옮김, 길, 2008, 15쪽 참조).

4. '제정신을 갖고 사는' 일 : 시인의 모럴

김수영은 어떤 정치적, 사회적 목표에 시를 희생시키지 않으면서 이 세계를 유지하는 관습적 질서에 균열을 내는 시를 썼던 시인 중의 한 명이다. 백낙청은 이와 같은 김수영의 시를 '행동의 시'로 규정하고, 이를 아래와 같이 해석하였다.

> 어떤 의미에서 그가 노린 것이 '行動의 詩'였다고 말할 수는 있다. '行動의 道具로서의 詩'가 아니라 '行動의 詩'다. 흔히 말하는 서정적 감정이나 審美感같은 국한된 器官에만 어필하지 않고, 우리의 최고의 행동이 우리 몸뚱이와 의지와 정신과 경험 전체의 움직임이듯이 그런 움직임으로 씌어지고 읽혀지는 詩라는 뜻에서다.[11]

백낙청이 김수영의 시를 '행동의 도구의 시'가 아니라 '행동의 시'라고 한 이유는 무엇일까. 시란 도구이지만 행동의 도구가 아니라는 이 말에는 좀 더 깊은 의미가 담겨 있다. 김수영은 결코 어떤 이데올로기를 전달하는 도구로 시를 사용하지 않았다. 소박하게 보이는 이 사실은 드러난 것보다 더 중요한 의미를 지니는데, 바로 그 뒤에 이어지는 "우리의 최고의 행동이 우리의 몸뚱이와 의지와 정신과 경험 전체의 움직임"이라는 대목에서 그 해답을 얻을 수 있다. 짐작대로라면 '행동의 시'는 시를 쓰는 과정 속에 시쓰기 주체의 의식이 완전히 수렴되며, 이때 시인의 경험과 의식은 언어와 하나가 된다. 백낙청은 김수영의 시가 "서정적 감정이나 심미감 같은" 시의 일반적 속성과 다른 지점에 그 의미가 있다고 보았다. 그러므로 특별히 '행동의 도구의 시'가 아니라 '행동의 시'라고 한 것이다.

---

11) 백낙청, 「김수영의 시세계」, 『김수영의 문학』, 민음사, 1983, 41쪽.

'행동의 시'란 시인의 태도와 자세, 그리고 그의 삶의 중요성을 강조하기 위한 표현이라고 할 수 있다. 김수영은 이를 "'제정신'을 갖고 사는 것"에 비유했다.

> '제정신'을 갖고 산다는 것은, 어떤 정지된 상태로서의 '남'을 생각할 수도 없고, 정지된 '나'를 생각할 수도 없는 일이다. 엄격히 말하자면 '제정신을 갖고 사는' '남'도 그렇고 '나'도 그렇고, 그것이 '제정신을 가진' 비평의 객체나 주체가 되기 위해서는 창조생활(넓은 의미의 창조생활)을 한다는 전제가 필요하다. 그리고 이러한 모든 창조생활은 유동적인 것이고 발전적인 것이다. 여기에는 순간을 다루는 어떤 윤리가 있다. 이것이 현대의 양심이다. [중략] 그러니까 쉽게 말하자면 제정신을 갖고 사는 사람이란 끊임없는 창조의 향상을 하면서 순간 속에 진리와 미(美)의 전신(全身)의 이행을 위탁하는 사람이다.
>
> —「제정신을 갖고 사는 사람은 없는가」(1966. 5) 중에서

제정신을 갖고 살기 위해서는 창조생활을 해야 한다는 김수영의 생각은 다소 급진적인 감이 없지 않다. 그러나 이때의 창조생활이 "넓은 의미의 창조생활"이라는 점에서 단지 예술적 활동만을 지시하고 있는 것은 아니다. 다만 그것의 속성이 유동적이고 발전적이라는 점에서 예술의 미적 특성과 매우 닮아 있기는 하다. 그렇다면 창조생활, 즉 예술적 활동이 제정신을 갖게 해준다는 것일까? 그것은 단지 최소한의 전제에 불과하다. 기존의 질서 안에서 안위를 보장받으며 기생하는 예술적 활동은 얼마든지 존재한다. 우리는 그러한 활동을 증명하는 많은 작품을 수없이 만난다. 그럼에도 불구하고 여러 많은 인간의 활동 중에 그나마 창조생활로서의 예술이 기존의 질서에 가장 적대적이기 때문에 이 말은 어느 정도 유효하다. 또한 많은 예술은 기존의 질서에 대한 거부, 말하자면 익

숙한 감각의 분배 방식에 대한 거부를 통해서 그 존재 의의를 스스로 마련한다. 놀랍게도 김수영은 이 예술의 존재 방식을 시인의 존재 방식으로 전이시킨다. 제정신을 가지고 사는 것이 객체로서의 '남'과 주체로서의 '나'의 고정된 관념에 대한 거부라는 점에서 그것은 시인의 존재 의의와 다르지 않다. 그러므로 제정신을 갖고 사는 일은 바로 문학적 행위와 동일한 일이 되며, 그것은 시인의 존재 이유가 된다. 즉, "진리와 미의 전신의 이행"은 "몸뚱이와 의지와 정신과 경험 전체의 움직임"이자 문학적 실천의 다른 이름이다. 또 하나 주목해야 할 것은 진리와 미를 온몸으로 실천하는 과정에는 "순간을 다투는 어떤 윤리"가 있다는 사실이다. 여기에는 자기비판을 포함하여 언어행위 자체가 가지고 있는 허위성에 대한 끊임없는 자기반성이 함께 녹아 있다. 이것이 바로 김수영이 생각한 시인의 모럴이다.[12)]

거의 모든 경우에 시는 삶의 가까운 곳에 있는 언어를 요청하게 되는데, 시인이 그의 삶과 그 주변을 충분히 인식하고 있지 않을 경우 그의 시는 필연적으로 공허한 실험일 수밖에 없다. 김수영이 제정신을 가져야 한다고 한 이유가 여기에 있다. 제정신을 갖고 사는 일은 삶의 자율성을 확보하고 개인의 자유와 실존을 유지하는 모든 활동이다. 그러므로 '제정신'이라는 말은 통념적인 의미에서의 윤리와 다르다. 김수영은 사회적으로 승인된 소박한 소시민적 윤리의식을 표현하기 위해 시가 필요하다고 말하지 않았다. 그 또한 그런 시를 쓰지 않았다. 오히려 제정신을 갖고 사는 일은 소시민적인 윤리를 넘어선다는 점에서 넓은 의미의 정치적

---

12) 여기서 모럴은, 평가하고 선택하는 행동 원리를 이미 존재하는 삶의 양식에 용해시켜 버리는 체류 행위에 불과한 윤리와는 분명히 대립된다. 자크 랑시에르(J. Rancière)는 선과 악에 대한 관습적 해석들에 대항하여 새로운 감각적 분배를 만들어내는 정치적 활동을 '모럴'이라고 했다(자크 랑시에르, 『미학 안의 불편함』, 주형일 옮김, 인간사랑, 2008, 172쪽 참조).

행동으로 볼 수 있다. 왜냐하면 제정신을 갖지 않는다면, 시인은 자신도 모른 채 사회의 불합리를 은폐하고 그 질서를 유지하는 데 기여할지도 모르기 때문이다. 시란 기존의 문학 형식에 대한 위협을 스스로 보여줌으로써 불온성을 감수한다. 그래서 때로 시인이 발표할 수 없는 작품을 쓸 때, 그 시는 그것 자체로 정치적일 수 있는 것이다. 「반시론」(1968)에서 비록 김수영은 "위험을 미리 짐작하고 거기에 보호색을 입혀서 내놓는 것"을 매우 불만스러워했지만, 그러한 시는 그 자체로 현실과의 불화를 증명한다는 점에서 의미가 없는 게 아니다. 산문 「안드레이 시냐프스키와 문학에 대해서」(1966)에서 김수영은 안드레이 시냐프스키(A. Sinyavsky)가 당국의 공식적인 검열을 통과할 수 없고, 출판할 수도 없는 사실을 알면서도 그러한 현실적인 조건과 상관없이 작품을 썼다는 사실이 정치적임을 언급한 적이 있다. 김수영이 말한 제정신을 갖고 사는 일이란 바로 이러한 상태이며, 그 상태에서 씌어지는 시는 정치적 불일치가 되는 시가 된다.

그렇다면, 제정신을 갖고 살아야 하는 이유는 어디에 있는 있을까? 제정신을 갖고 살아야 하는 것은 시적 자유가 현실적 부자유를 환기하고 흔들기 때문은 아니다. 만약 그 목적을 위해 시가 존재한다면 이미 시로서의 존재 의의를 잃어버리게 될 것이다. 문제는 다른 데 있다. 첫째 현실적 부자유가 끊임없이 시적 자유를 위축하고 왜곡하기 때문이다. 이 위협은 잘 보이지 않는다. 그러므로 이 위협으로부터 시를 지키는 일이 매우 중요하다. 또 다른 이유는 시가 한 개인의 삶의 자율성을 확보하고 한 개인의 자유와 실존을 유지하는 유일한 것이기 때문이다. 어떤 이유를 막론하고라도 이것은 지켜져야 한다고 김수영은 생각했다. 만약 김수영의 시가 참여시라는 이름을 얻었다면 그 이유는 여기에 있을 것이다. 이 사실이 중요하다. 김수영이 스스로 그 이름을 자처한 것은 아니었지만, 필연적으로 그 이름을 얻게 될 수밖에 없었다. 왜 시인은 정치적일 수밖에 없는가. 그것은 시인이 스스로 제정신을 갖고 사는 한 어쩔 수 없이 미학적 정치성을 지니지 않을 수 없게 되어 있기 때문이다. 김수영에게 중요한 것은 온몸으로 시를 쓰는 행위였다. 이는 형식과 내용, 언어의 작용과 언어의 서술, 순수와 참여의 이분법적 논리를 넘어서는 시쓰기의 실천으로 나타난다. 그의 산문에 자주 인용되는 '이행'의 의미도 여기에 있다. 김수영은 기존체계의 논리에 따라 이해되는 이 세계의 의미망을 철저히 피하면서, 동시에 파괴하면서 시를 썼다. 그가 그리할 수밖에 없었던 까닭은 그것이 바로 제정신을 갖고 사는 일이기 때문이었다. 제정신을 갖고 사는 일은 그리하여 시인의 모럴이 된다.

5. 온몸으로 쓰는 시의 전제 조건 : '체취의 신뢰감'

예술의 독특하고 자율적인 경험이 순수예술의 영역에 유폐되지 않을 가능성은 분명히 존재한다. 그런데 그 경험이 과연 공동체의 영역으로 들어가 삶이 되는 운동이 가능할까? 그 아름다운 진경이 지금 우리 앞에 펼쳐질 수 있을까? 우리는 이 문제에 대해 언제나 조심스럽다. 자크 랑시에르의 말처럼 예술이 그 미적 자율성을 다시 삶의 일반적 영역의 문제로 확산시킴으로써 그 자율성을 무화시키려는 타율성을 내재하고 있다고 하더라도, 그것을 우리가 어떻게 작품 속에서 발견할 수 있을까? 어떤 시인에게서 그 모습을 찾을 수 있을까? 아직까지 우리의 대답은 완벽하게 준비되어 있지 않다. 다만 이렇게 말할 수는 있다. 정치적인 것에 대한 관심을 작가가 생활에서 어떻게 실험하고 작품으로 어떻게 구현할지에 대한 정해진 답은 없을지언정 그것을 가늠하는 개인적인 기준은 있을 수 있다고. 김수영의 '온몸의 시론'의 성격이 바로 여기에 해당한다.

> 시작(詩作)은 '머리'로 하는 것이 아니고, '심장'으로 하는 것도 아니고, '몸'으로 하는 것이다. '온몸'으로 밀고나가는 것이다. 정확하게 말하자면, 온몸으로 동시에 밀고 나가는 것이다.
>
> —「시여, 침을 뱉어라」(1968. 4) 중에서

단적으로 말해 '온몸의 시론'에서 김수영이 강조하고 있는 시란 삶의 형식을 예술적 실천과 연결시키고 있는 시였다. 여기에 세계를 변화시키려는 의지가 담겨 있음은 당연하다. 그런데 시작(詩作)이 머리나 심장으로 하는 것이 아니라 온몸으로 하는 것이라는 말은 어떤 의미인가. 그것은 시인이 지게꾼의 현실을 머리나 심장으로 이해해서 지게꾼의 대변자로서 작품 활동을 할 때 가능할까? 아마도 최고의 형식은 지게꾼 자신이 온몸으로 살아내는 현실의 삶을 시로 써낼 때 가능할 것이다. 그런데 김수영은 지게꾼이라는 타자를 만나는 새로운 방식 속에서 기존의 분배방식에서 특수한 영역으로 할당된 자신의 존재를 지우고 "지게꾼도 시인도 아닌 동시에 지게꾼이며 시인인 존재"가 되었다.[13] 어떻게 그 일이 가능한가. 그 이유는 오랫동안 지게꾼의 삶이 자신의 삶에 인접한 것이 되도록 온몸을 움직여 시를 썼기 때문이다. 그렇게 하여 그가 쓴 시는 지게꾼을 대변하는 시가 아니라 '지게꾼-되기'의 시가 된다.

김수영의 시에서 시와 정치, 미학과 정치의 관계를 문제삼는 일은 중요하다. 그럼에도 불구하고 미학적인 것과 정치적인 것의 간극을 매개하

13) 진은영의 이 진술은 김수영의 온몸의 시론을 통해 그의 시의 미학적 정치성을 가장 적극적으로 이해한 사례에 해당한다(진은영, 「한 진지한 시인의 고뇌에 대하여」, 《창작과비평》, 2010년 여름호, 28쪽).

는 것보다는 미학적인 것이 어떻게 정치적일 수 있는가를 밝히는 쪽에 더 많은 논의가 집중되어야 한다. 지게꾼이 온몸으로 살아낸 자신의 삶을 시로 쓰는 것은 일종의 미학적 모험이다. 그것은 지게꾼이 시를 쓰는 것이 불가능하다는 사회의 기정사실을 거부한다는 점에서 보편화된 삶에 대한 저항이 된다. 그것은 불화의 미학을 보여주면서 동시에 불화의 정치학을 훌륭하게 수행한다. 이 모든 것들이 전통의 부정만을 강조하는 상투적 의미의 미학적 실험만으로 가능한 것은 아니다. 김수영 시가 보여준 미학적 정치성을 새롭게 해석하는 일은 김수영 시에 대한 새로운 연구를 가능하게 하였다는 점에서 매우 의미 있다. 김수영이 '온몸의 시론'으로 제시한 미적 전위란 낡은 삶의 경계를 허물고 새로운 삶을 개척하기 위해 노력하는 것과 다르지 않다. 그러한 삶 속에서 자연스럽게 온몸으로 살아낸 시를 쓰는 일이 가능하다.

그런데, 과연 시인이 지게꾼이 되었을까? 김수영은 '지게꾼-되기'의 시를 썼지만 지게꾼이 되지 않았다. "지게꾼도 시인도 아닌 동시에 지게꾼이며 시인인 존재"라는 말의 뜻이 사실 여기에 있을 것이다. 시인은 지게꾼이 될 수 없었으며, 만약 되었다면 그 순간 다시 새로운 미학적 주체가 되어야 한다. 그는 산문 「생활현실과 시」(1964. 10)에서 스스로 "시를 쓰는 지게꾼이 나오지 않는 여러 가지 사회적 조건의 결여"에 대해 수긍했다. 김수영은 그 사실을 그가 지게꾼 시인이 되지 못한 알리바이로 사용하지는 않았다. 대신 그는 지게꾼이 되려는 시인으로, '지게꾼-되기'의 시를 쓰는 일로, 자신의 양심을 보였으며 그 책임을 다하고자 했다. 또한 이 대목에서 우리는 시인의 모럴이 지게꾼이 되려고 하는 것에 있지 지게꾼이 되었다는 데 있는 것은 아니라는 사실을 기억할 필요가 있다. 왜냐하면 "시인은 영원한 배반자"며, "촌초(寸秒)의 배반자"(「시인의 정신은 미지」, 1964. 9)이기 때문이다. '지게꾼-되기'의 시를 끊임없이 써내는 것이야말로 시인의 모럴이다. 그렇다면 이 '지게꾼–되기'의 시인을 어떻게 알아볼 수 있는 것일까? 알아볼 수 있기는 한 것인가. 김수영은 우선 "시인의 양심이 엿보이는 작품"을 생산하는 일의 중요성을 강조했다. 그리고 이 현실("지게꾼이 느끼는 절박한 현실")을 이기는 방법을 언어의 서술에서뿐만 아니라 언어의 작용에서도 찾았다. 그러면서 그는 언어의 서술을 강조한 시나 언어의 작용을 강조한 시에서 각각의 시에 부족한 부분을 강매하는 일보다도 오히려 그 시에서 시인의 양심이 살려져 있는지 아닌지가 더 중요함을 역설했다(「생활현실과 시」, 1964. 10). 그러므로 온몸으로 쓰는 시 역시 여기서 찾아야 할 것이다. 김수영의 '온몸의 시론'은 몸과 언어의 문제, 글쓰기 주체의 의식과 실천의 문제 등을 함께 아우르고 있어 명쾌하게 이해될 수 없는 측면이 많다. 그럼에도 불구하고 반드시 참조해야 할 것은 '온몸의 시론'에 담겨 있는 시를 쓰는 시인의 진정성이다. 이 맥락에서 김수영은 시를 쓰는 지게꾼이 아니라 '지게꾼–되기'의 시를 쓰기 위한 전제가 필요함을 다음과 같이 말했다.

> 그러면서도 나는 그들에게 감히 말한다. 고통이 모자란다고! '언어'에 대한 고통이 아닌 그 이전의 고통이 모자란다고. 그리고 그 고통을 위해서는 '진실의 원점' 운운의 시의 지식까지도 일단 잊어버리라고. 시만 남겨놓은 절망을 하지 말고 시까지도 철저한 절망을 하라고.
>
> —「체취의 신뢰감」(1966. 7) 중에서

언어가 단지 언어 이전의 것(의미·진리·사유 등)을 재현하는 도구로 이해된다면 그것은 고답적 언명에 불과할 것이다. 김수영은 언어를 언어 이전에 있다고 가정되는 것들을 알게 하는 도구로 보지 않았다. 그에게 언어는 시적 언어며, 그것은 보편의 언어가 지니는 한계를 확장한다. 말할 수 없는 것을 말함으로써 생기는 시인의 진정한 체취가 반드시 그 언어에 묻어 있게 마련이다. 그 '체취감'이 바로 김수영이 온몸으로 쓰는 시의 전제로 제시한 것이다.

6. 새로운 논의를 위하여

말(언어)에 대한 김수영의 생각은 매우 진보적이다. 그는 일체의 정립된 언어와 고정된 언어를 부정직한 것으로 여겼다. 그는 관습의 언어와 대물림한 언어가 아닌 '자기의 언어'를 사용하고자 했다. 우리의 경험은 언어를 통해서 그 윤곽을 얻게 되지만, 사실 대부분의 경험은 언어화되기 이전에 사라지고 만다. 특별히 언어화된 경험은 이해의 기회를 얻을 수 있으나 항상 생활의 전체를 심화하는 것은 아니다. 이것이 언어의 본성이다. 그런데 언어는 스스로 사용됨으로써만 그 불충분함을 깨닫는다. 그때 언어는 시적인 언어가 된다. 김수영은 처음부터 의미를 포기하면서 시를 쓰지 않았다. 그는 기존의 의미 안에서 새로운 의미를 구하고자 했다. 산문 「변한 것과 변하지 않은 것」(1966. 12)에서 김춘수의 경우를 예시하며, "'의미'를 포기하는 것이 무의미의 추구도 되겠지만, '의미'를 껴안고 들어가서 그 '의미'를 구제함으로써 무의미에 도달하는 길"도 있음을 이야기한다. 그의 시는 무의미를 지나 새로운 의미의 가능성으로 계속 나아간다. 그가 말한 무의미란 시의 의미 내용을 제거한 공백의 시가 아니라 기성의 질서나 통념을 전복시키는 가능성을 가진 것이다. 그의 언어는 말할 수 있는 것과 말할 수 없는 것 사이를 잇는 유일한 매개체다. 말이 지니는 한계를 벗어나야 새로운 의미의 생성과 소통이 가능할 것이라는 그의 생각은 말의 움직임을 적극적으로 신뢰해야만 가능하다. 우리는 이러한 김수영의 언어관에서 미적 자율성이 미적 정치성을 획득하고 있는 모습을 발견할 수 있다. 기성의 삶이 만들어내는 타율성으로부터 벗어나 새로운 삶을 일반화하는 미적 타율성의 가능성이 여기에 있다. 미적 자율성이 미적 정치성으로 이어지는 그 순간에 시인의 모럴과 시의 언어가 중요하게 다루어져야 하는 이유다. 또한 시의 정치성이라는 논의를 진전시키기 위해서도 시인의 모럴과 시의 언어가 맺는 관련성에 대해 진지하게 되물어야 할 것이다. 김수영 시에 대한, 김수영의 문학에 대한 새로운 논의들이 시작되는 지점은 바로 이 어디쯤임이어야 하지 아닐까.

근대를 극복하는 한 방식

1. 김수영과 책 그리고 근대

김수영 시에는 책을 직·간접적인 소재로 활용하는 시들이 몇 편 있다.[1] 이 시들은 대부분 난해하다. 흥미로운 사실은 그의 시에 등장하는 책들이 가까이할 수 없거나 이해할 수 없는 것들로, 혹은 불만스러운 것들로 표현된다는 점이다. 또 하나 주목해야 할 것은 그 책이 외국서적이건 법과 도덕을 담고 있는 것이건 간에 책에 대한 화자의 태도가 매우 문제적이라는 점이다.

김수영이 처음 책에 관한 시를 쓴 해는 등단 후 얼마 되지 않은 1947년이다. 그해에 그는 「가까이할 수 없는 서적」과 「아메리카 타임지(誌)」 두 편의 시를 썼다. 그 이후로도 그는 책에 관한 몇 편의 시를 더 썼으며, 불의의 사고로 세상을 떠나기 바로 한 해 전인 1967년에 책을 소재로 한 시 「VOGUE야」를 썼다. 김수영이 등단 이후 지속적으로 책에 관한 시를 썼다는 사실은 최소한 그의 시적 태도를 책이라는 대상을 통해서 면밀히

1) 직접적으로 책을 소재로 한 시로는 「가까이할 수 없는 서적」(《민성》, 1949. 11), 「아메리카 타임지(誌)」(《자유신문》, 1948. 12. 25), 「방 안에서 익어가는 설움」(1954. 8. 10), 「서책」(《중앙일보》, 1956. 5. 21), 「국립도서관」(1955. 8. 17), 「육법전서와 혁명」(《자유문학》, 1961. 1), 「만시지탄은 있지만」(《현대문학》, 1961. 1), 「누이의 방」(《사상계》, 1962. 1), 「엔카운터지(誌)」(《한국문학》, 1966. 9), 「VOGUE야」(《창작과비평》, 1969년 여름호) 등이 있다.

따져볼 수 있는 근거를 제공한다. 그는 책을 읽지 않는 것을 매우 부끄러워했으며, 책과 잡지를 통해서 시적 감각을 얻었다. 실제로 김수영은 1955년 평화신문사를 그만두고 글쓰기에 전념하기 시작할 무렵부터 영·미의 잡지를 직접 구독해서 읽었는데, "《엔카운터》지가 도착한 지가 벌써 일주일도 넘었을 터인데 이놈의 잡지가 아직도 봉투 속에 담긴 채로 책상 위에서 뒹굴고 있다"(「밀물」, 1961. 4. 3)거나 "스탠드 앞에는《신동아》,《사상계》,《파르티잔 리뷰》 등의 신간 잡지가 놓여 있고"(「금성라디오」, 1966. 11) 등에서도 그 사실을 확인할 수 있다.

책에 대한, 책이라는 텍스트에 대한 김수영의 생각이 늘 똑같지는 않았다. 그의 생각은 시대와 환경에 따라 조금씩 달라졌다. 김수영의 시에서 책이라는 텍스트는 흔히 세계의 유비로 사용되거나, 책에 대한 메타적 성격을 띠거나, 제목만으로 사용되기도 한다. 하지만 그의 시에서 책이 하나의 표상으로 제시되는 경우, 세계를 이해하는 그의 시적 태도가 매우 명확하게 드러난다는 점은 매우 중요하다.[2] 실제로 김수영의 시에는 근대적 표상으로서의 책의 은유가 의도적으로 보일 만큼 반복적으로 주제화된다. 김수영은 서구적 근대가 보여주는 광휘에 어쩔 줄 몰라 했고, 그 수준 높은 문화적 배경에 늘 절망했다. 동시에 그것과는 비교조차 할 수 없는 열악한 한국적 현실에 낙담했다. 서구적 근대를 따라잡아야 한다는

---

2) 김상환은 책과 관계된 김수영의 시편들이 시인의 죽음 혹은 저자의 죽음이라는 주제와 긴밀한 관계를 맺고 있다고 피력한 바 있다(「시인과 책의 죽음」, 『풍자와 해탈 혹은 사랑과 죽음』, 민음사, 2000, 177~206쪽). 김상환은 그것의 진짜 이유를 "김수영이 책의 이미지를 구성하고 그것을 묘사할 때, 그는 언제나 자기 자신에 대해서 말하고 있다"라고 주장한다. 그는 책과 모더니즘의 관계를 통해 책의 죽음과 저자의 죽음을 철학적으로 밝혀내고 있다. 그의 논지의 핵심이 되는 '책의 죽음'이라든가, '저자의 죽음'은 블랑쇼나 바르트의 생각에서 많은 도움을 얻고 있는 것으로 보인다. 책과 모더니즘의 문제를 철학적인 관점에서 해설하고 있는 그의 글은 책과 관련된 김수영의 시를 이해하는 데 좋은 참고 자료가 된다.

초조함과 불가능한 현실 때문에 그의 시에는 피로와 비애의 냄새가 가득하다. 그러나 김수영은 도저히 벗어날 수 없을 것처럼 보이는 낙후된 현실을 자기만의 방식으로 극복했다. 이 글은 책에 대한 김수영의 의식의 변모과정과 그 양상에 주목한다. 또한 그가 자기의식을 책이라는 대상을 통해 어떻게 시적으로 형상화했는가를 면밀하게 살펴보고자 한다. 왜냐하면 김수영의 시가 보여주는 근대 극복의 과정이 그 안에 숨어 있기 때문이다.

2. '의장(擬裝)'으로서의 책과 시적 진실

해방이 되자 연극에서 시로 전향한 김수영은 당시 모더니스트 시인들의 아지트였던 박인환의 〈마리서사(茉莉書舍)〉를 자주 드나들었다. 초현실주의 화가 박일영이 장치(裝置)한 그 서점에는 유명한 서양화가의 그림뿐 아니라 도쿄[東京]에서나 볼 수 있었던 문학, 철학에 관계된 서적들이 가지런하게 꽂혀 있었다. 게다가 신선하고 매력적인 인물들, 소위 말하는 멋쟁이들이 왕래하는 〈마리서사〉는 매우 흥미로운 곳이었다. 당연히 복고적인 때가 잔뜩 묻은 그의 등단작 「묘정의 노래」는 〈마리서사〉의 모더니스트 시인들로부터 혹독한 비판과 수모를 겪어야 했다. 꽤 시간이 지난 뒤 김수영은 어느 산문에 그때의 일을 떠올리며 박인환의 포즈를 비판했다.

> 복쌍은 인환에게 모더니즘을 가르쳐 준 것이 아니라 예술가의 양심과 세상의 허위를 가르쳐주었다. 그는 '마리서사'라는 무대를 꾸미고 연출을 하고 프롬프터까지 해가면서 인환에게 대사를 가르쳐주고 몸소 출연을 할 때는

> 가장 낮은 어릿광대의 천역(賤役)을 맡아가지고 나와서 관중과 배우들에게 동시에 시범을 했다. 인환은 그에게서 시를 얻지 않고 코스튬만 얻었다. 나는 그처럼 철저한 은자(隱者)가 되지 못한 점에서는 인환이나 마찬가지로 그의 부실한 제자에 불과하다. —「마리서사」(1966) 중에서

〈마리서사〉에 모이는 유명 인사들의 허위를 꾸짖었던 김수영이었지만 진정한 모더니스트라고 생각한 복쌍 박일영에게서 시를 얻지 않고 코스튬만 얻어간 박인환이 자신과 다르지 않다고 생각했다. 이 대목에서 우리는 김수영의 시적 태도와 그가 생각한 진정한 예술가의 모습을 어렴풋이 읽을 수 있다. 그 당시에는 김수영도 어느 게 코스튬이고 어느 게 진짜인지를 쉽게 구별하지 못했던 것 같다. 코스튬만 빌려 입은 박인환을 속물 제1호로 지목했다고 해서 김수영의 위치가 달라지는 것도 아니며, 속물과 비속물에 대한 논의가 현실과는 거의 무관한 논의임을 염두에 둘 필요가 있다.[3] 그러나 1947년 그 즈음에 쓴 「아메리카 타임지(誌)」에는 김수영이 책에 대해 걸었던 자신의 허황한 바람에 대한 비판과 함께 어리석었던 지난날에 대한 반성이 진실하게 적혀 있다.

> 흘러가는 물결처럼
> 지나인(支那人)의 의복
> 나는 또 하나의 해협을 찾았던 것이 어리석었다
>
> 기회와 유적 그리고 능금
> 올바로 정신을 가다듬으면서
> 나는 수없이 길을 걸어왔다
> 그리하여 응결한 물이 떨어진다

---

3) 김윤식, 「김수영 변증법의 표정」, 『김수영의 문학』, 민음사, 1983, 300쪽 참조.

바위를 묻다

와사(瓦斯)의 정치가여
너는 활자처럼 고웁다
내가 옛날 아메리카에서 돌아오던 길
뱃전에 머리 대고 울던 것은 여인을 위해서가 아니다

오늘 또 활자를 본다
한없이 긴 활자의 연속을 보고
와사의 정치가들을 응시한다

—「아메리카 타임지(誌)」(《자유신문》, 1948. 12. 25) 전문

"흘러가는 물결처럼 지나인의 의복"이라고 시작하는 이 시의 제목 '아메리카 타임지(誌)'는 잡지의 이름일 것이다. 당시에는 보기 힘들었을 박래품(舶來品)인 이 잡지는 화자의 바람을 고스란히 담고 있다. "지나인의 의복"이 지나가고 화자는 "또 하나의 해협"을 찾았다. 패권의 중심은 '지나(支那)'[4], 곧 중국을 거쳐 다른 나라[아메리카]로 바뀌었다. 화자는 중심의 기표를 좇아 다른 해협을 찾은 것이다. 화자는 자신의 인생을 배의 항로에, 중요한 국면을 배가 해협을 찾는 행위에 비유했다. 그러므로 해협을 찾는 일은 자신의 삶에서 가장 중요한 순간이며 자신의 모든 꿈이 하나로 집중되는 것을 뜻한다. 그런데 화자는 1연에서부터 해협을 찾았던 그 일이 어리석었음을 토로한다. 2연에서 그 어리석음은 설움과 비애

---

4) 이 말에는 화자가 현재 자신이 입고 있는 의복이 지나(支那)의 것임을 인정한다는 의미가 담겨 있다. 김수영의 시에 자주 등장하는 동양적 비유들은 그의 시의 뿌리가 모더니즘이 아니라 전통에 있다는 근거로 자주 사용된다. 이 시에서 화자는 중국문화의 영향 아래에 있었으나 시대가 변하자 재빠르게 새로운 문화의 중심국으로 이동했다고 고백한다. 전통과 모던 사이에서 있었던 김수영의 내면을 읽을 수 있다.

로 나타난다. 화자는 힘든 항로 중에도 올바로 정신을 가다듬어 몇 번의 기회를 얻었으며, 때로는 기름방울[유적]처럼 때로는 능금처럼 의도에 미치지 못하거나 의도와는 다른 결실을 맺기도 했다. 수없이 길을 걸어온 화자의 눈에서 응결한 물이 떨어진다. 화자는 그럴 때마다 바위를 물 듯 다시 한 번 힘껏 이를 다물었던 것이다.

3연에서 시인은 "와사의 정치가"를 "활자처럼 고웁다"라고 표현했다. 정치가와 활자의 친연성은 실체를 숨기면서도 그것과는 관계없이 막대한 영향력을 지닌다는 사실에 있다. 시인은 그래서 '와사'[가스]와 '고웁다'라는 말로 둘의 속성과 그 헛됨을 구체화한 것이다. '와사'란 실체도 없고 만질 수도 없는 존재이나 무시하지 못할 힘을 가진 것이며, 고운 활자란 문자의 권위를 지칭하는 말이다. 이 둘은 보기엔 그럴듯하나 내실이 없다는 점에서도 서로 닮았다. 더구나 김수영이 책에 걸었던 그 허황된 믿음은 부황한 현실을 다스리지 못하는 성지에 대한 기대와 별반 다르지 않았을 것이다. 그렇다고 이것을 현실의 문제에만 관심을 두고 한 말로 오해해선 안 된다. 이 시가 애초부터 현실을 염두에 둔 시가 아니라 관념 속에서 이루어지고 있다는 점에서 그렇다.[5] 그러므로 '아메리카'란 실제의 나라가 아니며, 그 점에서 '아메리카 타임지(誌)' 역시 화자의 관념 속에 존재하는 책일 가능성이 높다.[6] 시의 제목인 '아메리카 타임지(誌)'라는 책

---

5) 황현산은 그 이유를 그가 아메리카에 간 적은 없으며, 이때의 '아메리카'는 미국을 가리키는 것이 아니라 보들레르나 서정주에게서처럼 헛된 꿈을 걸어보는 '아'자 돌림의 대륙이라고 적절하게 지적했다(「난해성의 시와 정치」, 『말과 시간의 깊이』, 문학과지성사, 2002, 442쪽 참조).

6) 김수영은 실제로 외국 잡지를 읽었다. 그러나 그 사실이 시 속에서 책의 현전을 증명하는 것은 아니다. 김수영은 그 잡지를 읽었지만 최소한 이 시에서 그 잡지는 사유의 표상일 뿐이다. 그가 그것을 독서라는 행위로 만난 것은 아니다. 뿐만 아니라 김수영은 아메리카에 가본 적이 없다. 대신 그가 건넜던 해협은 '대한해협'이었다. 그는 선린상업학교를 졸업하고 부모들이 들어가기를 간절히 바라던 은행을 포기하고 사랑하던 여인을 찾아 유학을 핑계로 훌쩍 일본으

은 현실의 책이 아니라 관념 안의 책이며, 의장(擬裝)으로서의 책이다. 모더니스트 김수영은 책이 특별한 의장이 될 수 있음을 알았다. 그래서 의장으로서의 책에다 대고 시적 진실을 말했던 것이다. 김수영이 책에 대해 품었던 희망과 좌절이 "한없이 긴 활자의 연속을 보고 와사의 정치가들을 응시"하는 것으로 다르게 표현되어 있을 뿐이다. 그러나 이 모든 사실이 시적 진실을 말하는 데는 아무런 문제가 되지 않는다. 그것은 이 시가 사실을 문제 삼는 게 아니라 관념 속에서의 일을 말하고 있기 때문이다.[7)]

3. 닫혀있는 책 : 권위와 풍자

앞에서 우리는 관념으로 존재하는 책을 통해 자신의 태도를 표명했던 「아메리카 타임지(誌)」를 읽었다. 제목 '아메리카 타임지'는 김수영에게 의장으로서의 책일 수는 있지만 열람할 수 있는 책은 아니었다. 그것은 단지 기표로만 존재하는 책이었다. 동시에 「아메리카 타임지(誌)」에서 시의 화자는 책이 펼쳐지기를 소망하지 않는다. 이 사실은 그가 책 속에 담긴 내용을 문제삼지 않았음을 보여주는 분명한 증거다.

그러나 책이 열리지 않고 읽히지 않는다면 그것은 책이 아니다. 이점에서 「가까이할 수 없는 서적」은 「아메리카 타임지(誌)」에서 보여준 화자의 태도와 사뭇 그 사정이 다르다. 「가까이할 수 없는 서적」의 화자는 책

로 떠난 적이 있다. 1942년 그의 나이 22세 때다. 친구 고광호의 여동생인 고인숙이 일본으로 유학을 떠나자 선배 이종구와 함께 도쿄로 건너간다(최하림, 『김수영 평전』, 실천문학사, 2001, 48~51쪽 참조).

7) 김수영은 그 사실이 부끄러웠던지, 아니면 시를 탐탁케 보지 않았던지 사화집 『새로운 도시와 시민들의 합창』(1949)에 실렸던 이 시를 개인 시집인 『달나라의 장난』(춘조사, 1959)에 넣지 않았다.

을 펼쳐보고자 한다. 그러므로 열리기를 부정하면서 현상하는 책의 모순은 그것에 대한 강렬한 열망을 품고 있는 화자에게는 문제가 된다. 펼쳐볼 수 없는 책을 통해서는 화자의 소망 충족이 결코 이루어지지 않기 때문이다. 책의 닫혀 있음은 그것 자체로 화자에게 고통과 설움의 원인이 되는 것이다. 문제는 책이 "가까이할 수 없는 것"으로서 엄연하게 시인 앞에 존재한다는 사실이다. 이때 열람할 수 없는 책을 지켜보는 시인의 우회적이고 매개적인 사유 방식이 드러나게 된다.[8] 어쩌면 책이 지니는 권위와 힘에 대한 인정 역시 여기에서 오는 것인지도 모른다.

> 가까이할 수 없는 서적이 있다
> 이것은 먼 바다를 건너온
> 용이하게 찾아갈 수 없는 나라에서 온 것이다
> 주변 없는 사람이 만져서는 아니 될 책
> 만지면은 죽어버릴 듯 말 듯 되는 책
> 캘리포니아[9]라는 곳에서 온 것만은
> 확실하지만 누가 지은 것인 줄도 모르는
> 제2차 대전 이후의
> 긴긴 역사를 갖춘 것 같은
> 이 엄연한 책이
> 지금 바람 속에 휘날리고 있다
> 어린 동생들과의 잡담도 마치고

---

8) 이 대목에서 모더니즘의 본성을 독창적인 책이 기록되는 장소와 방식에 숨어 있으며, 모더니즘이 저자의 의식이 머무르는 그 책속에서 또는 그 주변에서 자신의 생애를 살고 있을지 모른다고 한 김상환의 말을 참조할 만하다(김상환, 「모더니즘의 책과 저자」, 『해체론 시대의 철학』, 문학과지성사, 1996, 367쪽 참조). 데카르트와 칸트, 블랑쇼와 데리다 그리고 바르트 등의 글에서 우리는 모더니즘과 책의 연관성을 어렵지 않게 살펴볼 수 있다.

9) 2판 이후에는 '캘리포니아'로 고쳐졌다. 이 지명의 일본식 표기인 '가리포루니아'는 당시 김수영이 처한 정치 문화적인 맥락을 이해하는 데 도움을 준다.

오늘도 어제와 같이 괴로운 잠을
이루울 준비를 해야 할 이 시간에
괴로움도 모르고
나는 이 책을 멀리 보고 있다
그저 멀리 보고 있는 것이 타당한 것이므로
나는 괴롭다
오—그와 같이 이 서적은 있다
그 책장은 번쩍이고
연해 나는 괴로움으로 어찌할 수 없이
이를 깨물고 있네!
가까이할 수 없는 서적이여
가까이할 수 없는 서적이여.

—「가까이할 수 없는 서적」(《민성》, 1949. 11) 전문

이 시는 역사적·사회적으로 많은 변화가 있었던 해방공간에서의 시인의 인식을 엿볼 수 있다.[10] 전반부는 시의 중심인 책에 대한 설명이다. 책은 "먼 바다를 건너"왔으며, "용이하게 찾아갈 수 없는 나라에서 온 것"이며, "주변 없는 사람이 만져서는" 안 되며, 행여 만지기라도 하면 "죽어버릴 듯 말 듯" 되며, "캘리포니아라는 곳에서 온 것만은 확실하지만 누가 지은 것인 줄도 모르"며, "제2차 대전 이후의 긴 역사를 갖춘 것"같이 "엄연"하게 존재한다. 의장으로서의 책은 바다를 건너 '캘리포니아'라는 곳에서 왔다는 사실로 보아 미국에서 저작되었으며 영어로 쓰였을 것이다.

10) 김승희는 이 시에 "유교적인 중심질서가 해체된 후 다른 문화적 헤게모니를 가진 이국의 책, 알 수 없는 신비의 헤게모니적 힘을 가진 것처럼 보이는 서양의 책 앞에 앉아 있는 반도 지식인의 흔들리는 주체성과 타자성을 고백하고 있다"(김승희, 「김수영의 시와 탈식민주의적 反언술」, 김승희 편, 『김수영 다시 읽기』, 프레스21, 2000, 368쪽 참조)는 매우 설득력 있는 해석을 덧붙였다. 김수영의 시를 탈식민주의적 관점에서 이해한 그녀의 논지에 따르자면 '캘리포니아'의 일본식 발음인 '가리포루니아'는 그대로 두는 게 온당하다.

어쨌든 책을 쳐다보고만 있다는 점에서 시인은 그 책과 소통할 수 없는 상태다. 이때 시인은 소외를 체험한다. 반면에 책을 지배문화의 하나의 담론체계로 이해할 수도 있다. 이때 책은 시니피앙이 되어 시인의 무의식을 지배하는 큰 타자가 되며 텍스트 속의 주체는 거세되고 주변적 자리로 밀려나게 된다.[11] 두 해석의 공통점은 책이 중심의 자리에 있으며 화자가 주변적 자리에 위치한다는 점이다. 전자의 경우가 책과 가까이할 수 있는 기회를 박탈당했다면, 후자의 경우는 의도적인 단절이라고 볼 수 있다. 어떻게 해석하든지 「가까이할 수 없는 서적」에서 화자는 대상인 책과 단절되어 있다. 이 단절은 간혹 '소외'의 이름으로 혹은 '설움'의 이름으로 다른 시에서 나타난다. 주체가 객체를 멀리서 바라보는 행위는 둘 사이의 소통불가능성과 주체의 객체로부터의 단절을 의미한다.

그런데 놀라운 것은 화자가 심정적으로 그 책을 매우 경외하고 있다는 점이다. 화자의 이러한 경외감은 특별한 체험을 통해서 생긴 것이다. 화자는 "어제와 같이 괴로운 잠을 이루울 준비를 해야" 함에도 불구하고 책을 멀리서 보고 있다. 그 이유는 바로 그 순간 생활의 괴로움이 책이라는 기표에 의해 사라지기 때문이다. 화자는 생활에서 오는 괴로움과 고통, 그리고 설움을 책을 바라보는 동안 잊어버린다. 그러나 그 망각은 실제의 망각은 아니다. 그것은 관념이 선사한 망각이다. 그 괴로움이 계속 될 것이라는 사실을 화자는 알고 있다. "그저 멀리 보고 있는 것이 타당한 것"이라는 화자의 심정 토로뿐만 아니라 바로 다음 행에 짧게 정리된 "나는 괴롭다"라는 발언의 무게를 통해 충분히 짐작할 수 있기 때문이다. 그러므로 주목해야 할 것은 시의 화자가 두 번의 소외를 경험하게 된다는 사실이다. 한 번은 생활로부터, 또 한 번은 생활의 소외를 잊게 했던 책으로부터의

---

11) 김승희, 위의 책, 368~371쪽 참조.

소외가 그것이다. 각각의 소외는 현실과 관념의 영역에서 일어난다.

책이 현실의 고통을 치유해주는 마약과 같은 것일 수도 있지만 또 다른 괴로움을 준다는 사실을 김수영은 알았다. 그리하여 「아메리카 타임지(誌)」에서 바위를 물 듯 이를 다물었던 화자는 번쩍이는 책장을 앞에 두고 괴로움으로 어찌할 수 없어 "이를 깨물고" 만다. 김수영은 잠시 동안 서양에서 건너온 의장으로서의 책에 대한 미련을 버리지 않았다. "어제와 같이 괴로운 잠"을 자야함에도 불구하고 김수영은 자신의 모든 희망을 오직 책에다 걸었던 것이다. "가까이할 수 없는 서적이여"를 마지막 두 행에서 반복해서 서술하고 있는 이유도 이 때문이다. 가까이 가야 함에도 불구하고 가까이 갈 수 없는 상태, 그러나 그것에게 의지할 수밖에 없는 것이 김수영의 현실이었다. 이 모순적 상황은 그리 낯설지 않다. 1930년대 임화 역시 이와 같은 모순적인 상황 속에 있었다.

> 나는 참을 수 없는 沈默에서 몸을 빼어 뒤척일 때,
> 거친 손에 닿는 조그만 옛 冊子를 머리맡에서 집었다.
>
> 冊장은 예와 같이 활자의 縱隊를 이끌고,
> 비스듬히 내 손에서 땅을 向하여 넘어간다.
>
> 이곳저곳에 굵게 내리그은 붉은 줄,
> 틈틈이 빈 곳을 메운 낯익은 내 서투른 글씨,
> 나는 房안 그뜩히 나를 사로잡은 沈默의 城돌을 빼는,
> 그 귀여운 옛 冊의 날개 소리에 가만히 감사하면서,
> 프르륵 最後의 한 장을 헛되이 닫칠 때,
> 나는 天地를 흔드는 砲聲에 귓전을 맞은듯,
> 꽉 가슴에 놓인 氷囊을 부혀잡고 베개의 깊은 가슴에 머리를 파묻었다.
>
> —임화, 「옛 책」(『현해탄』, 1938) 중에서

1935년 KAPF의 해체와 함께 자신의 좌표에 대해 고민했던 임화가 블라디미르 레닌(V. Lenin)의 『1905년의 의의』이라는 책을 두고 쓴 이 시는 1935년 《신동아》 9월호에 발표되었다. "이곳저곳에 굵게 내리그은 붉은 줄"이라는 구절에서, 임화가 책에다 자신의 모든 희망을 걸고 있었음을 읽을 수 있다. 비록 지금은 "참을 수 없는 침묵" 속에 있는 화자에게, 그 책은 "천지를 흔드는 포성"에 가깝고 잠을 이룰 수 없게 하는 차가운 얼음 주머니 "빙낭"과 같다. 바로 그 책에 의지하면서 임화는 격랑의 시간을 견디면서 식민지 조선의 현실과 문학을 극복하고자 했다. 흥미롭게도 임화의 시가 보여주는 책과 주체의 거리, 현실과 책과의 거리가 만드는 낙차가 김수영의 시에서 그대로 발견되고 있는 것이다.

하지만 「가까이할 수 없는 서적」을 굳이 책이라는 중심으로부터 자꾸만 주변으로 밀려나는 식민지 지식인의 상실감으로 읽을 필요는 없다. 물론 책은 그 자체로 권력의 시니피앙이 되어 한껏 제 모습을 뽐낸다. 번쩍이는 책장을 지닌 책, 아무도 만질 수 없는 곳에서 엄연하게 있는 책은 열리지 않는 책이다. 그 누구도 그 책을 펼치려고 마음먹지 않는다. 스스로를 "주변없"나고 생각해서인지, "만지면 죽어버릴" 것 같아서인지 오직 멀리서 바라보기만 할 뿐이다. 화자와 책이 친밀해질 가능성은 희박하다. 화자가 책을 관념의 매개를 통해 바라보기 때문이다. 책이 상징으로만 존재할 때 화자는 책으로부터 소외를 체험한다. 김수영은 지나치게 책에 경도되어 있는 자신의 심정을 구체적으로 '괴롭다'라고 표현했다. 이 시에는 "바다를 건너온" 의장으로서의 책에 가까이 다가가고자 하는 화자의 욕망과 그것에 맞서려는 또 다른 현실의 욕망이 존재한다.[12] 욕망과 욕망

---

12) 김윤식은 이를 "미국 잡지에로 가까이 가고자 하는 끊임없는 바람과 그것에서 벗어나고자 하는 원심력"(김윤식, 앞의 글, 302쪽 참조)이라는 말로 설명하고, 박남철은 그 구심력을 "'현대'에의 구심력과 '전통'에의 구심력"(박남철, 「전통의 거대한 뿌리」, 《현대시학》, 1999년

이 만드는 긴장은 한동안 지속된다.

책이 현실에 대해 아무런 예언을 해주지 못할 때 책은 죽는다. 반대로 죽은 책은 현실에 대해 침묵한다. 그러한 책들이 모여 있는 도서관은 무덤과도 같다. 김수영은 책의 무덤을 다음과 같이 노래했다. 그것은 그가 책에 대해 처음 가졌던 생각에서부터 멀리 떨어져 있다.

모두들 공부하는 속에 와보면 나도 옛날에 공부하던 생각이 난다
그리고 그 당시의 시대가 지금보다 훨씬 좋았다고
누구나 어른들은 말하고 있으나
나는 그 우열을 따지고 싶지는 않다
그러나 '그때는 그때이고 지금은 지금'이라고
구태여 달관하고 있는 지금의 내 마음에
샘솟아 나오려는 이 설움은 무엇인가
모독당한 과거일까
약탈된 소유권일까
그대들 어린 학도들과 나 사이에 놓여 있는
연령의 넘지 못할 차이일까……

전쟁의 모든 파괴 속에서
불사조같이 살아난 너의 몸뚱아리—
우주의 파편같이
혹은 혜성같이 반짝이는
무수한 잔재 속에 담겨 있는 또 이 무수한 몸뚱아리—들은
지금 무엇을 예의(銳意) 연마하고 있는가

흥분할 줄 모르는 나의 생리와

1월호, 167쪽 참조)이라고 말한다.

방향을 가리지 않고 서 있는 서가 사이에서
도적질이나 하듯이 희끗희끗 내어다보는 저 흰 벽들은
무슨 조류(鳥類)의 시뇨(屎尿)와도 같다

오 죽어 있는 방대한 서책들

너를 보는 설움은 피폐한 고향의 설움일지도 모른다
예언자가 나지 않는 거리로 창이 난 이 도서관은
창설의 의도부터가 풍자적이었는지도 모른다

모두들 공부하는 속에 와보면 나도 옛날에 공부하던 생각이 난다
—「국립도서관」(1955. 8. 17) 전문

도서관이란 기존의 사상과 역사뿐만 아니라 새로운 책들을 보존하는 곳이며 동시에 여기서 또 다른 읽기와 쓰기가 시작되고 완성된다. 도서관은 역사적 사실과 철학적 진실이 문학적 상상과 허구와 함께 나란히 있는 곳이다. 그러나 이 시에서의 도서관은 그렇지 않다. 한 연으로 처리된 "오 죽어 있는 방대한 서책들"이라는 구절이 이 모든 사정을 설명해 준다.

화자는 "모두들 공부하는 속에 와보면 나도 옛날에 공부하던 생각이 난다"고 말하지만, 그것은 현실을 긍정해서 하는 말이 아니다. 화자는 이 말을 6연에서 똑같이 반복한다. 그런데 시대의 변화까지 애써 "달관하고 있는" 화자의 마음에서 솟아나는 이유 없는 '설움'의 정체는 무엇일까? 그것은 "모독당한 과거"와 "약탈된 소유권"과 "연령의 넘지 못할 차이" 때문이 아니다. 반복되는 "모두들 공부하는 속에 와보면 나도 옛날에 공부하던 생각이 난다"는 구절은 도서관의 의미가 과거와 현재가 서로 다르지 않음을 강조한다. 그러므로 감추어진 권력의 실상을 제대로 파악하지 못하고 책을 통해 지식을 연마하려는 "어린 학도들"은 과거의 화자인 셈이

다. "흥분할 줄 모르는" 생리 때문에 화자는 현실에 대해 뭐라고 발언을 하지 못한다. 그러나 어떤 규칙이나 질서도 없이 "방향을 가리지 않고 서 있는 서가"를 보면서 도서관을 의심한다. 서가 사이로 보이는 흰 벽이 마치 "조류의 시뇨(屎尿)"와 같다는 표현은 생성의 공간이 벌써 죽음의 공간으로 변했음을 암시한다. 도서관은 곧 책의 무덤과 같다. 죽은 책을 보관하고 있는 도서관이야말로 "피폐한 고향"이며, 그것을 바라보는 일이 설움인 이유는 그 대상이 바로 '고향'이기 때문이다. "죽어 있는 방대한 서책들"을 읽고 어떤 예언자가 태어날 수 있겠는가. 화자는 급기야 "예언자가 나지 않는 거리로 창이 난 이 도서관"을 그 "창설의 의도부터가 풍자적"이었다고 비난한다. 전쟁과 폐허의 상황에서 화자의 체험은 풍자적 언술로 변했다. 도서관은 더 이상 학문의 장소가 아니다. 책의 진실이 현실에 부합되지 않음에도 불구하고 죽은 책이 연마의 대상이 되고, 책의 내용이 아직도 화자를 지배하고 있다는 점에서 그 설움은 시사(示唆)하는 바가 크다.

1960년 혁명을 전후로 김수영의 시적 태도에 뚜렷한 변화가 생겼다. 그의 관심은 현실의 문제로 집중된다. 주목할 것은 김수영의 이러한 태도의 변화가 반드시 정치적인 문제 때문만은 아니었다는 사실이다. 살펴본 「국립도서관」은 1955년에 쓰인 시이지만, 이미 충분히 현실비판적인 목소리를 담고 있기 때문이다. 4·19혁명이 하나의 기폭제가 되긴 했겠지만 그것이 김수영의 시적 태도의 변화를 모두 설명해줄 수 없다. 김수영 시에서의 현실비판적인 태도를 특별하게 정치적인 문제로 국한해야 할 까닭이 없다면, 그의 인식의 변화를 구체적인 현실의 영역과 사유의 영역에서 함께 찾아야 할 것이다. 혁명이 끝난 후 김수영은 신랄하게 책의 권위를 부정한다. 책이 지니는 상징적 의미를 믿지 않게 된 것이다. 그 비판 속에는 더 이상 책이라는 중심에 가까이 가려는 욕망은 없다.

기성 육법전서를 기준으로 하고
혁명을 바라는 자는 바보다
혁명이란
방법부터가 혁명적이어야 할 터인데
이게 도대체 무슨 개수작이냐

[중략]

아아 새까맣게 손때 묻은 육법전서가
표준이 되는 한
나의 손등에 장을 지져라
4·26 혁명은 혁명이 될 수 없다
차라리
혁명이란 말을 걷어치워라
하기야
혁명이란 단자는 학생들의 선언문하고
신문하고
열에 뜬 시인들이 속이 허해서
쓰는 말밖에는 아니 되지만
그보다도 창자가 더 메마른 저들은
더 이상 속이지 말아라
혁명의 육법전서는 '혁명'밖에는 없으니까
—「육법전서와 혁명」(《자유문학》, 1961. 1) 중에서

권위와 상징의 자리에서 쫓겨난 책은 조롱과 무시의 대상으로 전락한다. 혁명이 끝난 뒤 김수영은 책이 지니는 위엄성과 상징적 힘을 믿지 않게 된다. 두말할 필요도 없이 '육법전서'는 법과 질서의 상징이다. 화자는 책과 혁명을 나란히 놓고 둘을 동시에 비판한다. 비판의 핵심은 현

실적인 측면에서 책[육법전서]이 성숙한 시민사회로 진입하는 데 아무런 도움이 되지 않으며, 오히려 걸림돌이 된다는 것이다. 화자는 "아아 새까맣게 손때 묻은 육법전서가 / 표준이 되는 한 / 나의 손등에 장을 지져라"라고 말한다. 과거의 책을 통해 현실을 해석하지 말라는 화자의 당부는 '육법전서'라는 의장으로서의 책에 대한 반란이다. 지금까지 김수영에게 책이란 숭배와 경외의 대상이었다는 점을 생각한다면 주목할 만한 사건이다.

혁명을 위해선 과거의 '육법전서'와 같은 것은 필요 없다. 다시 새로운 '육법전서'가 쓰여야 한다. "혁명의 육법전서는 '혁명'밖에는 없으니까"라는 마지막 구절은 혁명의 성격을 말해주는 것이지만, 책의 생리에 대한 인식의 변화가 있었음을 함께 보여준다. 혁명을 성공하기 위해선 가장 먼저 책이 가지는 보수성의 두께를 깨뜨려야 한다. 책의 보수성은 곧 관념의 보수성이자 책을 통해 비유되는 세계의 보수성이다. 그러므로 "기성 육법전서를 기준으로 하고 / 혁명을 바라는 자는 바보"가 된다. 김수영은 혁명적 상황을 관념적 사유와 반성을 통해서 평가하는 일이 현실과 무관함을 깨닫게 된 것이다.[13] 우리가 기억해야 할 점은 책과 혁명에 대한 주저 없는 비웃음과 욕설이 곧 화자 자신에 대한 비웃음과 질타라는 사실이다. 가장 엄격하고 누구나 따라야 하는 '육법전서'가 더 이상 원칙과 진리를 담고 있지 않다는 시인의 인식은 곧 자신이 책에 대해 품었던 믿음이 헛됨을 시인하는 일이 된다. 김수영을 한동안 사로잡고 있었던 관념의 책은 이 시기에 이르자 어디론가 사라졌다.

김수영의 책에 대한 이러한 태도는 「만시지탄은 있지만」(《현대문학》, 1961. 1)에서 "루소의 『민약론(民約論)』"과 "데카르트의 『방법통설(方法通

13) 김상환, 「시인과 책의 죽음」, 『풍자와 해탈 혹은 사랑과 죽음』, 189쪽 참조.

說)』", 그리고 "베이컨의 『신논리학(新論理學)』"을 아무리 읽어 보아도 현실의 문제를 해결하는 묘수가 없으니 '비수'라도 써 보라고 은근히 권하는 것으로, 「누이의 방」(《사상계》, 1961. 1)에서는 누이의 어수선한 방 한가운데 가지런하게 정돈되어 있는 책들의 무용성을 비판하는 것으로 표현된다. 가령, "킴노박의 사진"과 나란히 정돈되어 있는 '국내소설책들'을 보고 화자는 방의 주인인 누이에게 두 번이나 "이런 것들이 정돈될 가치가 있는 것들인가"라고 말한다. 화자는 애꿎은 누이를 불러 세워 다그치듯 물었지만, 사실 그것은 자신에게 하고자 했던 말이다.

이쯤에서 우리는 책에 대한 김수영의 태도를 우선 정리할 필요가 있다. 1960년 혁명 직후에 김수영 시에서 책은 극복되어야 할 현실을 공고히 하는 부정적인 실체로서 존재한다. 그것은 책이 관념을 벗어나 현실 속에 현상하게 되었음을 뜻한다. 김수영은 책의 밖에서 책을 관찰하게 된 것이다. 이 말은 책을 현실의 문제와 결부해서 생각한다는 의미도 있지만, 책이라는 텍스트를 관념의 매개를 통하지 않고 직접적으로 바라보게 되었다는 뜻이다. 책에 대한 김수영의 이와 같은 태도의 변화는 서구적 근대와 낙후된 현실을 극복해 가는 과정과 다르지 않다.

4. 책의 열림과 세계의 개시(開示)

책에 대한 절대적 믿음과 그 믿음이 헛된 것일 수 있다는 자각을 보여주던 시기에, 한편으로 김수영은 책이라는 존재에 대한 철학적인 고민을 시작한다. 그것은 책을 여는 행위로부터 출발한다. 사실 열람할 수 없는 책, 닫혀 있는 책은 책이 아니다. 읽히지 않는 책이란 아직도 쓰이지 않은 그 무엇이다. 그때의 책은 아무도 만질 수 없는 그야말로 완벽한 책이거나 아예 책의 이름을 얻지 못한 경우다. 책을 여는 행위는 자유다. 승낙하고 긍정하는 자유다.[14] 책을 읽는 독자에게 책의 내용은 매번 새로운 것으로 현존한다. 물론 그것은 '책을 읽는다'는 행위를 가정했을 경우에 가능한 일이다. 책을 읽는다는 것은 책을 기록하는 것과 다르지 않다. 재미있는 사실은 책의 권위를 부정하고 책에 대한 경외심을 잃기 전에 김수영은 책을 여는 특별한 경험을 했다는 점이다. 혁명이 있기 훨씬 전에 쓴 두 편의 시에서 김수영은 금지의 대상이었던 책을 열기까지 수많은 시간과 견딤이 놓여 있음을 기록했다.

비가 그친 후 어느 날—
나의 방 안에 설움이 충만되어 있는 것을 발견하였다

오고 가는 것이 직선으로 혹은
대각선으로 맞닥뜨리는 것 같은 속에서
나의 설움은 유유히 자기의 시간을 찾아갔다

설움을 역류하는 야릇한 것만을 구태여 찾아서 헤매는 것은
우둔한 일인 줄 알면서
그것이 나의 생활이며 생명이며 정신이며 시대이며 밑바닥이라는 것을 믿었기 때문에—
아아 그러나 지금 이 방 안에는
오직 시간만이 있지 않으냐

흐르는 시간 속에 이를테면 푸른 옷이 걸리고 그 위에
반짝이는 별같이 흰 단추가 달려 있고

---

14) 모리스 블랑쇼(M. Blanchot), 『문학의 공간』, 박혜영 옮김, 책세상, 1990, 263~265쪽 참조.

가만히 앉아 있어도 자꾸 빠근하여만 가는 목을 돌려
시간과 함께 비스듬히 내려다보는 것
그것은 혹시 한 자루의 부채
—그러나 그것은 보일락 말락 나의 시야에서
멀어져가는 것—
하나의 가냘픈 물체에 도저히 고정될 수 없는
나의 눈이며 나의 정신이며

이 밤이 기다리는 고요한 사상마저
나는 초연히 이것을 시간 위에 얹고
어려운 몇 고비를 넘어가는 기술을 알고 있나니
누구의 생활도 아닌 이것은 확실한 나의 생활

마지막 설움마저 보낸 뒤
빈 방 안에 나는 홀로이 머물러 앉아
어떠한 내용의 책을 열어 보려 하는가

—「방 안에서 익어가는 설움」(1954. 8. 10) 전문

시의 화자는 "비가 그친 후 어느 날" "방 안에 설움이 충만되어 있는 것을 발견"하고, "마지막 설움"을 보낸 뒤 "홀로이 머물러 앉아" 있다. 설움이 충만한 방은 시의 정황을 고려하면 화자의 육체이자 내면 공간이 된다.[15] 그런데 화자는 그 안에서 "어떠한 내용의 책을 열어 보려"고 한다. 그러므로 이 시를 이해하는 데 있어 '설움'과 책을 열어 보는 행위는 다른 어떤 것보다 중요하다. '열어 보다'가 중요한 것은 그 안에 담겨 있을 '어떠한 내용' 때문일 수도 있다. 사실 책을 열어 보는 일은 그 내용에 따라 많이 달라진다. 그러나 정작 더 세심하게 따져 보아야 하는 게 바로

15) 이은정, 「김춘수와 김수영 시학의 대비적 연구」, 이화여대박사논문, 1992, 156쪽.

'열어 보는' 행위 자체다. 책을 열어 보는 일이 그 내용과 관계없을 때에는 단일한 의미만을 지니며, 책은 존재의 문제로 바뀌게 된다.

시를 전체적인 맥락에 따라 읽을 때 화자가 말하고자 하는 것은 "어떠한 내용"에 있는 것이 아니라는 점을 확인할 수 있다. 그렇다면 문제는 역시 책을 여는 행위에 있다. 책을 여는 행위가 밝혀질 때 책이 담고 있을 '어떠한'의 내용도 자연스럽게 드러날 것이다. 그러나 우선 화자의 내면과 육체를 비유한 방에 가득한 '설움'의 정체를 밝혀야 한다. 설움으로 충만해 있는 방에서 화자는 우둔한 일인 줄 알면서 "설움을 역류하는 것"을 "구태여 찾아서 헤매"고 있다. 어서 빨리 설움에 도달하려는 이유는 설움과의 이별을 위해서다. "마지막 설움마저 보낸 뒤"에야 책을 열어 볼 수 있기 때문이다. '설움'을 찾아 헤매는 것이란 다름 아닌 '생활' '생명' '정신' '시대' '밑바닥'인 화자의 삶 전체다. 화자의 삶은 '설움'으로 가득하다. '설움'의 정체가 곧 삶으로 드러난다. 화자가 그 방을 쉽게 걸어 나오지 못하는 이유도 여기에 있으며, 만약 그 일이 가능하다고 해도 시간이 한참 지난 뒤에야 일어날 것이다. 그러기에 아직 화자의 몸은 걸을 수 없을 만큼 무겁고 "가만히 앉아 있어도 자꾸 빠근하여만" 간다.

마지막 연에서 "설움을 보낸 뒤"라고 했으니 책을 여는 행위는 지금까지의 삶과 다른 새로운 가능성을 내포한다. 빈 방 안에 홀로 앉아 있는 화자에게 설움과의 작별은 책을 여는 행위다. 책을 여는 순간 화자는 새로운 삶을 책에 기입한다. 책이 바로 삶이 된다. 관념의 책이 아닌 삶의 책에는 책의 낱장처럼 수많은 새로운 경험들이 빼곡하게 들어찰 것이다. 앞에서 잠시 그 해석을 뒤로 미루었던 "어떠한 내용의 책"에서 그 '어떠한'의 내용은 바로 설움과의 이별이며, 그것은 새로운 가능성을 예기한다. 다시 말해 책을 여는 행위는 그 자체가 스스로 하나의 의미가 되는 과정이며 행위다. 책의 열림은 지금까지 화자의 체험을 지배했던 설움이 끝나는 순간이자 새로운 열림의 순간이다. 세계의 개시가 여기서 시작된다.

책 속에 기록되어 있는 그 무엇에 대해 조금 더 따져 보자. 책의 낱장에는 무엇이 기록되어 있는가. 태초의 신의 말에서 인간의 말로, 다시 한 개인의 말로 기록의 내용은 바뀌어 왔을 것이다. 신의 이야기가 아닌 보편적 인간의 이야기가, 다시 한 개인의 이야기가 책 속에 기록되면서 저자는 책을 통해 자신의 존재를 증명할 수 있게 되었다. 따라서 책이 보관되어 있는 장소도 인간의 손길이 닿지 않는 성스러운 곳에서 권리와 경제적 이익이 개입하는 시정의 한복판으로, 그리고 다시 한 개인의 밀실로 바뀌었다. 한 개인이 자신의 표상 행위를 통해 세계의 존재를 사적으로 소유하는 일, 바로 그 일을 책이 도와주었다. 정확하게 일치하지는 않지만 김수영은 그 과정을 따라가고 있다. 「방 안에서 익어 가는 설움」보다 늦게 쓰인 「서책」은 우리에게 책의 안쪽을 채우고 있는 것에 대해, 책을 여는 행위에 대해 보다 많은 사실을 전해준다.

> 덮어놓은 책은 기도와 같은 것
> 이 책에는
> 신(神)밖에는 아무도 손을 대어서는 아니 된다
>
> 잠자는 책이여
> 누구를 향하여 앉아서도 아니 된다
> 누구를 향하여 열려서도 아니 된다
>
> 지구에 묻은 풀잎같이
> 나에게 묻은 서책의 숙련—
> 순결과 오점이 모두 그의 상징이 되려 할 때
> 신이여

당신의 책을 당신이 여시오

잠자는 책은 이미 잊어버린 책
이다음에 이 책을 여는 것은
내가 아닙니다

—「서책」(《중앙일보》, 1956. 5. 21) 전문

이 시에서 책은 비판이나 풍자의 대상이 아니다. 최소한 여기서의 책은 숭고함을 지닌다. 책이 함부로 열려서는 안 되고 오직 신만이 책을 열어야 한다. 책의 권위를 인정하고 책에 대한 경외감을 표명한다는 점에서 이 시는 「가까이할 수 없는 서적」과 함께 읽어야 한다. "덮어놓은 책"과 "잠자는 책", "잊어버린 책" 역시 그러한 사정을 더욱 뒷받침하고 있다. 그것은 만질 수 없는, 함부로 만지면 죽을지도 모르는 책이다. 그러나 "신이여 / 당신의 책을 당신이 여시오", "이 다음에 이 책을 여는 것은 / 내가 아닙니다"와 같은 구절에서 보듯 책을 여는 행위에 주목한다면 관념 속에서 사유되는 책이 아니라 실제의 책일 가능성이 훨씬 높다.

책에 관한 철학적 사유뿐 아니라 서술구조가 시의 독해를 방해한다. 1연에서 "덮어놓은 책은 기도와 같은 것"은 책에 기록된 것이 기도처럼 신성하기 때문에 함부로 열어 보아서는 안 된다는 뜻이다. 그러므로 신밖에는 아무도 손을 댈 수 없다. "덮어놓은 책"이므로 2연의 "잠자는 책"이 이해될 수 있다. 동시에 누구를 위한 책도 아니며 누가 열어 보아서도 안 되는 책이므로 "잠자는 책"이기도 하다. 그런데 "지구에 묻은 풀잎같이 / 나에게 묻은 서책의 숙련—"의 의미를 읽어 내기란 용이하지 않다. 이 두 구절은 다음 행의 "순결과 오점"을 비유하는 것처럼 보인다. 즉자적인 존재로서의 책이 순결을 뜻한다면, 책이 대자적일 때 오점이 생긴다. 책은 그 자체로 완결된 존재이지만, 읽혀질 때 그것은 대자적이기 때문이다. "순결과 오점"이 긍정과 부정으로 이해되는 것은 아니다. 이러한 "순결과 오점"이 책의 상징이 되는 순간, 책은 즉자적인 의미와 대자적인 의미를 하나로 포섭하게 된다. 현실과 관념이 하나로 합치되는 책, 완벽한 책을 완전한 신이 여는 것이다. 그래서 화자는 "신이여 / 당신의 책을 당신이 여시오"라고 말할 수 있게 된다.

해석의 또 다른 문제는 "이 다음에 이 책을 여는 것은 / 내가 아닙니다"라는 구절이다. 지금까지 책은 오직 신만이 열람할 수 있었다. 돌연한 화자의 출현은 신의 존재에 대해 의문을 품게 한다. 신 이외에도 책을 열 수 있는 사람은 바로 책의 주인이다. 그러나 그 주인은 책의 저자로서, 책의 소유권자로서의 주인이 아니다. 화자가 책을 열었다면 화자는 더 이상 저자로서의 '나'가 아니라 그 책과는 무관한 제3자로서의 한 개인일 뿐이다.[16] 책의 저자가 소멸할 때, 책은 독서에 의해 끝없이 제거되면서 다시 생성된다.[17] 사물이 표상으로 존재하듯이 저자는 책 속의 대리자에 의해 존재한다. 저자를 재현하고 다시 소개하는 책, 그 책을 여는 '나'는 애초의 저자가 아니다. 저자는 다른 나가 되어 책 속의 나를 만나는 것이다. 독자의 탄생은 저자의 죽음이라는 대가를 치러야한다.[18]

「서책」은, 책을 여는 행위에 대한 김수영의 낭만적 정념이 기원에 대한 향수를 뜻하지 않음을 보여준다. 책이 가지고 있는 알 수 없는 기원에 대한 희망은 여기에 없다. 이 시는 단지 아직 오지 않은 미래에 속하는 것, 역사적 미래를 개방하는 것에 대한 열망을 표현하고 있을 뿐이다. 비슷한 시기에 쓰인 「국립도서관」과 나란히 놓고 읽었을 때, 김수영이 책을

16) 김상환은 여기서의 '나'를 "익명의 저자이자 중성의 자기"라고 이름 붙였다(「시인과 책의 죽음」, 앞의 책, 199쪽 참조).

17) 모리스 블랑쇼(M. Blanchot), 『미래의 책』, 최윤정 옮김, 세계사, 1993, 389쪽 참조.

18) 롤랑 바르트(R. Barthes), 『텍스트의 즐거움』, 김희영 옮김, 동문선, 1997, 35쪽.

통해 보여준 근대 극복의 모습을 발견할 수 있다. 「국립도서관」에서 책에 대한 맹목적 신뢰가 불러올 수 있는 치명적인 폐해를 이야기했던 김수영은 동시에 「서책」에서 세계의 개시(開示)를 기다리는 기대와 두려움으로 또 다른 책을 열고 있었던 것이다. 책에 대한 김수영의 전혀 다른 차원의 태도와 인식은 최소한 그가 서구적 근대에 대한 선망에서, 그로 인한 초조와 불안으로부터 어느 정도 자유로워졌음을 보여주고 있다.

5. 문화적 기호로서의 책의 실재와 현실

지금까지 읽어온 것처럼 근대적 산물로서의 책, 그리고 그 책을 여는 행위는 김수영에게 매우 중요한 문제다. 그 중요성은, 관념의 영역에서 구체적인 현실로의 이동으로 요약되는 책에 대한 김수영의 인식 변화를 살펴봄으로써 더욱 뚜렷해진다.

피자마 바람으로 주스를 마시면서
프레이서의 현대시론을 사전을 찾아가며 읽고 있으려니
여편네가 일본에서 온 새 잡지 안의
김소운의 수필을 보라고 내던져준다
읽어 보지 않으신 분은 읽어 보시오
나의 프레이서의 책 속의 낱말이
송충이처럼 꾸불텅거리면서 어찌나 지겨워 보이던지
이렇게 돼서야 고만이지
어떻게든지 체면을 차려 볼 궁리 좀 해야지

—「파자마 바람으로」(《한양》, 1962. 10) 중에서

영어사전을 찾아가면서 읽고 있는 "프레이서의 현대시론"과 "김소운의 수필"이 실린 일본의 새 잡지는 이제 따라잡아야 할 근대의 표상도 아니며, 극단적인 거부의 대상도 아니다. 그것은 생활의 일부이며, 경제적 도구다. 그런데 생활의 한 부분이라고 여기던 책을 읽어야 하는 다른 이유가 분명 있다. 일생 동안 함께 했던 책읽기에 대한 복잡한 그의 심사가 다음 글에 잘 나타나 있다.

> 일을 하자. 번역이라도 부지런히 해서 '과학서적'과 기타 '진지한 서적'을 사서 읽자.
>
> 그리고 읽은 책은 그전처럼 서푼에 팔아서 술을 마셔버리는 일을 하지 말자. 알았다. 이제는 책을 사야 한다고, 피로서 읽어야 한다고. 무기로서 쌓아두어야 한다고. 책을 쌓아두어도 조금도 양심의 가책을 느끼지 않고 오히려 떳떳이 앉아 있을 수 있다고. —「일기초 2」(1960. 9. 13) 중에서

책은 더 이상 순수 이성이 만들어 놓은 거대한 왕국이 아니다. 책이 관념 밖으로 탈출하자마자 거기에는 수많은 기호와 이미지가 달라붙는다. 책의 저자도 책의 독자도 그 누구도 책의 주인이 될 수 없다. 그러나 누구나 책의 주인이 될 수 있다. 책은 수많은 기호의 집이며 새로운 문화가 잉태되는 공간이다. 더 이상 책은 낡은 구조 속에 고정되지 않으며, 저자의 이름을 달고 현상하지 않는다. 아무리 두꺼운 책이라도 위엄이나 금지의 대상이 되지 않는다. 책은 고유성과 개인성을 상실했지만 더 높은 자리를 차지하였다.

> VOGUE야 넌 잡지가 아냐
> 섹스도 아냐 유물론도 아냐 선망조차도
> 아냐—선망이란 어지간히 따라갈 가망성이 있는

상대자에 대한 시기심이 아니냐, 그러니까 너는
선망도 아냐

마룻바닥에 깐 비닐 장판에 구공탄을 떨어뜨려
탄 자국, 내 구두에 묻은 흙, 변두리의 진흙,
그런 가슴의 죽음의 표식만을 지켜온,
밑바닥만을 보아온, 빈곤에 마비된 눈에
하늘을 가리켜주는 잡지
VOGUE야

신성을 지키는 시인의 자리 위에 또 하나
넓은 자리가 있었던 것을 자식한테
가르쳐주지 않은 죄—그 죄에 그렇게
오랜 시간을 시달리면서도 그것을 몰랐다
VOGUE야 너의 세계에 스크린을 친 죄,
아이들의 눈을 막은 죄—그 죄의 앙갚음
VOGUE야

그리고 아들아 나는 아직도 너에게 할 말이
왜 없겠는가 그러나 안 한다
안 하기로 했다 안 해도 된다고
생각했다 안 해야 한다고 생각했다
너에게도 엄마에게도 모든
아버지보다 돈 많은 사람들에게도
아버지 자신에게도

—「VOGUE야」(《창작과비평》, 1969년 여름호) 전문

'VOGUE'는 세계적으로 팔리는 대중적인 패션 잡지다. 패션뿐 아니라 문화에서도 말뜻 그대로 세계의 유행을 주도했다.[19] 'VOGUE'는 그야말

로 서구 자본주의의 표상이면서 동시에 우리의 현실을 되비쳐주는 절묘한 반사경의 몫을 담당하는 기제인 셈이다.[20] 'VOGUE'를 문화의 한가운데에 앉힌 화자는 그것을 더 이상 '잡지'가 아니라고 말한다. 행여 잡지라는 말에 묻어 있을지도 모를 폄하의 뜻을 감춘 것이다. 대신 화자는 'VOGUE'를 "상대자에 대한 시기심"을 유발하는 '선망'도 아니라고 말한다. 그것은 시기로 부정할 수 있는 차원을 벌써 넘어섰기 때문이다. 반면 중심에서 멀리 떨어진 현실은 "마룻바닥에 깐 비닐 장판에 구공탄을 떨어뜨려 / 탄 자국, 내 구두에 묻은 흙, 변두리의 진흙"에서 볼 수 있듯이 보잘것없으며 하찮다.

"밑바닥만을 보아온, 빈곤에 마비된 눈"은 변방에 살고 있는 화자의 눈이며, 그 눈에 비치는 'VOGUE'는 "하늘을 가리켜주는 잡지"로 군림한다. "신성을 지키는 시인의 자리 위에 또 하나 / 넓은 자리"에 현대 자본주의 문화를 이끄는 'VOGUE'가 아무렇지도 않게 앉아 있다. 가장 대중적인 것이 시의 자리 위에 있다는 사실을 깨달은 화자는 재빠른 서구의 문화를 우리식으로 소화하지 않고는 시도 관념에 지나지 않음을 간파한 것이다. 김수영은 예전에 책을 관념으로만 이해한 적이 있었다. 그렇다고 현대 대중문화에 대한 화자의 지나친 경도를 비판하는 것이 옳을까. 그것은 지금까지 읽어온 김수영의 시를 거꾸로 해석하는 일이다. 화자가 그 엄연한 것들을 아들에게 가르쳐 주지 않았다는 죄책감에 시달렸다는 점을 떠올

---

19) 'VOUGE'의 사전적 의미는 '유행품' 혹은 '성행'이다. 이 잡지는 1892년 프랑스 판으로 처음 출간되었다. 미국에서는 1915년에, 영국에서는 1916년에 출간되었으며 나라마다 발행 빈도는 다르다. 이처럼 책을 문화의 한 표상으로 이해하고 시의 대상으로 끌어들인 예를 「엔카운트지(誌)」에서도 확인할 수 있다. 'Encounter'는 1953년에 영국에서 발간된 잡지로 스티븐 스펜더(S. Spender)가 주간이었으며 서유럽의 자유주의를 옹호하였다. 김수영은 이들 책을 통해 번역료를 챙겼다.

20) 유중하, 「하나에서 둘로: 김수영 그 이후」, 《창작과비평》, 1999년 가을호, 38쪽.

릴 필요가 있다. 'VOGUE'라는 세계에 스크린을 친 죄에 대해, 아이들이 그것을 못 보게 눈을 막은 죄에 대해 화자는 깊이 반성한다. 이러한 솔직한 고백은 현실을 재빠르게 이해한 김수영의 개인적 윤리에서 나오는 말이다. 그것은 오히려 책이 다시 관념 안으로 들어가는 것을 경계하려는 뜻이다. 여기에는 스크린을 쳐서라도 유행처럼 번질 책[擬裝]의 범람을, 책[儀裝]에 대한 허황된 믿음을 막아보려는 화자의 의도가 깔려 있다. 그러나 유행은 사유보다 먼저 의식에 들어와 있고 사유보다 더 빨리 사유하고 반성보다 먼저 달아난다. 화자가 아들에게 할 말이 있어도 안 하고, 안 하기로 하고, 안 해도 된다고 생각하고, 안 해야 한다고 생각한 까닭이 바로 여기에 있다. 화려하게 빛나는 서구의 문물과 거리를 두고 자신만의 세계를 개시하는 일이 바로 김수영이 서구적 근대를 극복하는 한 방식이었다. 그런데 주목할 것은 김수영이 "마룻바닥에 깐 비닐 장판에 구공탄을 떨어뜨려 / 탄 자국, 내 구두에 묻은 흙, 변두리의 진흙"에서 새로운 시의 세계를 발견하고자 했다는 사실이다. 김수영에게 그것은 낙후된 현실과 문학[시]을 극복하는 일이기도 했다.

6. 결론

김수영이 등단 후 지속적으로 책에 관한 시를 썼다는 사실을 바탕으로 책에 대한 김수영의 태도의 문제를 살펴보려는 것이 이 글의 목적이었다. 초기의 작품에서 「VOGUE」에 이르기까지 책이라는 텍스트가 활용된 시에서 그 의미는 동일하지 않았다. 시대와 환경에 따라 그 의미는 다양하게 표현되었다. 무엇보다 중요한 것은 김수영의 시에서 책이 사유의 표상으로 제시되는 경우 세계를 이해하는 그의 시적 태도가 매우 명확하게 드러난다는 사실이다.

김수영은 의장[擬裝]으로서의 책이 특별한 의장[儀裝]이 될 수 있음을 믿었던 자신의 헛된 희망을 솔직하게 고백(「아메리카 타임지(誌)」)하기도 하고, 열리지 않는 책에 대한 열망과 고뇌(「가까이할 수 없는 서적」)를, 책으로서의 위의와 격을 상실한 사실에 대한 신랄한 풍자(「국립도서관」, 「육법전서와 혁명」)를 보여주었다. 더 나아가 책을 읽기까지의 오랜 고통(「방 안에서 익어가는 설움」)을 말하거나, 책의 열림이 금지의 뜻과 함께 세계의 개시(開示)를 뜻함(「서책」)을 읽어냈다. 그러나 현실을 재빠르게 간파한 그는 또 책이 유행처럼 번질 것을, 책에 대한 허황한 믿음을 경계(「VOGUE」)하였다.

김수영에게 책은 물신적 숭배의 대상에 가까웠으나 동시에 생활의 방편이기도 했다. 김수영의 책에 대한 인식의 변모과정은 서구적 근대에 대한 선망에서 벗어나 한국적 근대를 발견하고자 했던 그의 태도와 매우 유사하다. 화려하게 빛나는 서구 문물[책]과 거리를 두면서 새로운 시의 세계를 개시하고자 했던 김수영의 태도는 서구적 근대와 낙후된 현실을 극복하는 한 방식이었다.

시와 속도의 정치학

1. 왜 속도인가

김수영은 시 「시골 선물」(1954. 1. 1)에서 "서울에 돌아온 지 일주일도 못 되는 나에게는 도회의 소음과 광증(狂症)과 속도와 허위가 새삼스럽게 미웁고 서글프게 느껴"진다고 기록하고 있다. 시의 내용은 시인이 짧은 여행을 하고 다시 서울로 돌아와, 종로 네거리 조용한 찻집에 앉아 "중앙선 어느 협곡에 있는 역에서 백여 리나 떨어진 광산촌에 두고 온 잃어버린 겨울모자"를 생각하는 그리 어렵지 않은 이야기다. 언뜻 보면 이 시가 '근대성' '탈근대성'을 동시에 섭렵하고 모더니즘과 리얼리즘을 가로질러 그 회통(會通)에 도달하는 경지를 보여준[1] 김수영의 시적 성취와 무관해 보일 수도 있겠다. 하지만 "도회의 소음과 광증(狂症)과 속도와 허위"에 대해 "미웁고 서글프"다는 김수영의 미묘한 감정 표현은 예사롭지 않다. 그것은 근대, 즉 기술문명사회와 속도에 대한 특별한 그의 의식을 담고 있다. 뿐만 아니라 근대와 탈근대에 대한 김수영의 비판적 태도가 "미웁고 서글프"다는 감정 표현에 숨겨져 있어 대수롭게 보아 넘겨서는 안 된다. 근대기술문명시대의 도시가 지닌 중요한 속성을 김수영은 "소음" "광증" "속도" "허위"로 이해했다. 충분히 짐작할 수 있는 것처럼, 이 네 가지

---

1) 최원식, 『문학의 귀환』, 창작과비평사, 2001, 52쪽 참조.

특징은 한국전쟁과 함께 들어온 근대문물 혹은 근대성과 매우 긴밀하게 연결되어 있다. 1954년 전쟁이 막 끝난 한국은 미국의 원조경제 시스템 속에서 서구적 근대문명과 상품 자본주의가 물밀 듯이 들이닥치고 있었다. 전쟁이라는 근대기술문명의 속도가 초래한 폭력성을 겪은 뒤에, 곧이어 전쟁의 폐허를 순식간에 복구하려는 또 다른 근대의 과잉된 속도가 당시 한국을 지배하고 있었다. 이와 같은 이중적인 경험을 피할 수 없었던 그의 시작 활동 시기를 고려한다면, 김수영이 근대기술문명의 속도주의에 예민한 반응을 보이는 것은 어쩌면 당연한 결과라고 하겠다.

근대 이후 진보는 언제나 속도를 동반해 왔다. 기술문명이 발달될수록 철도, 자동차, 비행기, 전화, 텔레비전 등과 같은 교통과 통신 매체의 속도는 점점 더 빨라지고 있다. 가속화된 기술문명의 속도는 객관적인 세계에 대한 우리의 이해를 왜곡하거나 때로는 불가능하게 한다. 뿐만 아니라 우리를 둘러싼 현실의 속도가 점점 빨라지면서 세계에 대한 우리의 기억이 종종 부재하기도 한다. 우리의 일상은 교통과 통신에 의해 우리가 의식하지 못하는 사이에 어디론가 흘러가고 있다. 극단적으로 어느 철학자가 말한 것처럼 속도를 중요시하는 근대기술문명사회에서 우리 삶의 공간은 결국 소멸하게 될지도 모른다.[2] 김수영은 서구적 근대가 보여주는 화려한 기술문명에 놀랐고, 그들의 수준 높은 문화에 때로 매료되기도 했으나 절망했다. 그것과는 비교할 수조차 없는 열악한 한국적 현실에 낙담했던 것이다. 그의 시에서 서구적 근대를 따라잡아야 한다는 초조함이 종종 불안으로 나타나고, 불가능한 현실로 인한 피로와 비애의 냄새가 자주 등장하는 것은 이유가 없지 않다. 하지만 김수영은 근대기술문명의 속도가 지닌 가능성과 위험성을 간파하고 있었다. 근대성 속에 은폐된 제3세

2) 폴 비릴리오(P. Virilio), 『소멸의 미학』, 김경온 옮김, 연세대출판부, 2012, 117쪽 참조.

계 근대성의 한 측면을 보여주고 있는 김수영의 시에서, 속도는 근대의 속도에 저항하는 반근대 미학으로 충분히 이해될 수 있다.[3] 이 글에서는 김수영의 시와 속도가 어떻게 관련되어 있는지를 세심하게 살피고, 속도를 이해하고 그 질주성을 제어하려고 했던 그의 태도를 구체적으로 확인하고자 한다.

2. 기술문명과 속도 그리고 권력과 소음

진보를 목표로 하는 근대의 시간의식을 고려할 때, 속도의 문제는 근대의 본질을 이해하는 데 매우 중요한 개념이다. 김수영 시에는 근대기술문명사회의 중요한 특징인 속도와 무관하지 않은 시가 상당수 있다. 그 중 몇 편의 시를 살펴보자.

> 제트기 벽화 밑의 나보다 더 뚱뚱한 주인 앞에서
> 나는 결코 울어야 할 사람은 아니며
> 영원히 나 자신을 고쳐가야 할 운명과 사명에 놓여 있는 이 밤에
> 나는 한사코 방심조차 하여서는 아니 될 터인데
> 팽이가 나를 비웃는 듯이 돌고 있다
> 비행기 프로펠러보다도 팽이가 기억이 멀고
> 강한 것보다는 약한 것이 더 많은 나의 착한 마음이기에

3) 노영무, 「김수영 시에 나타난 속도의 의미」, 《국어국문학》 131, 2002, 475쪽 참조. 노영무는 속도의 문제를 근대의 중요한 개념으로 이해하고, 김수영이 속도주의에 내재한 근대의 이중성을 인식하고 그것에 저항하고자 했음을 면밀하게 다루고 있다. 이 글에서는 그의 논지에 전적으로 동의한다. 덧붙여 속도의 의미를 보충하고, 속도의 문제를 극복하려는 김수영의 노력이 휴식과 정지를 통해 나타나며, 그것이 시간의 변화 속에서 발견한 사랑과 연결되고 있음을 함께 논의하고자 한다.

팽이는 지금 수천 년 전의 성인과 같이
내 앞에서 돈다
생각하면 서러운 것인데
너도 나도 스스로 도는 힘을 위하여
공통된 그 무엇을 위하여 울어서는 아니 된다는 듯이
서서 돌고 있는 것인가
팽이가 돈다
팽이가 돈다

—「달나라의 장난」(《자유세계》, 1953. 4) 중에서

시의 화자는 손님으로 찾아간 남의 집 앞마당에서 그 집 아이가 돌리는 팽이를 보고 문득 설움을 느낀다. 그 이유는 여러 가지가 있겠지만, 표면상으로는 스스로 도는 힘에 의해 겨우 돌아가고 있는 팽이가 마치 "도회 안에서 쫓겨 다니는 듯이 사는" 자신을 꼭 빼닮았기 때문이다. 그런데 부단히 "자신을 고쳐가야 할 운명"에 처해 있는 팽이에게는 언제 쓰러질지 모르는 위태로움이 항상 도사리고 있다. 이 사실이 화자의 설움을 한층 깊게 한다. 그러나 더 큰 문제는 "도회 안에서 쫓겨 다니는 듯이 사는" 자신과 위태롭게 돌고 있는 팽이의 속도를 훨씬 능가하는 "비행기 프로펠러"가 이미 존재하고 있다는 점이다. 화자는 겨우 팽이처럼 힘겹게 돌고 있는데, 현실은 "비행기 프로펠러"처럼 빠르게 돌고 있다. 이미 "도회 안에서 쫓겨 다니는 듯" 근대기술문명의 속도에 내몰려서 살고 있는데, "비행기 프로펠러"의 엄청난 속도를 따라잡을 재간이 화자에게는 없다. 김수영은 근대기술문명이 만들어낸 "비행기 프로펠러"의 속도를 어떻게 따라잡을 것인가를 고민하지 않았다. 그러나 "비행기 프로펠러"를 외면할 수는 없었다. 어떻게든 그 속도에 자신을 맞춰야만 살아갈 수 있다는 사실을 그는 알았다. 말하자면 그 속도가 지니는 가공할 만한 힘을 김수영은

직감하고 있었던 것이다.

①
'시간은 시간을 먹는 듯이 바쁘기만 하다'는
기계가 아닌 자옥한 안개 같은
준엄한 태산 같은
시간의 퇴적뿐이 아닐 것이냐

죽음이 싫으면서
너를 딛고 일어서고
시간이 싫으면서
너를 타고 가야 한다

창조를 위하여
방향은 현대—

—「네이팜 탄」(《신태양》 34호, 1955. 6. 1) 중에서

②
고통의 영사판(映寫板) 뒤에 서서
어룽대며 변하여가는 찬란한 현실을 잡으려고
나는 어떠한 몸짓을 하여야 되는가

—「영사판」(1955) 중에서

①에서 "네이팜 탄"이라는 근대기술문명이 만든 무기가 상징적으로 표현하는 것은 빠르기, 곧 속도다. 원주에 따르면 그것은 "최근 미국에서 새로 발명된 유도탄"이다. "네이팜 탄"은 근대기술문명의 첨단답게 아주 빠른 속도로 대상을 향해 날아간다. 가야할 방향은 "현대"다. 미적 현대성의 본질을 강조하기 위해 "창조를 위하여"라고 김수영이 적었을 수도

있겠지만, 기술문명사회에서 모든 것은 새로움, 즉 창조를 그 목적으로 한다. 그것은 효용성과 관련된다. 기술은 진리나 정의, 아름다움 등과 관련되지 않는다. 기술의 가치는 오직 수행성에 있다.[4] 그러므로 주목해서 읽어야 할 것은 "현대"다. "현대"(근대문물)의 속성은 "'시간은 시간을 먹는 듯이 바쁘기만 하다'"에서 알 수 있듯이 속도다. 시간이 시간을 집어삼키는 것은 곧 보편적 시간 개념으로는 도저히 가늠할 수 없는 현대의 시간 속도 때문이다. 근대기술문명의 속도에 의해 시간은 점점 더 빠르게 지나간다. 물리적 시간 속도를 능가하는 감각적 시간 속도 때문이다. "현대"가 어쩔 수 없는 대세임을 간파한 화자는 "죽음이 싫으면서 / 너를 딛고 일어서"야 하며, 동시에 "시간이 싫으면서 / 너를 타고 가야"한다는 엄연한 사실을 깨달았다.

짧게 인용한 ②의 시에서 시인은 근대기술문명이 만들어낸 현실과 그 현실을 어떻게 살아왔는가를 보여준다. "고통의 영사판(映寫板)"은 화자가 거쳐 온 삶의 현장과 다름없으며, 그곳은 찬란한 불빛과도 같이 빨리 변한다. "어룽대며 변하여가는 찬란한 현실" 속에서는 진실과 허위를 구분하기는 어렵다. 그만큼 시간의 속도는 빠르고, 그로 인해 우리 삶은 쉽게 변한다. 김수영은 근대기술문명의 기기가 만들어내는 속도가 삶의 방식을 어떻게 바꾸게 될 것인가를 알고 있었다. 영사기가 만들어내는 현란한 기계의 빛, 속도와 이미지들은 재빠르게 현대인의 생활을 변화시켰다.[5] 가상의 현실이 실재의 현실을 순식간에 뒤덮고, 사람들은 그 가상을 쫓아 어디론가 달려간다. "어룽대며 변하여가는 찬란한 현실"을 잡아야하는 일은 김수영뿐만 아니라 근대기술문명사회를 살아가는 모든 이가 고

---

4) 장 프랑수아 리오타르(J-F. Lyotard), 『포스트모던의 조건』, 유정완 외 옮김, 민음사, 1992, 118쪽 참조.

5) 폴 비릴리오(P. Virilio), 앞의 책, 98쪽.

민해야 할 문제였다. 하지만 근대기술문명의 속도가 지니는 의미를 간파하고 따라가는 것과 그렇지 않고 따라가는 것은 다르다. "나는 어떠한 몸짓을 하여야 되는가"라는 구절에는 최소한 그 속도에 휩쓸려 가지는 않겠다는 의지가 숨겨져 있다. 「달나라의 장난」에서도 확인한 것처럼, 근대기술문명의 기기를 소재로 다루고 있는 「네이팜 탄」과 「영사판」에서도 김수영은 근대의 속도주의가 지니는 위험성을 분명하게 보여준다.

> 나는 너무나 많은 첨단의 노래만을 불러왔다
> 나는 정지의 미에 너무나 등한하였다
> 나무여 영혼이여
> 가벼운 참새같이 나는 잠시 너의
> 흉하지 않은 가지 위에 피곤한 몸을 앉힌다
> 성장은 소크라테스 이후 모든 현인들이 하여 온 일
> 정리는
> 전란에 시달린 20세기 시인들이 하여 놓은 일
> 그래도 나무는 자라고 있다 영혼은
> 그리고 교훈은 명령은
> 나는
> 아직도 명령의 과잉을 용서할 수 없는 시대이지만
> 이 시대는 아직도 명령의 과잉을 요구하는 밤이다
> 나는 그러한 밤에는 부엉이의 노래를 부를 줄도 안다
>
> 지지한 노래를
> 더러운 노래를 생기 없는 노래를
> 아아 하나의 명령을
>
> —「서시」(《사상계》, 1957. 8) 전문

「서시」에서 김수영은 근대기술문명의 속도를 따라잡으려고 했던 자신

의 태도에 대해 반성하고 자책한다. 그 내용은 "첨단의 노래"만을 불러왔고 "정지의 미"에 등한했다는 것이다. "첨단의 노래"와 "정지의 미"는 각각 "성장"과 "정리"의 의미를 지닌다. 성장이 근대의 속도에 의해 얻게 된 결과라면, 정리는 근대의 속도가 지니는 의미를 이해하는 과정에 해당한다. 우선 "첨단의 노래"와 "성장", 그리고 근대의 속도에 대해 이해할 필요가 있다. "첨단의 노래"를 부른다는 것, "성장"한다는 것은 곧 시간을 지배한다는 의미다. 시간을 지배함으로써 힘을 가지게 된다. 힘을 가진다는 것은 세계와의 싸움에서 이긴다는 의미며, 물리적 시간 질서 안에서 다른 사람과의 경쟁에서 앞선다는 뜻이다. 시의 화자가 "첨단의 노래"를 부르고자 했던 이유다. 그러므로 근대의 속도, 즉 "명령의 과잉"은 낙후된 현실을 바꾸기 위해서는 불가피했던 것이다. 그런데 주목할 것은 "첨단의 노래"와 "성장"이 근대의 속도와 연결되면서 "명령"으로 호명된다는 사실이다. "명령"은 힘을 지닌 자가 그렇지 않은 이에게 무언가를 지시하고 요구하는 체계권력의 한 양상이다. 그러므로 "명령의 과잉을 요구하는" 시대란 근대의 속도가 권력과 긴밀하게 연결되어 있음을 증명한다. "첨단의 노래"와 "성장", 그리고 근대의 속도란 화자에게 "시대의 명령"과도 같은 떨쳐 버릴 수 없는 것이었다.

한편으로 화자는 "명령의 과잉을 용서할 수 없"다고 말한다. 그것은 시간의 속도를 따라잡는 것이 쉬운 일이 아니며, 그 결과 피곤해진 몸을 쉬어야만 한다는 것을 화자가 뒤늦게 깨달았기 때문이다. "부엉이의 노래"는 헤겔이 말한바 "세계의 사상으로서의 철학은 현실이 그의 형성과정을 완성하여 스스로를 마무리하고 난 다음에라야 비로소 시간 속에서 현상화된다"[6]는 의미를 지닌다. 그것은 "정지의 미"에 해당한다. "명령의

---

6) 게오르그 빌헬름 프리드리히 헤겔(G. W. F. Hegel), 『법철학』, 임석진 역, 지식산업사,

과잉"을 요구하는 현실 속에서 김수영은 "첨단의 노래"를 부를 수밖에 없었지만, 그러나 동시에 속도에 대한 맹신을 제어하기 위해서는 "부엉이의 노래"를 불러야만 했다. 정리하자면 "첨단의 미"란 속도며, 속도는 근대 기술문명이 만들어낸 중요한 현상이다. 김수영은 점점 가속화되는 근대의 속도에 내몰리며 살아가는 일상의 삶에 대한 경계를 소홀하지 않았다.

지금까지 읽어왔던 것처럼 속도란 근대기술문명의 가장 중요한 특징이며, 체계권력의 중요한 요소다. 「서시」에서 근대의 속도가 "명령"으로 호명된다는 사실에서 어느 정도 그 사실을 짐작할 수 있다. 속도는 외부의 간섭 없이 그 자체로 권력이 될 수 있다. "속도가 속도를 반성하지 않는 것처럼"(「절망」, 《한국문학》, 1966년 봄호) 속도는 그 자신을 반성하지 않을 때, 반성하지 않음으로써 권력이 된다. 속도의 가속화, 속도의 질주성에 따른 결과다. 어디론가 가려는 욕구는 여기가 아닌 다른 곳, 미지의 영역에 대한 욕망으로 이어지면서 자연스럽게 권력과 연결된다. 근대기술문명에 의해 점점 빨라지는 통신과 교통은 부지불식간에 권력과 연결된다. 근대기술문명의 시간-기계는 사람들의 활동을 포섭하고 강제할 뿐만 아니라, 포섭된 사람들의 신체를 통해 내면에 침투했다.[7] 속도의 위험성은 시간에 의한 통제가능성과는 달리 시간의 무한한 질주에 의해 나타난다.[8] 조금 더 빨리 다른 곳으로 이동하기 위해서, 조금 더 빨리 많은 정보를 얻기 위해서 다른 사람을 억압하거나 물리적인 폭력을 사용하게

1989, 36쪽.

7) 이진경, 『근대적 시·공간의 탄생』, 푸른숲, 1997, 121쪽 참조.

8) 존 아미티지(J. Armitage)는 폴 비릴리오(P. Virilio)의 '속도의 정치 이론'에 대해 "우리가 당연시하거나 어느 정도 '자연스럽게' 여기던 속도, 정치, 전쟁의 개념들이 질주학적으로 구성되어 왔으며, 가속화의 논리에 의해 추동되어 왔다"고 말한다(존 아미티지, 「폴 비릴리오의 정치 이론」, 폴 비릴리오, 『속도와 정치』, 이재원 옮김, 그린비, 2004, 19쪽).

되었다. 왜곡된 속도, 가속화된 속도가 더 큰 문제를 만들 수 있다. 그것은 일반적인 자연의 속도를 훨씬 앞지르는 속도의 과잉으로, 그것에 의해 우리는 종종 그 과정에서 있었던 여러 일들을 잊게 된다. 빠른 기차나 자동차를 타고 가는 동안 그 사이에 있었던 사물을 기억하지 못하는 것처럼, 근대기술문명의 속도는 사실에 대한 우리의 기억을 지워버린다. 기억의 부재는 근대기술문명의 속도가 만들어내는 가장 큰 문제다. 체계의 권력행사 능력을 유지하기 위해서는 복잡성을 최대한 줄여야 한다. 자유로운 의사 표현은 종종 그 체계 유지에 방해가 된다. 반면에 신속한 정보 결정은 그 체계를 유지하는 데 큰 도움이 된다. 엄청난 양의 정보가 결정을 상당히 지연시키고 체계의 권력 수행성을 저하시키는 것이다.[9] 그러므로 빠른 속도가 체계권력의 핵심이 된다. 물리적 차원에서의 근대기술문명의 속도가 인식론적 사고의 영역에서도 문제가 될 수 있다.

근대기술문명이 만들어내는 속도의 질주성은 권력과 만나 소음의 형태로 드러나기도 한다. 근대기술문명의 속도에서 눈여겨볼 또 다른 특징이다.

> 마루에 가도 마찬가지다 피아노 옆에 놓은
> 찬장이 울린다 유리문이 울리고 그 속에
> 넣어둔 노리다께 반상 세트와 글라스가
> 울린다 이따금씩 강 건너의 대포소리가
>
> [중략]
>
> 닿고 닿아지고 걸리고 걸려지고

---

9) 장 프랑수아 리오타르(J-F. Lyotard), 앞의 책, 152쪽 참조.

모서리뿐인 형식뿐인 격식뿐인
관청을 우리 집은 닮아 가고 있다
철조망을 우리 집은 닮아 가고 있다

바닥이 없는 집이 되고 있다 소리만
남은 집이 되고 있다 모서리만 남은
돌음길만 남은 난삽한 집으로
기꺼이 기꺼이 변해가고 있다

—「의자가 많아서 걸린다」(《사상계》, 1968. 7) 중에서

"피아노" "찬장" "노리다케 반상세트" "글라스" "대포소리"가 만들어내는 소음이 화자인 '나'를 위협한다. 이미 근대기술문명의 속도는 화자의 생활 속에 깊숙이 개입하고 있다. "대포소리"는 근대기술문명의 속도가 전쟁, 혹은 그 배후의 정치권력과도 무관하지 않음을 보여준다. 어쨌든 근대기술문명의 기기들이 만들어내는 소음에 의해 "우리 집"은 "모서리뿐인 형식뿐인 격식뿐인 / 관청을" 닮아 가고 있다. 뿐만 아니라 "철조망을 우리 집은 닮아 가고 있다"는 구절에서 볼 수 있듯이, 이 속도는 우리 삶의 공간을 구분 짓고 관리한다. 근대기술문명의 속도를 따라오는 것과 그렇지 못한 것을 가르고 각각에 우월과 열등의 가치를 부여한다. 상품자본의 폭력성이란 이 과정에서 속도에 의해 만들어지는 가치의 다른 이름이다. 근대의 속도에 내몰리면서 "우리 집"으로 상징화되는 개인의 내밀한 생명 리듬 역시 결국에는 기술 도구에 지배받게 되었다. 김수영은 근대기술문명의 속도와 소음이 연결되어 있고, 그것은 다시 정치권력의 형태로 우리의 삶을 지배하고 관리한다는 사실을 비판했다.

3. 속도의 과잉을 제어하는 정지와 휴식

근대기술문명의 과잉 속도가 지니는 위험에 대해 몇 편의 시를 통해서 살펴보았지만 「폭포」를 읽으면서 다시 확인해보도록 하자.

> 폭포는 곧은 절벽을 무서운 기색도 없이 떨어진다
>
> 규정할 수 없는 물결이
> 무엇을 향하여 떨어진다는 의미도 없이
> 계절과 주야를 가리지 않고
> 고매한 정신처럼 쉴 사이 없이 떨어진다
>
> 금잔화도 인가도 보이지 않는 밤이 되면
> 폭포는 곧은 소리를 내며 떨어진다
>
> 곧은 소리는 소리이다
> 곧은 소리는 곧은
> 소리를 부른다
>
> 번개와 같이 떨어지는 물방울은
> 취할 순간조차 마음에 주지 않고
> 나타(懶惰)와 안정을 뒤집어 놓은 듯이
> 높이도 폭도 없이
> 떨어진다

—「폭포」(《조선일보》, 1956. 5. 29) 전문

이 시는 폭포의 긍정적인 모습을 단순한 서정을 넘어서 하나의 지적 스테이트먼트를 통해 표현하고 있다.[10] 불합리한 현실을 인정하지 않고 자기를 준열하게 반성하려는 김수영의 자기반성적 태도와 새로운 행동에 대한 결의를 폭포를 통해 물질화하고 있는 시다. 속도에 주목해서 읽어보자면, 시적 주제뿐만 아니라 시적 언술에서 나타나는 속도의 양상을 잘 보여주고 있는 작품이다.[11] 말하자면 속도가 만들어낼 수 있는 최상의 가치를 매우 긍정적으로 형상화하고 있다. 그러나 김수영은 이 시에서 속도의 과잉에 대한 경계를 숨겨 놓고 있다. 우선 시에서 속도는 "무서운 기색도 없이" 앞으로만 내달린다. 속도는 뭐라고 "규정할 수 없"을 만큼 빠르게 지나간다. 속도는 "무엇을 향하여" 가는지 모른다. 사실 이것은 속도의 속성이면서, 속도에 올라탄 근대기술문명사회를 살고 있는 우리의 모습과 다르지 않다. 과잉 속도는 "금잔화도 인가도 보이지 않는 밤이 되면"에서 짐작할 수 있는 것처럼, 주변의 것을 보지 못하게 하며 우리의 눈을 가릴 수도 있다. 근대기술문명사회에서 속도에 취한 사람들은 "무엇을 향하여" 가는지 모른 채, 자신이 누군지 "규정"하지 않고, "무서운 기색도 없이" 살아갈 수도 있다. 속도의 과잉 초래할 수 있는 위험성이다. 바람직한 속도라면 "나타(懶惰)"(나태와 게으름)와 "안정"을 뒤집어 놓을 것이다. 속도의 과잉만 추구하다 보면 안정이 지니는 긍정적 측면은 무시되고 그 가치는 사라지게 된다. 말하자면 과잉 속도는 [+나타], [+안정]의 가치를 인정하지 않으며, [-나타], [-안정]에서 그 본질적 속성을 찾는다. 그러므로 근원적이고 바람직한 속도의 의미를 고려하지 않는 속도의 과잉, 속도의 가속화는 위험할 수밖에 없다. 어떤 분명하고 타당한 목적이 없다면, 즉 과잉된 속도는 그 자체로 매우 위험한 요소가 된다. 그러므로 이

10) 백낙청, 「김수영의 시세계」, 『김수영의 문학』, 민음사, 1983, 40쪽 참조.

11) 노영무, 앞의 논문, 479쪽 참조. 노영무는 시적 언술로서의 속도를 앙장브망(enjambement)을 통해 기술하고 있지만 시적 주제의 속도감은 반복에 의한 '의미의 연쇄'로 다소 간략하게 서술하고 있다.

시에서 가장 눈여겨보아야 할 "고매한 정신"의 역할이 중요하다. "고매한 정신"은 속도의 가속화, 속도의 과잉을 제어할 수 있다. 그러므로 "고매한 정신"이 결여된다면, 폭포의 긍정적인 모습은 가능하지 않게 된다. 방향과 목적을 상실한 채 질주하는 속도를 제어하는 "고매한 정신"이 필요한 이유다. "고매한 정신"의 가치가 더욱 중요할 수밖에 없다.

근대기술문명의 속도를 제대로 이해하기 위해서는 특별한 노력이 필요하다. 앞서 살펴보았던 「서시」에서 "첨단의 노래"와 짝을 이루는 "정지의 미"를 가능하게 하는 것이 「폭포」의 "고매한 정신"이었다. 그런데 그 "정지의 미"와 "고매한 정신"이 「현대식 교량」에서 하나의 방법으로 형상화되고 있다.

> 현대식 교량을 건널 때마다 나는 갑자기 회고주의자가 된다
> 이것이 얼마나 죄가 많은 다리인 줄 모르고
> 식민지의 곤충들이 24시간을
> 자기의 다리처럼 건너다닌다
> 나이 어린 사람들은 어째서 이 다리가 부자연스러운지를 모른다
> 그러니까 이 다리를 건너갈 때마다
> 나는 나의 심장을 기계처럼 중지시킨다
> (이런 연습을 나는 무수히 해왔다)
>
> —「현대식 교량」(《현대문학》, 1965. 7) 중에서

"심장을 기계처럼 중지"시키는 것은 속도의 과잉을 제어하기 위해 김수영이 고안한 나름의 방식이다. 김수영은 사물을 시간에서 분리해 내어 그것에 특별한 의미를 부여하고자 했는데, 그 이유는 근대의 속도주의에서 벗어나야만 속도의 의미를 제대로 알 수 있기 때문이다. "현대식 교량"이 지니는 뜻은 "식민지의 곤충들이 24시간을 / 자기의 다리처럼 건너다"

니는 시간 속에서는 쉽게 알기 어렵다. 그 엄청난 속도에서 벗어나야만 이해할 수 있는 것이다. 그러므로 "나는 나의 심장을 기계처럼 중지시킨다"는 것은 근대기술문명의 속도와 시간으로부터 개별적인 사태와 사물을 분리해 내는 행위다. 그때 "현대식 교량"은 "정지의 증인"이 된다. "젊음과 늙음이 엇갈리는 순간", "속력과 속력의 정돈(停頓) 속에서" 사랑을 배울 수 있게 되는 것이다. 그러나 속도가 지니는 권력의 힘과 맞서기 위해서는 사유와 성찰의 근육이 필요하다. 그 근육은 쉽게 만들어지지 않는다. 오랜 연습과 노력이 필요하다. "(이런 연습을 나는 무수히 해왔다)"고 김수영이 고백하는 것은 그 싸움이 쉽지 않기 때문이었다. 새로운 시간의 독해를 가능하게 한 "중지"의 연습은 김수영이 근대의 속도주의에서 벗어나기 위해 만든 훌륭한 세부지형도다. 여기서 '정지'는 움직임의 부재가 아니라 움직임의 결과며, 근대기술문명의 속도와 맞서기 위해 김수영이 고안했던 "중지" 연습은 어쩌면 「폭포」의 "고매한 정신"의 맡았던 역할과 같다. 김수영이 속도를 이야기하면서 정지를 이야기한 이유가 여기에 있다.

인간은 속도의 계급(열등 속도, 우월 속도) 속으로 입문하면서 순간을 불안정하게 만들었고, 우연한 현상으로서의 기준점들을 폐지했다. 또 다양해진 속도들은 연속적인 움직임의 보편적 시간 감각을 폐지했다.[12] 이 보편적 시간 감각을 회복하기 위해서는 "중지"의 연습, 말하자면 잠시 멈추는 행위와 휴식이 필요하다. 그것은 근대기술문명의 속도의 가속화와 속도의 질주를 제어할 수 있는 김수영만의 방법이다. 여기서 우리는 빠르게 변하는 세계의 질서 속으로 편입하는 것에 대한 김수영의 경계를 읽을 수 있다.

---

12) 폴 비릴리오(P. Virilio), 『소멸의 미학』, 김경온 옮김, 연세대출판부, 2012, 189쪽.

마음을 쉰다는 것이 남에게도 나에게도
속임을 받는 일이라는 것을
(쉰다는 것이 무엇이라는 것을 알면서)
쉬어야 하는 설움이여

멀리서 산이 보이고
개울 대신 실가락처럼 먼지 나는
군용로가 보이는
고요한 마당 위에서
나는 나를 속이고 역사까지 속이고
구태여 낯익은 하늘을 보지 않고
구렁이같이 태연하게 앉아서
마음을 쉬다

—「휴식」(《동아일보》, 1954. 10. 17) 중에서

이 시는 남의 집 마당에 와 쉬는 것이 "남에게도 나에게도 / 속임을 받는 일"임을 알면서도 쉬고 있는 화자의 모습에 대해 이야기한다. 앞서 읽었던 「서시」에서 김수영은 "첨단의 노래"만 부르고 "정지의 비"에 등한하였다면서 이제 "가벼운 참새같이 나는 잠시 너의 / 흉하지 않은 가지 위에 피곤한 몸을 앉히"겠다고 말한바 있다. 그 "첨단의 노래"가 성장의 일이며, "정지의 미"는 정리의 일이다. 바로 그 정리에 해당하는 것이 "마음을 쉬"는 휴식이다. 그러나 근대기술문명의 속도를 따라가야 하는 상황에서 마음대로 쉬기란 어려운 일이다. 조금 더 빨리 다른 곳으로 이동하기 위해서, 조금 더 빨리 많은 정보를 얻기 위해서 속도가 필요하다. 당연하게도 쉰다는 것은 근대기술문명의 속도가 그 목적을 달성하는 데 방해가 된다. 근대기술문명의 속도가 시의 화자를 속이기도 하지만, 근대기술문명의 속도가 만드는 강력한 권력을 알면서도 쉰다는 것은 자신을 속이

는 행위가 된다. 화자는 이미 "쉰다는 것이 무엇이라는 것을 알"고 있었던 것이다. 그러므로 쉰다는 것은 "설움"을 유발할 수밖에 없으며, 화자는 "구태여" "태연하게 앉아서" 쉬는 것이다. 이 "구태여"에는 이미 그 내용을 다 알고 있으면서도 어쩔 수 없이 무엇인가를 하고 있다는 의미가 숨어 있다.

애타도록 마음에 서둘지 말라
강물 위에 떨어진 불빛처럼
혁혁한 업적을 바라지 말라
개가 울고 종이 들리고 달이 떠도
너는 조금도 당황하지 말라
술에서 깨어난 무거운 몸이여
오오 봄이여

한없이 풀어지는 피곤한 마음에도
너는 결코 서둘지 말라
너의 꿈이 달의 행로와 비슷한 회전을 하더라도
개가 울고 종이 들리고
기적 소리가 과연 슬프다 하더라도
너는 결코 서둘지 말라
서둘지 말라 나의 빛이여
오오 인생이여

재앙과 불행과 격투와 청춘과 천만인의 생활과
그러한 모든 것이 보이는 밤
눈을 뜨지 않는 땅속의 벌레같이
아둔하고 가난한 마음은 서둘지 말라
애타도록 마음에 서둘지 말라

절제여
나의 귀여운 아들이여
오오 나의 영감(靈感)이여

—「봄밤」(《현대문학》, 1957. 12) 전문

「봄밤」은 분명하지 않은 대상에게 "(마음에) 서둘지 말라"라는 당부의 말을 건네고 있는 시다. 그 대상을 굳이 찾자면 봄("오오 봄이여"), 인생("오오 인생이여"), 아들("귀여운 아들이여")일 수도 있겠다. 하지만 전체적인 어조를 참조할 때, 이 당부의 말은 화자 자신에게 하는 것처럼 보인다. 왜 화자는 "서둘지 말라"는 당부를 지속적으로 하고 있는가. 그 질문에 대한 대답 역시 분명하게 제시되어 있지 않다. 그런데 질문이 품고 있는 근원적인 문제의식이 이 질문이 그리 황당하지만은 않다고 생각하게 한다. 근대 이후 기술문명이 점점 발달될수록 교통과 통신 매체의 속도는 점점 더 빨라지고 있다. 그 속도를 따라잡는 일은 모두에게 필수적인 일이 되었다. 그 속도에 뒤처지는 순간 재앙과 불행이 닥칠지도 모른다고 생각하기 때문이다. 그런데 화자는 "서둘지 말라"고 말한다. 근대의 속도주의가 노리는 것과는 정반대의 태도에 대해 화자는 말한다. 예컨대 사람들이 부러워하는 "혁혁한 업적"을 바라지 말라고 말한다. 뿐만 아니라 "개가 울고 종이 들리고 달이 떠도" 주위의 변화에 조급해하지 말 것을 당부한다. 만약 "고매한 정신"(「폭포」)을 지니지 않았다면, 근대기술문명의 속도에 올라탄 욕망으로 인해 마음은 평정심을 잃어버리게 될 것이다. "아둔하고 가난한 마음"이란 "고매한 정신"을 지니지 못한 상태다. 눈을 크게 뜨고 있다고 해서 세상의 모든 것이 보이는 게 아니듯, 눈을 뜨지 않은 "땅속의 벌레"라도 헤아릴 수 있는 것이 있다. 애가 타고 조바심이 나더라도 "절제"할 줄 알아야 한다. 화자는 서두르려고 안달하는 욕망을 절제할 것을 강조한다. 속도의 가속화를 멈출 수 있어야 한다. 화자는 바로 그 절제의 미덕을 자신뿐만 아니라 "귀여운 아들"이 깨우치기를 바란다.

김수영은 근대기술문명의 과잉속도에서 벗어나기 위해 「서시」에서 "정지의 미"를, 「현대식 교량」에서의 "중지" 연습을, 「휴식」에서 "마음을 쉬"는 휴식을 이야기했다. "정지의 미"와 "중지"의 연습, "마음을 쉬"는 휴식은 근대기술문명의 속도주의에 끌려다니지 않으면서, 속도의 과잉을 제어할 수 있는 매우 유효한 방법이었다. 그것은 진보와 첨단을 목표로 하는 근대의 속도주의에 저항하는 것이다. 「봄밤」에서 화자가 "서둘지 말라"고 말하는 이유도 이와 다르지 않다. 물론 「폭포」에서 말한바 "고매한 정신"의 도움이 필요한 것 또한 사실이다. 근대기술문명사회에서 과잉 속도에 끌려다니는 자신에게 "서둘지 말라"고 말하는 것이다.

4. 움직이는 시간과 사랑의 근육

속도에 의해 소멸한 사태나 사물의 형태를 복원할 수 있는 방법은 없다. 시간을 천천히 다시 추적해 가야만 물리적으로 가능하다. 근대기술문명의 속도 과잉에 의해 초래되는 것은 엄밀히 말해 사실의 부재가 아니라 기억의 부재다. 사실은 그대로 있지만 시간이 개입하는 순간, 지각능력은 그 과정을 모두 기억하지 못한다. 만약 속도가 보편적인 시간의 속도를 초과한다면 지각능력은 현격하게 떨어질 수밖에 없을 것이다. 어떻게 보면 정지는 그 속도의 한 순간을 부각시키는 움직임의 한 단계라 할 수 있다. 앞서 살펴보았던 "정지의 미"(「서시」), "중지"의 연습(「현대식 교량」), "마음을 쉬"는 휴식(「휴식」) 역시 속도와 함께 이해해야 한다. 정지는 속도가 [0]인 속도다. 현실적으로 [-] 속도가 가능하지 않으므로 속도는 [0]이거나 [+]며, 끊임없이 [+] 방향으로 증가하는 것은 속도의 과잉에 해당한다. 그러므로 [+]와 [0] 사이를 오고가는 것이 속도다. 그 속도의 보편적인 양상을 우리는 자연의 움직임에서 발견할 수 있다. 자연의 움직임, 자연의 속도는 가령 "비는 움직임을 제하는 결의 / 움직이는 휴식"(「비」, 《현대문학》, 1958. 6)에서처럼 "움직임을 제하는" 것이며, 동시에 "움직이는 휴식"이다. 김수영은 그 사실을 일상 속에서 깨달았다. 속도와 정지에 대한 김수영의 통찰은 자연과 시간의 존재방식에 대한 이해로 이어지며, 그의 유고작인 「풀」에는 존재의 움직임이 탁월하게 표현되어 있다.

풀이 눕는다
비를 몰아오는 동풍에 나부껴
풀은 눕고
드디어 울었다
날이 흐려서 더 울다가
다시 누웠다

풀이 눕는다
바람보다도 더 빨리 눕는다
바람보다도 더 빨리 울고
바람보다 먼저 일어난다

날이 흐리고 풀이 눕는다
발목까지
발밑까지 눕는다
바람보다 늦게 누워도
바람보다 먼저 일어나고
바람보다 늦게 울어도

바람보다 먼저 웃는다
날이 흐리고 풀뿌리가 눕는다

—「풀」(《현대문학》, 1968. 8) 전문

이 시는 풀의 생리와 운명이 일체의 군더더기가 배제된 거의 완벽한 언어 경제에 의하여 감동적으로 표현되어 있으며,[13] 풀의 생리를 통해 자연의 속도와 근대기술문명의 속도가 어떻게 다른가를 미시적으로 보여주고 있다. 그것은 풀의 대립적인 이미지로 시에서 중요한 제재로 사용되는 바람에 의해 드러난다. 서술어를 중심으로 살펴보면 시는 '눕다', '울다', '일어나다', '웃는다'로 이루어져 있다. 그 가운데 "나부껴"가 있다. 눕고, 울고, 일어나고, 웃는 것으로도 충분히 풀의 생리가 표현되겠지만, 풀이 바람에 나부낀다는 것은 풀의 생리에 대한 객관적 사실에 대한 서술로 보인다.[14] 1연에서 바람은 풀을 눕고 울게 하는 존재가 되고, 바람에 풀은 종속된다. 풀을 강제로 눕히는 바람의 속도에서 우리는 근대기술문명의 속도 과잉을 연상할 수 있다. 2연에서 풀과 바람의 종속적인 관계는 대등적 관계로 바뀐다. 바람에 의해 눕고 울었던 풀이 바람에 맞서, 바람보다 선행하여 "더 빨리" "먼저" 눕고 운다. 새로운 서술어 '일어난다'도 쓰이고 있다. '일어난다'는 바람과 대등하게 맞서는 풀에 힘을 실어준다. 풀의 양태이지만 바람에 의해 초래되는 '울었다'와 '웃는다', '눕는다'와 '일어난다', "더 빨리"(먼저)와 "늦게"의 대립 구조는 바람이라는 폭력적인 존재가 풀을 억압하는 것으로 이해하게도 한다. 하지만 풀과 바람의 대립적 관계로 드러나는 현상적 모습만을 다뤄서는 안 된다. 3연에서 풀과 '날=바람'의 관계는 대등적이며 독립적이다. 마찬가지로

---

13) 김종철, 「시적 진리와 시적 성취」, 『김수영의 문학』, 민음사, 1983, 99쪽.
14) 강웅식, 『시, 위대한 거절』, 청동거울, 1998, 217쪽 참조.

"누워도"와 "울어도"의 '~도'는 앞선 사태와 관계없는 독자적인 행위다. 풀과 바람의 종속적이며 인과적인 관계가 2연과 3연을 거치면서 대등적 관계로 바뀐다. 연이 진행되면서 풀이 우는 시간은 점점 줄어들고, 반면에 풀의 자율성은 점점 증가한다. 서술어의 확장은 풀의 자율성을 구체적으로 보여준다. 1연의 '눕다' '울다'가 2연에서는 '눕다' '울다' '일어나다'로 3연에서는 '눕다' '일어나다' '울다' '웃다'로 점점 서술어의 활용횟수가 많아지고 있다. 서술어의 확장이 공간의 확장으로 이어진다.[15] 풀은 바람이라는 속도에 처음에는 영향을 받지만 결국 그 속도와 무관하게 자신만의 움직임을 보여주고 있는 것이다. 풀은 바람을 통해 자신을 느끼며, 바람의 움직임에 따라 자신이 움직인다는 것을 확인한다. 바람 역시 사정은 다르지 않다. 풀이나 바람이 스스로 그 움직임을 확인할 수 있는 방법은 없다. 풀과 바람은 서로 관계하면서 보편적인 자연의 움직임을 창출한다. 그러므로 시의 의미는 풀과 바람의 대립에 있는 것이 아니라 자연의 본래적 움직임에 대한 발견에 있다. 그런데 흥미로운 것은 이와 같은 자연의 생리와 움직임을 노래한 시편에서 많은 경우 사랑과 연결되고 있다는 점이다.

> 삶은 계란의 껍질이
> 벗겨지듯
> 묵은 사랑이
> 벗겨질 때
> 붉은 파밭의 푸른 새싹을 보아라
> 얻는 다는 것은 곧 잃는 것이다

---

15) 이은정, 「상반된 수용의 문제」, 김승희 편, 『김수영 다시 읽기』, 프레스21, 2000, 422쪽 참조.

먼지 앉은 석경너머로
너의 그림자가
움직이듯
묵은 사랑이
움직일 때
붉은 파밭의 푸른 새싹을 보아라
얻는다는 것은 곧 잃는 것이다

새벽에 준 조로의 물이
대낮이 지나도록 마르지 않고
젖어 있듯이
묵은 사랑이
뉘우치는 마음의 한복판에
젖어 있을 때
붉은 파밭의 푸른 새싹을 보아라
얻는다는 것은 곧 잃는 것이다

―「파밭 가에서」(《자유문학》, 1960. 5) 전문

"붉은 파밭의 푸른 새싹을 보아라 / 얻는 다는 것은 곧 잃는 것이다"라는 금언에 가까운 언술이 각 연에서 반복되는 이 시의 형식은 그리 복잡하지 않다. 그러나 독자가 궁금해야 할 이 말의 속뜻은 분명하게 제시되지 않는다. 그 의미를 밝히기 위해서는 '~때'로 서술되고 있는 "묵은 사랑"이라는 개념을 비유하고 있는 '~듯(이)'라는 보조진술을 이해해야 한다. 그것은 "삶은 계란의 껍질이 / 벗겨지"고(1연), "먼지 앉은 석경너머로 / 너의 그림자가 / 움직이"고(2연), "새벽에 준 조로의 물이 / 대낮이 지나도록 마르지 않고 / 젖어 있"(3연)는 것으로 진술된다. 분명하게 그 현상을 설명할 수는 없지만, 그것은 그리 대수롭지 않거나(1연), 사실보다 환상에 가깝거나(2연), 다분히 놀랄 만한(3연) 일들이다. "묵은 사랑"이라는 원관념을 고려하자면, 때로는 대수롭지 않고 때로는 환상적이고 때로는 놀라운 사랑을 전혀 이해할 수 없는 것은 아니다. 결국 사랑을 이해하기 위해서는 "붉은 파밭의 푸른 새싹"을 보아야 하고, 그때 사랑의 본질("얻는다는 것은 곧 잃는 것이다")이 무엇인지 알게 된다는 것이다.

그렇다면 사랑의 본질이란 무엇인가. 화자는 "붉은 파밭"을 보라고 말한다. 거기엔 과거의 것을 뚫고 새로운 "푸른 새싹"이 솟아나고 있다. 새로움의 탄생은 과거의 것을 통해 이루어진다. 사랑도 이와 크게 다르지 않을 것이다. "묵은 사랑"은 어디론가 사라지고 새로운 사랑이 어디선가 온다. 새로운 사랑을 얻으면 "묵은 사랑"을 잃어버리게 된다. 사랑을 시간 속에서 이해하고 있는 것이다. 단지 사랑뿐만이 아니다. 존재하는 모든 것들은 생겼다가("얻는다는 것") 사라진다("잃는 것"). 그것은 시간이 만들어내는 현상이다. 시간의 속도에 따라 우리는 무엇인가를 얻기도 하고, 또 무엇인가를 잃어버린다. 자연의 움직임 속에서 사랑도 이해해야 한다. 그리 많이 등장하지 않지만 김수영 시에서 자연은 비판적 자기성찰의 매개로 사용된다. 김수영은 자연을 과학화하거나 수학화하는 것을 생각하지 않았다. 그렇다고 인간에 의한 자연 파괴를 비판적으로 이야기하지도 않았다. 그는 자연을 삶의 공간으로 이해했다. 말하자면 초월적인 자연이 아니라 일상의 한 공간으로서의 자연이었다.

김수영이 「사랑의 변주곡」에서 처음 사랑을 발견하고자 했던 곳은 도시가 아닌 자연이었다. 물론 마지막에 그는 도시에서 사랑을 발견하려고 한다.

> 욕망이여 입을 열어라 그 속에서
> 사랑을 발견하겠다 도시의 끝에
> 사그러져 가는 라디오의 재잘거리는 소리가

사랑처럼 들리고 그 소리가 지워지는
강이 흐르고 그 강 건너에 사랑하는
암흑이 있고 삼월을 바라보는 마른 나무들이
사랑의 봉오리를 준비하고 그 봉오리의
속삭임이 안개처럼 이는 저쪽에 쪽빛
산이

[중략]

아들아 너에게 광신(狂信)을 가르치기 위한 것이 아니다
사랑을 알 때까지 자라라
인류의 종언의 날에
너의 술을 다 마시고 난 날에
미대륙에서 석유가 고갈되는 날에
그렇게 먼 날까지 가기 전에 너의 가슴에
새겨둘 말을 너는 도시의 피로에서
배울 거다
이 단단한 고요함을 배울 거다
복사씨가 사랑으로 만들어진 것이 아닌가 하고
의심할 거다!
복사씨와 살구씨가
한번은 미쳐 날뛸 날이 올 거다!
그리고 그것은 아버지 같은 잘못된 시간의
그릇된 명상이 아닐 거다

—「사랑의 변주곡」(《현대문학》, 1968. 8) 중에서

"욕망이여 입을 열어라 그 속에서 / 사랑을 발견하겠다"는 화자의 명령과 확언으로 시작되는 시는 욕망과 사랑에 대한 불분명한 경계를 넘어서 사랑의 실체를 드러내려는 노력으로 이어진다. 화자의 시선은 강을 경계

로 도시에서 산으로 움직인다. 소음과 불빛으로 가득 차 있는 도시와 고요와 암흑으로 둘러싸인 산은 어쩌면 욕망과 사랑의 다른 장소처럼 보인다. 도시에서, 도시의 끝으로, 강으로, 강 건너로, 암흑으로, 마른나무로, 봉오리로, 산으로 이어지는 화자의 시선은 욕망의 집결지인 도시에서 사랑이 숨겨져 있는 자연으로 이동한다. 속도에 대한 맹신이 낳은 도시의 불빛과 소음은 욕망의 이름으로 흔히 비유된다. 반면 자연의 움직임에 따라 강이 흐르고 꽃봉오리가 피는 것은 사랑의 방식이다. 근대기술문명의 속도과잉에 대한 문제점은 이미 앞에서 기술한 것처럼 객관적인 세계에 대한 우리의 이해를 왜곡하거나 때로는 불가능하게 한다. 사랑에 대한 이해도 바뀌게 된다. 사랑이 근대기술문명의 속도를 쫓다보면 욕망이 되는 것이다. 사랑이 절제를 모를 때 사랑은 욕망이 되어 질주한다. 사랑은 단속적이며 절제는 단속에서 나온다. 욕망이 사랑의 변신이라면 사랑을 찾아야 할 곳은 멀리 있는 산반이 아니라 불빛과 소음으로 가득 찬 도시이기도 하다. 욕망이 광폭적인 도시의 기술이라면, 사랑은 단속적이며 지속적인 삶의 질서로부터 배우는 기술이다. 시인은 아들에게 광신을 가르치지 않는다. 대신 사랑의 기술을 아들에게 가르쳐 주려고 한다. "사랑을 알 때까지 자라라"고 말한다. 그러나 이미 자연의 본래적 리듬, 움직임이 사라진 근대기술문명사회에서 아들에게 자연의 사랑을 가르치는 것은 헛된 일이 될지도 모른다. 그리하여 시인은 욕망의 도시에서 아들이 사랑을 배워야 한다고 말한다. 비록 그는 "도회의 소음과 광증(狂症)과 속도와 허위"(「시골 선물」)를 경험했지만, 이제 자신과 그의 아들은 그 도회를 벗어나 살 수 없음을 알고 있었다. 김수영에게 "도시의 피로"란 일상의 경험이자 삶의 과정이다. "욕망이여 입을 열어라 그 속에서 / 사랑을 발견하겠다"는 말은 사랑이 관념적이고 추상적인 것이 아니라 우리의 일상 속에서 구체적으로 발견할 수 있는 것임을 뜻한다. 사랑은 반드시 시간의 변화와 함께 온다. 「풀」과 「파밭 가에서」, 그리고 「사랑의 변주곡」에서 시간의 움직임과 사랑의 발견이 매우 긴밀하게 연결되고 있음을 확인할 수 있다.

5. 결론

이 글에서는 김수영이 근대기술문명과 속도에 대해 어떤 생각을 가지고 있었으며, 그의 시와 속도가 어떻게 연관되어 있는지를 세심하게 살펴보고자 했다. 아울러 근대기술문명과 속도를 이해하고 속도과잉의 위험성을 제어하려고 했던 김수영의 태도를 여러 시편을 통해서 확인하고자 했다.

「달나라의 장난」, 「네이팜 탄」, 「영사판」은 근대기술문명의 중요한 속성인 속도에 대한 김수영의 태도를 잘 보여주고 있는 시들이다. 「서시」에는 근대기술문명의 속도를 따라잡으려고만 했던 것을 고백하고 있으며, 「의자가 많아서 걸린다」는 근대기술문명의 과잉속도가 정치권력과 연결되어 우리의 일상을 지배하고 관리한다는 사실을 비판적으로 다루고 있었다. 이 과정에서 속도의 질주성은 권력과 만나 소음의 형태로 드러나기도 했다. 이 시들뿐만 아니라 김수영은 「폭포」에서 "고매한 정신"을 통해 근대기술문명의 과잉속도와 그 질주성을 제어할 수 있는 가능성을 이야기하고 있다. 동시에 근대기술문명의 속도주의에 저항하기 위한 나름의 방법을 「서시」, 「현대식 교량」, 「휴식」, 「봄밤」 등에서 보여주었다. 예컨대 그가 말하는 "정지의 미"와 "중지"의 연습, "마음을 쉬"는 휴식 등은 질주하는 근대기술문명에 저항하는 매우 유효한 방법이었다. 김수영이 생각한 속도는 가속화를 추동하는 것이 아니라 정지와 함께 이해되는 개념이었다. 그것은 자연의 움직임과 매우 유사하다. 김수영은 근대기술문명의 과잉속도에 대응하는 시간의 속도를 자연의 움직임에서 찾아냈으며, 더 나아가 자연의 움직임에서 사랑을 발견하였다. 이 사실은 김수영 시를 이해하는 데 매우 중요한 지점이다. 「풀」에서 존재의 의미를 풀과 바람의 움직임으로 탁월하게 형상화하였고, 「파밭 가에서」와 「사랑의 변주곡」은 시간의 움직임에서 사랑을 발견하고 있다.

김수영은 근대기술문명의 속도에 놀랐고, 거기에 분명 매료되었으며, 낙후된 현실에 낙담했다. 서구적 근대를 따라잡아야 한다는 초조함이 그에게 없지 않았으나, 근대기술문명과 속도주의가 지닌 위험성과 질주의 폭력성을 분명히 간파하고 있었다. "정지의 미"와 "중지"의 연습, "마음을 쉬"는 휴식으로 발견한 움직임과 사랑이 이를 증명한다. 이를 통해서 김수영은 근대기술문명의 속도주의를 극복하고자 했던 것이다.

'벽'을 넘어가는 '사이'의 철학

1. 시에 반역하는 것

김현이 "김수영의 시적 주제는 자유다"[1]라고 했을 때, 우리가 주목해야 할 것은 그 대상으로서의 자유의 성격만이 아니다. 물론 "그가 자기 시대의 자유를 위해 철저하게 싸우다 간 참여 시인"[2]이라거나, "그에게 예술가로서의 의무의 하나는 이 불가능의 자유를 끊임없이 추구하는 것"[3]이라는 평가를 굳이 참조하지 않더라도, 김수영의 시에서 자유를 중요하게 다루어야 할 이유는 이미 충분하다. 누구든 자신의 의지에 따라 삶을 설계하고 생활을 영위하지만 그것을 방해하는 것들은 무수히 많기 때문이다. 그러므로 김수영이 자유를 시적 혹은 정치적 이상으로 생각하고, 그것의 실현을 불가능하게 하는 여건들에 대해 끊임없이 이야기하고 있다는 사실에 대해 덧붙여 논의하지 않으면 안 된다.

여기서 문제가 되는 것은 자유의 실현을 불가능하게 하는 여건들이며, 그것들이 어떤 형태로 시인의 자유의지를 방해하는가이다. 한편으로 그것들은 시인의 외부, 즉 외적 환경의 형태로 존재하면서 시의 주체에게 억압을 행사할 수 있다. 또 한편으로는 그것들은 시인의 내부, 말하자면

---

1) 김현, 「자유와 꿈」, 『김수영의 문학』, 민음사, 1983, 105쪽.

2) 황동규, 「정직의 공간」, 위의 책, 121쪽.

3) 김우창, 「예술가의 양심과 자유」, 위의 책, 197쪽.

한 개인의 내적 원인에 의해 발생할 수도 있다. 이 경우에는 그것들의 존재 형태를 쉽게 가늠하기가 어렵다.[4] 예컨대 누군가는 사회 체제가 허용하는 자유에 안주할 수 있다. 이 경우 그는 체제의 억압 그 자체를 자각하기 쉽지 않다. 외부 사태에 이끌리거나 자신의 기질에 안주했을 때, 고정된 시각에 갇혀 새로운 발견을 하지 못할 때, 흔히 우리는 그가 자신이 속한 사회 체제에 구속되어 있다고 말한다. 따라서 우선 해결해야 할 문제는, 외적 환경으로 명백히 드러나건 내적 문제의 형태로 존재하건 간에 자유의 실현을 불가능하게 하는 여건들을 김수영이 어떻게 바라보고 있는지를 확인하는 일이다.

김수영은 자유의 실현을 불가능하게 하는 여건들을 무비판적으로 마주하고 있는 자신의 처지와 태도를 "시를 배반하고 사는 마음"(「구름의 파수병」)이라고 말한 바 있다. 이 구절은 김수영에게 자유가 정치적 문제를 넘어서는 지점, 말하자면 철학적인 질문과 다르지 않음을 보여주는 분명한 증거다.

> 만약에 나라는 사람을 유심히 들여다본다고 하자
> 그러면 나는 내가 시(詩)와는 반역된 생활을 하고 있다는 것을 알 것이다
>
> 먼 산정에 서 있는 마음으로
> 나의 자식과 나의 아내와

4) 자유가 사회의 구조적인 문제가 아니라면 '주체'와의 관련성을 고려하지 않을 수 없다. 알렌카 주판치치(A. Zupančič)는 칸트와 라캉의 '주체' 문제를 다루면서 "우리의 자유는 '외부'로부터뿐만 아니라 '내부'로부터도 제약된다. 우리는 '세계 속에서'와 마찬가지로 '우리 자신 속에서'도 자유롭지 않"기 때문에, 우리가 원함 속에서 사실상 자유로운 것인지를 증명하기란 불가능하다고 말한다(알렌카 주판치치, 『실재의 윤리』, 이성민 옮김, 도서출판b, 2015, 47~48쪽 참조).

그 주위에 놓인 잡스러운 물건들을 본다

그리고
나는 이미 정하여진 물체만을 보기로 결심하고 있는데
만약에 또 어느 나의 친구가 와서
나의 꿈을 깨워주고
나의 그릇됨을 꾸짖어 주어도 좋다

함부로 흘리는 피가 싫어서
이다지 낡아 빠진 생활을 하는 것은 아니리라
먼지 낀 잡초 위에
잠자는 구름이여
고생도 마음대로 할 수 없는 세상에서는
철 늦은 거미같이 존재 없이 살기도 어려운 일

방 두 칸과 마루 한 칸과 말쑥한 부엌과 애처로운 처를 거느리고
외양만이라도 남들과 같이 살아간다는 것이 이다지도 쑥스러울 수가 있을까

시를 배반하고 사는 마음이여
자기의 나체를 더듬어 보고
살펴볼 수 없는 시인처럼
비참한 사람이 또 어디 있을까
거리에 나와서 집을 보고
집에 앉아서 거리를 그리던 어리석음도 이제는 모두 사라졌나 보다
날아간 제비와 같이

날아간 제비와 같이 자국도 꿈도 없이
어디로인지 알 수 없으나
어디로이든 가야 할 반역의 정신

나는 지금 산정에 있다—
시를 반역한 죄로
이 메마른 산정에서 오랫동안 꿈도 없이 바라보아야 할 구름
그리고 그 구름의 파수병인 나

—「구름의 파수병」(1956) 전문

시는 "만약에 나라는 사람을 유심히 들여다본다고 하자"라는 가정법으로 시작한다. 이 가정은 자신의 내면을 정확히 볼 수 없는 현실의 문제를 그대로 반영하면서, 동시에 자신을 객관적으로 보려는 화자의 반성적 욕망과 연결된다. 실제로 자신을 객관적으로 볼 수 있는 이는 드물다. 김수영 역시 그랬다. 하지만 그는 이러한 가정을 통해 자신을 유심히 들여다보고, 그 결과 "시와는 반역된 생활"을 하고 있음을 발견한다. 비록 가정법이긴 하지만 자신을 들여다보는 상황이 가능하기 위해서는 자신과의 거리가 필요하다. 자신을 타사화하기 위해 화자는 "산정"에 자신을 위치시킬 수밖에 없다. 험난한 과정을 거치면서 "산정"에 올랐을 때, 자신의 주변을 관찰할 수 있다. "자식"과 "아내", 그리고 그들과 함께 생활하는 공간의 "잡스러운 물건들"이 화자의 눈에 들어온다. 화자는 주변의 대상들과 거리를 둠으로써 철저히 자신만의 세계를 가지게 된다. 시를 향한 가장 좋은 길은 생활인으로서의 자신에게 언제나 이방인이 되는 것이다. 시인은 종종 세상에서 무시되고 배제되는 존재다. 그러나 다시 공동체에 받아들여진다. 시인은 공동체에 완벽한 타자일 수 없다. 단지 '이자(異者)'다.[5] 시인은 누구나 알고 있는 공동주관적인 객관적 세계를 이야기하지

5) '이자(異者)'는 스스로 공동체 속에서 '타자'가 되려는 사람이면서 공동체를 완전히 벗어나지 않는다. 가라타니 고진[柄谷行人]은, 네덜란드에서 살면서 사유했던 데카르트에 대해 발레리가 쓴 『네덜란드에서의 귀로』의 한 대목("철학자라는 직업에 있어서 이해하지 못한다는 것은 본질적이다. 그는 어느 별에서 뚝 떨어져 오지 않으면 안 되고 영원한 이방인이 되지 않으면

않는다. 말하자면 "나는 이미 정하여진 물체만을 보기로 결심"했다는 구절에서처럼, 시인의 태도란 언제나 예외적이다. 김수영의 미발표 유고시의 한 구절 역시 이방인으로서의 시인의 존재에 대해 말하고 있다.

> 항상 외국에 온 사람 모양으로 내 나라에 살고
> 외국어를 하듯이 내 나라 말을 하고
> 여자들을 모두 외국 사람이라고 생각하고
>
> —「무제」 중에서[6)]

누구나 외국에서는 자신의 정체성에 대해 의심하게 된다. 익숙한 것들이 그곳에서는 받아들여지지 않으며, 주체에게 매우 중요한 모국어마저 낯설게 된다. "내 나라말"을 "외국어"처럼 쓴다는 것은 낯선 이방인으로 산다는 의미다. 시인이란 언제나 어떤 세계의 안에 있지 않고 그 세계의 외부에 있기 때문이다. 동시에 시인은 언제나 이 세계를 낯설게 보려하기 때문이다. 하지만 주변 사람들은 이방인이 되려는 화자의 결심에 쉽게 동의할 리 없다. 시 「구름의 파수병」에서 시인이고자 하는 화자에게 어떤 친구는 "나의 꿈을 깨워 주고" "나의 그릇됨을 꾸짖"기도 할 것이다. 시인이란 일상인의 눈으로 보기엔 그다지 중요한 일을 하는 사람이 아닐 가능성이 매우 높다. 그 이유 때문에 "산정"에서 일상에 매몰되지 않고 생활하

안 된다. 그들은 지극히 평범한 사항에도 깜짝 놀라도록 애쓰지 않으면 안 된다")을 인용하면서 '이국에 체류한다'는 사실의 중요성에 대해 이야기한다(가라타니 고진, 『마르크스 그 가능성의 중심』, 김경원 옮김, 이산, 1999, 112쪽 참조). 여기서 '철학자'를 '시인'으로 읽어도 좋을 것이다. '영원한 이방인'일 수밖에 없는 철학자와 공동체 안의 '타자'로 존재하는 시인은 닮았다. 바로 이어서 인용하고 있는 김수영의 미발표 '무제' 시에도 그 '이방인'으로서의 시인의 존재가 분명히 드러난다.

6) 『김수영 전집 ①· 시』(이영준 엮음, 민음사, 2018)에는 부록으로 '미완성 초고' 15편을 함께 수록하고 있다. 이 시는 제목 없이 수록되어 있다.

는 것을 화자는 싫어하지 않는다.

그러나 시인이라고 해도 자신과 연결된 생활을 완전히 팽개쳐 두고 "산정"에만 있을 수 없다. 그것은 두 가지 이유에서다. 우선 "이미 정하여진 물체만을 보"는 행위가 불러올 사유의 경직성과 인식의 편협성이 문제가 된다. 그것은 "산정"이라는 특별한 장소에 의해 발생된다. "산정"에서의 시선은 대상과의 거리를 확보할 수 있으며, 그 높이에서만 얻을 수 있는 선물이다. 하지만 때로 그렇기 때문에 역설적으로 사물이나 현상의 의미를 새롭게 파악해야 할 시인에게 치명적인 결점이 되기도 한다. "산정"이라는 제한된 높이로 인해 이미 정해진 그것대로 받아들이는 부정적인 상황이 발생한다. "산정"에서의 삶이란 때로 일상의 삶과 절연함으로써 얻는 종교적 깨달음의 세계와 가깝다. 시인은 일상의 삶으로부터 자신의 시를 격리해서도 안 되지만, 실제로 시인의 삶이 일상의 삶과 완벽하게 단절되기도 어렵다. 그러니 화자가 "외양만이라도 남과 같이 살아간다는 것"에 대해 생각하지 않을 수 없는 것이다. 이것이 두 번째 이유가 된다. 함부로 피를 흘리는 일도 쉽지 않지만, "낡아빠진 생활"을 하는 것도 시인에게는 어려운 일이다. "방 두 칸과 마루 한 칸과 말쑥한 부엌과 애처로운 처를 거느리고 / 외양만이라도 남과 같이 살아간다는 것"은 쑥스러운 일임에 분명하지만, 그 삶을 외면하고서는 시가 될 수도 없다.

시인이라면 모름지기 "자기의 나체를 더듬어보고 / 살펴볼 수" 있어야 하는데, 그렇지 않으면서 시인의 이름을 얻고 있다면 그것만큼 비참한 일도 없을 것이다. "거리에 나와서 집을 보고 / 집에 앉아서 거리를 그리"워해야 한다. 그런데 현재 화자는 그렇지 못하다. 그래서 "산정"에 올라서 자신과 자신의 주변을 낯설게 보려고 했는지도 모른다. 언제나 시인은 익숙하지 않은 곳에서 익숙한 것을 낯설게 사유할 수 있어야 한다. 그러나 "산정"이라는 조건이 시인에게 또 다른 문제를 안겨 주었다. 현재의 삶을 낯설게 보기 위해 "산정"에 올랐지만, 그것 또한 한계가 있음을 알게 된 시인에게 필요한 것은 자신의 경직된 사유와 고정된 인식을 끊임없이 흔들고 새롭게 세계를 바라보는 일이다. 거리에서 집을 보고 집에서 거리를 보는 일이 바로 시인의 운명이다. "제비"가 자신이 살던 곳을 과감하게 버리고 또 다른 곳으로 날아가듯이, 시인이란 "어디로인지 알 수 없으나 / 어디로이든 가야 할" 사람이다. 그것이 곧 시의 정신이며 김수영이 바라는 "반역의 정신"이다. "산정"에 올라가는 것만으로 시의 정신을 완벽하게 얻을 수는 없다. "산정"의 초월적인 인식이 시인에게 도움이 되지 않는 것은 아니지만, 분명 한계는 있다. 그리하여 화자는 "구름"처럼 움직이면서 자신과 자신의 주변을, 그리고 세계를 바라보려고 한다. "산정"에서는 단일한 높이의 시선으로 세계를 본다면, "구름의 파수병"은 자유자재로 높이를 조절하면서 세계를 살피는 미덕을 지닌다. "구름의 파수병"은 어떤 상황에서도 반성하고 성찰하고 움직일 수 있다. 새로움이란 바로 그 조건을 충족할 때 가능하다. 김수영은 "메마른 산정"에서 가족과 생활을 보고, 경계하고 관찰하는 "파수병"의 눈으로 자신의 내면을 들여다본 것이다.

김수영이 말한 "반역의 정신"은 어느 한 곳에 머물면서 이 세계를 보는 것이 아니다. 그것은 "이미 정하여진 물체만을 보는" 고정된 시선으로부터 벗어나는 일이다. 고정된 시선은 언제나 고착된 인식을 낳는다. 시적 영감으로 알아챈 것을 김수영이 분명하게 인식하게 된 것은 그 이후의 일이다. 김수영은 1960년대 쓴 산문에서 그 고질적인 지점을 '벽'이라고 했다.

> 사람을 알려면 그 사람의 '벽'을 보면 된다. '벽'이란 한계점이다. 고치려야 고칠 수 없는 막다른 골목이다. 숙명이다.
>
> —「벽」(1966) 중에서

사람을 알기 위해서는 그 사람이 지니고 있는 고질적인 지점을 보면 알 수 있다. 김수영의 말처럼 '벽'은 한 인간이 지닌 한계점이다. 누구든 고치려고 하지만 고칠 수 없다는 점에서 그것은 숙명이다. 그 까닭에 '벽'은 훨씬 치밀하게 자신을 은폐하고 감춘다. 우리가 그 앞에서 번번이 멈추고 만다는 점에서 '벽'은 '가능한 것'과 '불가능한 것'의 경계다.[7] "쥐어도, 쥐어도, 안 잡"(「벽」)히는 경계로서의 '벽'은 한 개인의 문제이면서 동시에 개인과 개인, 개인과 사회, 사회와 사회의 문제로 확대되기도 한다. 또 다른 관점에서 '벽'이 경직된 사유와 고착된 인식의 결과라고 한다면, 그 '벽'은 사유의 차이를 무시하고 배제와 분할을 작동시키는 폭력적인 힘을 닮았다.

2. 시인이라는 운명과 '벽'

'가능한 것'과 '불가능한 것'의 경계로서의 '벽'은 누구에게나 있으며, 한 개인을 규제하는 사회적인 차원의 벽도 존재한다. 김수영은 개인적 차원에서 그 '벽'을 해결해야 할 문제로 다루었다.

---

7) '불가능한 것'이 언제나 억압의 결과라는 점에서, 그것은 흡사 정신분석에서 말하는 '상징계적 억압'이라고 할 수 있다. 이와 같은 '상징계적 억압'의 사슬을 끊어 내기 위해서는 '가능한 것'과 '불가능한 것' 사이의 경계 자체를 허물지 않으면 안 된다. 김수영은 '불가능한 것'을 '가능한 것'으로 바꾸려는 노력을 끊임없이 했다. 이 글에서 중요하게 다루는 부분 역시 이러한 지점이다. 슬라보예 지젝(S. Žižek)이 '공동선'을 통해 '상징계적 억압'의 사슬을 끊는 새로운 혁명의 중요성을 강조하고 있는 지점은 김수영의 시적 태도를 이해하는 데 많은 도움을 준다(인디고연구소, 『불가능한 것의 가능성: 슬라보예 지젝 인터뷰』, 궁리, 2012, 25~209쪽 참조).

> 나에게는 아직도 해결하지 못하고 있는, 그리고 앞으로도 좀처럼 해결하지 못할 것 같은 세 가지 문제가 있다. 죽음과 가난과 매명(賣名)이다.
>
> —「마리서사」(1966) 중에서

"해결하지 못하고 있"으며, 앞으로도 "해결하지 못할 것 같은" 그것은 한 개인에게 한계이며 '벽'이다. 김수영이 해결하지 못한 문제는 그의 한계이며, 그가 직면한 '벽'과 같다. "죽음" "가난" "매명"은 김수영에게 '벽'이었다. 생명체로서의 모든 존재가 지니는 문제로서의 "죽음"은 예외라고 하더라도, "가난"과 "매명"은 김수영을 끊임없이 괴롭혔던 것들이었다. "길가에서 매일 같이 만나는 신문 파는 불쌍한 아이들"(「마리서사」)을 보고 자책감에 시달렸다고 말하고 있지만, 실제로 김수영은 자신의 가난도 해결하지 못했다. 까닭에 그는 "매문·매명"을 하면서 산문을 썼고, 그것이 진정한 생활과는 동떨어진 것임을 부끄러워했다. 김수영이 "매문·매명"을 할 수밖에 없었던 것은 그 역시 자본주의 시스템 안에 있었기 때문이다. 자본주의적 삶에서 최상의 '선'이 물질적 삶의 안정에서 온다는 사실을 부인하기는 어렵다. 「금성라디오」는 물질적 삶의 안정과 시인의 삶 사이의 갈등을 다루고 있는 작품이다.

> 금성라디오 A 504를 맑게 개인 가을날
> 일수로 사들여 온 것처럼
> 500원인가를 깎아서 일수로 사들여 온 것처럼
> 그만큼 손쉽게
> 내 몸과 내 노래는 타락했다
>
> 헌 기계는 가게로 가게에 있던 기계는
> 옆에 새로 난 쌀가게로 타락해 가고

어제는 캐시밀론이 들은 새 이불이
어젯밤에는 새 책이
오늘 오후에는 새 라디오가 승격해 들어왔다

아내는 이런 어려운 일들을 어렵지 않게 해치운다
결단은 이제 여자의 것이다
나를 죽이는 여자의 유희다
아이놈은 라디오를 보더니
왜 새 수련장은 안 사왔느냐고 대들지만

—「금성라디오」(《신동아》, 1966. 11) 전문

시는 새로운 기계가 헌 기계를 대체하는 상황을 통해, 상품 자본주의가 화자의 삶 속에 이미 깊숙이 관여하고 있음을 보여준다. 상품(물질)이 화자의 정신과 마음을 갉아먹는다. "금성라디오 A 504"로 물질적 삶의 안정성이 보장될 수 있겠지만, 이로 인해 "내 몸과 내 노래"는 타락하게 된다. "내 몸과 내 노래는 타락했다"고 말하고 있는 화자는 상품의 본질을 통찰하는 듯 보이지만 그 상황을 해결하지는 못한다. 한 개인의 비판적 판단력으로 해결될 성질의 문제가 아니기 때문이다. 모든 이에게 물질적 안정성이 보장되는 것이 아니다. "헌 기계는 가게로 가게에 있던 기계는 / 옆에 새로 난 쌀가게로 타락해 가"는 상황에서 확인할 수 있는 것처럼, 상품의 분배는 차별적이다. 재화는 늘 제한적이어서 누군가 상품을 소유하게 되면, 또 다른 누군가는 상품의 가치를 누릴 수 없게 된다. 만약 사회가 정의롭지 못하다면, 그 상황에서 대중에게 분배되는 재화의 양이 증가할수록 대중의 무기력과 조종가능성은 더 커질 수밖에 없다.[8] 몸과 노래가 타락

---

8) 막스 호르크하이머(M. Horkheimer)·테오도르 아도르노(T. W. Adorno), 『계몽의 변증법』, 김유동 외 옮김, 문예출판사, 1995, 19쪽 참조.

한 시의 화자는 대중의 무기력을 여실히 보여주며, "이런 어려운 일들을 어렵지 않게 해치"우는 "아내"는 상품에 의해 조종될 위험에 이미 노출되어 있다. 대량생산과 그것이 만든 문화에 의해 규범화된 행동양식은 자연스럽고 품위 있는 합리적인 양식으로 받아들여지게 마련이다.

그러므로 이 시를 근대의 물질성이 지니는 추악한 모습을 적시하는 것으로만 읽어서는 안 된다. 물론 시는 그것에 책임이 있는 화자 자신을 비판하는 것으로 마무리되지도 않는다. 우리가 읽어야 할 것은 근대적 물질성 그 자체, 자본주의 구조 자체가 매우 위험스러운 대상이라는 사실이다. 자본주의적 물질성은 그것의 부정성에 도전하는 정상적인 사고의 방식 자체도 삼켜버린다는 데 그 위험성이 있다. 화자가 자본주의의 물질성으로 인해 매우 "손쉽게" "내 몸과 내 노래는 타락했다"고 비판적인 사유를 보여주지만, 결단은 언제나 "아내"의 몫이며, 화자는 번번이 "아내"에 의해 죽임을 당한다("나를 죽이는 여자의 유희다").

김수영은 시를 제대로 쓰지 못하는 상황에 대해 진저리를 쳤다. 이러한 모습은 시인으로서의 운명을 그가 자발적으로 받아들였음을 증명한다. 사실 이 문제를 해결하기 위해선 그것의 근원적인 원인이 무엇인지를 되물어야 한다. 김수영은 그것을 '욕심'이라고 했다. 산문 「생활의 극복」에서 김수영은 공부를 하지 않는 아이들에게 '공부해라'고 강요했던 행동을 반성하면서, 그들과 자신 사이에 비판적 거리가 필요함을 이야기하고 있다. 그 거리에 의해 자식에 대한 맹목적인 사랑이 진실한 사랑으로 바뀔 것이라고 생각했다. 왜 그런가? 그것은 자신과 아이들 사이에 가로놓여 있는 장해물이 때문이다.

> 지금 나를 태우고 있는 것이 무엇인가?
> 욕심, 욕심, 욕심 ―레트커의 시에서

> 욕심이다. 이 욕심을 없앨 때 내 시에도 진경(進境)이 있을 것이다. 딴사람의 시같이 될 것이다. 딴사람—참 좋은 말이다. 나는 이 말에 입을 맞춘다.
>
> —「생활의 극복」(1966. 4) 중에서

시어도어 레트커(T. Roethke)시 한 구절을 인용하면서 김수영은 그것이 "욕심"이라고 말한다. 자신을 "태우고 있는" 욕심이 문제다. 사실 그 대상이 무엇이든 문제될 것은 없다. 시인의 운명을 믿었던 김수영은, 자기 안의 욕심을 없앨 때 자신의 시에도 "진경"이 있을 것임을 믿었다. 비판적 거리가 만드는 낯선 사태는 그 대상을 새롭게 보게 한다. 자신의 시가 새로워지기 위해선 익숙한 거리를 버려야 한다. 그때에야 지금까지와 다른 시의 "진경"이 가능하다. "진경"이란 '이전보다 조금 더 나간 경지'를 의미한다. 자신의 한계, 지금까지의 한계를 넘어서는 것이다. 김수영은 그 경지를 "딴 사람의 시"라고 했다. 자신이 쓴 시가 다른 시가 되려면, 새로운 시각으로 세계를 보지 않으면 안 된다. 자신에게 언제나 이방인이 되었을 때, "딴 사람의 시"와 같은 새로운 시가 가능하다.

> 애타도록 마음에 서둘지 말라
> 강물 위에 떨어진 불빛처럼
> 혁혁한 업적을 바라지 말라
> 개가 울고 종이 들리고 달이 떠도
> 너는 조금도 당황하지 말라
> 술에서 깨어난 무거운 몸이여
> 오오 봄이여
>
> 한없이 풀어지는 피곤한 마음에도
> 너는 결코 서둘지 말라
> 너의 꿈이 달의 행로와 비슷한 회전을 하더라도

개가 울고 종이 들리고
기적 소리가 과연 슬프다 하더라도
너는 결코 서둘지 말라
서둘지 말라 나의 빛이여
오오 인생이여

재앙과 불행과 격투와 청춘과 천만인의 생활과
그러한 모든 것이 보이는 밤
눈을 뜨지 않은 땅속의 벌레같이
아둔하고 가난한 마음은 서둘지 말라
애타도록 마음에 서둘지 말라
절제여
나의 귀여운 아들이여
오오 나의 영감(靈感)이여

—「봄밤」(《현대문학》, 1957. 12) 전문

당부의 성격을 띤 명령형 언술 "서둘지 말라"가 시 전체의 이미지를 지배하고 있다. 3연만 보면 이 발화가 "나의 귀여운 아들"인 "너"에게 하는 전언처럼 보이지만, 실제로는 자신에게 건네는 독백에 가깝다. 그러므로 "서둘지 말라"는 명령을 수행해야 할 청자의 성격을 살피는 것보다는 서둘러서는 안 되는 이유에 대해 주목하면서 시를 읽어야 한다. 어떤 목표에 대한 욕망이 커서 현실의 상황을 제대로 살피지 못할 때 서둘게 된다. 지나친 욕망으로 오히려 마음은 평정심을 잃기 쉽고, 새로운 사건에 대해 적절하게 대처하지 못할 가능성이 높다. 1966년에 쓴 산문 「생활의 극복」에서 자신을 "태우고 있는" '욕심'을 버려야 시의 "진경"이 가능하다는 사실을 분명하게 인식한 김수영은 이미 1957년에 발표한 시 「봄밤」에서 "서둘지 말라"는 말로 그 '욕심'이 경계의 대상임을 언급하고 있었다.

1연의 "혁혁한 업적"을 바라는 마음이야말로 자신을 "태우고 있는" 대표적인 "욕심"이다.

흥미롭게도 시 곳곳에 "서둘지 말라"는 말과 함께 특별한 조건을 제시하고 있는데, 이 부분 역시 주목할 필요가 있다. "개가 울고 종이 들리고 달이 떠도", "너의 꿈이 달의 행로와 비슷한 회전을 하더라도", "기적소리가 과연 슬프다 하더라도" 당황하지 말고 "서둘지 말라"고 말한다. 그것은 주변 세계의 변화에 조급해하지 말라는 뜻이다. 변화를 감지하지 못하고 자신이 뒤떨어지고 있다고 생각할 때 사람들은 조급해진다. 뿐만 아니라 뭔가를 기대하고 있었는데, 그 결과가 예상과 달랐을 때도 마찬가지다. "기적소리가 과연 슬프다 하더라도" 서둘러서는 안 된다. 잘못된 목표는 종종 주체의 헛된 욕망을 들쑤시고 부추기며, 나아가 주체가 주변을 살피는 것을 방해한다. 오히려 목표를 두지 않을 때, 욕망의 긍정적인 힘이 발휘된다. 그래서 "아둔하고 가난한 마음"이 "재앙과 불행과 격투와 청춘과 천만인의 생활"을 너끈히 볼 수 있게 한다. 눈을 크게 뜨고 있다고 해서 세상이 보이는 게 아니듯, 눈을 뜨지 않은 "땅속의 벌레"와 같은 마음이지만 모든 것을 헤아리기도 한다. 가난하다고 해서 서둘러서는 안 된다. 애가 타고 조바심이 나더라도 "절제"할 줄 알아야 한다. 화자는 서두르려고 안달하는 욕망을 절제할 것을 강조한다. 절제야말로 지나친 욕망을 제어하는 길이다. 재빠르게 변하는 현실과 세상의 일들은 서두르면 서두를수록 놓치기 쉽다. 화자는 절제의 미덕을 "귀여운 아들"이, 아니 스스로 깨우치기 바란다. 이 시는 시에 대한 욕심의 절제를 보여준다. 헛된 욕망으로 초조해질 때, 시는 더 서둔다. 그것은 시가 지녀야 할 움직임의 미학이 아니다. 서두름은 바람직한 움직임을 잘못된 방향으로 이끌 뿐이다.

3. '벽'을 넘어가는 일

그렇다면 '벽'을 넘어가는 일은 어떻게 가능할까? 그것은 '가능한 것'과 '불가능한 것' 사이의 경계를 흐려야 한다. 새로운 방식으로 그 경계를 재정의해야 한다. 그것은 사유의 방식을 다시 정의하는 것이며, '가능한 것'과 '불가능한 것'의 경계를 재사유하는 것이다. 시 「"김일성만세(金日成萬歲)"」에는 사유의 방식을 재정의하지 않으면 자유란 불가능하다는 김수영의 의도가 분명하게 드러난다.

> "김일성만세"
> 한국의 언론 자유의 출발은 이것을
> 인정하는 데 있는데
>
> 이것만 인정하면 되는데
>
> 이것을 인정하지 않는 것이 한국
> 언론의 자유라고 조지훈이란
> 시인이 우겨 대니
>
> 나는 잠이 올 수밖에
>
> "김일성만세"
> 한국의 언론 자유의 출발은 이것을
> 인정하는 데 있는데
>
> 이것만 인정하면 되는데
>
> 이것을 인정하지 않는 것이 한국

정치의 자유라고 장면이란
관리가 우겨 대니

나는 잠이 깰 수밖에

—「"김일성만세(金日成萬歲)"」(1960. 10. 6) 전문

김수영은 "'언론 자유'에 대한 고발장"(「일기초 2」, 1960. 10. 6~18)으로 썼으나, 결국에는 발표할 길도 시집에 넣을 가망도 없어지고 말았던 작품이다. "김일성만세"는 반공이데올로기가 정치적으로 이용되고 있었던 1960년이라는 시대적 상황을 고려한다면 명백하게 한계선 밖에 있는 말이다. 그 까닭에 잡지에 발표할 수 없었다. 그러므로 "김일성만세"만 인정되면 "한국의 언론자유의 출발"이 가능하다고 김수영은 말한다. 하지만 현실은 그의 생각과는 완전히 반대였다. 실제로 자유는 정치의 영역("장면")에서뿐만 아니라 문학의 영역("조지훈")에서도 인정되지 못했다. "나는 잠이 깰 수밖에" 없다는 그의 자조어린 표현은 그 꿈의 실현이 요원함을 반증한다. 김수영은 한계선 밖에 있는 말을 함으로써 당시 언론의 자유가 얼마나 형편없는가를 역설적으로 강조하고 있다. 사실 "김일성만세"가 수용되고 말고의 문제는 아니다. 정작 중요한 것은 그 말을 할 수 있는가, 할 수 없는가이다. 산문 「창작 자유의 조건」은 김수영이 창작에서 자유가 얼마나 중요한지 잘 보여준다.

무엇이 달라져야 할 것인가? 언론 자유다. 1에도 언론 자유요, 2에도 언론 자유요, 3에도 언론 자유다. 창작의 자유는 백 퍼센트의 언론 자유가 없이는 도저히 되지 않는다. 창작에 있어서는 1퍼센트가 결한 언론 자유는 언론 자유가 없다는 말과 마찬가지지다.

—「창작 자유의 조건」(《동아일보》, 1960. 11. 10) 중에서

실제로 언론의 자유란, 있느냐 없느냐 둘 중 하나만 가능할 뿐이지 "이만하면 언론 자유가 있다"(「창작 자유의 조건」)고 말할 수 없다. 언론의 자유란 절대적인 것이다. 적당히 한 극과 반대 극의 중간쯤에서 타협한다고 해서 언론의 자유가 보장되는 것은 아니다. 그 어떤 표현도 가능해야 한다는 것이 김수영의 생각이었다. 자유를 쟁취하고, 자유를 억압하는 정치적 탄압을 해소하기 위해서는, 모순의 양 극 모두를 포괄하는 새로운 통일성을 확립함으로써가 아니라, 동일성의 틀 자체를 철회해야만 가능하다.[9] 마찬가지로 시를 쓰는 사람에게도 '이만하면'이라는 말은 가능하지 않다. 창작에서 자유란 역시 절대적인 것이다. "1퍼센트가 결한" 자유는 자유가 없는 것과 같다. 김수영은 가장 극단적인 말에 해당하는 "김일성만세"를 선택하여 그 한계를 넘어서야 한다고 말한다. "김일성만세"를 입밖으로 내는 순간, 언론 자유의 한계선을 뚫을 수 있는 구멍이 생긴다는 것을 김수영은 알았다. '장면'이나 '조지훈'은 결코 그 한계를 넘어설 수 없는 이들이었다. 물론 사고의 한계를 넘어서는 것은 매우 어렵다. 하지만 그 한계를 넘어서려는 노력이 필요하다. 그 노력이 곧 시의 자유다. 혁명의 과정은 점진적 진보가 아니라 반복적 행동이다. 가장 작은 것을 실천하는 것에서부터 혁명은 시작된다. 동시에 그 시작을 끝없이 반복하는 것이 혁명이다.

> 왜 나는 조그마한 일에만 분개하는가
> 저 왕궁 대신에 왕궁의 음탕 대신에
> 50원짜리 갈비가 기름 덩어리만 나왔다고 분개하고
> 옹졸하게 분개하고 설렁탕집 돼지 같은 주인년한테 욕을 하고

---

9) 슬라보예 지젝(S. Žižek), 『부정적인 것과 함께 머물기』, 이성민 옮김, 도서출판b, 2007, 239쪽 참조.

옹졸하게 욕을 하고

한번 정정당당하게
붙잡혀 간 소설가를 위해서
언론의 자유를 요구하고 월남 파병에 반대하는
자유를 이행하지 못하고
20원을 받으러 세 번씩 네 번씩
찾아오는 야경꾼들만 증오하고 있는가

옹졸한 나의 전통은 유구하고 이제 내 앞에 정서(情緖)로
가로놓여 있다
이를테면 이런 일이 있었다
부산에 포로수용소의 제14야전병원에 있을 때
정보원이 너스들과 스펀지를 만들고 거즈를
개키고 있는 나를 보고 포로경찰이 되지 않는다고
남자가 뭐 이런 일을 하고 있느냐고 놀린 일이 있었다
너스들 옆에서

지금도 내가 반항하고 있는 것은 이 스펀지 만들기와
거즈 접고 있는 일과 조금도 다름없다
개의 울음소리를 듣고 그 비명에 지고
머리에 피도 안 마른 애놈의 투정에 진다
떨어지는 은행나무잎도 내가 밟고 가는 가시밭

아무래도 나는 비켜서 있다 절정 위에는 서 있지
않고 암만해도 조금쯤 옆으로 비켜서 있다
그리고 조금쯤 옆에 서 있는 것이 조금쯤
비겁한 것이라고 알고 있다!

그러니까 이렇게 옹졸하게 반항한다
이발쟁이에게
땅주인에게는 못하고 이발쟁이에게
구청 직원에게는 못하고 동회 직원에게도 못하고
야경꾼에게 20원 때문에 10원 때문에 1원 때문에
우습지 않으냐 1원 때문에

모래야 나는 얼마큼 적으냐
바람아 먼지야 풀아 나는 얼마큼 적으냐
정말 얼마큼 적으냐……

—「어느 날 고궁을 나오면서」(《문학춘추》, 1965) 전문

이 시는 무능한 주체의 체험을 전면화함으로써 읽는 이에게 공감을 불러일으킨다. 시의 화자는 "왕궁" "땅주인" "구청 직원" "동회 직원"과 같은 권력 앞에서는 아무 소리도 못하고, "설렁탕집 돼지 같은 주인년" "야경꾼들" "이발쟁이"와 같은 약자에게만 큰소리치는 속물이다. 마땅히 해야 할 일을 수행하지 않고 있다는 점에서, 화자는 정의롭지 못하며 동시에 무능하다. 하지만 화자는 심각하고 중요한 문제를 제기하고 비판하지 못하는 자신의 현실을 있는 그대로 보여준다. 뿐만 아니라 매우 사소한 문제에 집착하는 자신을 고발한다. 화자는 억압과 비참으로 가득 찬 현실에서 자신을 둘러싼 모든 것들에게 질문을 던진 것이다. '과연 부패한 권력을 비판할 자격이 나에게 있는가?' 이 질문에 답하기 위해, 김수영은 추상적 보편성이 아니라 구체적 보편성 위에서 자신의 행동을 점검하려고 했다.

"왕궁의 음탕"나 "언론의 자유"는 중요한 문제다. 하지만 그것을 비판하고 요구하는 것은 매우 어려운 일이다. 소시민에게 "왕궁의 음탕"과 "언론의 자유"는 추상적인 문제다. 실제로 먹고 사는 일에 바쁜 그들의 삶과는 거리가 먼 이야기다. 하지만 "나는 얼마큼 적으냐"라는 자조적인 표현

에서 부정적인 상황에 머물지 않고 긍정적인 변화를 예기하는 단서를 읽을 수 있다. 우선 정의롭지 못한 대상과 자신의 행동을 비판하고 있다는 사실만으로도 어느 정도 이해가 된다. 또 한편으로는 "조금쯤 옆에 서 있는 것이 조금쯤 비겁한 것"이라는 사실을 화자가 알고 있다는 점 역시 긍정적 가능성의 근거가 된다. "아무래도 나는 비켜서 있다"는 인식은 자신의 구체적 삶에 대한 통찰에서 온다. 비켜서 있는 자신을 인식하는 것은 흡사 변증법을 닮았다. 변증법은 언제나 그 의미를 확대하면서 자기를 위로한다. 그러나 의미가 더 공고해지는 것, 자기가 알게 된 것에 대한 위안이 변증법이 지닌 위험성이다. 그 순간에도 비판의 가능성을 열어놓을 때에만 '부정의 긍정'이 무의미한 긍정으로 끝나는 것을 막는다. 김수영은 '나는 지금 부패한 권력을 비판하고 있어. 이 정도면 되지 않아'라는 자기 합리화의 논리가 지니는 덫을 넘어서려고 했다.

김수영은 '나는 지금 부패한 권력을 비판하고 있는가?'라는 추상적 질문에 그치지 않고 '과연 부패한 권력을 비판할 자격이 나에게 있는가?'라는 구체적 질문으로 확장시켜 실천의 가능성을 다루고 있다. 시공간을 초월하여 어디에나 적용될 수 있는 추상적이고 중립적인 실천은 없다. 실천은 추상적인 형태로는 가능하지 않다. 실천은 매번 새로운 상황 속에서 시작되어야 하는 구체적인 문제다. 한편으로 실천은 매우 정치적이다. 어떤 실천을 하든 그 사람은 그로 인해 발생하는 결과를 받아들일 준비가 되어 있기 때문이다. 뿐만 아니라 실천은 어떤 윤리를 만든다.[10] 그러나

10) 자크 랑시에르(J. Rancière)는 "윤리는 규범이 사실 속에서 해체되는 것이며, 담론과 실천의 모든 형태들을 구분되지 않는 동일한 관점 하에 식별하는 것이다"라고 설명한다. 그는 '에토스(ethos)'를 체류에 알맞은 존재방식이며, 삶의 양식이라고 정의한다. 그리하여 윤리가 환경, 존재방식, 행동원리 사이의 동일성을 확립시키는 것이라고 말한다. 그의 관점에 따르자면 누군가 윤리를 가지고 있다면, 그는 자신의 환경과 존재방식을 통해 어떤 행동을 취하게 되는 것이다. 기존의 규범질서에 파열음을 내고, 자신의 감각을 믿고 새로운 삶을 사는 일이 윤리가

실천은 타인을 도와야 한다는 윤리적 수사학에 관한 것이 아니다. 오히려 실천은 타인과 필연적으로 관련을 맺고 있는 우리의 행동양식을 변화시킨다. 그러므로 실천에 의해서만 사회의 구조가 바뀌게 되는 것이다. 실천이 정치적 활동과 밀접한 관련을 맺을 수밖에 없는 것은 그것이 개인의 삶을 넘어 사회의 구조를 바꿀 수 있기 때문이다. '벽'을 넘어서기 위해서는 추상적인 이념을 믿는 것만으로는 가능하지 않다. 오히려 '가능한 것'과 '불가능한 것'의 완고한 경계를 재사유할 때야 가능하다.

4. '사이'의 가능성

'가능한 것'과 '불가능한 것'의 경계를 재사유하는 것으로 '벽'을 넘어설 수 있다면, '가능한 것'과 '불가능한 것'의 경계에 대한 새로운 이해가 필요하다. 상징적 질서의 영역에서 '가능한 것'과 '불가능한 것'은 명백하게 구분된다. 하지만 삶의 영역에서는 그 경계가 항상 분명한 것만은 아니다. 김수영은 그 삶의 영역에서의 모호한 경계가 지닌 가능성, '사이'[11]에 주목했다. 사실 시인은 어디에도 적을 두지 않은, 둘 수 없는 사람이다. 동시에 그는 어디에 있건 그곳을 터전으로 삼을 수 있는 사람이기도 하다. 그것은 그가 상징적 질서의 영역이 아닌 삶의 영역을 언제나 살고 있음을

된다(자크 랑시에르, 『미학 안의 불편함』, 주형일 옮김, 인간사랑, 2008, 172쪽 참조).

11) 모호한 경계로 인해 가능한 '사이'는 '텅 빈' 곳이며, 어느 곳에도 속하지 않는 그러한 곳이다. 그것은 시간적 의미에서도 마찬가지다. 가라타니 고진[柄谷行人]에 의하면, '사이'란 "아무 규칙도 공유하고 있지 않은 타자와의 비대칭적인 관계"다. 그는 비대칭적 관계 속의 교통으로 이루어지는 세계를 '사회'라 하고, 공통의 규칙을 가진 대칭적 관계 속에 있는 세계를 '공동체'라 불렀다. 그러므로 '사이'란 실제의 공간 이미지로 이해해서는 안 되며, 체계의 차이로서만 존재하는 '장소'다(가라타니 고진, 『탐구 2』, 권기돈 옮김, 새물결, 1998, 185~186쪽 참조).

의미한다. '사이'의 세계는 상징적 질서를 넘어서는 어떤 곳이다. '재사유'가 기존의 가치질서로부터 완전히 새로운 형태를 예기한다면, 상징적 질서를 넘어서는 '사이'가 그 대안으로서 의미를 지닌다고 할 수 있다.

현대식 교량을 건널 때마다 나는 갑자기 회고주의자가 된다
이것이 얼마나 죄가 많은 다리인 줄 모르고
식민지의 곤충들이 24시간을
자기의 다리처럼 건너다닌다
나이 어린 사람들은 어째서 이 다리가 부자연스러운지를 모른다
그러니까 이 다리를 건너갈 때마다
나는 나의 심장을 기계처럼 중지시킨다
(이런 연습을 나는 무수히 해 왔다)

그러나 문제는 이러한 반항에 있지 않다
저 젊은이들의 나에 대한 사랑에 있다
아니 신용이라고 해도 된다
"선생님 이야기는 20년 전 이야기이지요"
할 때마다 나는 그들의 나이를 잔잔히
소급해 가면서 새로운 여유를 느낀다
새로운 역사라고 해도 좋다

이런 경이는 나를 늙게 하는 동시에 젊게 한다
아니 늙게 하지도 젊게 하지도 않는다
이 다리 밑에서 엇갈리는 기차처럼
늙음과 젊음의 분간이 서지 않는다
다리는 이러한 정지의 증인이다
젊음과 늙음이 엇갈리는 순간
그러한 속력과 속력의 정돈 속에서

다리는 사랑을 배운다
정말 희한한 일이다
나는 이제 적을 형제로 만드는 실증(實證)을
똑똑하게 천천히 보았으니까!

—「현대식 교량」(《현대문학》, 1965. 7) 전문

시에서 "현대식 교량"은 불행한 과거에 대한 기억과 미래의 희망이 공명하고 있는 기호다. 동시에 바로 지금의 변화 가능성을 입증하는 초월적 사태다. 시의 화자는 "적을 형제로 만드는 실증(實證)"을 "다리" 위에서 확인하고, 그것을 "사랑"이라고 말한다. 김수영은 그것을 "실증"이라고 했지만, 누구나 그 사실을 확인할 만한 능력을 지니고 있지는 않다. 어디에도 적을 두지 않은 사람, 말하자면 시인이 삶의 영역에서 특별히 감지할 수 있는 초월적인 사태이기 때문이다. 상징적 질서 안에서 "적"이란 공동체로부터 멸시받고 배제된 이들이다. 하지만 삶의 영역에서는 "적"에게 아무렇게나 붙여둔 이데올로기적 혐의는 사라진다. '사이'의 세계에서는 누구와도 교류가 가능하다. "젊은이들"과 "선생님"이 주고받는 것은 공통의 규칙을 가지지 않은 타자와의 대화처럼 보인다. "선생님 이야기는 20년 전 이야기이지요"라는 말을 듣고 "새로운 여유"를 느낄 수 있는 것은 무엇 때문인가? 규칙을 공유하지 않은 타자와 나누는 대화에는, 타자를 자신의 담론 안에 두려는 욕심이 없다. 그들에 대한 관심은 그 자신이 그들일 수 있기 때문에 생긴다. '사이'에서는 성스러운 것과 세속적인 것이라는 공동체의 구별이 없다. 화자인 "나"와 "나이 어린 사람들", "선생님"과 "젊은이들"은 서로 '함께' 있다. '사이'에서는 상징적 질서가 만들어낸 연령이나 신분의 차이가 사라지는 것이다.

초월적 사태가 일어나는 곳이 "현대식 교량" 위에서라는 사실 또한 중요하다. 착취와 억압을 통해 세워진 "현대식 교량"이 "죄가 많은 다리"라는 것을 알고 있는 화자는, 사안의 문제점에 관심을 갖고 의식적으로 개입하는 소수의 사람이다. 이에 반하여 "자기의 다리처럼 건너다"니는 "식민지 곤충들"은 타인의 의견을 무의식적으로 따르는 대다수의 사람들이다. 기존의 담론으로는 문제를 발견하고 그것을 해결하기가 어렵다. '가능한 것'과 '불가능한 것' 사이의 경계를 지우기 위해서는 전면적인 재사유가 필요하다. 화자에게 주어진 것은 그들 사이에 다리를 놓는 일이다. 강의 이쪽과 저쪽, 서로 다른 장소를 이어주는 물리적 다리는 과거와 미래를 이어주는 역사적 다리가 되고 다양한 사고를 가능하게 만드는 인식의 다리가 된다. 김상환은 그 인식의 다리를 "사유의 교량술"이라고 설명한다.

> 사유한다는 것은 서로 다른 사유들, 서로 만나지 않던 사유들을 부르고 소식을 전하게 하는 것이다. 사유한다는 것은 서로 다른 장소가 소통하도록 다리를 건축하는 것이다. 사유는 교량술이다.[12)]

사유란 그것과 전혀 다른 새로운 사유를 불러들이며, 이러한 특징이 서로 다른 장소를 이어주는 다리와 닮았다고 김상환은 말한다. 사유의 긍정적 기능은 충분히 공감할 만하다. 희망이란 모든 가능성들에 열려 있어야 하기 때문이다. 사유가 비록 구체적 대상으로부터 출발한다고 하더라도, 사유는 사유를 그 대상으로 삼게 마련이다. 그러므로 사유의 존재방식은 언제나 추상적 보편성에 가깝다. 문제를 해결하기 위해서는 추상적 영역이 아닌 구체적 영역에서의 실천이 필요하다. 문제를 해결하기 위해

---

12) 김상환, 『풍자와 해탈 혹은 사랑과 죽음』, 민음사, 2000, 15쪽.

중립성의 공간을 만드는 것으로는 부족하다. 모순된 양 극단의 사유를 '조화'를 통해서는 완벽하게 해소하기 어렵다. 양 극단은 단지 봉합될 수 있을 뿐이다. 기존에 정립되어 있던 구분과 배제의 상징적 지표들을 지양할 수 있는 새로운 공간으로의 전환이 필요하다. 그러므로 "현대식 교량"은 "사유의 교량술"만으로 설명하기 어렵다.

화자는 "심장을 기계처럼 중지"시키는 극단적인 방법을 사용한다. 하지만 그 성공 가능성을 장담하기란 쉽지 않다. 그래도 기적과도 같은 일들의 가능성을 열어 두어야 한다. 그렇지 않으면 초월적 사태는 일어나지 않는다. 그러므로 언제나 처음부터 다시 시작하지 않으면 안 된다. 화자가 "(이런 연습을 나는 무수히 해 왔다)"고 말할 수밖에 없는 이유다. 모순을 해결하기 위해서는 양 극단이 공통적으로 기반하고 있는 담론으로부터 벗어나는 일이 먼저다. 시에서 "나이 어린 사람들" "젊은이들"은 더 이상 "나" "선생님"에게 부정적 대상일 수 없다. 대립 관계는 화해의 관계로 변한다. "젊음과 늙음이 엇갈리는 순간 / 그러한 속력과 속력의 정돈 속에서" 초월적 사태가 일어난다. 그때 "다리는 사랑을 배운다." 양 극단을 지탱하고 있는 동일성의 틀을 철회함으로써 두 극단의 차이를 구해낼 수 있다. 말하자면 기준 자체를 바꾸어야 가능한 것이다.[13] 시의 화자는 사회 내의 결정적인 분열과 적대에 더 깊이 관여한다. 그 과정 속에서 모든 이들에게 귀를 열고, 누구도 배제하지 않으며, 모두에게 말을 건넨다. 그때 "현대식 교량"은 과거와 현재의 속도의 차이를 없애면서, "늙음과 젊음"이라는 독립해 있는 두 세계의 만남을 가능하게 한다.[14] 이는 "경이"로

---

13) 인디고연구소, 『불가능한 것의 가능성: 슬라보예 지젝 인터뷰』, 궁리, 2012, 29~34쪽 참조.

14) 가라타니 고진[柄谷行人]에 따르면 '교통'은 우연성을 회복하는 것이다. 그것은 역사의 이념이나 법칙에 대해 '사건의 우연성'을 말하는 것이 아니라 독립해 있는 '복수의 계열의 만남'이라고 말한다(가라타니 고진, 『탐구 2』, 권기돈 옮김, 새물결, 1998, 68쪽 참조).

운 순간이며 "사랑"이고 "희한한 일"이다.

의미란 구조에 의해 만들어진다. 의미는 구조가 만들어낸 대립과 차이에 의해 가능하다. 여기와 저기는 의미의 대립에 의해 만들어진다. 그런데 의미와 의미가 겹쳐지면 어떻게 되는가. 그 공간과 시간이 '사이'다. 분리에 의해 틈이 생기지만 거기서는 어떤 정체성도 생기지 않는다. 이것이기도 하고 저것이기도 한 대상, 이것이기도 하고 저것이기도 한 공간과 시간에서 김수영은 '사이'를 발견한다.

> 하얀 종이가 옥색으로 노란 하드롱지가
> 이 세상에는 없는 빛으로 변할 만큼 밝다
> 시간이 나비 모양으로 이 줄에서 저 줄로
> 춤을 추고
> 그 사이로
> 사월의 햇빛이 떨어졌다
> 이런 때면 매년 이맘때쯤 듣는
> 병아리 우는 소리와
> 그의 원수인 쥐 소리를 혼동한다
>
> 어깨를 아프게 하는 것은
> 노후의 미덕은 시간이 아니다
> 내가 나를 잊어버리기 때문에
> 개울과 개울 사이에
> 하얀 모래를 골라 비둘기가 내려앉듯
> 시간이 내려앉는다
>
> 머리를 아프게 하는 것은
> 두통의 미덕은 시간이 아니다
> 내가 나를 잊어버리기 때문에

바다와 바다 사이에
지금의 삼월의 구름이 내려앉듯
진실이 내려앉는다

하얀 종이가 분홍으로 분홍 하늘이
녹색으로 또 다른 색으로 변할 만큼 밝다
—그러나 혼색(混色)은 흑색이라는 걸 경고해 준 것은
소학교 때 선생님……

—「백지에서부터」(《동아일보》, 1962. 4. 23) 전문

시는 독특한 병치의 구조를 이용하여 '사이'의 가능성을 효과적으로 전달하고 있다. 1연과 4연은 서로를 반복한다. 1연 "하얀 종이가 옥색으로 노란 하드롱지가 / 이 세상에는 없는 빛으로 변할 만큼 밝다"는 구절은 4연의 "하얀 종이가 분홍으로 분홍 하늘이 / 녹색으로 또 다른 색으로 변할 만큼 밝다"는 구절과 다르지 않다. 1연에서 시간은 공간으로 바뀐다. "시간이 나비모양으로 이 줄에서 저 줄로" 춤을 추고 있다. 시간과 공간을 구분하지 않고 하나의 시공간으로 이해하고 있는 대목은 "개울과 개울 사이에" "시간이 내려앉는다"라고 표현한 2연에서도 등장한다. 3연에서는 "시간"을 "진실"로 바꾸어 "진실이 내려앉는다"라고 했다. 사실 2연과 3연은 몇 개의 어휘만 바뀌었을 뿐 그 구조가 동일하다. 2연의 "어깨" "노후" "개울" "비둘기" "시간"은 3연의 "머리" "두통" "바다" "구름" "진실"로 바뀌면서 새로운 가치를 만든다. 같은 공간에 다른 시간이 겹쳐지면서 자명하게 알고 있는 상징적 질서를 넘어서는 '사이'의 가능성이 드러난다.

우리가 읽어야 할 것은 "하얀" 색이 "세상에는 없는 빛"이 되고, "또 다른 색"이 되는 밝고 아름다운 변화의 순간이며, 그 '사이'의 변화다. 변

화의 과정은 사실 시공간이 하나가 되는 '사이'에 일어나는 사건이다. 지금까지 우리가 알지 못했던 진리들이 '사이'라는 '텅 빈' 공백에서 공동 가능하게 된다.[15] 대체로 그것은 모든 것이 사라지고 무화되는 시간이고 자리다. 백색은 무화되는 색이지만 새로운 가능성을 잉태하고 있는 색이다. 이 시의 출발이 "하얀 종이"에서 비롯된 것은, 그러므로 결코 우연이 아니다. 이런 순간에는 "병아리 우는 소리"와 병아리의 원수인 "쥐 소리"를 구분할 수 없다. 시인은 "혼동한다"고 썼지만 사실은 구분할 필요가 없는 것이다. '사이'에서는 적대적 관계의 소멸이 가능해진다. "병아리"와 "쥐"는 의미의 대립에 의해 만들어진다. 그런데 "병아리 우는 소리"와 "쥐 소리"가 겹쳐진다. "병아리"와 "쥐"에 의해 차이가 발생하고, 그 '사이'에는 어떤 구별도 없다.[16] 이것이기도 하고 저것이기도 한 시공간이기 때문이다.

하지만 시인은 자기 자신을 위해서 마지막 경고를 남겨 둔다. 경고는 우리의 사유가 지니는 한계와 관련된 것이다. 김수영은 그 사유의 한계를 구체적 삶을 대상으로 하는 시를 통해 넘어서려고 했다. 무한한 가능성을 지닌 백색은 쉽게 때가 타고 다른 색으로 변하기 쉽다. "흔색은 흑색"일

15) 알랭 바디우(A. Badiou)에 따르면, 철학은 현존을 전제한 모든 것에서 사고가 빠져 나오도록 한다. 그것은 네 가지 '빠져 나옴'의 형상들('결정 불가능한 것', '판별 불가능한 것', '유적인 것', '명명 불가능한 것')로 이루어지는데, 이를 '공백(le vide)'이라고 했다. '공백'은 사건의 자리다. 모든 존재의 근원이라고 말할 수 있는 '공백'의 출현은 '진리'가 등장하는 참된 사건의 자리가 된다(알랭 바디우, 『조건들』, 이종영 옮김, 새물결, 2006, 105쪽 참조).

16) 어떤 구별도 없는 '사이'의 특징이 가능성을 전제하고 있는 '텅 빈' 공간이라고 한다면, 이것은 조르조 아감벤(G. Agamben)이 말하는 '예외상태'와 매우 닮았다. '예외상태'란 아무런 구분 없이 충만한 원초적 권력과 유사하다. 조르조 아감벤은 "예외상태는 법질서 바깥에 있는 것도 안에 있는 것도 아니며, 이를 정의하는 문제는 진정 하나의 문턱 또는 내부와 외부가 서로 배제하는 것이 아니라 서로를 식별하지 못하는 구분 불가능한 영역에 놓여 있다"(조르조 아감벤, 『예외상태』, 김항 옮김, 새물결, 2009, 52쪽)고 기술하고 있는데, 이러한 설명은 김수영 시에서 '사이'의 개념을 이해하는 데 참조가 된다.

수 있는 것이다. 백색의 공간이 "혼색"으로, 다시 "흑색"으로 변한다는 것은 그 가능성의 결과가 위험할 수 있음을 의미한다. 이 사실을 경고해 준 이는 "소학교 때 선생님"이다. "선생님"은 언제나 사유의 한 중심에 있었다. 사유가 보여주는 것은 무엇이든 아무것도 아닌 것일 수 있다는 사실이다. 하지만 그 위험성을 그대로 받아들인다면, 어떤 희망도 존재할 수 없다. 모든 가능성을 열어 두고 언제나 처음 시작하는 마음일 때, '사이'의 가능성은 실현된다. 백색의 공간은 사유의 공간이며 시간이지만, 새로운 시작의 공간이자 시간이며, 진실의 공간이자 시간이다. 사유의 공간과 시간이 진실의 시간과 공간이 될 수 있는 것은 '사이' 때문이다.

5. 시의 가능성과 모호성

시는 중요한 지식을 전달하지 않는다. 시는 어떤 것이 옳은지 그른지를 소리 높여 말하지 않고, 그것을 설득하려 들지도 않는다. 지금까지 읽어왔던 것처럼 김수영은 "시를 배반하고 사는 마음"(「구름의 파수병」) 때문에 괴로워하면서도, 시의 가능성을 믿었다. 한 개인이 자신의 '벽'을 넘어설 수 있는 것도, 현실의 '가능한 것'과 '불가능한 것'의 경계를 흐리게 하는 것도 시가 아니면 안 되기 때문이었다. '가능한 것'과 '불가능한 것'의 '사이'에 시가 있다. 김수영이 말한 "모호성"은 그 '사이'의 존재론적 특징처럼 보이며, 그렇게 이해할 만한 이유도 충분하다.

> 이러한 나의 모호성은 시작(詩作)을 위한 나의 정신 구조의 상부 중에서도 가장 첨단을 차지하고 있는 것이고, 이것이 없이는 무한대의 혼돈에의 접근을 위한 유일한 도구를 상실하는 것이 되기 때문이다.
>
> —「시여, 침을 뱉어라」(1968. 4) 중에서

"모호성"이 왜 "시작(詩作)"에서 가장 중요하고 유일한 도구인지를 김수영은 알았다. 언어로 세계와 감정을 분별할 수는 있어도, 실제로 세계와 감정이 그렇게 명확한 것은 아니다. 언어와 언어가 서로 만날 때, 불확실한 것들이 불쑥 솟아올라 세계에 대해 새롭게 사유하도록 한다. 그러니 어느 하나로 고정되지 않는 사유의 흐름은 "무한대의 혼돈"에서 올 수밖에 없다. 시는 무엇에 의미를 부여하려는 시도를 그만두고, 그 무엇의 가능성을 보여준다. 그래서 시는 모호할 수밖에 없으며, "모호성"은 시의 가능성이 된다.

> 시도 시인도 시작하는 것이다. 나도 여러분도 시작하는 것이다. 자유의 과잉을, 혼돈을 시작하는 것이다. 모깃소리보다도 더 작은 목소리로 시작하는 것이다. 모깃소리보다도 더 작은 목소리로 아무도 하지 못한 말을 시작하는 것이다. 아무도 하지 못한 말을. 그것을—.
>
> —「시여, 침을 뱉어라」(1968. 4) 중에서

"시도 시인도 시작하는 것이다"라는 명제는, 처음부터 김수영의 시에서 우리가 문제삼았던 중요한 주제였다. '벽'을 넘어서기 위해, '가능한 것'과 '불가능한 것'의 경계를 흐리게 하기 위해, 전혀 다른 사유가 가능하기 위해서는 "시작(始作)"[17] 해야 한다. "시작"이 "아무도 하지 못한 말을 시작하는 것"이라면, 그것은 기존 담론의 영역 밖에서 그 담론의 취약성을 들추어내는 일이다. 기존의 질서에 대한 부정이며, 부정의 부정이다. 동시에 "시작"은 아직 오지 않은 '사이'의 가능성을 예기하기 위해, '가능한 것'과 '불가능한 것'이 만든 경계 이전의 혼돈 상태로 모든 것을 되돌린

---

17) 여기서 "시작"은 '어떤 일이나 행동의 처음 단계를 이루거나 그렇게 함'이라는 의미와 함께 "시작(詩作)"의 뜻도 포함하여 읽을 수 있다.

다. 모든 사람이 불편한 사실을 알고 있다고 해도, 그것을 공적으로 말하는 것은 또 다른 차원의 일이다. 이러한 발화의 "시작"은 모든 것을 바꾸어 놓는다. 그런데 그 처음의 시작을 '다시' 하는 것이 가장 어려운 일이다. 그러니 "모깃소리보다도 더 작은 목소리"로 말할 수밖에 없다. '다시' 한다는 것은 이미 알고 있거나 했다는 전제하에 가능하다. '다시' 하는 일의 어려움이 여기에 있다. 김수영은, 우리가 늘 보아왔지만 제대로 알지 못했던, 잘 알지도 못하면서 안다고 생각했던 이 세계를 철저하게 '다시' 사유할 것을 요청한다. 환상을 품지 않고 낙담하지 않으며, 처음부터 '다시' 시작하는 길을 김수영은 걸어야 한다고 말한다. 이것이 김수영이 믿었던 시의 가능성이다.

윤리로서의 서정성
― 이상의 시

1. 근대 초월의 욕망과 좌절

이상(李箱, 1910~1937)의 시는 아직까지도 그 해독이 불가능한 채로 남아 있는 한국시의 한 끝이다. 이상은 1931년 7월《朝鮮と建築》에 김해경(金海卿)이라는 본명으로 처음 일본어 시「異常ナ可逆反應」외 5편을 발표했다.《朝鮮と建築》은 일제강점기에 한반도에 나와 있던 일본인 건축 기술자들이 주축이 되어 결성한 조선건축회의 학회지였다. 이상은 1929년 경성고등공업학교를 졸업하고 조선총독부 내무국 건축과 기수로 취직한 뒤,《朝鮮と建築》표지화 현상 공모에 응모하여 1등과 3등을 했다. 이 일을 계기로 이상은 이 잡지에 작품을 발표할 수 있는 기회를 얻게 된다. 특이하게도 그가 발표한 시는 '漫筆'이라는 항목으로 분류되어 수록되었다. 이상은 당시 문단과 아무런 연관이 없었다. 이러한 사정으로 인해 그는 문학이라는 양식에 얽매이지 않고 자유로운 작품을 발표할 수 있었던 것이다.

이상은 1934년 7월 24일부터 8월 8일까지《朝鮮中央日報》에 시「烏瞰圖」를 연재했다. 현대성에 대한 문제의식과 특이한 기법적 고안의 가능성을 보여준 이 작품들은 당시 모더니즘적 경향과 깊이 연관되어 있다.

처음엔 30회를 예상했으나 "미친놈의 잠꼬대냐" "무슨 개수작이냐" "도대체 어쩌자는 거냐"는 독자들의 엄청난 비난과 항의 때문에 그 절반인 15회로 끝내고 말았다.[1] 김기림의 말대로 이상은 "세기의 暗野 속에서 불타다가 꺼지고만 한줄기 첨예한 양심"이었다. 그는 "불안 동요 속에서 '動하는 정신'을 재건"하려고 했으나 안타깝게도 그 "설계의 於口"에서 그만 불행히 자빠지고 말았다.[2] 이상이 시를 통해 보여준 근대 초월의 욕망은 성공적이지 않았다. 이미 예정된 그의 좌절은 그 스스로의 판단에서도, 독자들의 반응에서도 충분히 확인된다.

사실 이상은 문학을 정식으로 배운 적이 없었으며, 한국문학에 대한 지식도 거의 없었다. 그의 글쓰기는 대중적인 문학 독자의 수용과 그 기대 지평을 벗어난 고립적인 기호 공간에 자리한다.[3] 그의 시는 우리 현대시의 전통적 운율과 비유를 거의 무시했다. 규칙적인 율격을 파괴하고 유사성에 근거한 비유를 부정하였다는 점에서 이상은 현대시의 한 극한임에 틀림없다.[4] 이러저러한 이유로 그의 시는 종잡을 수 없는 난해한 시, 혹은 운율이 없는 시로 평가되어 왔다. 심지어 이상은 "모국어에 기여한 바가 하나도 없을 뿐 아니라 철맞지 않게 그 훼손에나 기여한 시인"[5]이라는 극단적 평가를 받기도 했다. 그러나 한국문학사에서는 그를 미래의 시인으로 기록한다. 그의 시는 원천적으로 해독이 차단된 채 끊임없는 해독이 시도되는 형식으로 존재한다. 그러므로 이상의 시를 이해하는 유일한

---

1) 김병익, 『한국문단사』, 문학과지성사, 2001, 207쪽 참조.

2) 김기림, 「故 이상의 추억」, 《朝光》, 1937. 6(권영민, 『이상 텍스트 연구』, 뿔, 2009, 429쪽 재인용).

3) 권영민, 『이상 텍스트 연구』, 뿔, 2009, 21쪽.

4) 김인환, 「이상 시의 계보」, 『기억의 계단』, 민음사, 2001, 282쪽.

5) 유종호, 『서정적 진실을 찾아서』, 민음사, 2001, 428쪽.

방안은 공통적으로 인정될 수 있는 객관적 지표를 통해 그 안쪽으로 진입하는 이정표를 세우는 것일지도 모른다.

이상의 삶이 보여준 근대 초월의 실패를 시의 실패로 이해해서는 곤란하다. 이상의 시에 대한 긍정적 평가가 그 형식적 면에서 집중적으로 이루어져 왔던 것은 근대 초월의 욕망이 지니는 의의에 특별히 주목했기 때문이다. 운율이 없다는 사실은 이상의 시가 전통적인 시의 영역으로부터 가장 멀리 떨어져 있다는 적절한 평가다. 하지만 우리가 주목해야 할 것은 바로 그 운율이 내용이 아닌 형식의 문제라는 사실이다. 형식으로서의 근대가 이상에게는 내용으로서의 근대보다 우선한 것이었다. 한국문학사가 이상의 시에서 아무런 서정성도 발견할 수 없다고 속단한 것은 그의 시가 보여준 특별한 형식의 충격 때문이었다. 근대 초월의 실패로 인한 그의 좌절감은 어느 측면에서는 매우 서정적이다. 한국문학사는 한 개인의 절망감을 특별하게 보여준 이상의 시가 지니는 서정성에 대해 소홀한 면이 없지 않다. 이 글의 목적은 이상 시의 주요한 모티프인 '연애', '사랑의 부재', '안해', '거울' 등을 살펴보고 그의 시에 나타난 서정성을 확인하는 데 있다. 이상이 실험한 연작 형태의 시가 서사적 요소가 상소되거나 극적 요소가 강조되기는 했으나 그것은 궁극적으로는 서정시의 영역을 벗어나지 않는다.[6] 이상의 시에서 서정성을 발견하고, 그 의미를 밝히는 일은 그의 시를 새롭게 이해하는 하나의 방법이 될 것이다.

---

6) 권영민, 『이상 텍스트 연구』, 뿔, 2009, 54쪽.

2. '그따위 시'와 연애의 비밀

이상 문학의 근본 문제가 '만남의 문제'[7]에 있었다고 보는 것은 틀리지 않다. 이상이 끝까지 해결하고자 했던 세계와의 단절은 바로 이러한 만남의 문제에서부터 출발한다. 그것은 시와 소설, 산문을 포함한 이상의 모든 작품에서 타자와의 관계를 새롭게 해석할 수 있는 여지를 제공한다. 이상의 산문 중에는 시에서 찾아보기 힘든 그의 자의식이 종종 문면에 그대로 드러나는 경우가 있다. 이상은 날짜와 수신자가 분명치 않은 「私信」이라는 글에서 자신의 시에 대한 불만을 채 숨기지 못하고 드러낸 적이 있다.

> 事實 나는 요새 그따위 詩 밖에 써지지 않는구려. 차라리 그래서 徹底히 小說을 쓸 決心이오. 암만해도 나는 十九世紀와 二十世紀 틈사구니에 끼워 卒倒하려 드는 無賴漢인 모양이오. 完全히 二十世紀 사람이 되기에는 내 血管에는 너무도 많은 十九世紀의 嚴肅과 道德性의 피가 威脅하듯이 흐르고 있오그려.
>
> —「私信 6」 중에서[8]

무슨 이유에선지 모르겠으나 이상은 시를 버리고 소설만 쓰겠다고 결심했다. 그것은 19세기의 잔재로 보이는 "그따위 詩"를 버리고 20세기 사람이 되어 소설에만 매진하겠다는 뜻이다. "十九世紀와 二十世紀 틈

---

7) 김현, 「이상에 나타난 '만남'의 문제」, 《자유문학》, 1962. 10(김윤식 엮음, 『이상 문학전집: 연구논문집』, 문학사상사, 1996, 159~183쪽 재인용).

8) 이 글에서 인용하고 있는 산문은 『이상 전집: 수필』(권영민 엮음, 뿔, 2009)에서 가져왔다. 텍스트를 인용할 경우 최초의 발표지면을 명기하고 따로 출전은 밝히지 않는다. 서신의 말미에 "二九日 拜"라고 기록되어 있는데, 이를 참조할 때 이 글은 1936년 11월 29일에 쓰인 것으로 보인다(김주현 주해, 『정본 이상문학전집: 수필』, 소명출판, 2009, 265쪽 참조).

사구니에 끼여 卒倒하려드는 無賴漢" 이상은 20세기 사람이 되기에는 자신의 내면에 너무 많은 19세기의 잔재가 있다고 고백한다. 여기에는 시와 소설이 지닌 장르적 특성과 한계에 대한 이상 나름의 판단이 숨겨져 있다. 1인칭 화자의 발화로 이루어지는 시란 소설에 비해 훨씬 개인적일 수밖에 없다. 이상은 19세기의 시와 20세기의 소설, 그 경계 위에 서 있었던 것이다. 인용한 이상의 산문에는 그가 전근대적인 삶의 질서로부터 벗어날 수 있다는 확신과 함께 한편으로는 그가 인간의 근원적 감정을 끝내 억누를 수 없을 것이라는 불안한 예감이 담겨 있다.

그렇다면 "요새 그따위 詩 밖에 써지지 않는구려"에서 "그따위 詩"란 무엇을 염두에 두고 한 말일까? 그것은 이상이 고민했던 19세기의 흔적이 그대로 묻어 있는 작품이다. 이상의 연보를 확인해 보면 1936년에 쓴 시는 「紙碑: 어디로갔는지모르는안해」와 《朝鮮日報》에 연재한 연작시 「危篤」을 포함해 무려 21편에 이른다.[9] 그러므로 이상이 말한 "그따위 詩"를 정확히 확정하기는 쉽지 않은 일이다. 그러나 1936년에 발표한 시들은 기하학적 상상력이나 문명에 대한 비판적 인식을 수식이나 도형을 통해 형상화한 초기의 시에 비해 훨씬 수월하게 읽힌다. 이상이 발표한 1936년의 시들은 그가 보기에 "十九世紀式"임에 틀림없으며, 서정성이 두드러지는 것 또한 사실이다. 그 내용도 19세기 현실에서 벗어나지 못하고 있는 자신의 모습에 대한 연민과 비판이 대부분이다. 이상은 이를 견디기 어려웠을 테지만 그러나 그가 보여준 서정성은 그가 염려한 것과는 달리 감동적일

9) 구체적인 작품은 다음과 같다. 「紙碑: 어디로갔는지모르는안해」(《中央》, 1936. 1), 「火爐」「아침」「家庭」「易斷」「行路」(《가톨닉青年》, 1936. 2), 「街外街傳」(《詩와小說》, 1936. 3), 「明鏡」(《女性》, 1936. 5), 「禁制」「追求」「沈沒」「絶壁」「白晝」「門閥」「位置」「賣春」「生涯」「內部」「肉親」「自像」(《朝鮮日報》, 1936. 10. 4~9), 「I WED A TOY BRIDE」(《三四文學》, 1936. 10)

뿐만 아니라 다른 작품에 비해 문학성 또한 떨어지지 않는다.

우리를 궁금하게 하는 것은 이상을 괴롭혔던 "十九世紀式"의 정체다. 이 문제에 대한 해답의 실마리를 1937년 《三四文學》에 발표된 수필 「十九世紀式」에서 찾을 수 있다.

> 내가 이 世紀에 容納되지 않는 最後의 한꺼풀 幕이 있다면 그것은 오직 '간음한 안해는 내어쫓으라'는 鐵則에서 永遠히 헤어나지 못하는 내 곰팡내 나는 道德性이다. —「十九世紀式: 貞操」(《三四文學》, 1937. 4) 중에서

이상이 고민했던 "十九世紀의 嚴肅과 道德性의 피"는 다름 아닌 '정조'에 대한 도덕성이었다. 이 글에서 우리는 작가 또는 지식인으로 이상의 도덕관이나 성에 대한 윤리 의식의 일반적 성향을 읽을 수 있다. 그 누구보다 정신의 자유를 누렸던 이상에게도 전통적인 도덕관념은 마음대로 쉽게 떨쳐버릴 수 있는 게 아니었다. 흥미로운 것은 인용한 다음 부분에 이어지는 '비밀'에 관한 이야기다.

> 秘密이 없다는 것은 財産 없는 것처럼 가난할 뿐만 아니라 더 불쌍하다. 情痴世界의 秘密 — 내가 남에게 간음한 秘密, 남을 내게 간음시킨 秘密, 즉 不義의 兩面 — 이것을 나는 萬金과 오히려 바꾸리라. 주머니에 푼錢이 없을 망정 나는 天下를 놀려먹을 수 있는 實力을 가진 큰 富者일 수 있다.
> —「十九世紀式: 秘密」(《三四文學》, 1937. 4) 중에서

이상이 말하는 "秘密"은 무엇을 숨기거나 가장한다는 것에 있지 않고 사적인 영역에 대한 보호의 맥락에서 이해되어야 한다. 그러므로 비밀, 그것이 없이는 가난할 뿐만 아니라 불쌍할 수밖에 없는 것이다. 어떠한 방법으로도 밝힐 수 없는 비밀스러운 사랑, 연애의 감정이 곧 비밀의 정

체다. 이상은 "情痴世界의 秘密"을 "萬金"과도 바꾸지 않겠다고 했다. 문제는 이 비밀이 들통났을 때다. 이상은 그 연애의 비밀이 끝내 보호되길 원했지만 현실은 그렇지 않았다. "간음한 秘密"의 들통, 이것에 대해 연연해하는 "곰팡내나는 道德性"이 이상의 고민이었다. 1936년 6월 변동림과 결혼 후, 그해 10월에 일본으로 떠난 이상이 평탄한 결혼 생활을 하지 않았다는 것은 알려진 사실이다. 이상이 말한 "그따위 詩"란 그러므로 연애의 비밀을 알았을 때, 그것을 인정할 수 없는 19세기 도덕관념을 주제로 한 시라고 추정할 수 있다. 그러면서도 이상은 동시에 연애의 비밀을 끊임없이 갈구했다. 예컨대, 그의 시 「買春」(《朝鮮日報》, 1936. 10. 8)은 특별한 한자의 조어를 통해 그가 품었던 연애의 욕망을 비유적으로 잘 보여준다. 제목 '買春'은 '賣春'을 의도적으로 비튼 것이다. '賣春'은 '賣淫' '賣色'을 뜻한다. 그러나 '買春'은 '젊음을 사다'라는 의미의 새로운 조어다. 결핵에 시달렸던 개인사를 참조하자면 젊음을 되사고 싶은 그의 내적 욕망을 이해하기 어려운 것은 아니다. 젊음에 대한 이상의 욕망은 다름 아닌 연애의 욕망이다. 이 욕망은 19세기 "곰팡내 나는 道德性"과 함께 살아 있는 동안 내내 그를 괴롭혔다. 이처럼 이상의 시와 산문에서, 그가 진실이 없는 타락한 시대의 도덕성을 끊임없이 문제삼고 있음을 발견할 수 있다.

3. 사랑의 부재, 서정의 심화

이상이 말한 "그따위 詩"가 1936년 무렵에 집중적으로 발표된 시들이라고 했을 때, 그 흔적을 따라가 보는 일은 그가 시가 보여주는 서정성의 정체를 확인하는 좋은 방법이다. 이상의 시에서 '서정'을 처음 발견한 이는 서정주다. 서정주는 이상 이전의 시들이 대개 사물의 윤곽성을 표현하는 일에 그치고 있었음을 지적하면서, 이상 시의 특질로 가장 먼저 "抒情의 深化"를 내세운다. 이러한 서정주의 생각은 이상의 시에 대한 기존의 평가뿐만 아니라 그 자신의 평가, 예컨대 '비논리적 논리성' '초논리적 성격' '극도의 절망에서 오는 일종의 체념'[10]과 같은 내용과 비교하더라도 특별하다.

> 李箱의 詩의 특질을 말하려면, 첫째 抒情의 深化를 들 수 있을 것이다. 그보다 앞섰던 개개의 시들은 事物의 輪廓性의 표현에 지나지 않았던 것이다. 즉, [중략] '그리운' '외로운' 어떤 구체적인 사실의 표현이 없이 그냥 '그립습니다' '외롭습니다' 한 것인데, 어떻게 그리운 것인지, 어떻게 외로운 것인지 그 어떤 내부적인 것을 별로 표현한 것이 없다는 것이다. 그런데, 이것이 李箱에 오면, 이런 것들이 윤곽적인 것들에 멈추는 것이 아니라 內面으로 흘러 들어가 그 자세한 內心을 구체적으로 나타냈던 것이다. 그래서, 그는 우리의 서정을 더 심화시키지 않았나 생각되는 것이다.[11]

이 글에서 문제가 되는 구절은 "事物의 輪廓性"이다. 이때의 '사물'이란 눈에 보이는 대상만을 지시하지 않는다. 그것은 인간의 정서를 포함한 시적 대상 전체를 이르는 말로 이해해야 한다. 그러므로 그 뒤에 이어지는 '그리운' '외로운'은 시적 대상에 대한 시인의 반응을 두고 한 말이다. 서정주는 '그립습니다' '외롭습니다'와 같은 직접적 표현을 주로 사용했던 당시의 시들과 달리 이상의 시는 화자의 내면을 구체적으로 형상화했다고 평가한 것이다. 그것은 곧, 우리 시가 진일보한 "抒情의 深化"에 해당

---

10) 서정주, 「李箱과 그의 詩」, 『한국의 현대시』, 일지사, 1969, 201~212쪽.

11) 서정주, 위의 책, 201~202쪽.

한다. 서정주는 이러한 자신의 평가를 입증하기 위해 시 「·素·榮·爲·題·」를 예로 제시한다.

1

달빗속에잇는네얼골앞에서내얼골은한장얇은皮膚가되여너를칭찬하는내말슴이發音하지아니하고미다지를간즐으는한숨처럼冬柏꽃밧내음새진이고잇는네머리털속으로기여들면서모심듯키내설음을하나심어가네나

2

진흙밭헤매일적에네구두뒤축이눌러놓는자욱에비나려가득고엿스니이는온갓네거짓말네弄談에한없이고단한이설음을哭으로울기전에따에노아하늘에부어놓는내억울한술잔네발자욱이진흙밭을헤매이며헛뜨려노음이냐

3

달빗이내등에무든거적자욱에앉으면내그림사에는실고추같은피가아늘거리고대신血管에는달빗에놀래인冷水가방울방울젓기로니너는내벽돌을씹어삼킨원통하게배곱하이지러진헌겁心臟을드려다보면서魚항이라하느냐

—「·素·榮·爲·題·」(《中央》, 1934. 9) 전문[12)]

애인 남녀가 비오는 날 함께 걸어간다. 여자는 앞에서 하이힐로 발자국을 내며 걸어가고, 그 뒤에는 남자가 따라간다. 1연은 화자의 감정 상태를 매우 적실하게 표현하고 있다. 화자인 '나'는 '너'의 얼굴을 보고 "얇은皮膚"처럼 감정을 숨기지 못한다. '너'의 머리털이 풍기는 "冬柏꽃밧내음새"만 맡고 한숨을 지을 뿐 말하고 싶은 바를 제대로 발음하지 못한다.

12) 이 글에서 인용하고 있는 시 텍스트는 『이상 전집: 시』(권영민 엮음, 뿔, 2009)에서 가져왔다. 시를 인용할 경우 최초의 발표지면을 명기하고 따로 출전은 밝히지 않는다. 대신 ①산문과 시로 구분하기 어려운 경우, ②일어시의 경우엔 그 출처를 각주를 통해 따로 밝힌다.

그로 인해 화자 '나'의 설움이 하나둘씩 생긴다. 2연에서 그 상황은 진흙 밭에 비유된다. 진흙 밭을 걸으면서 '너'는 구두로 자국을 낸다. '너'가 지나간 흔적에 '나'가 품고 있는 '너'에 대한 감정이 빗물처럼 고인다. 그런데 '너'는 '나'가 그 감정의 상태를 채 정리하기도 전에 다시 진흙 밭을 헤매며 흩어 놓는다. 3연에서 화자의 내면의 상처는 "실고초같은피가아물거리고"로 드러난다. 이미 실연의 상처로 고통의 시간을 보내고 있는 화자 '나'의 "이지러진헌겁心臟"을 들여다보면서 '너'는 그것을 "魚항"이라고 부른다.

이상의 사랑은 오히려 그 불가능성으로 인해 난해하다. 이상은 자신의 저 깊숙한 내면에 사랑의 진실이 있다고 믿었지만, 그것은 끝내 이루어지지 않았다. 거짓으로 가득한 이 세계는 그 사랑의 진실이 꽃으로 피어나는 것을 막았다. 서정주는 이 시를 "재래 같으면 '사랑하는 이여, 나는 그대가 그립노라'라고 표현했을 것을, 그는 그것을 이와 같이 구체적으로, 윤곽적인 표현을 떠나서 깊이가 있게 우리에게 보여 주고 있"[13)]다고 평했다. 그가 강조한 대목은 "구두 뒤축에 괸물"이다. 그는 "'구두 뒤축에 괸물' 같은 식으로 표현한 시편은 한국의 시편에서나 외국의 시편들에서나 일찍이 보지 못했던 것이며, 또한 이것은 수박 겉핥기식 표현이 아니라 구석진 데까지 다 표현하는 인생 체험의 좋은 작품"[14)]이라고 극찬했다. 이상은 타자에게 이르는 길이 원천적으로 봉쇄된 상태에서 진실한 사랑을 말하려고 했다. 그러나 매번 그는 절망했으며, 그 절망을 통해 서정성의 저 끝을 향해 걸어갈 수 있었던 것이다. 그 힘든 보행의 과정이 바로 미적 주체의 탄생 과정이었다. 이상의 시가 보여주는 말놀이는 사랑에 대

---

13) 서정주, 앞의 책, 203쪽.

14) 서정주, 위의 책, 204쪽.

한 진실과 믿음이 사라진 이 세계의 혼란스러움을 유희적로 표현한 것이다. 이상은 이를 매우 수사적으로 사용했다. 이상의 시가 보여주는 수사의 문을 열고 들어갈 때, 우리는 사랑의 부재를 탁월하게 형상화한 "抒情의 深化"를 발견할 수 있다.

정체를 알 수 없는 관념을 규칙의 언어와 도형으로 표기한 이상의 시를 읽고 같은 시대를 살았던 지식인들이 어느 정도 위안을 받았다면, 그것은 시대에 대한 절망에 공감했기 때문이다. 이상은 그들과 함께 같은 공기를 숨쉬고 같은 감정을 느꼈던 것이다. 보편적인 인간이라면 누구나 느꼈을 가장 근본적인 정서인 사랑과 연민의 감정이 그의 시에 전혀 없다고 말할 수 없다. 나아가 불안과 공포가 인간이 느끼는 감정의 영역에서 벗어나는 특별한 것이라고 단정짓기도 어렵다. 이상의 다음 시에서 우리가 서정성을 발견할 수 있다면, 그 서정성은 시대에 대한 절망에서 온 것이라기보다는 사랑의 부재에서 온 것에 가깝다.

> 역사를하노라고 땅을파다가 커다란돌을하나 끄집어내여놋코보니 도모지 어데서인가 본듯한생가이들게 모양이생겻는데 목도들이 그것을 메고나가드니 어데다갓다버리고온모양이길내 쪼차나가보니 危險하기짝이업는 큰길가드라.
>
> 그날밤에 한소낙이하얏스니 必是그돌이깨긋이씻겻슬터인데 그잇흔날가보니까 變怪로다 간데온데업드라. 엇던돌이와서 그돌을업어갓슬가 나는참이런悽량한생각에서아래와가튼作文을지엿도다.
>
> '내가 그다지 사랑하든 그대여 내한平生에 참아 그대를 니즐수업소이다. 내차레에 못올사랑인줄은 알면서도 나혼자는 꾸준히생각하리다. 자그러면 내내어엿부소서'
>
> 엇던돌이 내얼골을 물끄럼이 치여다보는것만갓하서 이런詩는 그만찌저버리고십드라.
>
> —「이런詩」(《가톨닉青年》, 1933. 7) 전문

「이런詩」는 사랑하는 사람을 보내고 그 대상을 뒤늦게 그리워하는 내용의 이야기를 우의적인 형태로 보여준다. 이상의 연보를 참조할 때 이 작품은 1932년 요양차 떠난 배천온천에서 만난 금홍이와 여러모로 관련이 있다. 당시 이상은 상경하자마자 다방 '제비'를 개업했다. 그러므로 금홍과의 관계를 청산하고 난 뒤의 내면의 갈등을 형상화하고 있다고 볼 수도 있다. 어쨌든 이 시에는 아름다운 서정성이 새로운 형식 안에 배후의 선율로 흐르고 있다. 서정주가 "隔離된 孤獨과 닿을 길 없는 鄕愁가 길게 서리어 있다."[15]고 했을 만큼 사랑하는 사람과의 이별을 매우 서정적으로 표현하고 있다. 기다림을 통해 이별의 슬픔을 적절히 대처하는 화자의 내면 심정이 잘 드러나는 작품이다. 특히 에피소드가 끝나고 이어지는 "作文"에서 이상 시의 보기 드문 서정성을 발견할 수 있다. 이루지 못할 사랑으로 인한 젊은 날의 그리움과 안타까움이 때묻지 않은 시각과 풍부한 감성으로 형상화되고 있다. 여기서 주목할 것은 화자 '나'의 태도다. '나'는 평생 사랑하던 '그대'를 잊지 못한다. "내차레에 못올사랑"이므로 그 사랑은 처음부터 '나'에게 허락되지 않은 것이었다. '나'는 이런 글을 쓰고 나서 "엇던돌"이, 말하자면 사랑한 여인이 자신의 얼굴을 물끄러미 쳐다보는 것 같아 그만 그것을 찢어버리고 싶다고 말한다. 화자의 예기치 않은 행동은 사랑의 부재가 결국 자신으로 인한 것임을 인식했기 때문이다.

이상의 시에서 사랑의 불가능성으로 인한 절망은 타자와의 단절을 심화하고 그것은 다시 유희로서의 예술로 전화한다. 이것이 바로 미적 주체의 탄생으로 가는 과정이다. 사랑이란 주체와 타자 양자 간에 이루어지는 것이다. 그러나 그 관계는 일방적으로 한쪽이 다른 한쪽에 의해 대상화되

---

15) 서정주, 「이상의 일」, 『서정주 문학전집』 5, 일지사, 1972, 90쪽.

어선 안 된다.[16] 이러한 관계의 단절을 극복하기보다 관계에 대한 깊은 사유에 의해 이상 시의 서정성이 확보된다. 이상의 시 「꼿나무」는, 사랑의 부재란 결국엔 근원적인 존재의 문제와 다르지 않음을 잘 보여주는 작품이다.

> 벌판한복판에 꼿나무하나가잇소 近處에는 꼿나무가하나도업소 꼿나무는 제가생각하는꼿나무를 熱心으로생각하는것처럼 熱心으로꼿을피워가지고섯소. 꼿나무는제가생각하는꼿나무에게갈수업소 나는막달아낫소 한꼿나무를 爲하야 그러는것처럼 나는참그런이상스러운숭내를내엿소.
>
> —「꼿나무」(《가톨닉靑年》, 1933. 7) 전문

벌판에 꽃나무 한 그루가 서 있을 뿐 다른 꽃나무는 없다. 이 꽃나무는 "熱心으로꼿을피워가지고" 서 있는데, 그것은 "제가생각하는꼿나무" 곧 꽃나무의 관념에 대해 "熱心으로생각"하는 일과 다르지 않다. 그러나 이 모든 꽃나무의 사유와 행동은 꽃나무 그것이 생각하는 꽃나무에게 갈 수 없다. 여기서 "제가생각하는꼿나무"는 정신분석의 관점에서 보자면 욕망의 대상이자 원인이 된다.[17] 근원적인 화해 불가능성에 대한 이해로 읽히는 이 구절은 「이런詩」에서 "내한平生에 참아 그대를 니즐수업소이다."와 유사하다. 그 대상이 근원적인 자아이건 아니면 현실 속에 있는 연인이건 간에 주체와 이들과의 관계의 단절은 이상에게 매우 중요한 문

---

16) '△'로 기호화된 여성과 '▽'로 기호화된 남성을 통해 무조건적인 관계가 아닌 진실한 관계의 필요성을 보여주는 시로는 「破片의景致—△은나의AMOUREUSE이다」(《朝鮮と建築》, 1931. 7)와 「神經質的으로肥滿한三角形—△은나의AMOUREUSE이다」(《朝鮮と建築》, 1931. 8) 등이 있다.

17) 자크 라캉(J. Lacan)에 따르면 이 욕망은 상징계의 근본적 결여에 대한 무의식적 운동으로 결코 채워질 수 없다. 주체-욕망의 변증법은 대타자와의 결여와 관련되기 때문이다(자크 라캉, 『욕망 이론』, 민승기·이미선·권택영 역, 문예출판사, 2000, 11~37쪽 참조).

제였다. 그리고 화자는 변명한다. 「이런詩」에서 마치 "내차레에 못올사랑인줄은 알면서도" 그랬던 것처럼 화자는 달아난다. "나는막달아낫소"는 열심히 노력해도 이를 수 없는 일로부터 도피했다는 뜻과 함께 관념 속으로의 도피가 현실에서의 실천인 것처럼 가장하였다는 뜻으로 읽힌다.[18] 이상의 이러한 반성 다음에는 극도의 절망 뒤에 오는 체념이 자리하고 있다.

4. '안해' 혹은 서정적 진실의 메타포

이상 문학에서 남성이 관계하는 여성의 두 가지 상은 '매춘부'와 '안해'다. '매춘부'가 섹슈얼리티의 공포를 환기하는 여성 이미지라면, '안해'는 실체를 가진 여성이다. '안해'는 일상생활을 공유하는 윤리적 관계 속에서 드러난다. 그러나 '안해'는 여성, 혹은 성이라는 보편적 사실에 속하면서 유일하게 그 영역을 벗어난 특수한 사례에 해당하기도 한다. 종종 이상의 시에서 '안해'는 화합할 수 없는 서정적 진실의 비유로서 기능한다.

> 내키는커서다리는길고왼다리압흐고안해키는적어서다리는짧고바른다리가압흐니내바른다리와안해왼다리와성한다리끼리한사람처럼걸어가면아아이夫婦는부축할수업는절름바리가되어버린다無事한世上이病院이고꼭治療를기다리는無病이끗끗내잇다
>
> —「紙碑」(《朝鮮中央日報》, 1935. 9. 15) 전문

1936년 6월 변동림과 결혼 후 그해 10월 동경으로 건너갔으니, 이 시

---

18) 황현산, 「모국어와 시간의 깊이」, 『말과 시간의 깊이』, 문학과지성사, 2002, 424쪽.

는 실제의 아내인 변동림을 대상으로 쓴 것은 아니다. 오히려 금홍과의 사랑의 실패가 직접적인 원인이 된다. 두 사람이 합쳐 한 사람 몫을 한다는 역설적 상황을 통해 상실된 사랑에 대한 그리움을 어렵지 않게 읽을 수 있다.

이 시에는 '지비'와 '절름발이'라는 두 개의 중요한 모티프가 등장한다. 지비(紙碑)란 종이로 된 비석이다. 종이로 만든 비석이라는 제목의 뜻은 먼저, 그것이 비석이라는 점에서 죽음에 대한 기록의 의미를 담고 있으며, 또한 그것이 종이라는 점에서 오래 기억할 만한 것이 못 된다는 의미를 담고 있다. 절름발이란 실패할 수밖에 없는 운명적 사랑의 모습이다. 스스로 절름발이면서 타자에게도 절름발이가 된다. 긍정적으로 두 사람이 화합하여 정상인의 두 발처럼 걸어갈 수 있는 것처럼 보이지만 이 "夫婦는부축할수업는절름바리"가 되고 만다. 그 이유는 마지막 구절에 있다. 외형적으로 절름발이가 아닌 것처럼 보이는 "無事"한 이 부부에게 이 "世上"은 "病院"이다. 병이 없어 보이지만 실제로는 "治療"가 필요한 관계다. 이 역설은 성한 것과 성치 못한 것이 사실은 하나임을 뜻한다. 세계 자체가 병원이고 그러한 세세 안에 있는 주체는 무조건 이유 없는 병자일 수밖에 없다. 그러므로 이 시는 회복에 대한 기대가 없는 부부 관계에 대한 은유다.

1956년 임종국이 일문으로 된 9편의 시를 발견하여 『이상전집 2: 시집』을 출간했는데, 그 중에 절름발이에 관한 시가 한 편 있다. 이 시는 절름발이의 상징적 의미를 이해하는 데 도움이 된다.

> 목발의길이도歲月과더불어漸漸길어져갔다.
>
> 신어보지도못한채山積해가는외짝구두의數爻를보면슬프게걸어온距離가 짐작되었다.

終始제自身은地上의樹木의다음가는것이라고생각하였다.

—「隻脚」(임종국 역, 『이상전집 2: 시집』 2, 태성사, 1956) 전문

'척각'이란 '외짝다리'를 뜻한다. 한쪽 다리를 쓰지 못하는 불구의 상태는 다른 어떤 목발로도 완벽하게 치유될 수 없는 상황을 의미한다. 신어보지도 못한 채 쌓여만 가는 "외짝구두의數爻"란 만남의 결과가 언제나 긍정적이지 않았음을 알려준다. 절름발이는 어쩌면 이상에게 숙명과도 같은 것이었다. 주체와 타자와의 만남은 'BOITEUX·BOITEUSE'라는 그의 시의 제목처럼 서로에 대해 절름발이일 수밖에 없는 것이다.[19] 이상은 그의 소설 「失花」에서도 이와 같은 생각을 기록한 적이 있다. "슬퍼? 응— 슬플밖에 — 二十世紀를 生活하는데 十九世紀의 道德性밖에는 없으니 나는 永遠한 절늠바리로다."(《文章》, 1939. 3)[20] 겨우 19세기 도덕성밖에 없는 절름발이, 소설의 화자가 슬플 수밖에 없는 이유가 여기에 있다. 이 슬픔은 현실을 극복하는 데 실패한 경험의 소산이다.

이상은 이 상징적인 의미의 '지비'를 제목으로 내세워 한 편의 시를 더 썼다.

○紙碑一

안해는 아츰이면 外出한다 그날에 該當한 한男子를 소기려가는것이다 順序야 밧귀어도 하로에한男子以上은 待遇하지안는다고 안해는말한다 오늘이야말로 정말도라오지안으려나보다하고 내가 完全히 絶望하고나면 化粧은잇고 人相은없는얼골로 안해는 形容처럼 簡單히돌아온다 나는 물어보면 안해

19) 프랑스어 BOITEUX와 BOITEUSE는 절름발이의 남성형과 여성형이다.

20) 이 글에서 인용하고 있는 소설 텍스트는 『이상 전집: 단편소설』과 『이상 전집: 장편소설』(권영민 엮음, 뿔, 2009)에서 가져왔다. 소설을 인용할 경우 최초의 발표지면을 명기하고 따로 출전은 밝히지 않는다.

> 는 모도率直히 이야기한다 나는 안해의日記에 萬一 안해가나를 소기려들었을때 함즉한速記를 男便된資格밖에서 敏捷하게代書한다
>
> —「紙碑: 어디갔는지모르는안해」(《中央》, 1936. 1) 중에서

이 시는 낭만적 사랑의 붕괴를 잘 보여준다. '안해'가 한 남자를 속이려 나간 후 화자인 '나'는 '안해'가 돌아오지 않을까 절망한다. 그런데 '안해'는 '나'가 "完全히 絶望"하고 난 뒤, 화장을 지운 채 다시 돌아온다. '안해'는 모든 것을 '나'에게 솔직하게 이야기한다. 그런데 '안해'의 얼굴에 "人相"이 없다. 아무런 오해 없이 모든 것을 서로 인정하는 관계, 말하자면 '내안의 당신'이 가능할까? 그것은 불가능하다. 우리는 모두 '내안의 당신'을 믿고 싶어 하지만 실제로 그것은 욕망이 만든 거짓된 환상에 불과하다. '나'는 그것을 알고 있다. 화자인 '나'는 '안해'가 속이려 들었을 때 할 수 있는 것들을 "男便된資格밖에서 敏捷하게代書"한다. 타자 안에는 주체와 동일화되지 않는 그 무엇이 항상 있게 마련이다. 그럼에도 불구하고 타자를 인정하고 받아들일 때 타자의 진정한 긍정이 가능해진다. 사랑의 본질도 여기에 있다. 그것은 사랑을 나르시시즘으로 이해하는 것과 다르다. 이상은 사랑을 통해 타자에게 또 다른 주체로서의 지위를 부여하고자 했다. '안해'가 충분히 자신을 떠날 수 있다는 사실을 인정할 때 오히려 '나'의 근심은 해결된다. '안해'의 "손가락에 끼었던 반지"가 '안해'를 구속했음을 화자인 '나'는 알고 있다. '안해'는 그 반지를 빼고 "鳥類"가 되어 자유롭게 떠날 수 있다. 이처럼 진정한 사랑은 사랑의 주체가 사랑의 대상에서 어떤 보답을 얻었을 때가 아니라 사랑 그 자체에서 구할 때만 드러나는 것이다. 그러나 "곰팡내나는 道德性"을 버리지 못한 이상은 타자를 의심하고 그 단서를 찾고자 노력했다.

> 안해를즐겁게할條件들이闖入하지못하도록나는窓戶를닫고밤낮으로꿈자리가사나워서가위눌린다어둠속에서무슨내음새의꼬리를逮捕하야端緖로내집내未踏의痕迹을追求한다. 안해는外出에서도라오면房에들어서기전에洗手를한다. 닮아온여러벌表情을벗어버리는醜行이다. 나는드듸어한조각毒한비누를發見하고그것을내虛僞뒤에다살작감춰버렷다. 그리고이번꿈자리를豫期한다.
>
> —「追求」(《朝鮮日報》, 1936. 10. 4) 전문

화자인 '나'는 '안해'의 행실을 의심한다. 그러나 동시에 '안해'를 잃어버리지 않으려고 노력한다. '안해'는 바깥에서 "닮아온여러벌表情"을 '나'에게 보여주지 않으려고 세수를 한다. 화자는 '안해'의 행동을 의심하고, '안해'가 사용하는 "한조각毒한비누"를 감춘다. '안해'가 비누로 세수를 하는 것은 진실을 없애기 위해서다. 문제는 '나'에게 있다. '안해'를 의심하는 것 자체가 '나'에게는 견디기 어려운 고통이다. 사랑의 주체가 보여주는 이러한 태도는 보편적인 사랑의 윤리를 보여준다. 화자인 '나'에게 사랑은 서정적 진실과 같다. 사랑이란 철저히 둘의 문제다. 타자와의 관계가 단절될 때 이상은 누구보다 민감했다.

이상에게 진실이란 실존의 문제이자 윤리의 문제였다. 사랑의 타자에게 진실에 대한 의무가 있고 주체에게는 그만한 권리가 있다. 이상은 타자를 강제하지 않는 대신 스스로 괴로워했다. 사랑의 진실은 사랑의 대상이 아닌 사랑의 주체가 사랑 그 자체에서 구할 때 드러난다. 사랑은 동일성과 비동일성 사이의 모순을 필연적인 것으로 받아들일 때 가능하다. 남녀의 주체가 각각 하나와 하나가 만나 둘이 아닌 셋이 되게 하는 것이 사랑이다.[21] 상처와 치유의 변증법적 과정에서 사랑의 진실은 드러난다. 나에게도 닿을 수 없고 너에게도 닿을 수 없는 사랑이 이상의 삶이었다.

---

21) 알렌카 주판치치(A. Zupančič), 『정오의 그림자』, 조창호 역, 비, 2005, 131~269쪽.

이상은 '안해'라는 서정적 진실의 메타포를 통해 이를 보여주었다. 이상의 시가 사랑이라는 서정의 감정으로도 충분히 아름다울 수 있다는 사실을 애써 감출 필요는 없을 것이다.

5. 거울, 또 다른 화해의 제스처

이상은 거울을 소재로 한 시를 여러 편 발표했다. 「거울」(《가톨닉青年》, 1933. 10)이 가장 대표적이며, 「烏瞰圖-詩題四號」, 「烏瞰圖-詩題八號」, 「烏瞰圖-詩題十五號」가 그렇다. 「明鏡」은 「烏瞰圖-詩題八號」와 함께 예외적으로 여타 거울시편에서 공통적으로 드러나는 '가면의 주체론'[22]을 보여주지 않는다. 「明鏡」은 거울을 모티프로 하는 다른 시와 비교했을 때 그 구성은 비슷하지만, 화자가 지난날을 돌아보며 그리움과 회환의 심정을 보여주고 있다는 점에서 분명 다른 지점에 위치한다.

> 여기 한페—지 거울이있으니
> 잊은季節에서는
> 얹은머리가 瀑布처럼내리우고
>
> 울어도 젖지 않고
> 맞대고 웃어도 휘지않고
> 薔薇처럼 착착 접힌
> 귀
> 디려다보아도 디려다 보아도

---

22) 신형철, 「시선의 정치학, 거울의 주체론」, 『몰락의 에티카』, 문학동네, 2008, 483~493쪽 참조.

조용한世上이 맑기만하고
코로는 疲勞한 香氣가 오지 않는다.

만적 만적하는대로 愁心이平行하는
부러 그렇는것같은 拒絶
右편으로 옮겨앉은 心臟일망정 고동이
없으란법 없으니

설마 그렇랴? 어디觸診……
하고 손이갈때 指紋이指紋을 가로막으며
선뜩하는 遮斷뿐이다.

五月이면 하로 한번이고
열 번이고 外出하고 싶어하드니
나갔든길에 안돌아오는수도있는법

거울이 책장같으면 한장 넘겨서
맞섰던 季節을맞나렸만
여기있는 한페—지
거울은 페—지의 그냥表紙—

—「明鏡」(《女性》, 1936. 5) 전문

띄어쓰기가 되어 있고, 문맥이 쉽게 파악되는 시다. 아마 《女性》이라는 잡지의 성격이 어느 정도 영향을 주었을 것이다. 이 시에서 '거울'은 '책장'의 한 페이지로 형상화된다. 그 페이지 위에 지나간 추억이 그려진다. 여자로 보이는 화자는 거울을 앞에 두고 있다. 거울 속에는 "얹은머리"가 길게 폭포처럼 내려져 있다. 머리를 얹는다는 말은 관용적으로 처녀가 시집을 가거나 어린 기생이 정식으로 기생이 되는 것을 뜻한다. 그러므로 거울을 보고 있는 인물이 어떤 이유에서건 시간적으로 큰 변화를 겪었으리라고 짐작할 수 있다. "잊은 季節"에서 거울 속의 인물은 결혼을 하지 않았거나 아직 기생의 신분이 아니었을 것이다. 거울 속의 그녀는 매우 정갈한 이미지다. 그녀를 들여다보는 거울 밖에 있는 화자의 심경은 복잡하다. 그 속을 들여다보아도 아무 소리가 들리지 않으며 "疲勞한 香氣"도 없다. 거울의 안과 밖이 차단되어 있기 때문이다. 저 조용한 세상에도 심장의 고동이 있을 법하지만 그 소리마저 들을 수 없다. 화자가 그것을 느끼고 싶어도 모든 것은 차단되어 있다. 화자는 "잊은 季節"로 돌아가고 싶어 하지만 뜻대로 되지 않는다. 거울이 책장이었다면 넘겨 "맞섰던 季節"을 만날 수 있겠거니 하고 생각할 뿐이다. 거울 위에 그려지는 것은 현재의 자신이다. 심장은 "右편으로 옮겨앉"았고, 화자는 거울 속의 그녀에게 "부러 그렇는것같은 拒絶"을 당한다. 그럼에도 불구하고 화자는 "설마 그럴라?"라고 반문하며 거울 속 그녀와의 일치를 포기하지 않은 채 그 욕망을 드러내고 있다. 이 시는 주체와 타자와의 통합에 대한 욕망을 잘 보여준다.[23] 물론 화자의 "觸診"은 실패한다. "손이갈때 指紋이指紋을 가로막"기 때문이다. 이상은 그 느낌을 "선뜩하는 遮斷"이라고 기록했다.

타자에 대한 주체의 열망이 비록 실패로 끝나는 것처럼 보이나 이 시에는 그 가능성을 여전히 열어 두고 있다. 흥미로운 대목은 이상이 거울을 시간적으로 "잊은季節"이라는 과거 시제로, 공간적으로 "한페이지"라는 책의 은유로 제시하면서도 마지막 구절에서 그것을 "한 페이지의 그냥表紙"라고 한 점이다. 여기서 "表紙"라고 한 것은 두 가지로 그 해석이 가능하다. 첫째는 책의 내용과 관계없이 단지 표지를 강조하는 경우이며, 둘

23) 함돈균, 「이상 시의 아이러니와 미적 주체의 윤리학」, 고려대박사논문, 2010, 63쪽.

째는 책의 표지가 수많은 내용을 담고 있는 경우다. 전자의 경우가 지금까지의 해석이다. 이때의 "表紙"는 구체적 현실이 없음에 대한 안타까움을 동시에 지니고 있다. 그런데 후자의 경우로 해석할 때 과거의 해석과는 다른 새로운 화해의 가능성을 발견할 수 있다. 말하자면 이 "表紙"는 지금의 모습 속에 자신의 과거가 마치 책장의 속지처럼 겹겹이 쌓여 있음을 비유적으로 표현한 것이다. 책은 표지만 보여줄 뿐이다. 그 내용은 일일이 속을 들여다보아야 알 수 있다. 거울이란 이 세계를 보편적 언어로 다시 번역한 것에 지나지 않는다. 거기엔 개인적이고 구체적인 실물이 있을 자리가 없다. 이 시에서 어떤 화해의 가능성을 읽을 수 있다면, 그것은 물질적 근대와 정신적 전근대의 간극을 메우려는 시인 이상의 처절한 몸부림일 것이다. 교환의 의식형태가 지배하는 사회에서 이상은 진정한 화해의 가능성을 실현하고자 노력했던 시인이다. 이를 서정의 세계로 좁힌다면 시는 훨씬 쉽게 읽힌다. 그의 시에서 엿볼 수 있는 이 화해의 제스처는 그의 시를 알 수 없는 도식으로 일방적으로 몰고 가서는 안 된다는 귀중한 증거다.

이상은 근대적 삶의 조건을 투시하면서 정념에 휩쓸리지 않으려고 그 누구보다 노력했다.

> 그리하여 인간을 바라볼 때에 일사에 그 裏面을 보고 그러므로 말미암아 '기쁨'도 '슬픔'도 '웃음'도 '광명'도 이러한 모든 인간으로서의 당연히 가져야 할 감정의 권위를 초월한 그야말로 아무 자극도 감격도 없는 零點에 가까운 인간으로 화하고 말았다.
>
> —「12월 12일」(《朝鮮》, 1930. 2~12) 중에서

인용한 소설 「12월 12일」은 근대적 삶에 대한 이상의 태도를 단적으로 보여주는 예에 해당한다. 고통과 몰락의 계기를 포함하는 삶의 우연성에

대처하기 위해 이상은 아무런 감정이 없는 상태이길 바랐다. 비록 이상이 "감정의 권위를 초월한 그야말로 아무 자극도 감격도 없는 零點"에 이르고자 했지만 이상의 시와 산문에서 우리는 그 흔적을 분명하게 발견하게 된다.

6. 이상의 시와 서정성

이상의 시는 끊임없이 새로운 해석을 요구하는 형식으로 존재한다. 그는 현대성에 대한 문제의식을 특이한 기법을 통해 보여주었다. 한국문학사는 그를 미래의 시인, 혹은 종잡을 수 없는 난해한 시를 쓴 시인으로 기록한다. 이상의 시에서 아무런 서정성도 발견할 수 없다는 일반적인 평가는 그의 시가 보여준 특별한 형식 때문이다. 그러나 이상은 보편적 언어로 보편적 사실을 말했다. 이상이 보여준 근대 초월의 욕망은 완벽하지 않았다. 성공이 없지 않았으나 그의 실험은 많은 부분에서 실패했다. 근대 초월의 실패로 인한 좌절감을 이상은 여러 시편에서 서정적으로 형상화했다. 이 글은 이상 시의 주요한 모티프인 '연애', '사랑의 부재', '안해', '거울'을 여러 작품을 통해 살펴보고 그의 시에 나타난 서정성을 충실히 검토하였다.

2장에서는 산문을 토대로 연애의 비밀과 이상이 부정하고자 했던 "그따위 詩"에 감춰진 서정성을 확인하였다. 19세기 현실에서 벗어나지 못하고 있는 자신의 모습에 대한 연민과 비판이 형상화되고 있는 이들 시에서 이상의 내면에 도사리고 있는 서정성을 발견할 수 있었다. 3장에서는 「·素·榮·爲·題·」, 「이런詩」, 「꽃나무」 등을 분석하면서 사랑의 부재에 따른 화자의 감정이 어떻게 형상화하고 있는지를 고찰하였다. 시대에 대한 절망이 아닌 사랑의 부재로 인한 절망 속에서 이상 시의 서정성이 심화되고 있음을 발견하였다. 4장에서는 「紙碑」, 「隻脚」, 「紙碑: 어디갔는지모르는안해」, 「追求」를 살펴보고, '안해'가 서정적 진실의 메타포임을 밝히고자 했다. 5장에서는 시 「明鏡」에 대한 자세한 분석을 통해 '거울'이 주체의 분열만을 보여주지 않고 또 다른 화해의 가능성을 보여주고 있음을 확인하였다.

지금까지 그래왔던 것처럼 앞으로도 이상의 시에 대한 연구는 여러 측면에서 다양한 방법으로 이루어질 것이다. 이상의 시가 지니는 의미를 객관적으로 규명하는 데 꼭 필요한 지표는 많다. 그중에서 서정성은 공통적으로 인정될 수 있는 수많은 객관적 지표 중의 하나에 해당한다. 이 연구를 통해 이상의 시와 문학이 지니는 의미를 새롭게 고찰할 수 있는 계기가 마련되길 기대한다.

김수영의 시가 남긴 흔적

후배 시인들에게 가장 많은 영향을 끼친 선배 시인은 누굴까? 누가 누구에게 어떤 영향을 주었는가를 구체적으로 확인한다는 것은 쉽지 않은 일이다. 다만 한 시인의 시작(詩作) 방식이나 기법이 후배 시인에게 발견되는 사례는 종종 있을 수 있다. 또 다른 경우는 후배 시인이 자신에게 영향을 준 시인이 누구인가를 분명하게 밝힐 때다. 그것은 첫 번째 경우처럼 시작 방식이나 기법적인 측면에 관한 객관적인 응답의 형태일 수도 있겠지만, 특별히 시인으로서의 자기정체성에 관한 진실한 고백일 가능성이 높다. 물론 여기에는 자신의 문학적 성장을 빚지고 있는 시인에 대한 깊은 존경이 담겨 있을 것임이 분명하다.

시인이란 자기만의 목소리를 내며 자유를 살아 내는 사람이다. 한국문학사를 통틀어 시인으로서의 자기정체성을 가장 열렬하게 보여주었던 이는 누가 뭐래도 김수영이었다. 그는 평생 시인이 되려고 했고, 시인으로 살고자 했던 사람이다. 그는 죽는 날까지, 단 한 순간도 비루한 삶을 직시하지 않은 적이 없었으며, 언제나 불합리한 현실을 극복하고자 애썼던 시인이었다. 만약 한 시인이 자신에게 가장 많은 영향을 준 시인이 누구인가에 대한 질문에 김수영의 이름을 떠올렸다면, 여러 다른 이유보다도 바로 이 때문일 것이다.

나는 운수를 믿는다 바다 없이 항해할 때처럼
눈물도 없이 나는 운다 울었다
너무 팔어먹을 것이 없었으므로
거꾸로 선 꿈의 세상에서, 나는 가끔 바로 선다
깜빡 꿈이란 걸 잊은 채 말이다
허나 고런 때라야,
겨우 시가 되는 것이다

—진이정, 「거꾸로 선 꿈을 위하여·1」(『거꾸로 선 꿈을 위하여』) 중에서

허망한 나라에서 시의 세계를 도모했던, 그러나 너무 일찍 그 결과를 보고야 말았던, 그래서 그 지독한 상실감을 숭고한 고난으로 받아들여야만 했던 진이정의 시에서 김수영을 떠올리게 되는 건 시인으로서의 특별한 자의식 때문이다. 절망의 한가운데서 "폐허에 폐허에 눈이 내릴까"(「눈」, 《한국문학》, 1966. 6)를 고민했던 김수영처럼, 진이정은 "거꾸로 선 꿈의 세상에서" 아주 "가끔 바로" 설 수 있었다. 간절하게 이 허망한 세계로부터 시의 세계를 구원하려고 했던 진이정은 시인 이외에 아무것도 아니었다. 불행하게도, 짧았던 그의 삶은 시에 의해서만 가능했다.

불합리한 현실을 극복하고자 했던 김수영은 그의 후기 시에서 사소한 일상을 시적 소재로 자주 사용했다. 일반적으로 사소한 일상은 그것의 한계 때문에라도 현실을 제대로 보여주지 못할 가능성이 많다. 그런데 김수영은 당시의 경제, 사회, 정치, 문화 구조의 일반원리와 모순을 언제나 자신의 시에 숨겨 놓았다. 그의 시에서 사실적 소재들은 항상 현실 그 자체와 직접적으로 매개된다. 그러나 그것들은 단순히 현실을 지시하는 데 그치지 않으며, 예외 없이 현실의 모순들을 은유하거나 환유한다. 김수영이 그랬던 것처럼, 1980년대 이성복과 황지우와 최승자는 문학과 현실의 대립적 상황을 그들의 시에서 폭로하였다. 당대의 현실을 시적 현실

로 바꾸어 놓은 김수영의 시에서 우리는 사회구조와 문학과의 모순을 발견할 수 있으며, 이를 통해 타협할 수 없는 것들에 대한 그의 솔직한 목소리를 분명하게 들을 수 있다. 그의 시가 언제나 긴장을 잃지 않는 것은, 많은 경우 이 목소리와 무관하지 않다.

> 허연 살을 뜯어내며 깨닫듯
> 운명과 싸우는 것은 순간의 환희와 평생의 상처라는 걸
> 치솟는 것들은 알고 있겠지
> 발광하던 애비는 이후로 잠만 잔다는 걸
> 중력(重力)은 나는 새도 떨어뜨린다는 걸
> 분수는 잘 알고 있겠지
> 알면서도 솟구치는 미친 피의 운명을
> —김중식, 「중력은 나는 새도 떨어뜨리고」(『황금빛 모서리』) 중에서

김수영의 시에는 어떤 사실을 말하고, 그 사실을 있는 그대로 있게 하려는 자의 목소리가 분명히 존재한다. 이때 그 목소리가 강력한 힘을 발휘할 수 있는 것은 그 목소리 뒤에서 그 말에 동의하게 만드는, 결코 뿌리치기 어려운 정서적 힘 때문이 아니다. 김수영은 보편적 정서의 힘에 기대어 말하는 법이 없었다. 반드시 사실을 통해서만 그 사실이 보여줄 수 있는 세계를 말했다. 설령 사실이 보여줄 수 있는 세계에 대해 이 시가 이야기하지 않는다고 해도, 이 시의 화자는 "알면서도 솟구치는 미친 피의 운명"이라는 사실을 두고 헛된 거짓말을 늘어놓지 않는다. "발광하던 애비"와 "분수"가 자리하고 있는 현실에 대해, 그들이 피하기 어려운 현실의 엄연한 중력에 대해, 그럼에도 불구하고 솟구칠 수밖에 없는 그들의 운명에 대해 말하는 화자의 목소리는 분명 김수영을 닮았다. 예컨대 김수영이 거대한 뿌리에 대해

요강, 망건, 장죽, 종묘상, 장전, 구리개 약방, 신전,
피혁점, 곰보, 애꾸, 애 못 낳는 여자, 무식쟁이,
이 모든 무수한 반동이 좋다
이 땅에 발을 붙이기 위해서는
—제3인도교의 물속에 박은 철근 기둥도 내가 내 땅에
박는 거대한 뿌리에 비하면 좀벌레의 솜털
내가 내 땅에 박는 거대한 뿌리에 비하면

괴기영화의 맘모스를 연상시키는
까치도 까마귀도 응접을 못하는 시꺼먼 가지를 가진
나도 감히 상상을 못하는 거대한 거대한 뿌리에 비하면……

—김수영, 「거대한 뿌리」(《사상계》, 1964. 5) 중에서

이라고 말할 때, 익숙한 정서에 결코 무임승차하지 않으려는 화자의 목소리는 엄연히 살아 있다. 김수영이 생각한 뿌리는 진정한 전통을 만드는 무수히 많은 사소한 것들이었지만, 놀랍게도 이 구절은 마치 그의 시가 파생시킬 미래의 시를 떠올리게 한다. 감히 김수영 자신도 상상하지 못할 미래의 시. 그것은 김수영의 시가 만들어 낸 또 다른 거대한 뿌리다.

"네 멋대로 자고, 담배 피우고 입 다물고, 우울한 채 있으려므나"
출처를 잃어버린 인용을 좋아해
단단한 성벽에서 떨어진 회색 벽돌을 좋아해
매운 생강과자를 좋아해
헐어가는 입과 커다란 발을

—진은영, 「무질서한 이야기들」(『우리는 매일매일』) 중에서

진은영의 시에서 발견되는 "무질서한 이야기들"은 뿌리의 무수한 반동이 파생시킨 것들이다. 뿌리가 그 기원과 상관없이 무한한 세계로 이어

질 때, 출처를 잃어버린 이들은 더 큰 세계를 만난다. “무질서한 이야기들”로 설명할 수 없는 현실의 움직임을 포착해 낸, 이 까마득한 후배 시인의 특별한 생각은 김수영이 남긴 뚜렷한 흔적인가. 어떻게 말하든 간에 이 생각은 김수영이 시를 쓰는 동안 내내 지키려고 했던 것임에는 틀림없다. “무질서한 이야기들”란 ‘무질서한 삶’이고 ‘무질서한 시’여서, 우리는 이 말을 삶과 시에 관한 것으로 이해할 수 있다. 김수영이 그랬던 것처럼, 이 후배 시인에게도 시는 또 다른 삶을 보여주는 유일한 창임에 틀림없다.

그런데 이 「거대한 뿌리」에 사용했던 ‘제3인도교’라는 시어에 대한 김수영의 설명이 매우 흥미롭다. 김수영이 「거대한 뿌리」를 쓰고 2년 뒤, 그 시에 대해 남긴 메모는 시의 ‘과오’에 대한 것이었다. 시가 창작되었던 당시에는 ‘제3인도교’가 아직 착공되지 않은 상태였다. 김수영은 스스로 ‘제2인도교’를 잘못 쓴 것이라고 밝히고, 엄연한 그 오류를 수정하려고 했으나 그렇게 하지 못했다. “그 후 그 미스를 발견하고 고칠까 말까하고 여러 번 망설이다가 그대로 내버려두었다”(「가장 아름다운 우리말 열 개」, 1966)라고 고백하는데, 이 말에는 계획 중이던 다리가 언젠가 세워지리라는 생각과 오히려 그 오류로 인해 시의 상상력이 증가할지도 모른다는 특별한 의도가 숨어 있다. 김수영은 그 과오에 대한 자신의 생각을 ‘언어론’으로 새롭게 고쳤다.

> 모든 언어는 과오다. 나는 시 속의 모든 과오인 언어를 사랑한다. 언어는 최고의 상상이다. 그리고 시간의 언어는 언어가 아니다. 그것은 잠정적인 과오다. 수정될 과오. 그래서 최고의 상상인 언어가 일시적인 언어가 되어도 만족할 줄 안다. [중략] 지금의 언어도 좋고 앞으로의 언어도 좋다. 지금 나도 모르게 쓰는 앞으로의 언어.
>
> —김수영, 「가장 아름다운 우리말 열 개」(1966) 중에서

김수영이 모든 언어가 "과오"라고 한 까닭은 언제라도 수정될 운명에 있기 때문이다. 세계와 언어 사이의 간극을 첨예하게 인식했던 김수영은 언어선택에 있어서 탁월한 재주를 보여 주었다. 그의 시어들은 현실에 묶여 있으면서도 현실을 언제나 넘어선다. 일상과 일상 너머의 경계에 있는 언어가 김수영이 생각한 시의 언어였다.

> 내가 당신에게서 무릎 하나를 얻어오는 동안 이생은 가고 있습니다 무릎에 대해서 당신과 내가 하나의 문명을 이야기하기 위해서는 내 몸에서 잊혀질 뻔한 회미함을 살 밖으로 몇 번이고 떠오르게 했다가 이제 그 무릎의 이름을 당신의 무릎 속에서 흐르는 대기로 불러야 하는 것을 압니다
>
> —김경주, 「무릎의 문양」(『기담』) 중에서

김수영이 그랬던 것처럼, 언어란 현실의 굴레에 갇혀 있지 않고 무한히 성장하는 것이라고 직감한 후배 시인의 시에서 시어는 육체적 감각에 의해 그 힘을 발휘한다. '무릎'이라는 저 미래태의 언어가 김수영의 시가 남긴 분명한 흔적만은 아니겠지만 반드시 그렇지 않다고 말할 수도 없다. 의미의 논리성을 떠나 새로운 언어의 가능성을 찾아가는 시를 읽을 때마다 "나도 모르게 쓰는 앞으로의 언어"를 바랐던 김수영의 커다란 눈을 떠올리게 된다.

김수영은 거대한 현실 구조 바깥에서 이를 적당히 관조하는 데 머무르지 않았고, 현실에 침투하여 구조를 직시하는 시를 쓰려고 애썼다. 1970년대와 1980년대 최승호와 황지우의 시에서 이러한 흔적이 발견된다. 조정권은 김수영의 시에서 새로운 감수성과 밀도 높은 사유를 이어받았다. 이와 함께 자기 부정의 정신을 철저히 내면화한 이들도 있었다. 이성복과 최승자는 김수영이 그랬던 것처럼, 자유가 억압되는 순간을 직감적으로

파악하고 인간으로 살기 위해서 이 억압을 벗어나야 한다는 사실을 고통의 언어로 형상화했다. 장석남, 나희덕, 채호기, 이문재는 김수영식 사랑의 방법을 통해 일상의 경험과 사랑의 힘을 튼튼히 했다. 박남철과 장정일의 날카로운 현실감각이 김수영에게 빚지고 있다고 해도 크게 틀리지 않을 것이다.

1990년대를 지나와 2000년대 이르러, 김수영이 내린 시의 뿌리는 실뿌리가 되어 체계도 질서도 없이 마구 자랐다. 김경주, 김이듬, 김민정, 심보선, 이영광, 이장욱, 장석원, 진은영의 시를 읽을 때 김수영을 떠올리게 된다. 어떤 시에서는 투명하게 현실을 살피는 감각적 사유를 발견하기도 하고, 어떤 시에서는 상처를 감내하고라도 완고한 불합리성을 헐뜯으려는 용기를 엿볼 수 있으며, 또 어떤 시에서는 언어가 가닿을 수 있는 새로운 세계를 읽을 수도 있다. 김수영의 흔적이 한 권의 시집을 읽고 난 뒤에 오기도 하고, 그들의 시와 김수영의 시가 겹쳐 읽히는 경우도 있으며, 단 하나의 구절에서 불현 듯 김수영의 목소리가 솟구치는 때도 있다. 김수영은 젊은 시인들의 시 여기저기에 출몰하고 있다. 난감하게도 김수영의 뚜렷한 흔적은 없으나, 누구나 김수영의 어투를 닮았다. 어쩌면 서로서로 닮아 가는 것인지도 모른다. 문제는 그 닮음의 내막이다. 시인의 임무란 직접적인 현실과 과감하게 맞서고, 그로부터 언어가 보여줄 수 있는 모든 것들을 실행하는 데 있다. 그 모든 탈바꿈을 자극하는 것이 시다. 현실로부터 존재의 영원함을 드러내 보이는 일종의 모험은 역사적인 것 속에서 시적인 것을, 순간적인 것 속에서 영원한 것을 추출하는 일이다. 대부분의 시인은 이미지들과 비유의 테크닉에 의지하여, 또는 낱말들이 빚어내는 소리의 조화에 기대어 독자의 감정에 호소하려고 애쓴다. 그러나 그 경우에라도 정직한 시선과 시를 조립하지 않는 실천이 반드시 필요하다. 한국시사에서 이 일을 해낸 이가 김수영이다. 그는 그럴

듯한 비유나 멋을 부린 언어를 믿지 않았다. 그렇게, 처음으로 일상의 언어를 시에 뿌리내리게 했다.

참고문헌

1. 기본자료

김수영, 『달나라의 장난』, 춘조사, 1959.
김수영, 『김수영 전집 ①·시』, 이영준 엮음, 민음사, 2018.
김수영, 『김수영 전집 ②·산문』, 이영준 엮음, 민음사, 2018.
김수영, 『김수영 육필시고 전집』, 이영준 엮음, 민음사, 2009.
황동규 편, 『김수영의 문학』, 민음사, 1983.
최하림, 『김수영 평전』, 실천문학사, 2001.

이상, 『이상 전집: 시』, 권영민 엮음, 뿔, 2009.
이상, 『이상 전집: 단편소설』, 권영민 엮음, 뿔, 2009.
이상, 『이상 전집: 장편소설』, 권영민 엮음, 뿔, 2009.
이상, 『이상 전집: 수필』, 권영민 엮음, 뿔, 2009.
이상, 『정본 이상문학전집: 시』, 김주현 주해, 소명출판, 2009.
이상, 『정본 이상문학전집: 수필』, 김주현 주해, 소명출판, 2009.
이상, 『이상전집 2: 시집』, 임종국 편, 태성사, 1956.

2. 논문 및 저서

강웅식, 『부정과 생성의 시학』, 청동거울, 2003.
강웅식, 『시, 위대한 거절』, 청동거울, 1998.
권영민, 『이상 텍스트 연구』, 뿔, 2009.
이승원 외, 『시의 아포리아를 넘어서』, 이룸, 2001.
김기림, 『김기림 문학전집』 2, 심설당, 1988.
김명인, 「우리 시어의 근대성과 근대적 자각」, 《한국학연구》 19, 2003.

김명인 · 임홍배 편, 『살아있는 김수영』, 창비, 2005.
김병익, 『한국문단사』, 문학과지성사, 2001.
김상환, 『해체론 시대의 철학』, 문학과지성사, 1996.
김상환, 『풍자와 해탈 혹은 사랑과 죽음』, 민음사, 2000.
김수이, 「김수영 시에 나타난 '시선의 기술'의 전개양상」, 《한국문예창작》 25, 2012.
김승희 편, 『김수영 다시 읽기』, 프레스21, 2000.
김용희, 「김수영 시에 나타난 다중언어와 혼성성」, 《서정시학》, 2003년 겨울호.
김유중, 「김수영 시의 모더니티 1」, 《국어국문학》 119, 1997.
김유중, 「김수영 시의 모더니티 4」, 《어문학》 82, 2003.
김유중, 「김수영 시의 모더니티 5」, 《국어교육》 114, 2004.
김유중, 『김수영과 하이데거』, 민음사, 2007.
김윤식 엮음, 『이상 문학전집: 연구논문집』, 문학사상사, 1996.
김인환, 『문학과 문학사상』, 열화당, 1978.
김인환, 『기억의 계단』, 민음사, 2001.
김준오, 『시론』, 삼지원, 1997.
김지녀, 「이상 시의 아이러니 연구」, 고려대석사논문, 2004.
김지하, 「풍자냐 자살이냐」, 《시인》, 1970년 6·7월호.
김차균, 『우리말의 시제 구조와 상 인식』, 태학사, 1999.
김창수, 「한국 근대시에 나타난 집 이미지 연구」, 고려대박사논문, 2001.
김평탁, 『건축용어사전』, 기문당, 1997.
김행숙, 「'시적인 것'과 '정치적인 것'」, 《국제어문》 47, 2009.
김혜순, 「김수영 시 연구」, 건국대박사논문, 1993.
노영무, 「김수영 시에 나타난 속도의 의미」, 《국어국문학》 131, 2002.
문광훈, 『시의 희생자 김수영』, 생각의 나무, 2002
문창옥, 「현대철학의 하이데거적 문맥에서 본 화이트헤드의 사건분석」, 《동서철학연구》 28, 2003.
문흥술, 「이상 시 『烏瞰圖』에 나타난 언술 주체의 분열 양태」, 《한국현대문학연구》 36, 2012.
박남철, 「전통의 거대한 뿌리」, 《현대시학》, 1999년 1월호.

박수연, 「김수영 시에서 근대성의 세 요소」, 《한국언어문학》 42, 1999.
박영민, 「르페브르의 실천전략과 사회공간」, 《공간과 사회》 9, 1997.
박태일, 『한국 근대시의 공간과 장소』, 소명출판, 1999.
서정주, 『한국의 현대시』, 일지사, 1969.
서정주, 『서정주 문학전집』 5, 일지사, 1972.
신형철, 『몰락의 에티카』, 문학동네, 2008.
양정석, 『국어 동사의 의미분석과 연결이론』, 박이정, 1995.
엄기호, 『단속사회』, 창비, 2014.
염창권, 『집 없는 시대의 길가기』, 한국문화사, 1999.
오형엽, 「김수영 시의 언술과 구조화 원리 연구」, 《한국시학연구》 43, 2015.
유재천, 「김수영의 시 연구」, 연세대박사논문, 1986.
유종호, 『현실주의 상상력』, 나남출판, 1991.
유종호, 『서정적 진실을 찾아서』, 민음사, 2001.
유중하, 「김수영과 4·19 : 사랑을 만드는 기술」, 《당대비평》, 2000년 봄호
유중하, 「하나에서 둘로: 김수영 그 이후」, 《창작과비평》, 1999년 가을호.
이경덕, 「사물의 시선과 알리바이」, 《실천문학》, 1998년 가을호.
이기상, 『하이데거의 존재사건학』, 서광사, 2003.
이은정, 「김춘수와 김수영 시학의 대비적 연구」, 이화여대박사논문, 1992.
이진경, 『근대적 시·공간의 탄생』, 푸른숲, 1997.
이찬, 「김수영 시에 나타난 '진리의 윤리학'과 '현대성' 인식 양상」, 《우리어문연구》 36, 2010.
이혜원, 「김수영 시의 동시대성과 중단의 미학」, 《현대문학의 연구》 53, 2014.
이희중, 「방과 시(詩)」, 《작가세계》, 1996년 여름호.
인디고연구소, 『불가능한 것의 가능성: 슬라보예 지젝 인터뷰』, 궁리, 2012.
임형택, 『실사구시의 한국학』, 창작과비평사, 2002.
정과리, 『문학, 존재의 변증법』, 문학과지성사, 1985.
신범순 외, 『이상의 사상과 예술: 이상 문학 연구의 새로운 지평 2』, 신구문화사, 2007.
정한모, 「시어론」, 《월간문학》, 1969년 1월호.
조강석, 「김수영, 이미지, 그리고 1960년대의 정동」, 《김수영문학관 개관기념

학술 심포지움 자료집》, 2013.
조강석, 「이상의 「오감도」 연작에 개진된 알레고리적 태도와 방법 연구」, 《현대문학의 연구》 41, 2010.
조해옥, 『이상 시의 근대성 연구』, 소명출판, 2001.
진은영, 「김수영 문학의 미학적 정치성에 대하여」, 《현대문학의 연구》 40, 2010.
진은영, 「한 진지한 시인의 고뇌에 대하여」, 《창작과비평》, 2010년 여름호.
최동호, 「김수영과 부자유친」, 《작가세계》, 2004년 여름호.
최동호, 「김수영의 문학사적 위치」, 《작가연구》 5, 새미, 1998.
최원식, 『문학의 귀환』, 창작과비평사, 2001.
김욱동 편, 『바흐친과 대화주의』, 민음사, 1990.
한명희, 「새로운 문학, 전위의 문학을 향하여」, 《작가세계》, 2004년 여름호.
함돈균, 「이상 시의 아이러니와 미적 주체의 윤리학」, 고려대박사논문, 2010.
홍승용, 「아도르노의 모더니즘론」, 《현대시사상》 1, 고려원, 1988.
황현산, 『말과 시간의 깊이』, 문학과지성사, 2002.
황현산, 『잘 표현된 불행』, 문예중앙, 2012.

가라타니 고진, 『탐구 1』, 송태욱 옮김, 새물결, 1998.
가라타니 고진, 『탐구 2』, 권기돈 옮김, 새물결, 1998.
가라타니 고진, 『마르크스 그 가능성의 중심』, 김경원 옮김, 이산, 1999.
가스통 바슐라르, 『공간의 시학』, 곽광수 옮김, 민음사, 1990.
게오르그 헤겔, 『법철학』, 임석진 역, 지식산업사, 1989.
라만 셀던, 『현대 문학 이론』, 현대문학이론연구회 역, 문학과지성사, 1987.
로만 야콥슨, 『문학속의 언어학』, 신문수 편역, 문학과지성사, 1989.
롤랑 바르트, 『텍스트의 즐거움』, 김희영 옮김, 동문선, 1997.
마르틴 하이데거, 『예술 작품의 근원』, 오병남·민형원 역, 경문사, 1979.
막스 호르크하이머 · 테오도르 아도르노, 『계몽의 변증법』, 김유동 외 옮김, 문예출판사, 1995.
모리스 메르로 퐁티, 『현상학과 예술』, 오병남 역, 서광사, 1983.
모리스 블랑쇼, 『문학의 공간』, 박혜영 옮김, 책세상, 1990.
모리스 블랑쇼, 『미래의 책』, 최윤정 옮김, 세계사, 1993.

발터 벤야민, 『보들레르의 작품에 나타난 제2제정기의 파리/보들레르의 몇 가지 모티프에 관하여 외』, 김영옥·황현산 옮김, 도서출판 길, 2010.
발터 벤야민, 『언어 일반과 인간의 언어에 대하여 · 번역자의 과제 외』, 최성만 옮김, 도서출판 길, 2008.
슬라보예 지젝, 『부정적인 것과 함께 머물기』, 이성민 옮김, 도서출판b, 2007.
알랭 바디우, 『윤리학』, 이종영 옮김, 동문선, 2001.
알랭 바디우, 『조건들』, 이종영 옮김, 새물결, 2006.
알렌카 주판치치, 『정오의 그림자』, 조창호 역, 비, 2005.
알렌카 주판치치, 『실재의 윤리』, 이성민 옮김, 도서출판b, 2015.
오토 볼노, 『교육의 인간학』, 오인탁 · 정혜영 역, 문음사, 1999.
요시히코 이케가미, 『시학과 문화기호론』, 이기우 역, 한국문화사, 1994.
유리 로트만 외, 『시간과 공간의 기호학』, 러시아시학연구회 편역, 열린책들, 1996.
이-푸 투안, 『공간과 장소』, 정영철 역, 태림문화사, 1995.
임마누엘 칸트, 『순수이성비판』, 정명오 역, 동서문화사, 1975.
자크 라캉, 『욕망 이론』, 민승기 · 이미선 · 권택영 역, 문예출판사, 2000.
자크 랑시에르, 『감성의 분할』, 오윤성 옮김, 도서출판b, 2008.
자크 랑시에르, 『미학 안의 불편함』, 주형일 옮김, 인간사랑, 2008.
자크 랑시에르, 『정치적인 것의 가장자리에서』, 양창렬 옮김, 길, 2008.
장 프랑수아 리오타르, 『포스트모던의 조건』, 유정완 외 옮김, 민음사, 1992.
제랄드 프랭스, 『서사학』, 최상규 역, 문학과지성사, 1988.
조르조 아감벤, 『예외상태』, 김항 옮김, 새물결, 2009.
조지 레이코프, 『몸의 철학』, 임지룡 외 역, 박이정, 2002.
줄리아 크리스테바, 『시적 언어의 혁명』, 김인환 옮김, 동문선, 2000.
줄리아 크리스테바, 『언어, 그 미지의 것』, 김인환 · 이수미 옮김, 민음사, 1997.
지그문트 프로이트, 『정신분석 강의—하 』, 임홍빈, 홍혜경 옮김, 열린책들, 1997.
지그문트 프로이트, 『쾌락의 원칙을 넘어서』, 박찬부 옮김, 열린책들, 1997.
지오 폰티, 『건축예찬』, 김원 역, 열화당, 1981.
질 들뢰즈 · 펠릭스 가타리, 『소수 집단의 문학을 위하여: 카프카론』, 조한경 역,

문학과지성사, 1992.

질 들뢰즈·펠릭스 가타리, 『천의 고원: 자본주의와 정신분열증』 1, 이진경·권혜원 외 역, 연구공간 〈너머〉자료실, 2000.

폴 비릴리오, 『소멸의 미학』, 김경온 옮김, 연세대출판부, 2012.

폴 비릴리오, 『속도와 정치』, 이재원 옮김, 그린비, 2004.

Barthes, R., *Writing Degree Zero*, trans, Annettee Lavers and Colin Smith, New York : Hill and Wang, 1968.

Agamben, G., *potentialities*, edited&trans, D. Heller-Roazen, Stanford Univ. Press, 1999.

초출일람

1부

움직이는 주체와 시의 현장: 「김수영 시의 이동과 움직임, 그리고 장소적 의미」(《국어문학》 37, 국어문학회, 2002)

시와 존재사건학: 「김수영 시와 존재사건학」(《어문연구》 50, 어문연구학회, 2006)

시와 존재의 장소: 「김수영 시의 장소적 특성 연구」(《민족문화연구》 41, 고려대학교 민족문화연구원, 2004)

언어적 정체성과 시적 언어의 힘: 「김수영의 시와 언어의 힘」(《문학사상》, 2005년 7월호)

4·19와 시적 언어의 혁명: 「김수영, 4·19와 시적 언어의 혁명」(《리토피아》, 2009년 겨울호)

단속(斷續)의 언어: 「단속(斷續)의 언어-1960년대 김수영의 언어적 전략」(《Journal of Korean Culture》 35, 한국어문학국제학술포럼, 2016)

보론

불완전한 주체 불안한 시—이상의 시: 「불완전한 주체와 진리의 윤리—이상의 시」(《비평문학》 46, 한국비평문학회, 2012)

2부

시적 실천과 시의 윤리: 「김수영 시에서 시적 실천의 문제와 미학적 가능성」(《어문연구》 80, 어문연구학회, 2014)

시와 미학적 정치성: 「김수영의 시와 미학적 정치성」(《유심》 55, 2012)

근대를 극복하는 한 방식: 「김수영의 시와 근대 극복의 한 방식」(《우리문학연구》 35, 우리문학회, 2012)

시와 속도의 정치학: 「김수영의 시와 속도의 정치학」(《비교한국학》 25-1, 국제비교한국학회, 2017)

'벽'을 넘어가는 '사이'의 철학: 「'벽'을 넘어가는 '사이'의 철학—김수영의 시」(《비평문학》 72, 한국비평문학회, 2019)

보론

윤리로서의 서정성—이상의 시: 「이상 시의 서정성 고찰」(《비평문학》 38, 한국비평문학회, 2010)

에필로그

김수영의 시가 남긴 흔적: 「김수영의 시가 남긴 흔적」(《대산문화》, 2012년 가을호)

찾아보기

작 품

김수영

시

산문

이 상

시

소설

산문

개 념

ㄱ

ㄷ

ㅊ

ㅌ

ㅍ

ㅎ

기타

민족문화연구총서 출간현황(~2020.05.15)

NO	서명		저자	정가
1	총서1	19世紀 韓國 傳統社會의 變貌와 民衆意識	진덕규	9,000
2	총서2	洪武正韻譯訓의 新研究	박병채	10,000
3	총서3	고조선에 대한 새로운 해석	김정배	35,000
4	총서4	韓國 近代教育法制 研究	안기성	13,000
5	총서5	韓國 近代戱曲史 研究	서연호	11,000
6	총서6	韓國 巫俗의 綜合的 考察	김인회	9,000
7	총서7	朝鮮 後期의 詩經論과 詩意識	김흥규	8,000
8	총서8	高麗時代 佛教詩의 研究	인권환	9,000
9	총서9	韓國 現代詩意識 研究	이기서	8,000
10	총서10	道家思想의 研究	이강수	8,000
11	총서12	西學에 대한 韓國實學의 反應	최동희	9,000
12	총서13	朝鮮前期 制度言論 研究	목정균	9,000
13	총서14	韓國 現代詩史의 代位的 構造	오탁번	7,000
14	총서15	개정증보-金鰲新話 研究	설중환	17,000
16	총서16	韓國의 傳統婚禮 研究	박혜인	9,000
17	총서17	古小說의 原始宗教思想 研究	박용식	10,000
18	총서18	가톨릭과 朝鮮後期 社會變動	노길명	10,000
19	총서19	1920年代 韓國小說 研究	송하춘	8,000
20	총서21	朝鮮後期 天主教史 研究	조광	8,000
21	총서23	朝鮮後期 小說讀者 研究	대곡삼번	7,000
22	총서24	전면개정판-한국의 옛길 嶺南大路	최영준	28,000
23	총서25	金東仁 研究	김춘미	9,000
24	총서26	韓國古代社會의 軍事와 政治	김영하	13,000
25	총서27	古墳出土 副葬品 研究	윤세영	10,000
26	총서31	云丁散藁	김춘동	15,000
27	총서32	韓國現代詩의 意識現象學的 研究	최동호	9,000
28	총서34	韓國 家庭小說 研究	우쾌제	10,000
29	총서36	國語被動 研究	배희임	8,000
30	총서37	韓國古典文學의 原典批評的 研究	정규복	11,000

31	총서38	企齋記異 研究	소재영	10,000
32	총서40	法을 통한 朝鮮植民地 支配에 관한 研究	영목경부	14,000
33	총서42	국어내용연구1	배해수	14,000
34	총서43	日帝末期의 韓國小說 研究	김종균	12,000
35	총서44	國語 體言化構文의 研究	홍종선	8,000
36	총서45	羅末麗初의 豪族과 社會變動 研究	김갑동	10,000
37	총서46	古代國語學 研究	박병채	13,000
38	총서47	牧民心鑑 研究	김성준	8,000
39	총서48	韓國傳統音樂 論究	한명희	9,000
40	총서49	漢字語系 歸化語 研究	조세용	7,000
41	총서51	韓國近代教育思想 研究	차석기	11,000
42	총서53	古代國語의 語彙 研究	천소영	9,000
43	총서54	春香傳의 辭說形成 原理	전경욱	9,000
44	총서55	近代轉換期의 言語와 文學	홍일식	9,000
45	총서56	北青方言의 音韻論	이기동	7,000
46	총서57	韓國文學의 考證的 研究	최강현	14,000
47	총서58	현대시·시조통합이론	민병기	15,000
48	총서59	高麗 武臣政權期 農民·賤民抗爭 研究	이정신	10,000
49	총서60	白頭山 說話 研究	정재호	18,000
50	총서63	朝鮮朝 畿湖學派의 禮學思想에 關한 研究	배상현	13,000
51	총서65	栗谷李珥의 聖學研究	장숙필	7,000
52	총서66	韓國古地名辭典	전용신	14,000
53	총서67	高麗·朝鮮時代 敍事文學 發展의 研究	성택승	8,000
54	총서68	渤海史의 綜合的 考察	한규철	14,000
55	총서70	韓國 近代小說論 研究	윤충의	9,000
56	총서72	韓國近世 禪家文學	서규태	8,000
57	총서73	조선 중기 정치권력구조 연구	정홍준	9,000
58	총서75	조선후기 운서 한자음 연구	정경일	11,000
59	총서77	高麗 前期 私田 研究	윤한택	8,000
60	총서78	근대 한국 고등교육 연구	한용진	25,000
61	총서79	심능숙 문학의 연구	장효현	15,000

62	총서81	韓國 近代 文學批評論 研究	신재기	10,000
63	총서85	한국 현대비평의 문체	이병헌	11,000
64	총서87	조선후기 시가의 현실인식	박노준	12,000
65	총서89	고구려 전기 정치사 연구	금경숙	9,000
66	총서90	독립국가연합 고려인의 생활과 의식	윤인진	10,000
67	총서91	美軍政下의 教育政策 研究	김용일	10,000
68	총서92	조선시대 성리학의 연구	윤사순	10,000
69	총서93	朝鮮後期 中人層 漢文學의 研究	윤재민	14,000
70	총서94	범주문법	강범모	8,000
71	총서95	조선 후기 우화소설 연구	정출헌	12,000
72	총서96	高麗後期 政房 研究	김창현	12,000
73	총서97	토끼傳·水宮歌 研究	인권환	16,000
74	총서100	日帝下의 朝鮮貿易 研究	송규진	10,000
75	총서101	지리산지 농업과 촌락 연구	정치영	20,000
76	총서103	高麗時代 中樞院 研究	박용운	14,000
77	총서104	조선초기 전세제도 연구	강제훈	13,000
78	총서106	기정진 철학사상 연구	박학래	9,000
79	총서107	조선후기 인성·물성논쟁의 연구	이애희	13,000
80	총서109	서사문법시론	강헌국	9,000
81	총서110	북간도 한인사회의 형성과 민족운동	김춘선	32,000
82	총서111	주자학에서 실학으로	김용헌	35,000
83	총서113	朝鮮初期 性理學과 歷史學-기억의 복원, 좌표의 성찰	오항녕	18,000
84	총서114	조선후기 사회변화와 시가문학	정흥모	20,000
85	총서117	조선후기 시가사와 가곡 연행	신경숙	20,000
86	총서119	性理學 受容器 佛教 批判과 政治思想的 變容-鄭道傳과 權近을 중심으로	이정주	13,000
87	총서122	조선후기 가집 연구	이상원	27,000
89	총서123	개정판-학교문법교육론	이관규	24,000
90	총서124	근대 동아시아와 한국 자본주의	김윤희	18,000
91	총서125	조선후기 자연학의 동향	김문용	13,000
92	총서127	한국 고전소설과 정신분석학	강상순	25,000
93	총서128	미국의 헤게모니와 한국민족주의	허 은	23,000

94	총서130	한용운과 근대성	김종인	15,000
95	총서131	大韓帝國期 民族談論과 國家構想	백동현	16,000
96	총서132	19세기 문예사와 기생의 한시	박영민	20,000
97	총서137	규방가사의 전통성과 근대성	백순철	20,000
98	총서138	일제 강점기 설화·동화집 연구-우리 옛이야기의 정체성 찾기	권혁래	18,000
99	총서139	신문관의 출판 기획과 문화운동	권두연	30,000
100	총서140	아동문학의 숨은 의미와 가치	노제운	16,000
101	총서142	한국의 자유민주주의와 『사상계』	이상록	24,000
102	총서144	조선조 오륜시가의 역사적 전개 양상	하윤섭	24,000
103	총서145	정약용의 철학사상과 체제개혁론-주희와의 비교를 중심으로	전성건	15,000
104	총서146	누정기를 통해 본 한국한문산문사	안세현	16,000
105	총서147	시적 정의와 시의 윤리	여태천	24,000
106	총서148	16세기 후반~17세기 전반 산문 연구	안득용	23,000
107	총서149	검열, 실종된 작품과 문학사의 복원	문한별	22,000
108	총서150	낙하생 이학규의 시문학 연구	이국진	20,000
109	총서151	방각본 영웅소설의 지역적 특성과 이념적 지향	엄태웅	22,000
110	총서154	19세기 상·하층 소설의 접점과 문화적 의미	장예준	30,000
111	총서157	한국 근대시의 형성과 한문맥의 재구성	정기인	23,000

民族文化研究叢書 147
시적 정의와 시의 윤리

2020년 5월 15일 초판 1쇄 펴냄

저 자 여태천
발행인 김형찬
발행처 고려대학교 민족문화연구원

등록번호 1964년 9월 28일 제6-18호
주소 서울특별시 성북구 안암로 145
전화 02-3290-1610~4
팩스 02-926-8385
http://riks.korea.ac.kr

ISBN 978-89-7155-177-6 (94150)
978-89-7155-073-1 (세트)

정가 24,000원

이 도서의 국립중앙도서관 출판예정도서목록(CIP)은 서지정보유통지원시스템 홈페이지(http://seoji.nl.go.kr)와 국가자료종합목록 구축시스템(http://kolis-net.nl.go.kr)에서 이용하실 수 있습니다. (CIP제어번호 : CIP2020016860)